2022年度版『あてる 宅建士』	令和4年度本試験
『あてる』 予想問題 第2回 【問36】 正解肢！ 4 〔重要事項の説明〕代理して貸借を行う対象となる建物について、石綿の使用の有無の調査の結果が記録されているときは、その旨について説明しなければならないが、当該記録の内容までは説明する必要はない。（なお、説明の相手方は宅地建物取引業者ではないものとする。） （✕）	**令和4年度本試験 【問34】** 3 〔重要事項の説明〕当該建物について、**石綿の使用の有無の調査の結果が記録されているときは、その内容を説明しなければならない。**（なお、説明の相手方は宅地建物取引業者ではないものとする。） （○）
『あてる』 予想問題 第1回 【問33】 3 〔媒介契約〕（宅地建物取引業者Aが、BからB所有の建物の売却又は貸借に係る媒介を依頼され、媒介契約を締結した場合において）Aは、Bと建物の売却について、専任媒介契約を締結した場合、Aは、建物を売買すべき価格について意見を述べるときは、その根拠を法第34条の2第1項の規定に基づきBに交付すべき書面に記載しなければならない。 （✕）	**令和4年度本試験 【問42】 正解肢！** 2 〔媒介契約〕（宅地建物取引業者Aが、BからB所有の宅地の売却を依頼され、Bと専属専任媒介契約（「本件媒介契約」）を締結した場合に関して）AがBに対し当該宅地の**価額又は評価額について意見を述べるときは、その根拠を明らかにしなければならないが、根拠の明示は口頭でも書面を用いてもどちらでもよい。** （○）
『あてる』 予想問題 第4回 【問36】 3 〔8種規制（契約不適合責任）〕宅地建物取引業者Aは、自ら売主となり宅地建物取引業者ではない買主Bとの間で締結した建物の売買契約における建物の種類又は品質に関する契約内容の不適合についての担保責任について、「Bが担保責任を追及するためには、Bは引渡日から1年以内に不適合をAに通知しなければならない」旨の特約をした場合、当該特約は無効となり、Bは不適合を知った時から1年以内に不適合を通知すればよい。 （○）	**令和4年度本試験 【問43】 正解肢！** 2 〔8種規制（契約不適合責任）〕（宅地建物取引業者Aが、自ら売主として行う売買契約に関して）Aが、土地付建物の売買契約を締結する場合において、買主との間で、「売主は、売買物件の引渡しの日から1年間に限り当該物件の種類又は品質に関して契約の内容に適合しない場合におけるその不適合を担保する責任を負う」とする旨の特約を設けることができる。（なお、買主は宅地建物取引業者ではないものとする。） （✕）
『あてる』 予想問題 第3回 【問15】 正解肢！ 2 〔都市計画法（地域地区）〕高度地区は、用途地域内の同一場所において、市街地の環境を維持し、又は土地利用の増進を図るため、建築物の高さの最高限度及び最低限度を定めることができる地区である。 （✕）	**令和4年度本試験 【問15】 正解肢！** 3 〔都市計画法（地域地区）〕**高度地区**については、都市計画に、建築物の**容積率の最高限度又は最低限度**を定めるものとされている。 （✕）
『あてる』 予想問題 第3回 【問16】 正解肢！ 4 〔都市計画法（開発許可の要否）〕市街化区域内において、市街地再開発事業（第一種）の施行として行う開発行為は、市街地再開発組合が行う場合でも、市町村が行う場合でも、開発許可を受ける必要はない。 （○）	**令和4年度本試験 【問16】** 1 〔都市計画法（開発許可の要否）〕市街化区域内において、**市街地再開発事業の施行として行う1haの開発行為**を行おうとする者は、あらかじめ、都道府県知事の**許可を受けなければならない。** （✕）
『あてる』 予想問題 第4回 【問22】 正解肢！ 3 〔国土利用計画法〕事後届出においては、土地の所有権移転後における土地利用目的だけではなく、土地の売買価額についても、届出をしなければならない事項に該当する。 （○）	**令和4年度本試験 【問22】** 2 〔国土利用計画法〕**事後届出**において、土地売買等の契約に係る土地の土地に関する権利の移転又は設定の**対価の額**については**届出事項ではない。** （✕）
『あてる』 予想問題 第1回 【問25】 2 〔地価公示法〕正常な価格とは、当該土地に、当該土地の使用収益を制限する権利が存する場合には、これらの権利が存するものとして通常成立すると認められる価格をいう。 （✕）	**令和4年度本試験 【問25】 正解肢！** 2 〔地価公示法〕**正常な価格**とは、土地について、自由な取引が行われるとした場合におけるその取引（一定の場合を除く。）において通常成立すると認められる価格をいい、当該土地に**建物がある場合**には、当該**建物が存するものとして通常成立すると認められる価格をいう。** （✕）

上記はごく一部です。ほかにも多数、的中しました！

2023年度版 本試験をあてる TAC直前予想模試 宅建士 目次

「TACはいつでも王道を行きます」

『あてる 宅建士』だけの 強力特集

p.4 特集1 まずはここから
2023本試験 出題予想論点チェック
分野・科目別に出題が予想される論点と問題数、それぞれの目標得点がひとめでわかります！

p.6 特集2 試験前にこれだけは覚えておきたい
頻出事項 総まとめ
宅建士試験を受けるなら絶対に身につけておきたい知識を、表形式でスピーディに確認！

p.30 特集3 ここが必ず狙われる
2023本試験 法律改正点・最新統計
本試験で狙われやすい法律改正点と、必ず１問は出題される最新統計を把握しましょう！

p.50 特集4 宅建士本試験をデータや難易度で徹底分析
2023本試験 絶対合格戦略
「彼を知り己を知れば百戦殆からず」（『孫子』）。宅建士本試験を数字やデータを使って徹底的に分析！

p.54 特集5 最新本試験＋TAC独自のデータで自分の実力をチェック
宅建士 合格力診断
本試験の分析の後は、今の自分の実力もチェック！ ダウンロード版の『2022年度本試験』を解いた後に自分の解答と見比べれば、現在の"合格力"がわかります！

p.59 合格祈願！
講師からの応援メッセージ

予想模試 **5** 回分
（オリジナル予想模試**4**回＆過去問セレクト予想模試**1**回）

＋

2022年度本試験
（ダウンロード版）

TAC宅建士講座講師陣が総力を結集して制作した『オリジナル予想模試』4回分に加え、出題予想論点の「過去問のみ」で構成した『過去問セレクト予想模試』1回分を収録!!

問題

過去問セレクト予想模試

オリジナル予想模試

第1回　合格水準38点（2020年度10月レベル）

第2回　合格水準37点（2018年度レベル）

第3回　合格水準36点（2020年度12月、2022年度レベル）

第4回　合格水準35点（2019年度レベル）

すべての選択肢にわかりやすく丁寧な解説
分野別・難易度別に自分の弱点がわかる"実力診断シート"つき！

解答・解説

過去問セレクト予想模試

オリジナル予想模試

第1回

第2回

第3回

第4回

特集1 まずはここから

2023本試験 出題予想論点チェック

民法等　出題 14問　「不得意分野」をできるだけなくそう！　目標得点 8点

- **民　法**　10問　「事例」が頻出、「図解」を心がけよう！　目標 6点
  意思表示・制限行為能力者・債務不履行・手付・売買の契約不適合責任・危険負担・代理・時効・債権譲渡・相殺・連帯債務・保証債務・委任・請負・不法行為・物権変動と対抗要件・所有権と共有・担保物権・相続

- **借地借家法**　2問　苦手な受験生多し。取れれば差が！　目標 1点
  借家権　借地権

- **区分所有法**　1問　過去問だけでOK　深入り厳禁 ☠　｜ どちらかで
- **不動産登記法**　1問　過去問だけでOK　深入り厳禁 ☠　｜ 目標 1点

法令上の制限　出題 8問　用語や数字のオンパレード！覚悟を決めて暗記しよう　目標得点 5点

- **都市計画法**　2問　目標 1点
  都市計画・開発許可

- **建築基準法**　2問　目標 1点
  集団規定・単体規定・道路・容積率・建蔽率・高さ制限

- **宅地造成等規制法**　1問　目標 1点

- **土地区画整理法**　1問

- **農　地　法**　1問　目標 1点
  3条許可・4条許可・5条許可

- **国土利用計画法**　1問　目標 1点

特集1　2023本試験 出題予想論点チェック

目標は"36点"

宅建士本試験では、膨大な範囲の中から出題されます。そのため、"どんな問題が出されやすいのか"といった傾向を把握し、必要不可欠な知識を中心に学習することがとても大切です。ここではまず、2023年度の本試験で出題が予想される論点と問題数、それぞれの目標得点を分野・科目別に確認しましょう。

宅建業法等　出題20問　勉強しやすく得点源 ここでの失点は命取り!!　目標得点 18点

宅建業法　19問　まんべんなく。目指すのは「パーフェクト」!　目標 17点

宅建業の定義・免許・宅建士・営業保証金・保証協会・広告規制・契約締結上の規制・案内所等の届出・媒介契約・重要事項説明（35条書面）・37条書面・8種規制（クーリング・オフ等）・報酬額の制限・監督処分・罰則

住宅瑕疵担保履行法　1問　やるべき過去問は約10年分のみ！深入り厳禁　目標 1点

その他関連知識　出題8問　やるべきことを絞り込むべし!!　目標得点 5点

共通科目　出題3問　登録講習修了者は「1点」は確実に！　目標 2点

不動産鑑定評価基準／地価公示法　1問（どちらか片方から1問）　今年は「不動産鑑定評価基準」がアヤシイ！　目標 1点

税法　2問　今年は「不動産取得税」「譲渡所得税」がアヤシイ！　目標 1点

不動産取得税・固定資産税・印紙税・譲渡所得税・贈与税・登録免許税

免除科目　出題5問　登録講習修了者はココが免除になる!!　目標 3点

住宅金融支援機構　1問　過去問だけでOK　目標 1点

景品表示法（公正競争規約）　1問　常識でも結構イケる！　目標 1点

統　計　1問　暗記のみ！「2023本試験 最新統計」を活用　目標 1点

地価公示・新設住宅着工戸数・法人企業統計・宅建業者数

土地・建物　2問（各1問）　過去問だけでOK　深入り厳禁

5

特集2

試験前にこれだけは覚えておきたい

頻出事項総まとめ

宅建士試験を受けるなら
絶対に身につけておきたい知識を、
表形式でスピーディに確認！

〈民法等〉
意思表示／売買の契約不適合／時効制度／委任契約／委任契約の終了事由／普通借地権／借地権の要件／借家権／定期借家権／不動産登記法

〈宅建業法〉
宅地建物取引業の定義／免許の基準／免許の基準と登録の基準／廃業等の届出／宅地建物取引士の登録／死亡等の届出／「変更の届出」と「変更の登録」／供託／事務所等の規制／媒介契約／三大書面／「自ら売主」の8種制限／報酬計算／監督処分

〈法令上の制限〉
都市計画法／開発許可が不要になる場合／開発許可を受けた開発区域内での建築等の制限／建築基準法の規制／建築確認／国土利用計画法の届出制／国土法の届出が必要・不要な取引／農地法／宅地造成等規制法

〈その他関連知識〉
不動産鑑定評価／不動産取得税／固定資産税／印紙税／登録免許税／譲渡所得税／住宅借入金等特別税額控除

特集2 頻出事項 総まとめ

▶ 民法等

1　意思表示

チェック！

		当事者間の効力	善意無過失の第三者に対抗できるか？
心裡留保	原則	有効	有効なので対抗問題にならない
	例外	無効→相手方が悪意または有過失	✕（善意の第三者にも対抗✕）
虚偽表示		無効	
錯誤		取消しできる	✕（取消し前の第三者）
	要件1	重要な錯誤	
	要件2	表意者に重過失なし（例外あり）	
強迫	有効	取消しできる	〇（取消し前の第三者）
詐欺			✕（取消し前の第三者）

One Point

「善意無過失の第三者」に対抗できるか覚えておきましょう。

2　売買の契約不適合〔売主の担保責任〕

チェック！

	買主の取れる手段	1年の期間制限
(1)目的物が種類・品質に関して契約内容不適合	①　追完請求権 ・目的物の修補、代替物の引渡しまたは不足分の引渡しによる履行の追完を請求することができる。ただし、売主には、変更権がある ・不適合が、**買主の責めに帰すべき事由**によるものであるときは、追完請求が**できない**	あり
(2)目的物が数量に関して契約内容不適合	②　代金減額請求権 ・買主が相当の期間を定めて履行の追完の催告をし、その期間内に履行の追完がないとき、代金の減額を請求できる（ただし、追完が不能であるとき等は、直ちに代金減額請求ができる） ・不適合が、**買主の責めに帰すべき事由**によるものであるときは、代金減額請求が**できない**	なし
(3)権利が契約内容不適合	③　損害賠償請求・解除権の行使 (1)(2)(3)はすべて債務不履行だから、損害賠償の請求（**売主の責めに帰することができない事由**によるものであるときは、損害賠償請求は**できない**）や解除権の行使（売主の責めに帰すべき事由は必要ではないが、**買主の責めに帰すべき事由**によるときは、買主は、解除**できない**）もできる	

One Point

他人物売買契約は有効です。売主の義務違反に対しては、債務不履行として処理します。

7

3　時効制度

		取得時効			消滅時効	
成立要件	所有の意思			起算点	確定期限	→期限到来時から
	平穏				不確定期限	→期限到来時から
	公然				期限の定めなし	→権利発生時から
	占有の開始時に	善意無過失	→10年	期間	債権： ①権利行使可能を知った時から5年 ②権利行使可能時から10年※ のいずれか早い方	
		悪意または有過失	→20年			

		共通点
更新	効果	それまでに経過した時効期間は0に戻る
	更新事由	請求等　　　→確定判決等によって権利が確定したとき
		承認
完成猶予	効果	時効の進行が停止する　　→時効完成が遅れることになる
	完成猶予事由	裁判外の催告等
効果	援用による	援用権者　　→時効によって直接に利益を受ける者
	時効の起算点にさかのぼって権利変動する	

※　人の生命または身体の侵害による損害賠償請求権については20年。

One Point
時効の「更新」と「完成猶予」は異なる制度です。

4　委任契約

権利義務	委任者の義務	報酬支払い	・原則無償 ・特約があるときのみ有償
		費用償還	→利息を含む
		費用前払い	
		代弁済	
		損害賠償	→受任者が自身に過失がないのに損害を受けたとき
	受任者の義務	善管注意義務	→無償・有償問わず
		報告	→委任者の請求時・事務終了時
		受取物引渡し	
		渡すべき金銭消費の責任	→利息・損害賠償を含む

One Point
委任契約は、特約がない限り「タダ働き」です。

5　委任契約の終了事由

	死亡	破産	後見開始	解除
委任者	○	○	×	○
受任者	○	○	○	○
双方	相手方の不利な時期等に解除した場合 →損害賠償（やむをえない場合を除く）				

One Point
任意代理の代理権消滅事由と比較しておきましょう。

6　普通借地権

対抗要件	登記	・借地権の登記 ・借地上の建物の登記
	掲示	登記のある建物滅失時 →2年間のみ
譲渡・転貸	原則	→賃貸人の承諾必要
	無断のとき	→賃貸人は解除できる
	建物譲渡のとき	→借地人は裁判所の許可を求めることができる
借主に不利な特約	原則	→無効

One Point
賃貸人の承諾に代わる裁判所の許可の制度は、「借家権」にはありません。

7　借地権の要件の比較

	普通借地権	定期借地権		
		一般定期借地権	事業用定期借地権	建物譲渡特約付借地権
存続期間	定めあり→・30年以上 ・30年未満なら30年に 定めなし→30年	50年以上	10年以上 50年未満	30年以上
目的	建物所有目的のみ	制約なし	事業用のみ 居住用は不可	制約なし
契約方法	定めなし	書面 （電磁的記録）	公正証書	定めなし

One Point
定期借地権は、更新・建物買取請求権の行使ができません。

8　借家権

		普通借家権	
存続期間	原則	→ ・定めによる ・上限なし	
	１年未満の定め	→期間の定めがないものとみなす	
更新・使用継続・解約	法定更新 （期間の定めあり）	期間満了の１年から６ヵ月前までに更新拒絶の通知がない	更新される
		賃貸人からの拒絶があるが正当事由がない	
	使用継続 （期間の定め あり・なし）	賃貸借終了後→ ・賃借人が使用継続 ・賃貸人が異議を述べない	
	解約申入れ （期間の定めなし）	賃貸人から → ・６ヵ月以上前に ・正当事由必要	
		賃借人から → ・３ヵ月以上前に ・正当事由不要	
譲渡・転貸	原則	賃貸人の同意必要	
	例外	裁判所の許可制度なし →借地権と異なる	
	建物転貸借の場合	・期間満了　・賃貸人は転借人に通知しないと対抗できない ・解約申入れ → ・通知から６ヵ月経過後に契約終了	
対抗要件	登記	賃借権の登記	
	引渡し	建物の引渡し	
借主に不利な特約	原則	→無効	

One Point

造作買取請求権を認めない特約は、有効です。

9　定期借家権

		定期借家権
存続期間	原則	→ ・定めによる ・上限なし
	１年未満の定め	→定めのとおり有効
契約方法	契約	書面（電磁的記録）
	説明	更新がない旨を契約書とは別の書面を交付（又は電磁的方法により提供）して説明する
終了	原則	→期間満了
	期間が１年以上の場合	・期間満了１年～６ヵ月前の間に通知必要 ・通知がなければ終了を対抗できない ・期間経過後の通知の場合 　→通知から６ヵ月経過すれば終了対抗可

One Point

「書面」は「公正証書」でなくてもかまいません。「電磁的記録」でもOKです。

10 不動産登記法　登記手続の原則と例外

	原則		例外	
申請主義	・当事者の申請による ・申請の義務はない	登記官が職権で登記	登記官の職権でできる	
			当事者に申請義務がある場合 【例】表示に関する登記 新築・滅失後 **1ヵ月以内**に申請する	
共同申請主義	登記権利者と登記義務者の共同	単独申請	・確定判決 ・相続、合併による権利移転 ・遺贈（相続人に対する遺贈に限る）による権利移転 ・買戻しの特約に関する登記の抹消（契約の日から10年を経過したとき） ・保存登記 ・一定の場合の仮登記、その抹消	
	・当事者の登記所への出頭は不要 ・オンラインや郵送で登記できる			

One Point

単独申請できるものとして「遺贈（相続人に対する遺贈に限る）」「買戻しの特約に関する登記の抹消（契約の日から10年を経過したとき）」が追加されました。不動産登記法の他、区分所有法も、基本事項は見直しておきましょう。

宅建業法

1 宅地建物取引業の定義

宅地	現在建物がある土地
	建物を建てる目的（将来建物が建つ）で取引する土地
	用途地域内の土地　→現在する公園・広場・道路・河川・水路は除く

取引※		売買（交換）	貸借
	自ら（自分の所有する土地や建物を）	○	×
	代理	○	○
	媒介	○	○

業	不特定　　　　　　→特定の相手なら該当しない
	多数　　　　　　　→少数なら該当しない
	反復継続　　　　　→「一括」なら該当しない

※　○は宅建業の免許が必要、×は不要。

One Point
特に「取引」の定義は重要です。

特集2 **頻出事項 総まとめ**

2　免許の基準〔欠格事由〕

☑チェック!

申請者本人	能力	心身の故障により宅建業を適正に営むことができない者として国土交通省令で定めるもの			
		復権を得ない破産者　　→復権を得れば直ちに免許を受けられる			
	刑罰関係	原則→禁錮以上の刑		刑の執行が終わった日から	5年を経過しない者
				刑の執行を受けることがなくなった日から	
		宅建業法違反	罰金以上の刑	刑の執行が終わった日から	
		暴力団規制に関する法律			
		傷害罪・暴行罪等		刑の執行を受けることがなくなった日から	
		背任罪			
	暴力団員等	暴力団員による不当な行為の防止等に関する法律2条6号に規定する暴力団員又は同号に規定する暴力団員でなくなった日から5年を経過しない者			
	宅建業に関して	免許の申請前5年以内に宅建業に関し不正又は著しく不当な行為をした者			
		宅建業に関し不正又は不誠実な行為をするおそれが明らかな者			
	宅建業免許を取り消された者	不正手段により免許を受けた			取消しから5年を経過しない場合は不可
		業務停止処分事由該当で情状が特に重い			
		業務停止処分に違反			
	取り消された者が法人の場合	聴聞公示日前60日以内に役員だった者			
	駆け込み廃業	聴聞公示日後取消し処分までに相当の理由なく廃業等の届出をした者			届出の日から5年を経過しない場合は不可
	廃業者が法人の場合	聴聞公示日前60日以内に役員だった者			
関係者	未成年者	法定代理人が欠格事由に該当する			
		法定代理人から営業の許可を受けていない			
	法人・個人	役員・政令使用人に欠格事由に該当する者がいる場合は不可			
	暴力団員等がその事業活動を支配する者				
手続き	免許申請書	その中の重要な事項につき→・虚偽の記載　・記載が欠けている			
	添付書類				
	事務所	定められた数の成年者である専任の宅建士を置いていない者			

One Point

「宅地建物取引士」の「登録の基準」と区別しましょう。

13

3　免許の基準と登録の基準の相違点

	宅地建物取引業者 免許の基準	宅地建物取引士 登録の基準	
実務経験	不要	2年以上の実務経験が必要 →ただし登録実務講習で代替可能	
成年者と同一の行為能力を有しない未成年者	免許は受けられる →ただし法定代理人の欠格事由が審査される	登録できない	
登録の消除	—	一定の理由で登録を消除された場合	登録消除処分の日から5年間再登録できない
		消除処分の聴聞の公示後、相当の理由なく登録の消除申請をした者	消除された日から5年間再登録できない
		事務禁止処分期間中、本人の消除申請による登録の消除の場合	事務禁止期間中は再登録できない
その他	宅建業に関して不正・不当な行為等があった場合	—	
	法人の役員等関係者が欠格事由に該当する場合	—	

One Point
「宅建業者」と「宅地建物取引士」の比較の視点が重要です。

4　廃業等の届出

事由	届出義務者		届出期限	免許失効の時点
	個人業者	法人業者		
死亡	相続人	—	その事実を知った日から30日以内	死亡時
破産手続開始の決定	破産管財人	破産管財人	その日から30日以内	届出の時
宅建業の廃止	本人	代表役員		
法人の解散	—	清算人		
法人の合併消滅	—	消滅会社の代表役員		合併の時

One Point
4「宅建業者」の「廃業等の届出」と6「宅地建物取引士」の「死亡等の届出」を区別して覚えましょう。

特集2　頻出事項 総まとめ

5　宅地建物取引士の登録について

チェック！

登録先・登録権者	都道府県知事	宅建士試験→合格→登録の流れは、同じ都道府県内で進行する
登録の効果	有効な場所　→日本全国	
	有効期間　　→一生有効	
登録の移転（登録先を変更できる場合）	申請できるケース	登録先以外の都道府県にある事務所で業務に従事し、又はしようとする場合
	申請方法	現に登録をしている都道府県知事を経由して申請する
	宅建士証	・新規宅建士証の交付は、現に有する宅建士証と引き換え ・宅建士証交付の際の講習は不要 ・新規宅建士証の有効期間は、従前の宅建士証の残存期間

One Point

「登録の移転」は任意です。

6　死亡等の届出

チェック！

事由	届出義務者	届出期限
死亡	相続人	その事実を知った日から30日以内
心身の故障により宅建士の事務を適正に行うことができない者として国土交通省令で定めるものになった	本人・法定代理人・同居の親族	その日から30日以内
破産者になった	本人	
成年者と同一の行為能力を有しない未成年者になった		
一定事由により免許を取り消された		
一定の罪により罰金刑、又は禁錮以上の刑に処せられた		
暴力団員等になった		

One Point

6「宅地建物取引士」の「死亡等の届出」と4「宅建業者」の「廃業等の届出」を区別して覚えましょう。

15

7　宅建業者の「変更の届出」と宅地建物取引士の「変更の登録」の比較

	宅地建物取引業者 変更の届出	宅地建物取引士 変更の登録
届出・申請先	免許権者（知事または国土交通大臣）	登録先の知事
時間的制約	30日以内に	遅滞なく
変更事由	商号・名称	勤務先の宅建業者の商号・名称
	事務所の名称・所在地	―
	役員と政令で定める使用人の氏名	―
	事務所ごとの専任の宅建士の氏名	―
	―	氏名
	―	住所
	―	本籍
	―	性別
	―	勤務先の業者の免許証番号

One Point
変更事由は暗記しておきましょう。

8 供託〔【主】＝主たる事務所（本店）、【従】＝従たる事務所（支店）〕

	営業保証金	弁済業務保証金分担金	弁済業務保証金
納付義務者	宅建業者	宅建業者	保証協会
納付先	主たる事務所のもよりの供託所に本・支店分あわせて一括納付	加入する保証協会	法務大臣及び国土交通大臣の定める供託所（東京法務局）
金額	【主】1,000万円 【従】500万円		【主】60万円 【従】30万円
方法	金銭・有価証券	金銭のみ	金銭・有価証券
有価証券の評価額	国債→額面の100% 地方債・政府保証債→額面の90% その他→額面の80%		国債→額面の100% 地方債・政府保証債→額面の90% その他→額面の80%
時間的制約	供託後、免許権者に届け出た後でなければ開業不可 免許取得後3ヵ月経っても届出がなければ、免許権者から催告→催告の到達後、1ヵ月経っても届出がなければ、免許権者は、免許取消しできる	保証協会に加入するまでに納付	分担金受領後1週間以内に供託→その旨を、免許権者に届出
事務所新設	主たる事務所のもよりの供託所へ供託し、届出以後、新事務所で開業可	2週間以内に納付→納付しないと社員たる地位を喪失→宅建業を続ける場合は1週間以内に営業保証金を供託しなければならない	分担金受領後1週間以内に供託
主たる事務所を移転する場合	供託所をもよりの供託所に変える→金銭のみの場合は保管替え請求→有価証券を含む場合は新供託所に供託してから取戻し		

One Point

特に「1週間以内」という期間を覚えておきましょう。

9 事務所等の規制のまとめ

	業務を行う場所	備えるべきもの		設置の手続き	
事務所	・本店 ・宅建業を営む支店 ・継続的施設で、契約締結権限がある使用人を置く所	標識		変更の届出	→30日以内
		報酬額			
		従業者名簿 →10年保存			
		帳簿	→閉鎖後5年保存	免許換え	知事免許→直接新知事へ
		成年・専任の宅建士	業務従事者→5人に1人以上		大臣免許→本店管轄知事経由で
案内所	契約締結又は契約申込みを受けるところ	①継続的施設で事務所以外 ②分譲を行う案内所 ③分譲の代理・媒介を行う案内所 ④展示会場	標識	届出	→業務開始10日前まで
				届出先（双方へ）	・免許権者 ・現地管轄知事
			成年・専任の宅建士 →1人以上	届出内容	所在地、業務内容、業務期間、専任の宅建士の氏名
	契約締結又は契約申込みを受けないところ	上記4ヵ所	標識	届出不要	
		物件所在地			

One Point
「事務所」と「案内所」を区別しておきましょう。

10 媒介契約の比較・まとめ

	一般媒介	専任媒介	専属専任媒介
有効期間	規制なし	3ヵ月以内（更新後も）→超える場合は3ヵ月に	
更新		依頼者の申出により可（自動更新不可）	
業務状況の報告		2週間に1回以上（口頭でも可）	1週間に1回以上（口頭でも可）
相手方の探索義務 指定流通機構（レインズ）への登録義務		契約日から7日以内（休業日を除く）	契約日から5日以内（休業日を除く）

One Point
「専任」と「専属専任」の違いを覚えておきましょう。

11　三大書面（電磁的記録）の比較・まとめ

特集2　頻出事項 総まとめ

		媒介・代理契約書面	35条書面	37条書面
交付の目的		業者と依頼人とのトラブル防止	契約を結ぶかどうかの判断資料の提供	契約当事者間のトラブル防止
交付義務者		宅建業者	宅建業者（複数関与する場合は全員）	宅建業者
交付の相手方		依頼人	買主・借主（交換の場合は両当事者）	契約の両当事者
交付の時期		媒介契約の締結後遅滞なく	契約が成立するまでに	契約締結後遅滞なく
交付の方法	宅建士の説明	不要	必要※ → ・場所はどこでもよい ・宅建士証の提示が必要	不要
	記名	宅建業者（記名押印）	宅建士 → 専任でなくともよい	宅建士 → 専任でなくともよい

	媒介・代理契約書面	35条書面	37条書面	
書面（電磁的記録）の記載事項	物件を特定する事項 → 所在、地番等	取引物件や取引条件等を判断・確認するための事項	**必要的記載事項**	当事者の住所・氏名
	価額又は評価額 → 根拠を明示する（口頭でも可）	代金・借賃の額、支払時期・方法		物件を特定する事項
	媒介契約の種類	記載不要		既存建物の構造耐力上主要な部分等の状況について当事者双方が確認した事項
	建物状況調査を実施する者のあっせんに関する事項（既存建物のとき）	引渡し時期		代金・借賃の額・支払時期・支払方法
	媒介契約の有効期間・解除	移転登記申請時期		引渡し時期
	指定流通機構への登録に関する事項			移転登記申請時期
	報酬に関する事項		**任意的記載事項**	代金・借賃等以外に支払われる金銭の額・時期・目的
	違反に対する措置			解除に関する事項
	標準媒介契約款に基づくものか否か			損害賠償額の予定・違約金に関する事項
				危険負担に関する事項
				契約不適合責任に関する事項
				租税公課に関する事項
				あっせんによるローンが成立しないときの措置

※　「交付の相手方」が「宅建業者」の場合、重要事項説明は「不要」。

One Point

「交付の目的」から導けるように理解しましょう。なお、「媒介・代理契約書面」は「宅建業者」の「記名押印」が必要です。

12 「自ら売主」の8種制限の原則と例外のまとめ

☐☐☐
チェック!

	全体像		原則		例外			
クーリング・オフ	・買主は申込みの撤回や契約の解除ができる ・買主等に不利な特約は無効		一定期間内に書面により発信したときに効力発生		できない場合	契約申し込みの場所が事務所等	事務所	
							案内所や展示会場	土地に定着（専任宅建士の設置義務あり）
			効果	・損害賠償や違約金は発生しない ・手付金等の金銭は返還される			買主の自宅や勤務→買主が申し出た場合先	
						猶予期間経過	猶予期間＝書面で告げられた日から8日間	
						履行関係の終了	引渡しを受け、代金全部を支払った場合	
手付金等の保全措置	宅建業者には、買主から受け取る手付金等の金銭について、解約等の際に返還できるよう、受領前に保全措置を講じる義務がある		受領額全額の保全が必要（保全措置を講じていないとき、買主は手付金等を支払わなくてもよい）		不要な場合	所有権の登記をしたとき		
	未完成物件	①銀行等による保証 ②保険事業者による保証保険				受領額が少ないとき	未完成物件	代金の5％以下かつ1,000万円以下
	完成物件	上記①②（＝未完成物件）と同様 ③指定保管機関による保管（手付金等を寄託）					完成物件	代金の10％以下かつ1,000万円以下
手付に関する制限	買主が解除しやすいように金額を制限する		手付額は代金の2割まで					
			解約手付とみなす					
			買主に不利な特約→無効					
自己所有でない物件の契約締結の制限	他人物・未完成物件の売買は原則として禁止される（買主が取得できないおそれがあるため）		契約できない		契約できる	他人物売買	売主が他人物を取得する契約あり	予約（契約）がある→契約できる（ただし、停止条件付売買契約の場合は、確実ではないので契約不可）
						未完成物件	手付金等の保全措置が講じられたとき	
契約不適合責任に関する特約の制限	買主保護のため契約不適合責任につき買主に不利な特約を禁止		買主に不利な特約→無効		期間	通知期間を引渡しの日から2年以上とする特約→有効		
損害賠償額の予定等の制限	賠償金の予定額等を一定限度に制限（買主が多額の損害賠償金を払うことにならないように保護）		違約金と合わせて、代金の2割まで					
			2割を超える部分→無効					

	全体像	原則	例外
割賦販売契約の解除等の制限	買主の支払いが遅れた場合の売主の解除等を制限	売主の宅建業者が解除するには30日以上の期間を定めて書面で催告 これに反する特約→無効	
所有権留保の制限	割賦販売・提携ローン付き売買の場合	所有権留保等は不可	**例外（できる場合）** 受領額が少ない →代金の3割以下 担保の手段を講じられない（抵当権・保証等をつけられない）とき

One Point

特に「クーリング・オフ」と「手付金等の保全措置」を覚えておきましょう。

13 報酬計算のまとめ

チェック！

	本体価格	限度額
限度額の計算式	400万円超	本体価格×3％＋6万円
	200万円超 400万円以下	本体価格×4％＋2万円
	200万円以下	本体価格×5％
売買・交換	媒介	依頼者の一方から限度額まで 【例】売主・買主双方からの媒介依頼なら、それぞれから限度額まで→合計2倍額まで
	代理	代理の依頼者から限度額2倍まで 【例】売主の代理なら売主から2倍額まで
	代理と媒介の混合	限度額2倍まで 【例】売主から代理、買主から媒介なら、買主からは媒介の限度額まで→合計2倍額まで
	複数業者が関与	全業者を1人とみなす→貸借の場合も同じ
	消費税（建物のみ）	課税事業者 →10％プラス 免税事業者 →4％プラス
貸借	合計 →借賃の1ヵ月分	
	権利金を売買代金とみなして売買と同様に計算できる（居住用建物以外）	
	消費税（非居住用建物のみ）	課税事業者 →10％プラス 免税事業者 →4％プラス

貸借の居住用建物、居住用以外の建物、土地による区別		居住用建物	居住用以外	土地
	賃料・権利金への消費税課税	されない	される	されない
	媒介の場合の報酬の制限	当事者の一方から1/2ヵ月分（例外あり）	なし	
	権利金基準の計算の可否	できない	できる	

One Point

消費税の計算をしなくても正解を導ける場合は、省略してかまいません。

14　監督処分

宅建業者に対して		現地の知事	免許権者
指示	業務に関し他の法令に違反し宅建業者として不適当であると認められる	できる	できる
	宅建士が監督処分を受けた場合において宅建業者の責めに帰すべき理由がある		
	宅建業法の規定に違反した		
業務停止	業務に関し他の法令に違反し宅建業者として不適当であると認められる	できる	できる
	宅建士が監督処分を受けた場合において宅建業者の責めに帰すべき理由がある		
	指示処分に違反した		
	一定の宅建業法の規定に違反した		
免許取消	業務停止処分に違反するなどの欠格要件に該当する	できない	できる
	免許を受けて1年以内に営業を開始しない		

宅地建物取引士に対して		現地の知事	登録知事
指示	事実に反して事務所の専任の宅建士である旨の表示を許し宅建業者がその旨を表示した	できる	できる
	名義貸しをして他人が宅建士である旨の表示をした		
	事務に関し不正又は著しく不当な行為をした		
事務禁止	指示処分事由に該当	できる	できる
	指示処分違反		
登録消除	事務禁止処分事由に該当し情状が特に重い	できない	できる
	欠格要件に該当		
	不正手段により登録を受けた		

One Point
業務停止処分、事務禁止処分は、それぞれ1年以内です。

法令上の制限

1　都市計画法〔区域区分〕

市街化区域	・すでに市街地となっている区域 ・おおむね10年以内に優先的かつ計画的に市街化を図るべき区域
市街化調整区域	市街化を抑制すべき区域
非線引都市計画区域	区域区分が定められていない都市計画区域

One Point
用語の定義はキーワードを暗記しておきましょう。

2　開発許可が不要になる場合

	意義・例	市街化区域	市街化調整区域	非線引・準都市計画区域	これら以外
ミニ開発行為	規模の小さい開発行為	1,000㎡未満不要	許可必要	3,000㎡未満不要	10,000㎡未満不要
・農林漁業用建築物 ・農林漁業を営む者の居住用建物 のための開発行為	・畜舎、温室等の生産、集荷用建物 ・農家		許可不要		
公益的建築物のための開発行為	駅舎等の鉄道施設、図書館、公民館、変電所等	許可不要			
・都市計画事業 ・土地区画整理事業 ・市街地再開発事業 ・防災街区整備事業 の施行として行う開発行為		許可不要			
非常災害のための必要な応急措置として行う開発行為					
通常の管理行為又は軽易な行為	車庫等				

One Point
そもそも「開発行為」に該当しない場合も許可が不要であることに注意しましょう。

3　開発許可を受けた開発区域内での建築等の制限

	原則	例外
工事完了公告前	建築・建設できない	・工事に必要な仮設建築物 ・知事が支障がないと認めた ・開発行為に同意しない所有者等の権利に基づく建築
工事完了公告後	・予定建築物の新築 ・予定建築物への改築・用途変更等	・知事が許可した ・用途地域等が定められている

One Point
「例外」のうち「知事が認めた・許可した場合」については、覚えなくても対応できます。

4 建築基準法の規制のまとめ

☑チェック!

	建蔽率			容積率			斜線制限			日影規制
	原則	緩和措置		比較して小さいほう			道路	隣地	北側	
		防火地域内耐火建築物等	特定行政庁指定の角地等							
1低専	都市計画で指定	+1/10	+1/10	都市計画で指定	前面道路の幅員による制限	1低専	あり	なし	※あり	軒高7m超か地上3階以上
2低専						2低専				
田園						田園				
1中高						1中高		あり		高さ10m超
2中高						2中高				
1住居		+1/10 →原則が8/10のときは制限なしになる				1住居			なし	
2住居						2住居				
準住居						準住居				
近商						近商				
商業	8/10					商業				なし
準工	都市計画で指定					準工				高さ10m超
工業		+1/10				工業				なし
工専						工専				
無指定	特定行政庁指定			特定行政庁指定		無指定				地方公共団体が条例で指定

※ 1中高住専・2中高住専のうち、日影規制適用区域内では北側斜線制限は適用されない。

One Point

建蔽率と容積率の対比問題に注意してください。

5 建築確認が必要な大きな建築物〔増築の場合は、増築後の面積〕

☑チェック!

特殊建築物	用途に供する部分の床面積の合計が200㎡を超えるもの	・劇場、映画館、演芸場、公会堂、集会場 ・病院、診療所、ホテル、旅館、下宿、共同住宅 ・寄宿舎、学校、体育館 ・百貨店、マーケット、展示場 ・キャバレー、バー ・倉庫、自動車車庫、自動車修理工場
木造大規模建築物	・階数が3以上 ・延べ面積が500㎡を超える ・高さが13mを超える ・軒高が9mを超える	→いずれかに該当する場合
木造以外鉄骨造等	・階数が2以上 ・延べ面積が200㎡を超える	→いずれかに該当する場合

One Point

建築確認の要否の問題に答えられるようにしましょう。

6　国土利用計画法の届出制

	事後届出制	事前届出制
区域	無指定	注視区域・監視区域
目的	適正な土地利用	・適正な土地利用 ・地価の抑制
届出義務者	権利取得者	取引の両当事者
届出要件の面積の判断基準	権利取得者を基準	取引の両当事者を基準
審査事項	利用目的（ただし取引対価も届出事項）	利用目的・予定対価
手続き	・契約後2週間以内に届出 ・勧告は届出後3週間以内	届出後6週間以内に勧告・不勧告を通知 →通知があるまで契約締結不可 変更の場合　原則→再度の届出必要 　　　　　　例外→減額のみのときは届出不要
届出義務違反	・契約は有効 ・罰則あり	
勧告に従わないとき	・知事は勧告内容等を公表できる ・契約は有効 ・罰則はない	

One Point
「事後」「事前」は契約締結時を基準にします。

7　国土法の届出が必要・不要な取引の要件〔無指定・注視区域について〕

面積	市街化区域内	→2,000㎡以上は必要
	市街化区域以外の都市計画区域内	→5,000㎡以上は必要
	都市計画区域外	→10,000㎡以上は必要
権利	土地の所有権、地上権、賃借権やそれらの権利取得を目的とする権利は必要	
	・譲渡担保や代物弁済、地上権や賃借権の設定（権利金等一時金の授受があるもの）は必要 ・抵当権の設定は不要	
	他に届出不要なケース	→贈与、相続、時効取得、合併
権利移転・設定する契約	予約を含む	→予約完結権、買戻権の譲渡は必要 　（行使は不要）
	停止条件付売買契約	→・契約締結時は必要 　・条件成就時は不要

One Point
届出の要否は暗記しておきましょう。

8 農地法のまとめ〔農＝農地、採＝採草放牧地、他＝その他の用途〕

	3条 権利移動	4条 転用	5条 権利移動＋転用
対象取引	農 → 農 採 → 採 採 → 農	農 → 他	農 → 他 採 → 他
許可権者	農業委員会	知事〔農林水産大臣が指定する市町村（指定市町村）の区域内にあっては、指定市町村の長〕	
許可不要の例外	相続・遺産分割・包括遺贈・相続人への特定遺贈・法人の合併	農業用施設用の転用 → 農業用倉庫・畜舎・温室（2アール未満）	
	権利を取得等、転用する者が国、都道府県で一定の場合		
	土地収用法等によって権利が収用・使用（転用）される場合		
市街化区域内の特例	なし	あり→農業委員会に届出	
違反したとき	契約無効 →罰則あり	原状回復 →罰則あり	・契約無効 ・原状回復 　→罰則あり

One Point
農地法は確実に1点取れるように準備しておきましょう。

9 宅地造成等規制法〔届出制〕

どのような場合に		いつ届け出るか
規制区域に指定時	→ 現に宅地造成工事をしている	規制区域に指定された後21日以内
高さ2mを超える擁壁や排水施設の地滑り抑止ぐい	→ 全部又は一部の除却工事を行う	工事着手の14日前まで
宅地以外の土地	→ 宅地に転用した	転用後14日以内

One Point
宅地造成工事規制区域における「許可制」と区別して覚えておきましょう。

その他関連知識

1 不動産鑑定評価の手法

原価法	手法	価格時点における対象不動産の**再調達原価**を求め、この再調達原価について**減価修正**を行って対象不動産の試算価格（積算価格）を求める手法である。
	適用	対象不動産が「土地」のみである場合、再調達原価を求めうる造成地・埋立地等の場合に有効であるが、**既成市街地**の土地は、再調達原価の把握が困難であるため、一般に原価法は適用できない。
取引事例比較法	手法	まず多数の取引事例を収集して適切な事例の選択を行い、これらに係る取引価格に必要に応じて**事情補正及び時点修正**を行い、かつ、地域要因の比較及び個別的要因の比較を行って求められた価格を比較考量し、これによって対象不動産の試算価格（比準価格）を求める手法である。
	適用	不動産の取引が**極めて乏しい地域**や取引されることが**極めて少ない神社・仏閣・学校・公園等**の公共・公益用の不動産については、その適用は困難である。
収益還元法	手法	対象不動産が将来生み出すであろうと期待される**純収益の現在価値の総和**を求めることにより対象不動産の試算価格（収益価格）を求める手法である。
	適用	賃貸用不動産又は賃貸以外の事業の用に供する不動産の価格を求める場合に、特に有効であるが、**自用の不動産**といえども、**賃貸を想定**することにより適用されるものである。

One Point

地価公示法の過去問も見ておきましょう。

2 不動産取得税

課税主体	不動産所在の都道府県	普通徴収	→送付される納税通知書によって納付	
課税客体	不動産の取得	登記の有無とは関係なし		
	課税される	売買・交換（有償）、贈与（無償）、新築・増築・改築（価格増加の場合）、特定遺贈		
	課税されない	相続・包括遺贈・合併		
納税義務者	不動産を取得した者	個人・法人		
		建売住宅等	→1年経過時の所有者（未譲渡の場合のみ）	
課税標準	原則	固定資産課税台帳登録価格	→改築の場合は増加した価格	
	住宅取得の特例		新築住宅	既存住宅
	住宅の要件		床面積50㎡以上240㎡以下	
	戸建以外の貸家住宅		床面積40㎡以上240㎡以下	ー
	控除額		・1,200万円（認定長期優良住宅は1,300万円） ・法人も対象	・築後経過年数による ・取得した個人の居住用のみ
	宅地評価土地の特例	登録価格×1/2		
税率	原則	4％		
	特例	3％（土地・住宅）		
税額	原則	税金の基本計算式	→課税標準×税率＝納付税額	
	特例	住宅用地の税額減額	→宅地上の住宅が特例適用住宅の場合	
免税点	土地の取得		10万円（未満なら免税）	
	家屋の取得	建築等	23万円（未満なら免税）	
		その他	12万円（未満なら免税）	

One Point

税法からは2問出題されます。各税法の基本事項は覚えておきましょう。

3　固定資産税

課税主体	固定資産所在の市町村	普通徴収　　→送付される納税通知書によって納付	
課税客体	固定資産の保有	→土地や建物などを持っていることを理由に納める	
納税義務者	原則	1月1日現在、固定資産課税台帳に所有者として登録されている者　→法人を含む	
	例外	100年を超える期間の地上権者等	
課税標準	原則	固定資産課税台帳登録価格　→市町村長が毎年3月31日までに価格を決定し、縦覧帳簿を作成し、縦覧	
	住宅地の特例	土地の広さの区分	課税標準
	小規模住宅用地	住宅用地の面積が200㎡以下の部分等	登録価格×1/6
	一般住宅用地	住宅用地の面積が200㎡を超える部分	登録価格×1/3
税率		1.4%（標準税率）	
税額	原則	税金の基本計算式　→課税標準×税率＝納付税額	
	新築住宅の税額減額の特例	中高層耐火等〔3階以上のもの〕	左以外
		床面積50㎡以上280㎡以下	
	期間	5年間	3年間
	減額される額	120㎡までの部分の税額の1/2	
免税点	土地の保有	30万円（未満なら免税）	
	家屋の保有	20万円（未満なら免税）	

One Point
不動産取得税との相違点に注意しましょう。

4　印紙税〔不動産の譲渡にかかる契約書の課税標準〕

記載金額なし（印紙税額200円）となるもの
① 贈与契約書
② 変更契約書（金額の**減少**の場合）　↔　金額の増加の場合は増加金額
③ 地上権・**土地賃借権**※の設定・譲渡に関する契約書
　（賃貸料や、その他に敷金・保証金等の**後日返還されることが予定されている金額のみが記載**されている場合）
　　↔　権利金・礼金・更新料等、後日返還されることが予定されていない金額に対し課税される。

※　建物賃貸借契約書・抵当権設定契約書・委任契約書は、そもそも課税されない。

One Point
印紙税は、ほぼ2年に1回のペースで出題されています。令和5年度の出題可能性は高くありませんが、念のため基本事項については再確認しておきましょう。

5 登録免許税〔住宅用家屋の所有権移転登記に係る税率の軽減措置〕

主な**要件**のまとめ
① **売買**または**競落**による「**住宅用家屋**」の取得
② **個人**が**自己の居住用**の住宅として使用
③ 取得後**1年以内**に登記
④ 床面積が**50㎡以上**
⑤ 過去に適用を受けた場合でも適用要件を満たせば**再度適用を受けることができる**（一生に一度という限定はない）

One Point
この特例は過去頻出なので、覚えておきましょう。

6 譲渡所得税

課税標準	原則	→課税譲渡所得金額		
	特別控除	課税標準の算定に当たって一定額を控除する	収用交換等 → 5,000万円	
			居住用財産 → 3,000万円	
	居住用財産の買換え特例	→譲渡資産対価要件＝1億円以下		
税率	原則	短期（所有期間5年以下）→30%		
		長期（所有期間5年超）→15%		
軽減税率	居住用財産を譲渡した場合	所有期間10年超	・6,000万円以下の部分 → 10%	
			・6,000万円を超える部分→ 15%	
	優良住宅地造成用譲渡の場合	所有期間5年超	・2,000万円以下の部分 → 10%	
			・2,000万円を超える部分→ 15%	
税額	原則	税金の基本計算式	→課税標準×税率＝納付税額	

One Point
買換え特例の譲渡資産対価要件には注意しましょう。

7 住宅借入金等特別税額控除

制度概要	要件		控除	
ローンを組んでマイホームを取得した場合、その後の所得税が減税される制度	・住宅取得 ・増改築 ・マンションリフォーム		控除額	年末ローン→残高の一定割合
	居住用家屋の取得資金 →敷地取得資金を含む			
	取得日等から6ヵ月以内に居住			
	床面積40㎡以上※ →上限なし			
	10年以上の住宅ローン		控除期間→13年間	
	年間所得2,000万円以下→	2,000万円超の年は控除されない		
	譲渡損失の繰越控除との併用 →できる			

※ 合計所得金額1,000万円超の者については面積要件は「50㎡以上」。

One Point
住宅ローン控除の要件を整理しましょう。

特集3

ここが必ず狙われる
2023本試験
法律改正点・最新統計

TAC宅建士講座の『法律改正点レジュメ』（裏表紙の裏面でご案内）もぜひ併せてご利用ください！

法律改正点

1 民法

重要度 **A**

　　所有者不明土地（相当な努力を払ってもなおその所有者の全部または一部を確知することができない土地）の増加に対応するため、相続土地国庫帰属法が令和5年4月27日に施行された。

　　このような社会情勢を背景に、民法・不動産登記法の重要な改正（令和5年4月1日施行）がなされた。

　　以下、令和5年宅建士試験対策として重要な民法改正につき、掲載する。

1．相隣関係規定の見直し（民法209条、233条、213条の2）

（1）　隣地の使用請求権⇒隣地の使用権（民法209条改正）

　　　　土地の所有者は、**次の①〜③の目的のため必要な範囲内**で、「**隣地を使用することができる**」（改正前：「隣地の使用を請求することができる」）。ただし、**住家**については、その**「居住者の承諾」**（改正前：「隣人の承諾」）**がなければ、立ち入ることはできない**。

　　　　① 　境界又はその付近における障壁、建物その他の工作物の**築造**、**収去**又は**修繕**

　　　　② 　**境界標の調査**又は**境界に関する測量**

　　　　③ 　下記(2)②〜④による枝の切取り

　　　　この場合には、**使用の日時**、**場所及び方法**は、**隣地の所有者及び隣地を現に使用している者**（「**隣地使用者**」）**のために損害が最も少ないもの**を選ばなければならない。

　　　　隣地所有者・隣地使用者の承諾は不要であるが、隣地を使用する者は、**あらかじめ**、その目的、日時、場所及び方法を隣地の所有者及び隣地使用者に**通知**しなければならない。ただし、あらかじめ通知することが困難なときは、使用を開始した後、遅滞なく、通知することをもって足りる。

　　　　隣地の所有者又は隣地使用者（改正前：「隣人」）**が損害を受けたとき**は、その**償金を請求**することができる。

（2）　竹木の枝の切除及び根の切取り（民法233条改正）

　　　　改正前：隣地の竹木の枝・根が境界線を越えるとき

　　　　　　　　「**枝**」＝その竹木の所有者に、「**切除させることができる**」（例外規定なし）

　　　　　　　　（「**根**」＝「**切り取ることができる**」との規定は改正前後で内容変更なし）

特集3 2023本試験 法律改正点・最新統計

改正後：土地の所有者は、隣地の竹木の「枝」が境界線を越えるときは、その竹木の所有者に、その「枝」を「切除させることができる」のが原則であるが（233条1項）、隣地の竹木の「根」が境界線を越えるときは、その「根」を「切り取ることができる」（233条4項）。

なお、上記原則の**例外**として、次の①～④の場合、**土地の所有者**（①の場合は「**各共有者**」）は、その「枝」を「切り取ることができる」（233条2項・3項）。

① 竹木が数人の**共有**に属するとき。

② 竹木の所有者に枝を切除するよう**催告**したにもかかわらず、竹木の所有者が**相当の期間内に切除しない**とき。

③ 竹木の**所有者を知ることができず、又はその所在を知ることができない**とき。

④ **急迫の事情**があるとき。

（3） ライフラインの導管等の設備設置権等の規律の整備（民法213条の2新設）

土地の所有者は、他の土地に設備を設置し、又は他人が所有する設備を使用しなければ**電気、ガス又は水道水の供給その他これらに類する継続的給付**を受けることができないときは、継続的給付を受けるため必要な範囲内で、他の土地に設備を設置し、又は他人が所有する設備を使用することができる（213条の2第1項）。

2．共有制度の見直し（民法249条、251条、252条、252条の2、258条等）

（1） 共有物の使用（民法249条2項・3項新設）

各共有者は、共有物の全部について、その**持分に応じた使用**をすることができる（249条1項。改正前後で内容変更なし）。

共有物を使用する共有者は、別段の合意がある場合を除き、他の共有者に対し、**自己の持分を超える使用の対価を償還する義務を負う**（249条2項新設）。

共有者は、**善良な管理者の注意**をもって、共有物の使用をしなければならない（249条3項新設）。

（2） 共有物の変更（民法251条改正、251条2項新設）

改正前：**共有物の変更**には、他の共有者**全員の同意**が必要。

改正後：**共有物の変更**（その形状又は効用の著しい変更を伴わないものを除く）には、他の共有者**全員の同意**が必要（251条1項）。

共有者が**他の共有者を知ることができず、又はその所在を知ることができない**ときは、**裁判所**は、共有者の請求により、**当該他の共有者以外の他の共有者の同意を得て共有物に変更を加えることができる旨の裁判**をすることができる（251条2項新設）。

31

（3） 共有物の管理（民法252条改正、252条2項～5項新設、252条の2新設）

改正前：共有物の管理に関する事項は、各共有者の**持分価格の過半数**で決する（「**保存行為**は、**各共有者が（単独で）することができる**」との規定は改正前後で内容変更なし）。

改正後：共有物の管理に関する事項（252条の2第1項に規定する**共有物の管理者の選任及び解任**を含み、共有物の変更（その形状又は効用の著しい変更を伴わないものを除く）（上記(2)参照）を加えるものを**除く**）は、各共有者の**持分の価格**に従い、その**過半数**で決する。**共有物を使用する共有者があるときも、同様とする**（252条1項）。

　　裁判所は、次の①②に掲げるときは、当該①②に規定する他の共有者以外の共有者の請求により、当該他の共有者以外の共有者の持分の価格に従い、その**過半数**で共有物の管理に関する事項を決することができる旨の裁判をすることができる（252条2項）。

① 共有者が**他の共有者を知ることができず、又はその所在を知ることができない**とき。

② 共有者が他の共有者に対し**相当の期間を定めて**共有物の管理に関する事項を決することについて賛否を明らかにすべき旨を**催告**した場合において、当該他の共有者がその期間内に**賛否を明らかにしない**とき。

　　上記の決定が、**共有者間の決定に基づいて共有物を使用する共有者に特別の影響**を及ぼすべきときは、その**承諾**を得なければならない（252条3項）。

　　共有者は、上記により、共有物に、**次の①～④に掲げる**賃借権その他の使用及び収益を目的とする権利（「**賃借権等**」）であって、**当該①～④に定める期間を超えないもの**を設定することができる（252条4項）。

① 樹木の栽植又は伐採を目的とする山林の賃借権等　10年

② ①に掲げる賃借権等以外の土地の賃借権等　5年

③ **建物の賃借権等　3年**

④ 動産の賃借権等　6箇月

（4） 裁判による共有物の分割（民法258条改正、258条2項・4項新設、258条の2新設、262条の2新設等）

改正前：**共有物の分割**について共有者間に**協議が調わないとき**は、その分割を裁判所に請求することができる。共有物の現物を分割することができないとき、又は分割によってその価格を著しく減少させるおそれがあるときは、裁判所は、その**競売**を命ずることができる（この規定自体は改正前後で内容変更なし）。

改正後：共有物の分割について共有者間に**協議が調わないとき**、「**又は協議をすることができないとき**」は、その分割を裁判所に請求することができる（258条1項。「　」部分を追加）。

　　裁判所は、次に掲げる方法により、共有物の分割を命ずることができる（258

条2項新設）。

①　共有物の現物を分割する方法

②　共有者に債務を負担させて、他の共有者の持分の全部又は一部を取得させる方法

　　上記の方法により共有物を分割することができないとき、又は分割によってその価格を著しく減少させるおそれがあるときは、裁判所は、その競売を命ずることができる（258条3項）。

　　裁判所は、共有物の分割の裁判において、当事者に対して、**金銭の支払、物の引渡し、登記義務の履行その他の給付を命ずることができる**（258条4項新設）。

　　なお、**分割が完了**したときは、**各分割者**は、その取得した物に関する**証書を保存**しなければならない。**共有者の全員又はそのうちの数人に分割した物に関する証書**は、その物の**最大の部分を取得した者が保存**しなければならない。この場合において、**最大の部分を取得した者がないとき**は、分割者間の**協議**で**証書の保存者を定める。協議が調わないとき**は、**裁判所**が、これを**指定**する。証書の保存者は、他の分割者の請求に応じて、その証書を使用させなければならない（以上、262条1項〜4項新設）。

3．相続制度の見直し

　　長期間放置された後の遺産分割では具体的相続分に関する証拠等が散逸し、共有状態の解消が困難となる。そこで、**相続開始から10年を経過**したときは、個別案件ごとに異なる具体的相続分による分割の利益を消滅させ、**画一的な法定相続分で簡明に遺産分割を行う仕組みを創設**することにより、遺産分割長期未了状態の解消を促進することとした。

（1）　遺産分割と裁判による共有物分割の調整（民法258条の2・262条の2新設）

　①相続開始時から10年経過前

　　共有物の全部又はその持分が相続財産に属する場合において、共同相続人間で当該共有物の全部又はその持分について**遺産の分割をすべきとき**は、当該共有物又はその持分について**裁判による分割**（2．⑷参照）**をすることができない**（258条の2第1項・第2項新設）。

　②相続開始時から10年経過後

　　相続財産に属する共有物の持分について、相続人が裁判所から共有物分割請求があった旨の通知を受けた日から2箇月以内に裁判所に異議の申出をしたときを除き、**裁判による分割**（2．⑷参照）**をすることができる**（258条の2第1項〜第3項新設）。

　　また、「**所在不明等共有者**」（共有者が**他の共有者を知ることができず**、又は**その所在を知ることができないとき**の当該他の共有者）の持分が相続財産に属する場合（共同相続人間で遺産の分割をすべき場合に限る）において、**裁判所**は、**共有者の請求**により、その共有者に、「**所在等不明共有者**」の持分を取得させる旨の裁判をすることができる。この場合において、請求をした共有者が2人以上あるときは、請求をした各共有者に、

33

所在等不明共有者の持分を、請求をした各共有者の持分の割合で按分してそれぞれ取得させる（262条の2第1項〜第5項新設）。

（2）　共同相続の効力（民法898条2項新設）

相続人が数人あるときは、相続財産はその共有に属する（898条1項。この規定自体は改正前後で内容変更なし）。

相続財産について共有に関する規定を適用するときは、900条（**法定相続分**）・901条（**代襲相続人の相続分**）・902条（**遺言による相続分の指定**）の規定により算定した相続分をもって各相続人の共有持分とする（898条2項新設）。

（3）　遺産の分割の協議又は審判（民法907条・908条改正、908条2項〜5項新設）

改正前：共同相続人は、908条の規定（**被相続人は、遺言で、遺産の分割の方法を定め、若しくはこれを定めることを第三者に委託し、又は相続開始の時から5年を超えない期間を定めて、遺産の分割を禁ずる**ことができる）により「**被相続人が遺言で禁じた場合を除き**」、いつでも、その**協議**で、**遺産の全部又は一部の分割をすることができる**。遺産の分割について、共同相続人間に**協議が調わないとき、又は協議をすることができないとき**は、**各共同相続人は、その全部又は一部の分割を家庭裁判所に請求**することができる。この場合において特別の事由があるときは、**家庭裁判所は、期間を定めて、遺産の全部又は一部について、その分割を禁ずる**ことができる（これらの規定自体は改正前後で内容変更なし）。

改正後：共同相続人は、908条1項の規定（**被相続人は、遺言で、遺産の分割の方法を定め、若しくはこれを定めることを第三者に委託し、又は相続開始の時から5年を超えない期間を定めて、遺産の分割を禁ずる**ことができる）により「**被相続人が遺言で禁じた場合又は908条2項の規定により分割をしない旨の契約をした場合を除き**」、いつでも、その**協議**で、**遺産の全部又は一部の分割をすることができる**（907条1項）。

共同相続人は、**5年以内の期間を定めて、遺産の全部又は一部について、その分割をしない旨の契約をする**ことができる（**5年以内の期間を定めて更新可**）。ただし、その期間の**終期は、相続開始の時から10年を超えることができない**（更新の場合も同様）（908条2項・3項）。

907条2項本文の場合（遺産の分割について、共同相続人間に**協議が調わないとき、又は協議をすることができないとき**は、各共同相続人は、その全部又は一部の**分割を家庭裁判所に請求**することができる）において特別の事由があるときは、**家庭裁判所は、5年以内の期間を定めて、遺産の全部又は一部について、その分割を禁ずる**ことができる（**5年以内の期間を定めて更新可**）。ただし、その期間の**終期は、相続開始の時から10年を超えることができない**（更新の場合も同様）（908条4項・5項）。

特集3 2023本試験 法律改正点・最新統計

（4） 相続の放棄をした者による管理（民法940条1項改正）

改正前：相続の放棄をした者は、「その放棄によって相続人となった者が相続財産の管理を始めることができるまで」、自己の財産におけるのと同一の注意をもって、その財産の管理を継続しなければならない。

改正後：相続の放棄をした者は、「その放棄の時に相続財産に属する財産を現に占有しているとき」は、「相続人又は952条1項（相続人のあることが明らかでないときは、相続財産は、法人とし、この場合には、家庭裁判所は、利害関係人又は検察官の請求によって、相続財産の清算人を選任しなければならない）の相続財産の清算人に対して当該財産を引き渡すまでの間」、自己の財産におけるのと同一の注意をもって、その財産を保存しなければならない（940条1項）。

（5） 相続人の捜索の公告規定を削除（旧民法958条削除、952条～958条の3改正）

改正前：957条1項の期間（すべての相続債権者・受遺者に対する、一定の期間内にその請求の申出をすべき旨の公告期間）の満了後、なお相続人のあることが明らかでないときは、家庭裁判所は、相続財産の管理人又は検察官の請求によって、相続人があるならば一定の期間内にその権利を主張すべき旨を公告しなければならない。この場合において、その期間は、6箇月を下ることができない（旧958条）。

改正後：旧958条を削除。宅建士試験対策としてはやや細かいが、相続人不存在確定までの手続きの流れは、以下の通りとなる。

① 相続財産の清算人（旧：相続財産の管理人）の選任・公告

相続人のあることが明らかでないときは、相続財産は、法人とし（951条）、家庭裁判所が、利害関係人又は検察官の請求によって、相続財産の清算人を選任し、遅滞なく、その旨及び相続人があるならば一定の期間内（6箇月を下ることができない）にその権利を主張すべき旨を公告しなければならない（952条）。

② 相続債権者及び受遺者に対する弁済（債権申出の公告）

①の公告があったときは、相続財産の清算人は、全ての相続債権者及び受遺者に対し、2箇月以上の期間を定めて、その期間内にその請求の申出をすべき旨を公告しなければならない。この場合において、その期間は、①の規定により相続人が権利を主張すべき期間として家庭裁判所が公告した期間内に満了するものでなければならない（957条1項）。①の期間内に相続人としての権利を主張する者がないときは、相続人並びに相続財産の清算人に知れなかった相続債権者及び受遺者は、その権利を行使することができない（958条）。

③ 特別縁故者に対する相続財産の分与

958条の場合（権利を主張する者がない場合）において、相当と認めるときは、家庭裁判所は、被相続人と生計を同じくしていた者、被相続人の療養看護に努めた者その他被相続人と特別の縁故があった者の請求によって、これら

35

の者に、清算後残存すべき相続財産の全部又は一部を与えることができる。この請求は、①の期間の満了後３箇月以内にしなければならない（958条の２）。

④　共有者・国庫への帰属

共有者の一人が、その持分を放棄したとき、又は**死亡して相続人がないとき**は、その**持分**は、他の共有者に**帰属**する（255条）。この規定の適用がない場合は、残余財産は**国庫に帰属**する（959条）。

４．財産管理制度の見直し（民法264条の２～264条の14新設）

（１）　裁判所は、**所有者を知ることができず、又はその所在を知ることができない土地・建物**（土地・建物が数人の**共有**に属する場合にあっては、**共有者を知ることができず、又はその所在を知ることができない土地・建物の共有持分**）について、必要があると認めるときは、利害関係人の請求により、その請求に係る土地・建物又は共有持分を対象として、「**所有者不明土地管理命令**」・「**所有者不明建物管理命令**」をすることができる。

（２）　裁判所は、**所有者による土地・建物の管理が不適当であることによって他人の権利又は法律上保護される利益が侵害され、又は侵害されるおそれがある場合**において、必要があると認めるときは、利害関係人の請求により、当該土地・建物を対象として、「**管理不全土地管理命令**」・「**管理不全建物管理命令**」をすることができる。

2　建物の区分所有等に関する法律（区分所有法）

民法改正に伴う規定の新設　　　　　　　　　　　重要度 C

「民法264条の８（**所有者不明建物管理命令**）及び264条の14（**管理不全建物管理命令**）の規定は、**専有部分及び共用部分には適用しない**」との規定（６条４項）が**新設**された。

参考

【民法264条の８】

裁判所は、所有者を知ることができず、又はその所在を知ることができない建物（建物が数人の共有に属する場合にあっては、共有者を知ることができず、又はその所在を知ることができない建物の共有持分）について、必要があると認めるときは、利害関係人の請求により、その請求に係る建物又は共有持分を対象として、所有者不明建物管理人による管理を命ずる処分（「**所有者不明建物管理命令**」）をすることができる。

【民法264条の14】

裁判所は、所有者による建物の管理が不適当であることによって他人の権利又は法律上保護される利益が侵害され、又は侵害されるおそれがある場合において、必要があると認めるときは、利害関係人の請求により、当該建物を対象として、管理不全建物管理人による管理を命ずる処分（「**管理不全建物管理命令**」）をすることができる。

---

3 不動産登記法

単独申請できる登記の追加

重要度 **A**

（1）「『遺贈（相続人に対する遺贈に限る）による所有権の移転の登記』は、60条の規定（**共同申請の原則**。権利に関する登記の申請は、法令に別段の定めがある場合を除き、登記権利者及び登記義務者が共同してしなければならない）にかかわらず、**登記権利者が単独で申請することができる**」との規定（63条3項）が**追加**された。

（2）「**買戻しの特約に関する登記**がされている場合において、**契約の日から10年を経過し**たときは、60条の規定にかかわらず、登記権利者は、**単独で当該登記の抹消を申請する**ことが**できる**」との規定（69条の2）が**追加**された。

4 宅地建物取引業法・借地借家法・住宅瑕疵担保履行法

デジタル社会形成基本法施行に伴う改正

重要度 **B**

デジタル社会形成基本法が順次施行されたことに伴い、各法律で以下の改正がなされた。

1．押印廃止

従来「**記名押印**」が必要とされていたものにつき、押印を不要とし「**記名**」が必要と改められた（宅建業法35条、37条）。

以下、宅建士試験対策上重要な規定を抜粋・簡略化して記載する。なお、「**媒介（代理）契約書面**」への「**宅建業者**」の「**記名押印**」（宅建業法34条の2第1項）は改正されていないので、注意。

【宅地建物取引業法35条5項】
第1項から第3項までの書面（**35条書面＝重要事項説明書**）の交付に当たっては、**宅地建物取引士**は、当該書面に**記名**（改正前「記名押印」）しなければならない。

【宅地建物取引業法37条3項】
宅地建物取引業者は、前2項の規定により交付すべき書面（**37条書面**）を作成したときは、**宅地建物取引士**をして、当該書面に**記名**（改正前「記名押印」）させなければならない。

2．電磁的記録・電磁的方法の活用

従来「**書面**」を要件としていたものにつき、「**電磁的記録（電子的方式、磁気的方式その他人の知覚によっては認識することができない方式で作られる記録であって、電子計算機による情報処理の用に供されるものをいう）**」によってされたときは「**書面**」によってされたものと**みなす**旨の改正がなされた。また、従来「**書面の交付**」を要件としていたものにつき、「**電磁的方法（電子情報処理組織を使用する方法その他の情報通信の技術を利**

用する方法であって法務省令で定めるものをいう）」により提供した場合は「書面の交付」をしたものとみなす旨の改正がなされた。「書面の交付」に代わる「電磁的方法による提供」をするには、交付又は提供を受ける者の「承諾」が必要であることに注意（借地借家法22条、38条、39条、宅建業法34条の2、35条、37条、住宅瑕疵担保履行法15条）。

　以下、宅建士試験対策上重要な規定を抜粋・簡略化して記載する。

【借地借家法22条2項】

　前項前段の特約（**定期借地権**）がその内容を記録した**電磁的記録**（電子的方式、磁気的方式その他人の知覚によっては認識することができない方式で作られる記録であって、電子計算機による情報処理の用に供されるものをいう。38条第2項（**定期建物賃貸借**）及び39条3項（**取壊し予定の建物の賃貸借**）において同じ）によってされたときは、その特約は、**書面によってされたものとみなして**、前項後段の規定を適用する。

【借地借家法38条2項】

　前項の規定による建物の賃貸借の契約（**定期建物賃貸借**）がその内容を記録した**電磁的記録**によってされたときは、その契約は、**書面によってされたものとみなして**、同項の規定を適用する。

【借地借家法38条4項】

　建物の賃貸人は、前項の規定による**書面の交付**に代えて、政令で定めるところにより、**建物の賃借人の承諾**を得て、当該書面に記載すべき事項を**電磁的方法**（電子情報処理組織を使用する方法その他の情報通信の技術を利用する方法であって法務省令で定めるものをいう）**により提供**することができる。この場合において、当該建物の賃貸人は、当該**書面を交付したものとみなす**。

【借地借家法39条3項】

　第1項の特約（**取壊し予定の建物の賃貸借**）がその内容及び前項に規定する事由を記録した**電磁的記録**によってされたときは、その特約は、同項の**書面によってされたものとみなして**、同項の規定を適用する。

【宅地建物取引業法34条の2第11項・12項】

　宅地建物取引業者は、第1項の書面（**媒介契約書面**）の交付に代えて、政令で定めるところにより、**依頼者の承諾**を得て、当該書面に記載すべき事項を**電磁的方法**（電子情報処理組織を使用する方法その他の情報通信の技術を利用する方法をいう。以下同じ）であって同項の規定による**記名押印に代わる措置**を講ずるものとして国土交通省令で定めるもの**により提供**することができる。この場合において、当該**宅地建物取引業者は、当該書面に記名押印し、これを交付したものとみなす**。

　宅地建物取引業者は、第6項の規定による書面（指定流通機構への登録を証する書面）の引渡しに代えて、政令で定めるところにより、**依頼者の承諾**を得て、当該書面において証されるべき事項を**電磁的方法**であって国土交通省令で定めるもの**により提供**することができる。この場合において、当該**宅地建物取引業者は、当該書面を引き**

渡したものとみなす。

【宅地建物取引業法35条8項】

　宅地建物取引業者は、第1項から第3項までの規定による書面（**35条書面**）の交付に代えて、政令で定めるところにより、第1項に規定する宅地建物取引業者の相手方等、第2項に規定する宅地若しくは建物の割賦販売の相手方又は第3項に規定する売買の相手方の**承諾**を得て、**宅地建物取引士**に、当該書面に記載すべき事項を**電磁的方法**であって第5項の規定による措置（**宅建士による記名**）に代わる措置を講ずるものとして国土交通省令で定めるもの**により提供**させることができる。この場合において、当該**宅地建物取引業者**は、当該**宅地建物取引士**に当該書面を交付させたものとみなし、同項の規定は、適用しない。

【宅地建物取引業法37条5項】

　宅地建物取引業者は、第2項の規定による書面（**37条書面**）の交付に代えて、政令で定めるところにより、次の①②に掲げる場合の区分に応じ①②に定める者の**承諾**を得て、当該書面に記載すべき事項を**電磁的方法**であって第3項の規定による措置（**宅建士による記名**）に代わる措置を講ずるものとして国土交通省令で定めるもの**により提供**することができる。この場合において、当該**宅地建物取引業者**は、当該**書面を交付**したものとみなし、同項の規定は、適用しない。

　　①当事者を代理して契約を締結した場合　当該契約の相手方及び代理を依頼した者
　　②その媒介により契約が成立した場合　当該契約の各当事者

【住宅瑕疵担保履行法15条、10条2項】

　供託宅地建物取引業者は、前項の規定による書面（**供託所の所在地等に関する説明書面**）の交付に代えて、政令で定めるところにより、買主の**承諾**を得て、当該書面に記載すべき事項を**電磁的方法**（電子情報処理組織を使用する方法その他の情報通信の技術を利用する方法であって国土交通省令で定めるものをいう）**により提供**することができる。この場合において、当該**供託宅地建物取引業者**は、当該**書面を交付**したものとみなす。

5　宅建業法の解釈・運用の考え方／標準媒介契約約款

1. デジタル社会形成基本法施行に伴う改正　　　　　重要度 B

　デジタル社会形成基本法施行に伴う宅建業法改正（**4**参照）にあわせて、「**記名押印**」⇒「**記名**」、「**書面**」⇒「**書面等**」、「**文書**」⇒「**文書等**」、「**送付**」⇒「**交付**（**電磁的方法による提供を含む**）」、「**書類の保存**」⇒「**書類の保存に代えて、当該書類に係る電磁的記録が保存されている場合も含む**」、「**印刷したもの**」⇒「**印刷したもの**（**電磁的方法**により重要事項説明書を提供する場合にあっては、当該市町村のホームページ等に掲載されたものを**ダウンロードしたもの**）」等の各記述の整備、**電磁的方法による提供の場合の要件**等の**新設**がなされた（考え方第22条の2関係、第34条の2関係、第35条第1項関係、第35条第1項第6号の2関係、第35条第1項第14号関係、第35条第8項関係、第37条第2項関係、標準媒介

39

契約約款等）。

　クーリングオフ制度の適用除外となる場所について、「非対面の場合、契約締結等を行った場所は、当該契約締結等を行った際の顧客の所在場所となる。」「また、非対面での契約締結等の場合は、顧客の所在場所及び顧客が当該所在場所での契約締結等を希望したことを確認し、記録することが望ましい。」との規定が新設されたことにも注意（考え方第37条の2第1項関係）。

電磁的方法による提供の場合の要件等の新設（宅建業法の解釈・運用の考え方より抜粋）
第34条の2関係

3　電磁的方法による提供の場合の承諾について（令第2条の6第1項及び第2項関係）

　電磁的方法により本条第1項の書面を提供しようとする場合は、依頼者がこれを確実に受け取ることができるように、用いる電磁的方法（電子メールによる方法、WEBでのダウンロードによる方法、CD-ROMの交付等）やファイルへの記録の方式（使用ソフトウェアの形式やバージョン等）を示した上で、依頼者が承諾したことが記録に残るよう、書面への出力が可能な方法（電子メールによる方法、WEB上で承諾を得る方法、CD-ROMの交付等）又は書面（以下この項において「書面等」という。）で承諾を得るものとする。なお、承諾を得た場合であっても、依頼者から書面等で電磁的方法による提供を受けない旨の申出があった場合には、電磁的方法による提供をしてはならない。ただし、依頼者から再び書面等で承諾を得た場合には、この限りでない。

4　電磁的方法による提供の場合に満たすべき基準について（施行規則第15条の14関係）

　電磁的方法により本条第1項の書面を提供する場合は、依頼者が書面の状態で確認できるよう、書面に出力可能な形式で提供するとともに、依頼者において、記載事項が改変されていないことを将来において確認できるよう、電子署名等の方法により、記載事項が交付された時点と、将来のある時点において、記載事項が同一であることを確認することができる措置を講じることが必要である。さらに、WEBでのダウンロードによる方法でファイルを提供する場合には、依頼者がこれを確実に受け取ることができるよう、ダウンロードが可能となった後に依頼者にその旨を通知するか、ダウンロードが可能となる前にその旨を予め通知する必要がある。ただし、依頼者においてすでにダウンロードを行っていることが確認できた場合はこの限りではない。

5　その他書面の電磁的方法による提供において留意すべき事項

　その他、電磁的方法により本条第1項の書面を提供する場合は、以下の事項に留意するものとする。

　(1)　電磁的方法により本条第1項の書面を提供しようとすることについて、あらかじめ依頼者から承諾を得る際に、併せて、宅建業者が利用を予定するソフトウェア等に依頼者のIT環境が対応可能であることを確認すること。

　(2)　電磁的方法による提供後、依頼者に到達しているかを確認すること。

　(3)　依頼者の端末において、電磁的方法により提供した書面の内容に文字化けや文

字欠け、改変などが生じていないかについて、電子書面の提供前に依頼者に確認方法を伝えた上で、確認をするよう依頼すること。

(4) 依頼者に電子書面の保存の必要性や保存方法を説明すること。

第35条第8項関係

1 電磁的方法による提供の場合の承諾について（令第3条の3第1項及び第2項関係）

電磁的方法により重要事項説明書を提供しようとする場合は、相手方がこれを確実に受け取ることができるように、用いる電磁的方法（電子メールによる方法、WEBでのダウンロードによる方法、CD-ROMの交付等）やファイルへの記録の方式（使用ソフトウェアの形式やバージョン等）を示した上で、相手方が承諾したことが記録に残るよう、書面への出力が可能な方法（電子メールによる方法、WEB上で承諾を得る方法、CD-ROMの交付等）又は書面（以下この項において「書面等」という。）で承諾を得るものとする。なお、承諾を得た場合であっても、相手方から書面等で電磁的方法による提供を受けない旨の申出があった場合には、電磁的方法による提供をしてはならない。ただし、相手方から再び書面等で承諾を得た場合には、この限りでない。

2 電磁的方法による提供の場合に満たすべき基準について（施行規則第16条の4の8関係）

電磁的方法により重要事項説明書を提供する場合は、相手方が書面の状態で確認できるよう、書面に出力可能な形式で提供するとともに、相手方において、記載事項が改変されていないことを将来において確認できるよう、電子署名等の方法により、記載事項が交付された時点と、将来のある時点において、記載事項が同一であることを確認することができる措置を講じることが必要である。また、重要事項説明書の提供にあたっては、宅地建物取引士の記名が必要である。さらに、WEBでのダウンロードによる方法でファイルを提供する場合には、相手方がこれを確実に受け取ることができるよう、ダウンロードが可能となった後に相手方にその旨を通知するか、ダウンロードが可能となる前にその旨を予め通知する必要がある。ただし、相手方においてすでにダウンロードを行っていることが確認できた場合はその限りではない。

3 その他書面の電磁的方法による提供において留意すべき事項

その他、電磁的方法により重要事項説明書を提供する場合は、以下の事項に留意するものとする。

(1) 電磁的方法により重要事項説明書を提供しようとすることについて、あらかじめ相手方から承諾を得る際に、併せて、宅建業者が利用を予定するソフトウェア等に相手方のIT環境が対応可能であることを確認すること。

(2) 電磁的方法による提供後、相手方に到達しているかを確認すること。

(3) 相手方の端末において、電磁的方法により提供した書面の内容に文字化けや文字欠け、改変などが生じていないかについて、電子書面の提供前に相手方に確認方法を伝えた上で、確認をするよう依頼すること。

(4) 相手方に電子書面の保存の必要性や保存方法を説明すること。

第37条第4項関係

1 電磁的方法による提供の場合の承諾について（令第3条の4第1項及び第2項関係）

　　電磁的方法により本条第1項又は第2項の書面を提供しようとする場合は、相手方がこれを確実に受け取ることができるように、用いる電磁的方法（電子メールによる方法、WEBでのダウンロードによる方法、CD-ROMの交付等）やファイルへの記録の方式（使用ソフトウェアの形式やバージョン等）を示した上で、相手方が承諾したことが記録に残るよう、書面への出力が可能な方法（電子メールによる方法、WEB上で承諾を得る方法、CD-ROMの交付等）又は書面（以下この項において「書面等」という。）で承諾を得るものとする。なお、承諾を得た場合であっても、相手方から書面等で電磁的方法による提供を受けない旨の申出があった場合には、電磁的方法による提供をしてはならない。ただし、相手方から再び書面等で承諾を得た場合には、この限りでない。

2 電磁的方法による提供の場合に満たすべき基準について（施行規則第15条の4関係）

　　電磁的方法により本条第1項又は第2項の書面を提供する場合は、相手方が書面の状態で確認できるよう、書面に出力可能な形式で提供するとともに、相手方において、記載事項が改変されていないことを将来において確認できるよう、電子署名等の方法により、記載事項が交付された時点と、将来のある時点において、記載事項が同一であることを確認することができる措置を講じることが必要である。また、本条第1項又は第2項の書面の提供にあたっては、宅地建物取引士の記名が必要である。さらに、WEBでのダウンロードによる方法でファイルを提供する場合には、相手方がこれを確実に受け取ることができるよう、ダウンロードが可能となった後に相手方にその旨を通知するか、ダウンロードが可能となる前にその旨を予め通知する必要がある。ただし、相手方においてすでにダウンロードを行っていることが確認できた場合はこの限りではない。

3 その他書面の電磁的方法による提供において留意すべき事項

　　その他、電磁的方法により本条第1項又は第2項の書面を提供する場合は、以下の事項に留意するものとする。

　⑴　電磁的方法により本条第1項又は第2項の書面を提供しようとすることについて、あらかじめ相手方から承諾を得る際に、併せて、宅建業者が利用を予定するソフトウェア等に相手方のIT環境が対応可能であることを確認すること。

　⑵　電磁的方法による提供後、相手方に到達しているかを確認すること。

　⑶　相手方の端末において、電磁的方法により提供した書面の内容に文字化けや文字欠け、改変などが生じていないかについて、電子書面の提供前に相手方に確認方法を伝えた上で、確認をするよう依頼すること。

　⑷　相手方に電子書面の保存の必要性や保存方法を説明すること。

２．その他

（１）　旧姓使用の取扱いの規定の整備

免許申請書等・従業者証明書における旧姓使用の取扱いについて、規定が整備された。**旧姓併記**を可能としつつ、「ただし、**業務の混乱及び取引の相手方等の誤認を避けるため、恣意的に現姓と旧姓を使い分けることは、厳に慎むべき**こととする。」との規定が新設されたことにも注意（考え方第４条第１項第２号・第３号及び第５号等関係、第48条第１項・第３項関係）。

（２）　重要事項説明書の「押印」欄・「免許年月日」欄の削除／記載要領「法令名」の整備

宅建業者・説明をする宅建士の**押印**欄を**削除**され、**免許年月日**欄も**削除**された。

また、「**売買・交換**」「**区分所有建物の売買・交換**」の記載要領に「**63　重要土地等調査法**」が**追加**され、「**宅地の貸借**」の記載要領から「**25　公有地拡大推進法**」が**削除**された（別添３重要事項説明の様式例）。

6　建築基準法

１．住宅の採光規定の見直し　　　　　　重要度 B

住宅の居室には、**採光のための窓その他の開口部**を設け、その採光に有効な部分の面積は、その居室の床面積に対して、**住宅にあっては７分の１以上**としなければならないとの規定（旧建築基準法28条１項本文）について、これを**原則**としつつ、照明設備の設置等一定条件の下で**10分の１以上**まで必要な開口部の大きさを**緩和**することが**可能**となった（建築基準法28条１項本文、施行令19条３項）。

２．その他（既存建築ストックの省エネ化と併せて推進する集団規定の合理化）

（１）　高さ・建蔽率・容積率制限に係る特例許可の拡充

建築物のエネルギー消費性能（建築物のエネルギー消費性能の向上に関する法律２条１項２号に規定するエネルギー消費性能をいう）**の向上**、又は、**再生可能エネルギー源**（太陽光、風力その他非化石エネルギー源のうち、エネルギー源として永続的に利用することができると認められるものをいう）**の利用に資する設備の設置**のため、**建築物の構造上やむを得ない場合、特定行政庁の許可の範囲内**において、**高さ・建蔽率・容積率の各制限を超える**ことが**可能**となった（建築基準法52条14項３号、53条５項４号、55条３項、58条２項）。

（２）　住宅等の機械室等の容積率不算入に係る認定制度の創設

住宅又は老人ホーム等に設ける機械室その他これに類する建築物の部分（給湯設備その他の国土交通省令で定める建築設備を設置するためのものであって、市街地の環境を害するおそれがないものとして国土交通省令で定める基準に適合するものに限る）で、**特定行政庁が交通上、安全上、防火上及び衛生上支障がないと認めるもの**（建築審査会の同意不

要）の床面積は、建築物の容積率の算定の基礎となる**延べ面積には、算入しない**ことが**可能**となった（建築基準法52条6項3号、施行規則10条の4の4、10条の4の5）。

7　独立行政法人住宅金融支援機構法

直接融資業務の追加　　　　　重要度 A

住宅金融支援機構が**直接融資**できる業務として、「**住宅のエネルギー消費性能**（建築物のエネルギー消費性能の向上に関する法律2条1項2号に規定するエネルギー消費性能をいう）**の向上を主たる目的とする住宅の改良に必要な資金の貸付け**を行うこと」（13条1項10号）が**追加**された。

8　税法

令和4年度・令和5年度税制改正大綱より　　　　重要度 B

令和5年（2023年）4月1日施行の税制改正は、宅建士試験対策上は以下の2点を押さえておけばよい。なお、宅建士試験合格後の実務上は相続税・贈与税（相続時精算課税の特例）の改正情報（本書では省略）にも注意が必要である。

（1）従来から存在する特例につき、適用期限を延長したもの（「○○年○月○日まで」という日付を覚えることが重要なのではなく、当該特例措置等が「令和5年（2023年）の宅建士試験で出題される可能性がある」点に注意することが重要である）。

（2）「直系尊属から住宅取得等資金の贈与を受けた場合の贈与税の非課税」・「住宅ローン控除」の適用（令和4年と同様であるが念のため記載した）。

（1）適用期限を延長した特例
【所得税】
・優良住宅地の造成等のために土地等を譲渡した場合の長期譲渡所得の課税の特例（令和7年12月31日まで）
・空き家に係る譲渡所得の3,000万円特別控除の特例（令和9年12月31日まで）
・低未利用土地等を譲渡した場合の長期譲渡所得の特別控除（令和7年12月31日まで）
等

（2）①直系尊属から住宅取得等資金の贈与を受けた場合の贈与税の非課税（租特法70条の2）
　　　②住宅ローン控除（租特法41条、施行令26条）

①のポイント
非課税限度額は、「**耐震・省エネ・バリアフリーの住宅用家屋**」に係るものは1,000万円、「**これら（耐震・省エネ・バリアフリー）以外の住宅用家屋**」に係るものは**500万円**となる。

特集3　2023本試験**法律改正点・最新統計**

②のポイント

　　居住年が令和5年の認定住宅等**以外**の住宅の場合、**借入限度額3,000万円・控除率0.7%・控除期間13年**となる。

9　不動産の表示に関する公正競争規約・施行規則　重要度 A

　　不動産の表示に関する公正競争規約・施行規則の全面改正（令和4年9月1日施行）に伴い、以下、主な改正点を列挙する。改正前後の記載がある場合、宅建士試験対策上は、改正後の記載のみ覚えてほしい。宅建士試験合格後の実務上は、必要な表示事項を定めた別表の改正（本書では省略）も含めて注意が必要である。

1．物件種別の新設
（1）　一棟リノベーションマンション（施行規則3条11号）

　　共同住宅等の1棟の建物全体（内装、外装を含む）を改装又は改修し、マンションとして住戸ごとに取引するものであって、当該工事完了前のもの、若しくは当該**工事完了後1年未満**のもので、**かつ**、当該工事完了後**居住の用に供されていない**ものをいう。

（2）　一棟売りマンション（施行規則3条17号）

　　マンション又はアパートであって、その建物を**一括して売買**するものをいう。

2．予告広告における特例（規約9条2項）

　　「予告広告」を実施した後に行う必要がある「本広告」は、

　改正前：予告広告と同一媒体・同一エリアで行わなければならない。

　改正後：**インターネット広告**のみで実施することができる。

　　　　　ただし、予告広告において①**インターネットサイト名（アドレスを含む）**、②**掲載予定時期**を**明示**しなければならない。

3．物件名称の使用基準
（1）　公園・旧跡等の名称（規約19条1項3号）

　　当該物件が①「公園、庭園、旧跡その他の施設」又は②「**海（海岸）、湖沼若しくは河川の岸若しくは堤防**」から**直線距離で300メートル以内**に所在している場合は、これらの名称を用いることができる（**改正により②が追加**された）。

（2）　街道・道路等の名称（規約19条1項4号）

　　当該物件から**直線距離で50メートル以内に所在する街道**その他の**道路**の名称（坂名を含む。）を用いることができる（**改正前**：物件が面していないと街道等の名称を使用できなかった）。

45

4．電車・バス等の交通機関の所要時間

（1） 通勤時の所要時間（施行規則9条4号ウ）

改正前：通勤時の所要時間が平常時の所要時間を著しく超えるときは、通勤時の所要時間
を明示すること。この場合において、平常時の所要時間をその旨を明示して併記
することができる。

改正後：朝の通勤ラッシュ時の所要時間を明示すること。この場合において、平常時の所
要時間をその旨を明示して併記することができる。

（2） 乗換えを要するとき（施行規則9条4号エ）

改正前：乗換えを要するときは、その旨を明示すること。

改正後：乗換えを要するときは、その旨を明示し、(1)の所要時間（朝の通勤ラッシュ時・
平常時の所要時間）には乗り換えにおおむね要する時間を含めること。

5．各種施設までの距離又は所要時間

（1） 起点の明文化（施行規則9条7号）

改正前：道路距離又は所要時間を表示するときは、起点及び着点を明示して表示すること
（他の規定により当該表示を省略することができることとされている場合を除
く）。

改正後：道路距離又は所要時間を表示するときは、起点及び着点を明示して表示すること
（他の規定により当該表示を省略することができることとされている場合を除
く）。なお、道路距離又は所要時間を算出する際の物件の起点は、物件の区画の
うち駅その他施設に最も近い地点（マンション及びアパートにあっては、建物の
出入口）とし、駅その他の施設の着点は、その施設の出入口（施設の利用時間内
において常時利用できるものに限る）とする。

（2） 団地（販売戸数・区画数が2以上の分譲物件）の場合（施行規則9条8号）

改正前：団地（一団の宅地又は建物をいう。以下同じ）と駅その他の施設との間の距離又
は所要時間は、取引する区画のうちそれぞれの施設ごとにその施設から最も近い
当該団地内の地点を起点又は着点として算出した数値を表示すること。ただし、
当該団地を数区に区分して取引するときは、各区分ごとに距離又は所要時間を算
出すること。

改正後：団地（一団の宅地又は建物をいう。以下同じ）と駅その他の施設との間の道路距
離又は所要時間は、取引する区画のうちそれぞれの施設ごとにその施設から最も
近い区画（マンション及びアパートにあっては、その施設から最も近い建物の出
入口）を起点として算出した数値とともに、その施設から最も遠い区画（マンシ
ョン及びアパートにあっては、その施設から最も遠い建物の出入口）を起点とし
て算出した数値も表示すること。

特集3 **2023本試験 法律改正点・最新統計**

6．未完成物件（新築住宅等）の外観写真・動画（施行規則9条22号）

改正前：規模・形質・外観が同一でなければ、他の建物の**外観写真**を用いてはならない。

改正後：宅地又は建物の**写真又は動画**は、**取引するものを表示**すること。ただし、取引する建物が**建築工事の完了前**である等その建物の**写真又は動画**を用いることができない事情がある場合においては、**取引する建物を施工する者が過去に施工した建物**であり、**かつ、次に掲げるものに限り、他の建物の写真又は動画を用いることができる。**この場合においては、当該写真又は動画が**他の建物である旨**及びアに該当する場合は、**取引する建物と異なる部位**を、写真の場合は**写真に接する位置**に、**動画の場合は画像中に明示**すること。

　ア　建物の**外観**は、取引する建物と**構造、階数、仕様**が同一であって、**規模、形状、色等が類似するもの。**ただし、**当該写真又は動画を大きく掲載するなど、取引する建物であると誤認されるおそれのある表示をしてはならない。**

　イ　建物の**内部**は、写される部分の**規模、仕様、形状等が同一**のもの。

7．生活関連施設の表示（施行規則9条29号・31号）

　学校、病院、官公署、公園その他の**公共・公益施設**（29号）、デパート、スーパーマーケット、**コンビニエンスストア**、商店等の**商業施設**（31号）の表示は、

改正前：現に利用できるものを物件までの道路距離を明示して表示すること。

改正後：現に利用できるものを物件からの**道路距離又は徒歩所要時間**を**明示**して表示すること。

8．住宅ローンの表示（施行規則9条44号）

改正前：「提携ローン又は紹介ローンの別」「融資限度額」を明示して表示。

改正後：**削除**（「提携ローン又は紹介ローンの別」「融資限度額」の**表示不要**）

9．二重価格表示（施行規則12条2号）

比較対照価格に用いる**過去の販売価格**は、

改正前：「値下げの3か月以上前に公表された価格」であって、かつ「値下げ前3か月以上」にわたり実際に販売のために公表していた価格でなければならない。

改正後：**「値下げの直前の価格」**であって**「値下げ前2か月以上」**にわたり**実際に販売のために公表していた価格**でなければならない。

最新統計

1．土地取引の動向（令和5年版土地白書）

　令和4年の全国の**土地取引件数**（売買による土地の所有権移転登記の件数）は、**約130万件**となり、**ほぼ横ばい**で推移している。

2．地価公示（令和5年3月国土交通省）

　令和4年1月以降の1年間の地価は、**全国平均**では、**全用途平均・住宅地・商業地のいずれも2年連続で上昇（上昇率拡大）**した。工業地は7年連続で上昇（上昇率拡大）した。

　三大都市圏（東京圏・大阪圏・名古屋圏）**平均**では、**全用途平均・住宅地・工業地は**東京圏・大阪圏・名古屋圏の**いずれも2年連続で上昇（上昇率拡大）**した。商業地は東京圏・名古屋圏で2年連続で上昇（上昇率拡大）するとともに、大阪圏では3年ぶりに上昇に転じた。

　地方圏平均では、**全用途平均・住宅地・商業地のいずれも2年連続で上昇（上昇率拡大）**した。工業地は6年連続で上昇（上昇率拡大）した。地方四市（札幌市・仙台市・広島市・福岡市）では全用途平均・住宅地・商業地・工業地のいずれも10年連続で上昇（上昇率拡大）した。その他の地域では、全用途平均・商業地は3年ぶり、住宅地は28年ぶりに上昇に転じた。工業地は5年連続で上昇（上昇率拡大）した。

地価⇒すべて2年連続の上昇（上昇率拡大）（単位：％）

	全用途平均	住宅地	商業地
全　国	1.6	1.4	1.8
三大都市圏	2.1	1.7	2.9
地方圏	1.2	1.2	1.0

3．建築着工統計（令和5年1月国土交通省）

　令和4年の新設住宅着工は、**持家は減少**したが、**貸家及び分譲住宅が増加**したため、**全体で増加**となった。

(1)　**令和4年の新設住宅着工戸数**等

①　**859,529戸**（前年比**0.4％増**）で、**2年連続の増加**となった。

　　参考：

平成27年	909,299戸（前年比1.9％増）	2年ぶりの増加
平成28年	967,237戸（前年比6.4％増）	2年連続の増加
平成29年	964,641戸（前年比0.3％減）	3年ぶりの減少
平成30年	942,370戸（前年比2.3％減）	2年連続の減少
令和元年	905,123戸（前年比4.0％減）	3年連続の減少
令和2年	815,340戸（前年比9.9％減）	4年連続の減少
令和3年	856,484戸（前年比5.0％増）	5年ぶりの増加
令和4年	**859,529戸（前年比0.4％増）**	**2年連続の増加**

②　新設住宅着工床面積は69,010千㎡（前年比2.3％減）で、**昨年の増加から再びの減少。**

(2)　**令和4年の利用関係別戸数**

①　**持　　家**→253,287戸（前年比11.3％減、**昨年の増加から再びの減少**）

②　**貸　　家**→345,080戸（前年比7.4％増、**2年連続の増加**）

③　**分譲住宅**→255,487戸（前年比4.7％増、**2年連続の増加**）

　　・マンションは108,198戸（同6.8％増、**3年ぶりの増加**）

　　・一戸建住宅は145,992戸（同3.5％増、**2年連続の増加**）

※ 持家＝建築主が自分で居住する目的で建築するもの。

貸家＝建築主が賃貸する目的で建築するもの。

分譲住宅＝建て売り又は分譲の目的で建築するもの。

４．法人企業統計（財務省）

令和３年度法人企業統計調査		不動産業	全産業との比較
売　上　高		48兆5,822億円 前年度比＋9.6% **3年ぶりの増収**	全産業売上高の 約3.4%
営　業　利　益		5兆3,686億円 前年度比＋19.1% **2年連続の増益**	全産業営業利益の約9.9%
経　常　利　益		6兆580億円 前年度比＋13.1% **2年連続の増益**	全産業経常利益の約7.2%
売上高利益率	売上高営業利益率	11.1% 前年度比 **2年連続の上昇**	全産業売上高 営業利益率（3.7%） より**高い**
	売上高経常利益率	12.5% 前年度比 **2年連続の上昇**	全産業売上高 経常利益率（5.8%） より**高い**

５．宅地建物取引業者に関する統計（国土交通省）

(1) 宅地建物取引業者数（令和３年度末現在）

① **12万8,597**（法人11万4,538）**業者**（前年度末比1,382業者増）と、**8年連続の増加**となっている。

② 国土交通大臣免許業者が2,776（法人2,774）業者（前年度末比101業者増）。

都道府県知事免許業者が12万5,821（法人111,764）業者（前年度末比1,281業者増）。

(2) 宅地建物取引業者に対する監督処分等の実施状況（令和３年度）

監督処分件数は162件（免許取消処分93件・業務停止処分27件・指示処分42件）。前年度と比較して、監督処分の合計・業務停止処分・指示処分いずれも増加したものの、免許取消処分は減少した。なお、勧告等（宅建業法71条の規定に基づく指導・助言・勧告のうち文書により行ったもの）の件数（627件）は、前年度比で増加している。

６．土地利用の動向（令和４年版土地白書）

(1) 令和２年における我が国の国土面積は、約3,780万ha。

(2) 森林（約2,503万ha）が最も多く、これに次ぐ農地（約437万ha）と併せて全国土面積の約8割を占めている。

(3) **宅地**（住宅地・工業用地等）は**約197万ha**。このほか、道路（約142万ha）、水面・河川・水路（約135万ha）、原野等（約31万ha）となっている。

特集4 宅建士本試験をデータや難易度で徹底分析
2023本試験 絶対合格戦略

「彼を知り己を知れば百戦殆からず」。中国の春秋戦国時代に書かれた兵法書『孫子』にある一節です。つまり、勝利を得るには相手を知り、自分を知ることが大切ということ。ここでは、数字やデータを使って宅建士本試験を徹底的に分析します！

1 数字で見る宅建士本試験（最近5年間の本試験の合格率と合格点）

（1） 合格に必要な「全体」の得点は？

年　度	合格率	合格点
平成30年度	15.6%	37点/50
令和元年度	17.0%	35点/50
令和2年度（10月）※	17.6%	38点/50
令和2年度（12月）※	13.1%	36点/50
令和3年度（10月）※	17.9%	34点/50
令和3年度（12月）※	15.6%	34点/50
令和4年度	17.0%	36点/50

合格率は**13〜18%**、合格点は、**34〜38点**ということがわかります。

※令和2・3年度は、10月と12月の2回実施。

（2） 合格に必要な「科目ごと」の得点は？

年　度	合格点	民法等	宅建業法	法令上の制限	その他関連知識
平成30年度	37点/50	8/14	15.5/20	7/8	6.5/8
令和元年度	35点/50	9/14	16/20	5/8	5/8
令和2年度（10月）	38点/50	8/14	18/20	6/8	6/8
令和2年度（12月）	36点/50	7/14	17/20	6/8	6/8
令和3年度（10月）	34点/50	7/14	17/20	5/8	5/8
令和3年度（12月）	34点/50	7/14	16/20	6/8	5/8
令和4年度	36点/50	8/14	17/20	5/8	6/8

2　令和4年度宅建士本試験の分析

（1）基本的な問題がほとんどだった！

①「民法等」の難易度と合格点

Aランクの問題（正答率が70％以上の問題）	4問
中間の難易度であるBランクの問題	7問
Cランクの問題（正答率が40％未満の問題）	3問
⇒　合格点	8点程度（1問＝1点）

②「宅建業法」の難易度と合格点

Aランクの問題	15問
Bランクの問題	4問
Cランクの問題	1問
⇒　合格点	17点程度

③「法令上の制限」の難易度と合格点

Aランクの問題	4問
Bランクの問題	2問
Cランクの問題	2問
⇒　合格点	5点程度

④「その他関連知識」の難易度と合格点

Aランクの問題	6問
Bランクの問題	2問
Cランクの問題	0問
⇒　合格点	6点程度

以上のように、

全50問中
⇒　A・Bランクの問題　　合計44問
⇒　Aランクの問題　　　　合計29問

と、**A・Bランクの問題が出題のほとんどを占めています**。特に、Aランクの問題は合計29問も出題されました。ちなみに、**令和3年度（10月）**も合格点34点のところAランク問題が27問でした。

これらの事実は重要です。合否はA・Bランクの問題、特にAランクの問題がしっかり得点できたかにかかっているといえるでしょう。

（2）いろいろな出題の工夫がなされている！

- ケースの形で問われる「民法等」の「**事例型問題**」は例年より少なく6問
- 知識の確実性が必要な「宅建業法」の「**個数問題**」が例年並みの5問出題
- 過去に未出題の難問も散見される

3　令和5年度宅建士本試験の合格戦略

（1）　まずは頻出基本分野をマスターして、基本的な問題で確実に得点しよう！

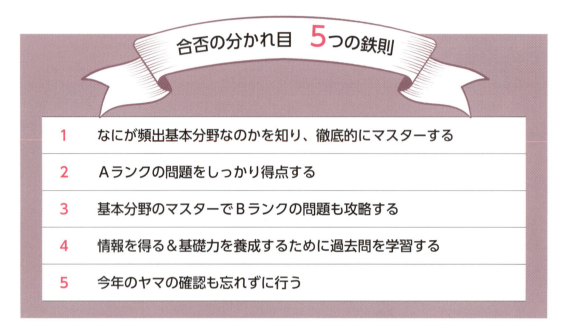

合否の分かれ目　5つの鉄則

1	なにが頻出基本分野なのかを知り、徹底的にマスターする
2	Ａランクの問題をしっかり得点する
3	基本分野のマスターでＢランクの問題も攻略する
4	情報を得る＆基礎力を養成するために過去問を学習する
5	今年のヤマの確認も忘れずに行う

　先程も述べたように、**合格できるかどうかはＡ・Ｂランクの問題、特にＡランクの問題をしっかり得点できるか**にかかっています。特に、令和2年度（10月）のように**合格点が高いとき**ほど、**こうした傾向は強まります**。そのため、合格戦略としてもっとも重要なのは、**なにが頻出基本分野なのかを知り、徹底的にマスターする**ことです。そうすることが、**Ａランクの問題で確実に得点できる力**につながります。

　Ｂランクの問題であっても、やはり**大切なのは基本分野のマスター**です。Ｂランクの問題は、**実はほとんどが基本的な問題の選択肢で構成されている**ため、いかに基本分野を身につけたかによって、**正解を導く力に差が出ます**。複雑な事例問題や個数問題であっても同様です。

　なお、みなさんはもちろんご存知だと思いますが、宅建士試験で合格を勝ち取るためには、**過去問での学習**が欠かせません。マスターすべき項目の範囲やその程度を知ることができるなど、**過去問はまさに情報の宝庫**です。**基礎力養成**のためにも、過去問を使った学習はきっちりと行ってください。最後に、**今年のヤマ**の確認も忘れずに行いましょう。

（2）　これがよく出題される頻出基本分野と今年のヤマ！

　　右の頻出基本分野・事項は、『あてる　宅建士』の予想問題を通じて、**完璧にマスター**してしまいましょう。

　　その上で**ヤマ**（例えば「民法等」なら、今年は意思表示、契約不適合責任、代理、連帯債務、保証、不法行為等）も準備しておきましょう。その他、**改正点**もヤマといってよいでしょう。

1	**民法等**	意思表示、制限行為能力、代理 債務不履行・解除、売買の契約不適合、不法行為 対抗問題、抵当権 相続 不動産登記法 賃貸借・借地借家法、区分所有法
2	**宅建業法**	宅建業の意義、免許の基準、業者名簿、廃業等の届出 宅建士資格登録、宅建士証 保証金 広告規制、媒介契約の規制 重要事項の説明、37条書面、8種規制、報酬 住宅瑕疵担保履行法
3	**法令上の制限**	開発許可制度、地区計画 建築確認、建蔽率、容積率、高さの制限 国土法（事後届出制） 農地法 換地処分、仮換地の指定 宅地造成工事規制区域
4	**その他関連知識**	税金（不動産取得税と譲渡所得税） 不動産鑑定評価基準 住宅金融支援機構法 表示規約 統計（公示地価・住宅着工統計等） 地形（宅地としての適否） 建築物の構造・特徴（木造・鉄筋コンクリート造等）

（3）　さまざまな出題の工夫への対処！

① 「事例型問題」対策は、**基礎学習の段階から具体的なケースで理解**をしていくこと

② 「個数問題」で正解するためには、**基本重要知識の確実なマスターが不可欠**

③ **法改正**対策としては、**近年の法改正点の理解が必要**

　いずれにしても、出題の形式上の変化に惑わされず、**理解中心の学習**（「わかって合格る」学習です）をすることをお勧めします。

　これからの**みなさんの効果的な学習と今年の宅建士本試験の合格**を強くお祈りしています。

特集5

最新本試験＋TAC独自のデータで自分の実力をチェック

宅建士 合格力診断

本試験の分析の後は、今の自分の実力もチェック！
ダウンロード版の『2022年度本試験』を解いた後に
自分の解答と見比べれば、現在の"合格力"がわかります！

★ ご注意 ★

　本特集をご使用になる前に、まずはダウンロード版でご提供している『2022年度本試験』にぜひチャレンジしてください（ダウンロードの仕方については、右ページ下部の『本書読者の方限定 ウェブコンテンツ』をご覧ください）。解答後にご利用になることで、現時点での自分の"合格力"がどの程度かわかります。

特集5 宅建士 合格力診断

使い方

Ⓐの表は、2022年度本試験に対し、TACの無料Web採点サービス"データリサーチ"に参加した方のデータを集計したものです。パーセンテージはその選択肢を選んだ方の割合、色のついた選択肢は正解肢を示しています。最初に『2022年度本試験』を解答した後、自分の答えをⒶの表に書き込んでください。各問題について、自分と同じ答えを選んだ方の割合や、その問題の正答率を確認し、正解だった問題についてはⒷの"正答率ランキング"に〇をつけていきます。最後に〇の数を集計しましょう。

※データリサーチ…インターネットを活用して日本全国の受験者の方から解答データを収集し、精度の高い得点分析結果を提供する、TAC独自の解答分析サービスです。

Ⓐ 2022年度本試験データリサーチ

科目	問題	論点	肢1	肢2	肢3	肢4	自分の答え
民法等	問1	対抗問題	72.3%	16.5%	1.2%	9.6%	
	問2	意思表示	9.8%	66.8%	2.8%	20.1%	
	問3	契約不適合(担保責任)	7.8%	6.6%	84.2%	1.1%	
	問4	不法行為	2%	2.1%	95.1%	0.5%	
	問5	無権代理	1.7%	3%	94.1%	0.9%	
	問6	相続	19%	78.1%	1.1%	1.4%	
	問7	弁済等	84.9%	0.8%	1.2%	12.7%	
	問8	請負	4.6%	78.6%	3.9%	12.4%	
	問9	時効	0.9%	0.7%	79%	19%	
	問10	抵当権	7.8%	85.7%	2.4%	3.8%	
	問11	借地借家法・借地権	0.9%	0.3%	1.8%	96.6%	
	問12	借地借家法・借家権	32.2%	3.9%	6.5%	56.9%	
	問13	区分所有法	96.3%	0.5%	0.3%	2.5%	
	問14	不動産登記法	8%	85.9%	2.6%	3.1%	
法令上の制限	問15	都市計画法・複合	2.4%	0.8%	2.2%	94.2%	
	問16	都市計画法・開発許可	18.3%	77.6%	2%	1.7%	
	問17	建築基準法・複合	7.7%	6.5%	2.5%	82.9%	
	問18	建築基準法・複合	13.5%	1.9%	0.6%	82.6%	
	問19	宅地造成等規制法	0.6%	2.7%	94.7%	0.6%	
	問20	土地区画整理法	88.2%	4.7%	2.5%	3.2%	
	問21	農地法	1.4%	96.1%	1%	0.2%	
	問22	国土利用計画法	37.3%	40.3%	13%	7.9%	

※見本のため、実際の論点やパーセンテージ、正解肢とは異なります。

Ⓑ 2022年度本試験 正答率ランキング

順位	問題	論点	正答率	自分の答え
1位	問7	弁済等	97.6%	
2位	問32	報酬	97.3%	
3位	問8	請負	97.1%	
4位	問33	保証協会	96.9%	
5位	問9	時効	96.1%	
6位	問34	37条書面	95.7%	
7位	問10	抵当権	95.3%	
8位	問28	重要事項の説明	95.2%	
9位	問4	不法行為	95.1%	
10位	問29	監督・罰則	94.7%	
11位	問35	複合	93.2%	
12位	問11	借地借家法・借地権	90.7%	
13位	問48	統計	89.5%	
14位	問24	固定資産税	89.2%	
15位	問49	土地	88.6%	
16位	問25	地価公示法	86.7%	
16位	問44	宅建士	86.7%	
18位	問40	複合	85.9%	
19位	問23	譲渡所得税	85.2%	
20位	問36	37条書面	85%	
21位	問1	対抗問題	83.9%	
22位	問6	相続	83.6%	
23位	問5	無権代理	80%	
24位	問30	広告	79.6%	
25位	問31	媒介契約	79.1%	

※見本のため、実際の問題や論点、パーセンテージとは異なります。

本書読者の方限定 ウェブコンテンツ	2023年度版 本試験をあてる 2022年度本試験(問題&解答・解説)	アクセス用パスワード 231010356

TAC出版 検索 → 書籍連動ダウンロードサービス にアクセス → パスワードを入力
※本サービスの提供期間は、2023年10月31日までを予定。

2023年度本試験を受けた後はデータリサーチに参加!	Webページで解答を入力(選択)するだけで、期間内であれば得点・順位・平均点・正答率などを何度でも閲覧することができます!

TAC 宅建士 データリサーチ 検索 → 登録・閲覧はこちらから にアクセス
※本サービスの提供期間は、2023年10月31日までです。

55

2022年度本試験データリサーチ

科目	問題	論点	肢1	肢2	肢3	肢4	自分の答え
民法等	問1	対抗問題	3.9%	2.6%	91.4%	2.1%	3
	問2	相続	11.9%	16.6%	66.9%	4.5%	1
	問3	後見人等	5.4%	1.3%	7.7%	85.5%	4
	問4	抵当権	64.6%	20.3%	9.2%	5.8%	3
	問5	期間	13.9%	68.5%	10.0%	7.5%	2
	問6	賃貸借・使用貸借	5.9%	9.8%	75.3%	8.8%	1
	問7	失踪宣告	25.5%	60.5%	5.6%	8.2%	1
	問8	地上権・賃借権・抵当権	24.7%	30.0%	41.1%	4.1%	2
	問9	委任等	28.0%	35.6%	27.1%	9.2%	3
	問10	時効取得	10.0%	67.4%	5.3%	17.1%	2
	問11	借地権	20.4%	10.8%	50.7%	18.1%	3
	問12	借家権	68.4%	18.1%	8.8%	4.5%	2
	問13	区分所有法	79.0%	9.1%	3.9%	7.9%	1
	問14	不動産登記法	3.6%	69.5%	15.4%	11.3%	2
法令上の制限	問15	地域地区	4.0%	22.4%	68.7%	4.7%	3
	問16	開発許可の要否・申請	10.7%	51.5%	27.8%	9.9%	3
	問17	総則・建築確認等	0.4%	3.4%	92.0%	4.1%	3
	問18	用途制限・道路等	3.3%	53.9%	30.7%	11.9%	2
	問19	宅地造成等規制法	5.0%	4.7%	1.8%	88.4%	4
	問20	土地区画整理法	76.7%	6.3%	5.2%	11.6%	1
	問21	農地法	46.0%	7.2%	11.6%	35.0%	1
	問22	国土法（事後届出）	4.3%	5.4%	86.9%	3.3%	3
関連知識 その他	問23	印紙税	4.7%	21.5%	58.6%	14.9%	2
	問24	固定資産税	3.3%	46.5%	46.6%	3.4%	3
	問25	地価公示法	6.9%	76.8%	6.2%	9.9%	2
宅建業法	問26	事務所	2.9%	83.3%	12.0%	1.7%	3
	問27	報酬	84.7%	2.1%	1.0%	12.0%	1
	問28	重要事項の説明	57.0%	1.7%	32.5%	8.6%	1
	問29	宅建士複合	21.1%	3.3%	73.3%	2.2%	1
	問30	業務上の規制	1.8%	25.4%	71.6%	1.0%	2
	問31	媒介契約	89.6%	2.3%	2.2%	5.7%	1
	問32	37条書面	84.0%	5.7%	8.6%	1.4%	1
	問33	宅建士複合	14.2%	78.2%	7.2%	0.4%	2
	問34	重要事項の説明	25.1%	15.7%	14.6%	44.5%	1
	問35	35条書面・37条書面等	0.5%	1.6%	15.8%	82.0%	4
	問36	重要事項の説明	87.0%	4.1%	5.6%	3.1%	1
	問37	広告複合	85.8%	11.8%	0.3%	1.9%	2
	問38	クーリング・オフ	2.4%	0.5%	0.9%	96.1%	4
	問39	保証協会	3.2%	5.3%	1.5%	89.9%	4
	問40	重要事項の説明	2.7%	53.0%	41.1%	3.0%	3
	問41	営業保証金・保証協会	16.7%	72.2%	10.7%	0.2%	2
	問42	専属専任媒介契約	1.9%	95.4%	1.9%	0.6%	2
	問43	8種規制複合	2.8%	92.0%	2.7%	2.4%	2
	問44	37条書面	0.9%	2.7%	1.0%	95.4%	4
	問45	住宅瑕疵担保履行法	8.1%	1.9%	80.6%	9.2%	3
関連知識 その他 ※2	問46	住宅金融支援機構	88.6%	3.1%	5.7%	1.1%	1
	問47	景表法（公正競争規約）	2.9%	0.7%	1.1%	93.9%	4
	問48	統計　※1	6.2%	3.4%	4.9%	84.0%	4
	問49	土地	0.4%	95.6%	2.1%	0.5%	2
	問50	建築物の構造	0.7%	2.1%	3.9%	91.8%	4

※1　問48は改題後、正解肢を4としました。
※2　登録講習修了者の免除問題となります。
※3　一定数の未回答が含まれるため、各問題につき、合計した数字が100%にならない場合があります。

特集5 宅建士 合格力診断

2022年度本試験　正答率ランキング

順位	問題	論点	正答率	自分の答え
1位	問38	クーリング・オフ	96.1%	○
2位	問49	土地	95.6%	○
3位	問42	専属専任媒介契約	95.4%	○
3位	問44	37条書面	95.4%	○
5位	問47	景表法（公正競争規約）	93.9%	○
6位	問17	総則・建築確認等	92.0%	○
6位	問43	8種規制複合	92.0%	○
8位	問50	建築物の構造	91.8%	○
9位	問1	対抗問題	91.4%	○
10位	問39	保証協会	89.9%	○
11位	問31	媒介契約	89.6%	○
12位	問46	住宅金融支援機構	88.6%	○
13位	問19	宅地造成等規制法	88.4%	○
14位	問36	重要事項の説明	87.0%	○
15位	問22	国土法（事後届出）	86.9%	○
16位	問3	後見人等	85.5%	○
17位	問27	報酬	84.7%	○
18位	問32	37条書面	84.0%	○
18位	問48	統計	84.0%	○
20位	問26	事務所	83.3%	×
21位	問35	35条書面・37条書面等	82.0%	○
22位	問45	住宅瑕疵担保履行法	80.6%	○
23位	問13	区分所有法	79.0%	○
24位	問33	宅建士複合	78.2%	○
25位	問25	地価公示法	76.8%	○
26位	問20	土地区画整理法	76.7%	○
27位	問6	賃貸借・使用貸借	75.3%	×
28位	問29	宅建士複合	73.3%	×
29位	問41	営業保証金・保証協会	72.2%	○
30位	問30	業務上の規制	71.6%	×
31位	問14	不動産登記法	69.5%	○
32位	問15	地域地区	68.7%	○
33位	問5	期間	68.5%	○
34位	問12	借家権	68.4%	×
35位	問10	時効取得	67.4%	○
36位	問2	相続	66.9%	×
37位	問4	抵当権	64.6%	×
38位	問23	印紙税	58.6%	×
39位	問28	重要事項の説明	57.0%	○
40位	問40	重要事項の説明	53.0%	×
41位	問16	開発許可の要否・申請	51.5%	×
42位	問11	借地権	50.7%	○
43位	問24	固定資産税	46.5%	×
44位	問34	重要事項の説明	44.5%	×
45位	問8	地上権・賃借権・抵当権	41.1%	×
46位	問21	農地法	35.0%	×
47位	問18	用途制限・道路等	30.7%	×
48位	問9	委任等	28.0%	×
49位	問37	広告複合	11.8%	○
50位	問7	失踪宣告	8.2%	×

ここがボーダーライン！

2022年度本試験

データリサーチの結果によれば、2022年度本試験（合格点36点）でボーダーラインとなったのは、36位の《民法等》問2「相続」（正答率66.9％）でした。37位の《民法等》問4「抵当権」（正答率64.6％）も含め、データリサーチに参加した受験者の方の6割が正答できた問題を確実に正解すれば、合格できたことがわかります。

もし正答率が上位の問題を間違えてしまった場合は、そこがあなたの弱点です。過去問や本書『あてる 宅建士』などを活用してしっかりと知識を補強し、ぜひ合格力をあげてください。逆に正答率が下位の問題が正答できた場合、そこがあなたの強みです。同じく過去問や本書『あてる 宅建士』などを活用しながら、今の調子で本番まで知識を維持して、合格力の基礎にしましょう。

あなたの正解数（合格点36点）

問／50問中

36問以上…合格力は十分！
　今の調子でますますがんばりましょう！
33～35問…ボーダーライン！
　あとひと息がんばって、勝利を確実なものに！
32問以下…もう一歩！
　でも、あきらめなければきっと栄光を勝ち取れます！

※上記は本書独自の見解に基づき判定したものとなります。

Let's Try! 本番をシミュレート
『あてる』予想問題の使いかた

★ **本試験形式**の問題を **5回分**（1回50問、計250問）、本書の後半部分に収録しています。
★ 問題文は1回分ずつ**取外し式**です。本番のシミュレーションとして使用できます。
★ 近年の試験傾向を分析し、**今年出題される可能性の高い項目**を厳選収録しました。
★ マークシートは、切り取って、またはコピーしてご利用ください。
★ 本書は、今年の本試験と同様、**2023年4月1日現在施行の法令**に従っています。

特長1

★ 『過去問セレクト予想模試』は出題予想論点の「**過去問のみ**」で構成。『オリジナル予想模試』は近年の実績と傾向に合わせた**合格水準**に設定しています。

過去問セレクト予想模試

オリジナル予想模試
第1回……合格水準**38点**（2020年度10月レベル）
第2回……合格水準**37点**（2018年度レベル）
第3回……合格水準**36点**（2020年度12月、2022年度レベル）
第4回……合格水準**35点**（2019年度レベル）

特長2

★ **実力診断**ができます。**総合成績**、**科目別**だけでなく、**難易度ランク別**に成績を確認することで、**直前期の追い込み学習として何をすべきか**がわかります。

【難易度ランクの3種類のアイコン】

Aランク → 間違えた場合、**基本の理解があやしい**かも。
その論点はやり直すつもりで復習しましょう！

Bランク → このランクをどこまで得点できるかが、まさに「**分かれ目**」です。

Cランク → **間違えても気にしなくて大丈夫**。まずはA・Bランクを優先しましょう。

58

講師からの応援メッセージ

本書『あてる 宅建士』の予想模試の作成を担当したTAC宅建士講座の精鋭講師陣から、読者の方に向けた熱いエールです！

宅建業法

藤沢正樹講師
（TAC宅建士講座）

受験生はテキスト等で知識を習得しますが、分かっているつもりでも得点が伸びないのは、問題演習が足りないからです。過去問に加え、本書の良質な問題を解いて、アウトプットを補強しましょう。インプットと同時にアウトプットの練習もすれば、「テキスト等の記述はこういう意味なのだな」と目から鱗が落ちる瞬間を何度も味わうはずです。これは自分だけの「お宝」ですから、忘れないうちに、テキスト等の余白に書き込みましょう。

法令上の制限

吉田佳史講師
（TAC宅建士講座）

皆さんが宅建合格のために"使える時間"と"やらなければならない学習範囲"は有限です。工夫して時間を作り出し、必要不可欠な情報を限定的に取り入れればよいのです。しかし、合格できる可能性は無限です。そもそも、受験は人のためのものではなく、自分のためのものです。受験にあたり、辛い思いはみんないっしょです。さあ！実行あるのみです。この『あてる』の問題に3度挑戦しましょう！　きっと、思いは届きますよ。

民法等・その他関連知識

川村龍太郎講師
（TAC宅建士講座）

宅建士試験合格のためには、全科目まんべんなく点数を獲得しなければなりません。まずは5分でも良いので宅建の時間をつくりましょう。受験勉強は、机に向かわなくても、また深夜早朝でも可能です。正答率の低い選択肢は後回しにして、忘れたら覚え直しをくりかえし、試験終了まであきらめず、がんばってください。民法等は、未出題論点に目を奪われがちですが、基本事項を確実にすることで、合格ラインに達することができます。その他関連知識は、5点免除の有無に関わらず、得点しやすい傾向が続いています。

「宅建士試験公告」について

令和5年6月2日（金）に、宅地建物取引士資格試験（宅建士試験）の官報公告がなされます。受験生の方は、官報または試験実施団体である（一財）不動産適正取引推進機構のホームページ（https://www.retio.or.jp/）を、必ずご確認ください。

令和5年4月25日現在、上記試験実施団体ホームページには ①試験日：10月15日（日）②インターネット申込み期限：7月19日（水）21時59分まで ③受験手数料8,200円の「予定」であること等が記載されております。

本書は、宅建士試験の出題根拠法令が「令和5年4月1日現在施行されているもの」であることを前提に作成しております。この点も上記「宅建士試験公告」でご確認ください。

【冊子ご利用時のご注意】

　以下の「冊子」は、この色紙を残したまま、ていねいに抜き取り、ご利用ください。

　なお、抜き取りの際の損傷についてのお取替えはご遠慮願います。

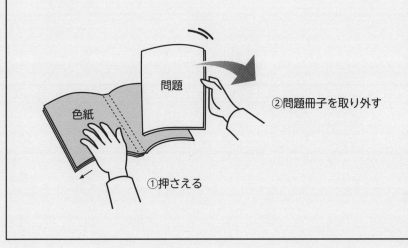

TAC出版

問　　　題

過去問セレクト予想模試

制限時間２時間

次の注意事項をよく読んでから、始めてください。

（注意事項）

1　問　　　題

問題は、１ページから33ページまでの50問です。

試験開始の合図と同時に、ページ数を確認してください。

乱丁や落丁があった場合は、直ちに試験監督員に申し出てください。

2　解　　　答

正解は、各問題とも一つだけです。

二つ以上の解答をしたもの及び判読が困難なものは、正解としません。

3　適用法令

問題の中の法令に関する部分は、令和５年４月１日現在施行されている規定に基づいて出題されています。

【問　1】　A所有の甲土地につき、AとBとの間で売買契約が締結された場合における次の記述のうち、民法の規定及び判例によれば、正しいものはどれか。

1　Bは、甲土地は将来地価が高騰すると勝手に思い込んで売買契約を締結したところ、実際には高騰しなかった場合、動機の錯誤を理由に本件売買契約を取り消すことができる。

2　Bは、第三者であるCから甲土地がリゾート開発される地域内になるとだまされて売買契約をした場合、AがCによる詐欺の事実を知っていたとしても、Bは本件売買契約を詐欺を理由に取り消すことはできない。

3　AがBにだまされたとして詐欺を理由にAB間の売買契約を取り消した後、Bが甲土地をAに返還せずにDに転売してDが所有権移転登記を備えても、AはDから甲土地を取り戻すことができる。

4　BがEに甲土地を転売した後に、AがBの強迫を理由にAB間の売買契約を取り消した場合には、EがBによる強迫につき過失なく知らなかったときであっても、AはEから甲土地を取り戻すことができる。

【問　2】　制限行為能力者に関する次の記述のうち、民法の規定及び判例によれば、正しいものはどれか。

1　古着の仕入販売に関する営業を許された未成年者は、成年者と同一の行為能力を有するので、法定代理人の同意を得ないで、自己が居住するために建物を第三者から購入したとしても、その法定代理人は当該売買契約を取り消すことができない。

2　被保佐人が、不動産を売却する場合には、保佐人の同意が必要であるが、贈与の申し出を拒絶する場合には、保佐人の同意は不要である。

3　成年後見人が、成年被後見人に代わって、成年被後見人が居住している建物を売却する際、後見監督人がいる場合には、後見監督人の許可があれば足り、家庭裁判所の許可は不要である。

4　被補助人が、補助人の同意を得なければならない行為について、同意を得ていないにもかかわらず、詐術を用いて相手方に補助人の同意を得たと信じさせていたときは、被補助人は当該行為を取り消すことができない。

— 1 —

【問　3】 契約の解除に関する次の1から4までの記述のうち、民法の規定及び下記判決文によれば、誤っているものはどれか。

（判決文）

　同一当事者間の債権債務関係がその形式は甲契約及び乙契約といった2個以上の契約から成る場合であっても、それらの目的とするところが相互に密接に関連付けられていて、社会通念上、甲契約又は乙契約のいずれかが履行されるだけでは契約を締結した目的が全体としては達成されないと認められる場合には、甲契約上の債務の不履行を理由に、その債権者が法定解除権の行使として甲契約と併せて乙契約をも解除することができる。

1　同一当事者間で甲契約と乙契約がなされても、それらの契約の目的が相互に密接に関連付けられていないのであれば、甲契約上の債務の不履行を理由に甲契約と併せて乙契約をも解除できるわけではない。

2　同一当事者間で甲契約と乙契約がなされた場合、甲契約の債務が履行されることが乙契約の目的の達成に必須であると乙契約の契約書に表示されていたときに限り、甲契約上の債務の不履行を理由に甲契約と併せて乙契約をも解除することができる。

3　同一当事者間で甲契約と乙契約がなされ、それらの契約の目的が相互に密接に関連付けられていても、そもそも甲契約を解除することができないような付随的義務の不履行があるだけでは、乙契約も解除することはできない。

4　同一当事者間で甲契約（スポーツクラブ会員権契約）と同時に乙契約（リゾートマンションの区分所有権の売買契約）が締結された場合に、甲契約の内容たる屋内プールの完成及び供用に遅延があると、この履行遅延を理由として乙契約を民法第541条により解除できる場合がある。

－ 2 －

【問 4】 事業者ではないAが所有し居住している建物につきAB間で売買契約を締結するに当たり、Aは建物引渡しから3か月に限り担保責任を負う旨の特約を付けたが、売買契約締結時点において当該建物の構造耐力上主要な部分に品質に関する契約内容との不適合（以下、この問において「不適合」という）があり、Aはそのことを知っていたがBに告げず、Bはそのことを知らなかった。この場合に関する次の記述のうち、民法の規定によれば、正しいものはどれか。

1 Bが当該不適合を建物引渡しから1年が経過した時に知った場合、Bは、当該不適合を知った時から1年以内にその旨をAに通知しなくても、Aに対して担保責任を追及することができる。

2 建物の構造耐力上主要な部分の不適合については、契約の目的を達成できるか否かにかかわらず、Bは不適合を理由に直ちに売買契約を解除することができる。

3 Bが不適合を理由にAに対して損害賠償請求をすることができるのは、不適合を理由に売買契約を解除することができない場合に限られる。

4 AB間の売買をBと媒介契約を締結した宅地建物取引業者Cが媒介していた場合には、BはCに対して担保責任を追及することができる。

【問 5】 AがBの代理人としてB所有の甲土地について売買契約を締結した場合に関する次の記述のうち、民法の規定及び判例によれば、正しいものはどれか。

1 Aが甲土地の売却を代理する権限をBから書面で与えられている場合、A自らが買主となって売買契約を締結したときは、Aは甲土地の所有権を当然に取得する。

2 Aが甲土地の売却を代理する権限をBから書面で与えられている場合、AがCの代理人となってBC間の売買契約を締結したときは、Cは甲土地の所有権を当然に取得する。

3 Aが無権代理人であってDとの間で売買契約を締結した後に、Bの死亡によりAが単独でBを相続した場合、Dは甲土地の所有権を当然に取得する。

4 Aが無権代理人であってEとの間で売買契約を締結した後に、Aの死亡によりBが単独でAを相続した場合、Eは甲土地の所有権を当然に取得する。

－ 3 －

【問　6】　Aは、Bに対し建物を賃貸し、月額10万円の賃料債権を有している。この賃料債権の消滅時効に関する次の記述のうち、民法の規定及び判例によれば、誤っているものはどれか。

1　Aが、Bに対する賃料債権につき支払督促の申立てをし、確定判決と同一の効力を有するものによって権利が確定したときは、消滅時効は、支払督促の事由が終了した時に更新される。

2　Bが、Aとの建物賃貸借契約締結時に、賃料債権につき消滅時効の利益はあらかじめ放棄する旨約定したとしても、その約定に法的効力は認められない。

3　Aが、Bに対する賃料債権につき内容証明郵便により支払を請求したときは、その請求により消滅時効は更新される。

4　Bが、賃料債権の消滅時効が完成した後にその賃料債権を承認したときは、消滅時効の完成を知らなかったときでも、その完成した消滅時効の援用をすることは許されない。

【問　7】　AとBとが共同で、Cから、C所有の土地を2,000万円で購入し、代金を連帯して負担する（連帯債務）と定め（その他別段の意思表示はないものとする）、CはA・Bに登記、引渡しをしたのに、A・Bが支払をしない場合の次の記述のうち、民法の規定によれば、正しいものはどれか。

1　Cは、Aに対して2,000万円の請求をすると、それと同時には、Bに対しては、全く請求をすることができない。

2　AとBとが、代金の負担部分を1,000万円ずつと定めていた場合、AはCから2,000万円請求されても、1,000万円を支払えばよい。

3　BがCに2,000万円支払った場合、Bは、Aの負担部分と定めていた1,000万円及びその支払った日以後の法定利息をAに求償することができる。

4　Cから請求を受けたBは、Aが、Cに対して有する1,000万円の債権をもって相殺しない以上、Aの負担部分についても、Cに対して債務の履行を拒むことはできない。

－ 4 －

【問　8】　Aに雇用されているBが、勤務中にA所有の乗用車を運転し、営業活動のため顧客Cを同乗させている途中で、Dが運転していたD所有の乗用車と正面衝突した（なお、事故についてはBとDに過失がある。）場合における次の記述のうち、民法の規定及び判例によれば、正しいものはどれか。

1　Aは、Cに対して事故によって受けたCの損害の全額を賠償した。この場合、Aは、BとDの過失割合に従って、Dに対して求償権を行使することができる。

2　Aは、Dに対して事故によって受けたDの損害の全額を賠償した。この場合、Aは、被用者であるBに対して求償権を行使することはできない。

3　事故によって損害を受けたCは、AとBに対して損害賠償を請求することはできるが、Dに対して損害賠償を請求することはできない。

4　事故によって損害を受けたDは、Aに対して損害賠償を請求することはできるが、Bに対して損害賠償を請求することはできない。

【問　9】　A所有の甲土地についての所有権移転登記と権利の主張に関する次の記述のうち、民法の規定及び判例によれば、正しいものはどれか。

1　甲土地につき、時効により所有権を取得したBは、時効完成前にAから甲土地を購入して所有権移転登記を備えたCに対して、時効による所有権の取得を主張することができない。

2　甲土地の賃借人であるDが、甲土地上に登記ある建物を有する場合に、Aから甲土地を購入したEは、所有権移転登記を備えていないときであっても、Dに対して、自らが賃貸人であることを主張することができる。

3　Aが甲土地をFとGとに対して二重に譲渡してFが所有権移転登記を備えた場合に、AG間の売買契約の方がAF間の売買契約よりも先になされたことをGが立証できれば、Gは、登記がなくても、Fに対して自らが所有者であることを主張することができる。

4　Aが甲土地をHとIとに対して二重に譲渡した場合において、Hが所有権移転登記を備えない間にIが甲土地を善意のJに譲渡してJが所有権移転登記を備えたときは、Iがいわゆる背信的悪意者であっても、Hは、Jに対して自らが所有者であることを主張することができない。

— 5 —

【問　10】　AはBから2,000万円を借り入れて土地とその上の建物を購入し、Bを抵当権者として当該土地及び建物に2,000万円を被担保債権とする抵当権を設定し、登記した。この場合における次の記述のうち、民法の規定及び判例によれば、誤っているものはどれか。

1　AがBとは別にCから500万円を借り入れていた場合、Bとの抵当権設定契約がCとの抵当権設定契約より先であっても、Cを抵当権者とする抵当権設定登記の方がBを抵当権者とする抵当権設定登記より先であるときには、Cを抵当権者とする抵当権が第1順位となる。

2　当該建物に火災保険が付されていて、当該建物が火災によって焼失してしまった場合、Bの抵当権は、その火災保険契約に基づく損害保険金請求権に対しても行使することができる。

3　Bの抵当権設定登記後にAがDに対して当該建物を賃貸し、当該建物をDが使用している状態で抵当権が実行され当該建物が競売された場合、Dは競落人に対して直ちに当該建物を明け渡す必要はない。

4　AがBとは別に事業資金としてEから500万円を借り入れる場合、当該土地及び建物の購入代金が2,000万円であったときには、Bに対して500万円以上の返済をした後でなければ、当該土地及び建物にEのために2番抵当権を設定することはできない。

【問 11】 賃貸借契約に関する次の記述のうち、民法及び借地借家法の規定並びに判例によれば、誤っているものはどれか。

1 建物の所有を目的とする土地の賃貸借契約において、借地権の登記がなくても、その土地上の建物に借地人が自己を所有者と記載した表示の登記をしていれば、借地権を第三者に対抗することができる。

2 建物の所有を目的とする土地の賃貸借契約において、建物が全焼した場合でも、借地権者は、その土地上に滅失建物を特定するために必要な事項等を掲示すれば、借地権を第三者に対抗することができる場合がある。

3 建物の所有を目的とする土地の適法な転借人は、自ら対抗力を備えていなくても、賃借人が対抗力のある建物を所有しているときは、転貸人たる賃借人の賃借権を援用して転借権を第三者に対抗することができる。

4 仮設建物を建築するために土地を一時使用として1年間賃借し、借地権の存続期間が満了した場合には、借地権者は、借地権設定者に対し、建物を時価で買い取るように請求することができる。

【問 12】 Aが所有する甲建物をBに対して3年間賃貸する旨の契約をした場合における次の記述のうち、借地借家法の規定によれば、正しいものはどれか。

1 AがBに対し、甲建物の賃貸借契約の期間満了の1年前に更新をしない旨の通知をしていれば、AB間の賃貸借契約は期間満了によって当然に終了し、更新されない。

2 Aが甲建物の賃貸借契約の解約の申入れをした場合には申入れ日から3月で賃貸借契約が終了する旨を定めた特約は、Bがあらかじめ同意していれば、有効となる。

3 Cが甲建物を適法に転借している場合、AB間の賃貸借契約が期間満了によって終了するときに、Cがその旨をBから聞かされていれば、AはCに対して、賃貸借契約の期間満了による終了を対抗することができる。

4 AB間の賃貸借契約が借地借家法第38条の定期建物賃貸借で、契約の更新がない旨を定めるものである場合、当該契約前にAがBに契約の更新がなく期間の満了により終了する旨を記載した書面を交付（又は電磁的方法により提供）して説明しなければ、契約の更新がない旨の約定は無効となる。

— 7 —

【問　13】　建物の区分所有等に関する法律に関する次の記述のうち、正しいものはどれか。

1　専有部分が数人の共有に属するときは、規約で別段の定めをすることにより、共有者は、議決権を行使すべき者を2人まで定めることができる。

2　規約及び集会の決議は、区分所有者の特定承継人に対しては、その効力を生じない。

3　敷地利用権が数人で有する所有権その他の権利である場合には、区分所有者は、規約で別段の定めがあるときを除き、その有する専有部分とその専有部分に係る敷地利用権とを分離して処分することができる。

4　集会において、管理者の選任を行う場合、規約に別段の定めがない限り、区分所有者及び議決権の各過半数で決する。

【問　14】　不動産の登記に関する次の記述のうち、不動産登記法の規定によれば、誤っているものはどれか。

1　新築した建物又は区分建物以外の表題登記がない建物の所有権を取得した者は、その所有権の取得の日から1月以内に、所有権の保存の登記を申請しなければならない。

2　登記することができる権利には、抵当権及び賃借権が含まれる。

3　建物が滅失したときは、表題部所有者又は所有権の登記名義人は、その滅失の日から1月以内に、当該建物の滅失の登記を申請しなければならない。

4　区分建物の所有権の保存の登記は、表題部所有者から所有権を取得した者も、申請することができる。

— 8 —

【問　15】　都市計画法に関する次の記述のうち、正しいものはどれか。

1　市街地開発事業等予定区域に関する都市計画において定められた区域内において、非常災害のため必要な応急措置として行う建築物の建築であれば、都道府県知事（市の区域内にあっては、当該市の長）の許可を受ける必要はない。

2　都市計画の決定又は変更の提案は、当該提案に係る都市計画の素案の対象となる土地について所有権又は借地権を有している者以外は行うことができない。

3　市町村は、都市計画を決定しようとするときは、あらかじめ、都道府県知事に協議し、その同意を得なければならない。

4　地区計画の区域のうち地区整備計画が定められている区域内において、建築物の建築等の行為を行った者は、一定の行為を除き、当該行為の完了した日から30日以内に、行為の種類、場所等を市町村長に届け出なければならない。

【問　16】　都市計画法に関する次の記述のうち、誤っているものはどれか。ただし、許可を要する開発行為の面積については、条例による定めはないものとし、この問において「都道府県知事」とは、地方自治法に基づく指定都市、中核市及び施行時特例市にあってはその長をいうものとする。

1　非常災害のため必要な応急措置として開発行為をしようとする者は、当該開発行為が市街化調整区域内において行われるものであっても都道府県知事の許可を受けなくてよい。

2　用途地域等の定めがない土地のうち開発許可を受けた開発区域内においては、開発行為に関する工事完了の公告があった後は、都道府県知事の許可を受けなければ、当該開発許可に係る予定建築物以外の建築物を新築することができない。

3　都市計画区域及び準都市計画区域外の区域内において、8,000㎡の開発行為をしようとする者は、都道府県知事の許可を受けなくてよい。

4　準都市計画区域内において、農業を営む者の居住の用に供する建築物の建築を目的とした1,000㎡の土地の区画形質の変更を行おうとする者は、あらかじめ、都道府県知事の許可を受けなければならない。

－ 9 －

【問　17】　3階建て、延べ面積600㎡、高さ10mの建築物に関する次の記述のうち、建築基準法の規定によれば、正しいものはどれか。

1　当該建築物が木造であり、都市計画区域外に建築する場合は、確認済証の交付を受けなくとも、その建築工事に着手することができる。

2　用途が事務所である当該建築物の用途を変更して共同住宅にする場合は、確認を受ける必要はない。

3　当該建築物には、有効に避雷設備を設けなければならない。

4　用途が共同住宅である当該建築物の工事を行う場合において、2階の床及びこれを支持するはりに鉄筋を配置する工事を終えたときは、中間検査を受ける必要がある。

【問　18】　建築基準法に関する次の記述のうち、正しいものはどれか。

1　防火地域にある建築物で、外壁が耐火構造のものについては、その外壁を隣地境界線に接して設けることができる。

2　高さ30mの建築物には、原則として非常用の昇降機を設けなければならない。

3　防火地域・準防火地域内にある建築物は、一定の部分等を、通常の火災による周囲への延焼を防止するために、これらに必要とされる性能に関して一定の技術的基準に適合するもので、国土交通大臣が定めた構造方法を用いるもの又は国土交通大臣の認定を受けたものとしなければならないが、準防火地域内にある建築物に限り、高さ3m以下の門又は塀は除かれる。

4　延べ面積が1,000㎡を超える耐火建築物は、防火上有効な構造の防火壁又は防火床によって有効に区画し、かつ、各区画の床面積の合計をそれぞれ1,000㎡以内としなければならない。

— 10 —

【問 19】 宅地造成等規制法に関する次の記述のうち、誤っているものはどれか。なお、この問において「都道府県知事」とは、地方自治法に基づく指定都市等にあってはその長をいうものとする。

1 宅地造成工事規制区域内において宅地造成に関する工事を行う場合、宅地造成に伴う災害を防止するために行う高さ4mの擁壁の設置に係る工事については、政令で定める資格を有する者の設計によらなければならない。

2 宅地造成工事規制区域内において行われる切土であって、当該切土をする土地の面積が600㎡で、かつ、高さ1.5mの崖を生ずることとなるものに関する工事については、都道府県知事の許可が必要である。

3 宅地造成工事規制区域内において行われる盛土であって、当該盛土をする土地の面積が300㎡で、かつ、高さ1.5mの崖を生ずることとなるものに関する工事については、都道府県知事の許可が必要である。

4 都道府県知事は、宅地造成工事規制区域内の宅地について、宅地造成に伴う災害の防止のため必要があると認める場合においては、その宅地の所有者、管理者、占有者、造成主又は工事施行者に対し、擁壁の設置等の措置をとることを勧告することができる。

【問 20】 土地区画整理法に関する次の記述のうち、誤っているものはどれか。なお、この問において「組合」とは、土地区画整理組合をいう。

1 組合は、事業の完成により解散しようとする場合においては、都道府県知事の認可を受けなければならない。

2 施行地区内の宅地について組合員の有する所有権の全部又は一部を承継した者がある場合においては、その組合員がその所有権の全部又は一部について組合に対して有する権利義務は、その承継した者に移転する。

3 組合を設立しようとする者は、事業計画の決定に先立って組合を設立する必要があると認める場合においては、7人以上共同して、定款及び事業基本方針を定め、その組合の設立について都道府県知事の認可を受けることができる。

4 組合が施行する土地区画整理事業に係る施行地区内の宅地について借地権のみを有する者は、その組合の組合員とはならない。

— 11 —

【問　21】　農地に関する次の記述のうち、農地法（以下この問において「法」という。）の規定によれば、正しいものはどれか。

1　市街化区域内の農地を耕作のために借り入れる場合、あらかじめ農業委員会に届出をすれば、法第3条第1項の許可を受ける必要はない。

2　市街化調整区域内の4ヘクタールを超える農地について、これを転用するために所有権を取得する場合、農林水産大臣の許可を受ける必要がある。

3　銀行から500万円を借り入れるために農地に抵当権を設定する場合、法第3条第1項又は第5条第1項の許可を受ける必要がある。

4　相続により農地の所有権を取得した者は、遅滞なく、その農地の存する市町村の農業委員会にその旨を届け出なければならない。

【問　22】　国土利用計画法第23条の事後届出（以下この問において「事後届出」という。）に関する次の記述のうち、正しいものはどれか。

1　都市計画区域外においてAが所有する面積12,000㎡の土地について、Aの死亡により当該土地を相続したBは、事後届出を行う必要はない。

2　市街化区域においてAが所有する面積3,000㎡の土地について、Bが購入した場合、A及びBは事後届出を行わなければならない。

3　市街化調整区域に所在する農地法第3条第1項の許可を受けた面積6,000㎡の農地を購入したAは、事後届出を行わなければならない。

4　市街化区域に所在する一団の土地である甲土地（面積1,500㎡）と乙土地（面積1,500㎡）について、甲土地については売買によって所有権を取得し、乙土地については対価の授受を伴わず賃借権の設定を受けたAは、事後届出を行わなければならない。

－ 12 －

【問　23】　令和5年中に、個人が居住用財産を譲渡した場合における譲渡所得の課税に関する次の記述のうち、正しいものはどれか。

1　令和5年1月1日において所有期間が10年以下の居住用財産については、居住用財産の譲渡所得の3,000万円特別控除（租税特別措置法第35条第1項）を適用することができない。

2　令和5年1月1日において所有期間が10年を超える居住用財産について、収用交換等の場合の譲渡所得等の5,000万円特別控除（租税特別措置法第33条の4第1項）の適用を受ける場合であっても、特別控除後の譲渡益について、居住用財産を譲渡した場合の軽減税率の特例（同法第31条の3第1項）を適用することができる。

3　令和5年1月1日において所有期間が10年を超える居住用財産について、その譲渡した時にその居住用財産を自己の居住の用に供していなければ、居住用財産を譲渡した場合の軽減税率の特例を適用することができない。

4　令和5年1月1日において所有期間が10年を超える居住用財産について、その者と生計を一にしていない孫に譲渡した場合には、居住用財産の譲渡所得の3,000万円特別控除を適用することができる。

【問　24】　不動産取得税に関する次の記述のうち、正しいものはどれか。

1　不動産取得税の課税標準となるべき額が、土地の取得にあっては10万円、家屋の取得のうち建築に係るものにあっては1戸につき23万円、その他のものにあっては1戸につき12万円に満たない場合においては、不動産取得税が課されない。

2　令和5年4月に取得した床面積250㎡である新築住宅に係る不動産取得税の課税標準の算定については、当該新築住宅の価格から1,200万円が控除される。

3　宅地の取得に係る不動産取得税の課税標準は、当該取得が令和6年3月31日までに行われた場合、当該宅地の価格の4分の1の額とされる。

4　家屋が新築された日から2年を経過して、なお、当該家屋について最初の使用又は譲渡が行われない場合においては、当該家屋が新築された日から2年を経過した日において家屋の取得がなされたものとみなし、当該家屋の所有者を取得者とみなして、これに対して不動産取得税を課する。

【問　25】　不動産の鑑定評価に関する次の記述のうち、不動産鑑定評価基準によれば、誤っているものはどれか。

1　不動産の価格を形成する要因とは、不動産の効用及び相対的稀少性並びに不動産に対する有効需要の三者に影響を与える要因をいう。不動産の鑑定評価を行うに当たっては、不動産の価格を形成する要因を明確に把握し、かつ、その推移及び動向並びに諸要因間の相互関係を十分に分析すること等が必要である。

2　不動産の鑑定評価における各手法の適用に当たって必要とされる事例は、鑑定評価の各手法に即応し、適切にして合理的な計画に基づき、豊富に秩序正しく収集、選択されるべきであり、例えば、投機的取引と認められる事例は用いることができない。

3　取引事例比較法においては、時点修正が可能である等の要件をすべて満たした取引事例について、近隣地域又は同一需給圏内の類似地域に存する不動産に係るもののうちから選択するものとするが、必要やむを得ない場合においては、近隣地域の周辺の地域に存する不動産に係るもののうちから選択することができる。

4　原価法における減価修正の方法としては、耐用年数に基づく方法と、観察減価法の二つの方法があるが、これらを併用することはできない。

【問　26】　次の記述のうち、宅地建物取引業法の規定によれば、正しいものはどれか。なお、この問において、「事務所」とは、同法第31条の３に規定する事務所等をいう。

1　宅地建物取引業者は、その事務所ごとに、公衆の見やすい場所に、免許証及び国土交通省令で定める標識を掲げなければならない。

2　宅地建物取引業者は、その事務所ごとに従業者名簿を備える義務を怠った場合、監督処分を受けることはあっても罰則の適用を受けることはない。

3　宅地建物取引業者は、各事務所の業務に関する帳簿を主たる事務所に備え、取引のあったつど、その年月日、その取引に係る宅地又は建物の所在及び面積等の事項を記載しなければならない。

4　宅地建物取引業者は、その事務所ごとに一定の数の成年者である専任の宅地建物取引士を置かなければならないが、既存の事務所がこれを満たさなくなった場合は、２週間以内に必要な措置を執らなければならない。

【問 27】 宅地建物取引業者A社（消費税課税事業者）は売主Bから土地付中古別荘の売却の代理の依頼を受け、宅地建物取引業者C社（消費税課税事業者）は買主Dから別荘用物件の購入に係る媒介の依頼を受け、BとDの間で当該土地付中古別荘の売買契約を成立させた。この場合における次の記述のうち、宅地建物取引業法の規定によれば、正しいものの組合せはどれか。なお、当該土地付中古別荘の売買代金は320万円（うち、土地代金は100万円）で、消費税額及び地方消費税額を含むものとする。

ア　A社がBから受領する報酬の額によっては、C社はDから報酬を受領することができない場合がある。

イ　A社はBから、少なくとも154,000円を上限とする報酬を受領することができる。

ウ　A社がBから100,000円の報酬を受領した場合、C社がDから受領できる報酬の上限額は208,000円である。

エ　A社は、代理報酬のほかに、Bからの依頼の有無にかかわらず、通常の広告の料金に相当する額についても、Bから受け取ることができる。

1　ア、イ

2　イ、ウ

3　ウ、エ

4　ア、イ、ウ

【問 28】 宅地建物取引業者が行う宅地建物取引業法第35条に規定する重要事項の説明に関する次の記述のうち、正しいものはどれか。なお、説明の相手方は宅地建物取引業者ではないものとする。

1 建物の売買の媒介に関し、受領しようとする預り金について保全措置を講ずる場合において、預り金の額が売買代金の額の100分の10以下であるときは、その措置の概要を説明する必要はない。

2 宅地の貸借の媒介を行う場合、当該宅地について借地借家法第22条に規定する定期借地権を設定しようとするときは、その旨を説明しなければならない。

3 建物の貸借の媒介を行う場合、消費生活用製品安全法に規定する特定保守製品の保守点検に関する事項を説明しなければならない。

4 建物の貸借の媒介を行う場合、契約の期間については説明する必要があるが、契約の更新については、宅地建物取引業法第37条の規定により交付すべき書面（当該書面を交付すべき者の承諾を得て、当該書面に記載すべき事項を電磁的方法で提供する場合における当該電磁的方法を含む。）への記載事項であり、説明する必要はない。

— 16 —

【問 29】 宅地建物取引業法に規定する宅地建物取引士資格登録（以下この問において「登録」という。）、宅地建物取引士及び宅地建物取引士証に関する次の記述のうち、正しいものはいくつあるか。

ア 登録を受けている者は、登録事項に変更があった場合は変更の登録申請を、また、破産手続開始決定を受けた場合はその旨の届出を、遅滞なく、登録している都道府県知事に行わなければならない。

イ 宅地建物取引士証の交付を受けようとする者（宅地建物取引士資格試験合格日から1年以内の者又は登録の移転に伴う者を除く。）は、都道府県知事が指定した講習を、交付の申請の90日前から30日前までに受講しなければならない。

ウ 宅地建物取引業法第35条に規定する事項を記載した書面への記名及び同法第37条の規定により交付すべき書面への記名については、専任の宅地建物取引士でなければ行ってはならない。

エ 宅地建物取引士は、事務禁止処分を受けた場合、宅地建物取引士証をその交付を受けた都道府県知事に速やかに提出しなければならないが、提出しなかったときは10万円以下の過料に処せられることがある。

1 一つ
2 二つ
3 三つ
4 なし

【問　30】　宅地建物取引業者Ａが行う業務に関する次の記述のうち、宅地建物取引業法の規定に違反するものはいくつあるか。

ア　Ａは、自ら売主として、建物の売買契約を締結するに際し、買主が手付金を持ち合わせていなかったため手付金の分割払いを提案し、買主はこれに応じた。

イ　Ａは、建物の販売に際し、勧誘の相手方から値引きの要求があったため、広告に表示した販売価格から100万円値引きすることを告げて勧誘し、売買契約を締結した。

ウ　Ａは、土地の売買の媒介に際し重要事項の説明の前に、宅地建物取引士ではないＡの従業者をして媒介の相手方に対し、当該土地の交通等の利便の状況について説明させた。

エ　Ａは、投資用マンションの販売に際し、電話で勧誘を行ったところ、勧誘の相手方から「購入の意思がないので二度と電話をかけないように」と言われたことから、電話での勧誘を諦め、当該相手方の自宅を訪問して勧誘した。

1　一つ
2　二つ
3　三つ
4　四つ

－ 18 －

【問 31】 宅地建物取引業者Aは、Bが所有する宅地の売却を依頼され、専任媒介契約を締結した。この場合における次の記述のうち、宅地建物取引業法の規定に違反するものはいくつあるか。

ア　Aは、Bが宅地建物取引業者であったので、宅地建物取引業法第34条の2第1項に規定する書面（政令で定めるところにより、依頼者の承諾を得て、当該書面に記載すべき事項を電磁的方法で提供する場合における当該電磁的方法を含む。）を作成しなかった。

イ　Aは、Bの要望により、指定流通機構に当該宅地を登録しない旨の特約をし、指定流通機構に登録しなかった。

ウ　Aは、短期間で売買契約を成立させることができると判断したので指定流通機構に登録せず、専任媒介契約締結の日の9日後に当該売買契約を成立させた。

エ　Aは、当該契約に係る業務の処理状況の報告日を毎週金曜日とする旨の特約をした。

1　一つ
2　二つ
3　三つ
4　四つ

— 19 —

【問　32】　宅地建物取引業者が媒介により区分所有建物の貸借の契約を成立させた場合に関する次の記述のうち、宅地建物取引業法（以下この問において「法」という。）の規定によれば、正しいものはどれか。なお、この問において「重要事項説明書」とは法第35条の規定により交付すべき書面をいい、「37条書面」とは法第37条の規定により交付すべき書面をいい、それぞれ電磁的方法により提供する場合における当該電磁的方法を含むものとする。また、借主は宅地建物取引業者ではないものとする。

1　専有部分の用途その他の利用の制限に関する規約において、ペットの飼育が禁止されている場合は、重要事項説明書にその旨記載し内容を説明したときも、37条書面に記載しなければならない。

2　契約の解除について定めがある場合は、重要事項説明書にその旨記載し内容を説明したときも、37条書面に記載しなければならない。

3　借賃の支払方法が定められていても、貸主及び借主の承諾を得たときは、37条書面に記載しなくてよい。

4　天災その他不可抗力による損害の負担に関して定めなかった場合には、その旨を37条書面に記載しなければならない。

－ 20 －

【問 33】 宅地建物取引士資格登録（以下この問において「登録」という。）又は宅地建物取引士に関する次の記述のうち、宅地建物取引業法の規定によれば、正しいものはいくつあるか。

ア 宅地建物取引士（甲県知事登録）が、乙県で宅地建物取引業に従事することとなったため乙県知事に登録の移転の申請をしたときは、移転後新たに5年を有効期間とする宅地建物取引士証の交付を受けることができる。

イ 宅地建物取引士は、取引の関係者から宅地建物取引士証の提示を求められたときは、宅地建物取引士証を提示しなければならないが、従業者証明書の提示を求められたときは、宅地建物取引業者の代表取締役である宅地建物取引士は、当該証明書がないので提示をしなくてよい。

ウ 宅地建物取引士が心身の故障により宅地建物取引士の事務を適正に行うことができない者として国土交通省令で定めるものに該当することになったときは、本人又はその法定代理人若しくは同居の親族は、3月以内に、その旨を登録をしている都道府県知事に届け出なければならない。

エ 宅地建物取引士の氏名等が登載されている宅地建物取引士資格登録簿は一般の閲覧に供されることはないが、専任の宅地建物取引士は、その氏名が宅地建物取引業者名簿に登載され、当該名簿が一般の閲覧に供される。

1 一つ
2 二つ
3 三つ
4 なし

－ 21 －

【問　34】　宅地建物取引業者が行う宅地建物取引業法第35条に規定する重要事項の説明に関する次の記述のうち、誤っているものはどれか。なお、説明の相手方は宅地建物取引業者ではないものとする。

1　区分所有建物の売買の媒介を行う場合、当該1棟の建物及びその敷地の管理が委託されているときは、その委託を受けている者の氏名（法人にあっては、その商号又は名称）及び住所（法人にあっては、その主たる事務所の所在地）を説明しなければならない。

2　土地の売買の媒介を行う場合、移転登記の申請の時期の定めがあるときは、その内容を説明しなければならない。

3　住宅の売買の媒介を行う場合、宅地内のガス配管設備等に関して、当該住宅の売買後においても当該ガス配管設備等の所有権が家庭用プロパンガス販売業者にあるものとするときは、その旨を説明する必要がある。

4　中古マンションの売買の媒介を行う場合、当該マンションの計画的な維持修繕のための費用の積立てを行う旨の規約の定めがあるときは、その内容及び既に積み立てられている額について説明しなければならない。

－ 22 －

【問 35】 宅地建物取引業法に関する次の記述のうち、誤っているものはどれか。なお、この問において、「35条書面」とは、同法第35条の規定に基づく重要事項を記載した書面を、「37条書面」とは、同法第37条の規定に基づく契約の内容を記載した書面をいい、「35条書面」及び「37条書面」には、当該書面に記載すべき事項を電磁的方法により提供する場合における当該電磁的方法を含まないものとする。

1 宅地建物取引業者は、抵当権に基づく差押えの登記がされている建物の貸借の媒介をするにあたり、貸主から当該登記について告げられなかった場合であっても、35条書面及び37条書面には、当該登記について記載しなければならない。

2 宅地建物取引業者は、37条書面の作成を宅地建物取引士でない従業者に行わせることができる。

3 宅地建物取引業者は、その媒介により建物の貸借の契約が成立した場合、天災その他不可抗力による損害の負担に関する定めがあるときには、その内容を37条書面に記載しなければならない。

4 37条書面に記名する宅地建物取引士は、35条書面に記名した宅地建物取引士と必ずしも同じ者である必要はない。

— 23 —

【問　36】　宅地建物取引業者が建物の貸借の媒介を行う場合における宅地建物取引業法（以下この問において「法」という。）第35条に規定する重要事項の説明に関する次の記述のうち、誤っているものはどれか。なお、特に断りのない限り、当該建物を借りようとする者は宅地建物取引業者ではないものとする。

1　当該建物を借りようとする者が宅地建物取引業者であるときは、貸借の契約が成立するまでの間に重要事項を記載した書面（借主の承諾を得て、当該書面に記載すべき事項を電磁的方法により提供する場合における当該電磁的方法を含む。）を交付又は提供しなければならないが、その内容を宅地建物取引士に説明させる必要はない。

2　当該建物が既存の住宅であるときは、法第34条の2第1項第4号に規定する建物状況調査を実施しているかどうか、及びこれを実施している場合におけるその結果の概要を説明しなければならない。

3　台所、浴室、便所その他の当該建物の設備の整備の状況について説明しなければならない。

4　宅地建物取引士は、テレビ会議等のITを活用して重要事項の説明を行うときは、相手方の承諾があれば宅地建物取引士証の提示を省略することができる。

【問　37】　宅地建物取引業者A（甲県知事免許）がその業務に関して広告を行った場合における次の記述のうち、宅地建物取引業法の規定に違反しないものはどれか。

1　Aは、宅地の造成に当たり、工事に必要とされる許可等の処分があった宅地について、当該処分があったことを明示して、工事完了前に、当該宅地の販売に関する広告を行った。

2　Aは、自ら売主として新築マンションを分譲するに当たり、建築基準法第6条第1項の確認の申請中であったため、「建築確認申請済」と明示して、当該建物の販売に関する広告を行い、建築確認を受けた後に売買契約を締結した。

3　Aは、中古の建物の売買において、当該建物の所有者Bから媒介の依頼を受け、取引態様の別を明示せずに自社ホームページに広告を掲載したが、広告を見た者からの問い合わせはなく、契約成立には至らなかった。

4　Aは、甲県知事から業務の全部の停止を命じられ、その停止の期間中に未完成の土地付建物の販売に関する広告を行ったが、当該土地付建物の売買の契約は当該期間の経過後に締結した。

－ 24 －

【問 38】 宅地建物取引業者A社が、自ら売主として宅地建物取引業者でない買主B
との間で締結した建物の売買契約について、Bが宅地建物取引業法第37条の2の規定に
基づき、いわゆるクーリング・オフによる契約の解除をする場合における次の記述のう
ち、正しいものはどれか。

1　Bは、モデルルームにおいて買受けの申込みをし、後日、A社の事務所において売
　買契約を締結した。この場合、Bは、既に当該建物の引渡しを受け、かつ、その代金
　の全部を支払ったときであっても、A社からクーリング・オフについて何も告げられ
　ていなければ、契約の解除をすることができる。

2　Bは、自らの希望により自宅近くの喫茶店において買受けの申込みをし、売買契約
　を締結した。その3日後にA社から当該契約に係るクーリング・オフについて書面で
　告げられた。この場合、Bは、当該契約締結日から起算して10日目において、契約の
　解除をすることができる。

3　Bは、ホテルのロビーにおいて買受けの申込みをし、その際にA社との間でクーリ
　ング・オフによる契約の解除をしない旨の合意をした上で、後日、売買契約を締結し
　た。この場合、仮にBがクーリング・オフによる当該契約の解除を申し入れたとして
　も、A社は、当該合意に基づき、Bからの契約の解除を拒むことができる。

4　Bは、A社の事務所において買受けの申込みをし、後日、レストランにおいてA社
　からクーリング・オフについて何も告げられずに売買契約を締結した。この場合、B
　は、当該契約締結日から起算して10日目において、契約の解除をすることができる。

【問　39】　宅地建物取引業保証協会（以下この問において「保証協会」という。）に関する次の記述のうち、正しいものはどれか。

1　還付充当金の未納により保証協会の社員の地位を失った宅地建物取引業者は、その地位を失った日から２週間以内に弁済業務保証金を供託すれば、その地位を回復する。

2　保証協会は、その社員である宅地建物取引業者から弁済業務保証金分担金の納付を受けたときは、その納付を受けた日から２週間以内に、その納付を受けた額に相当する額の弁済業務保証金を供託しなければならない。

3　保証協会は、弁済業務保証金の還付があったときは、当該還付に係る社員又は社員であった者に対して、当該還付額に相当する額の還付充当金を保証協会に納付すべきことを通知しなければならない。

4　宅地建物取引業者が保証協会の社員となる前に、当該宅地建物取引業者に建物の貸借の媒介を依頼した者（宅地建物取引業者ではないものとする。）は、その取引により生じた債権に関し、当該保証協会が供託した弁済業務保証金について弁済を受ける権利を有しない。

【問　40】　宅地建物取引業者が行う宅地建物取引業法第35条に規定する重要事項の説明及び書面の交付（宅地建物取引業者の相手方等の承諾を得て、宅地建物取引士に当該書面に記載すべき事項を電磁的方法により提供させる場合を含む。）に関する次の記述のうち、正しいものはどれか。

1　宅地建物取引業者ではない売主に対しては、買主に対してと同様に、宅地建物取引士をして、契約締結時までに重要事項を記載した書面を交付して、その説明をさせなければならない。

2　重要事項の説明及び書面の交付は、取引の相手方の自宅又は勤務する場所等、宅地建物取引業者の事務所以外の場所において行うことができる。

3　宅地建物取引業者が代理人として売買契約を締結し、建物の購入を行う場合は、宅地建物取引業者ではない代理を依頼した者に対して重要事項の説明をする必要はない。

4　重要事項の説明を行う宅地建物取引士は専任の宅地建物取引士でなくてもよいが、書面に記名する宅地建物取引士は専任の宅地建物取引士でなければならない。

【問　41】　営業保証金を供託している宅地建物取引業者Aと宅地建物取引業保証協会（以下この問において「保証協会」という。）の社員である宅地建物取引業者Bに関する次の記述のうち、宅地建物取引業法の規定によれば、正しいものはどれか。

1　新たに事務所を設置する場合、Aは、主たる事務所の最寄りの供託所に供託すべき営業保証金に、Bは、保証協会に納付すべき弁済業務保証金分担金に、それぞれ金銭又は有価証券をもって充てることができる。

2　一部の事務所を廃止した場合において、営業保証金又は弁済業務保証金を取り戻すときは、A、Bはそれぞれ還付を請求する権利を有する者に対して6か月以内に申し出るべき旨を官報に公告しなければならない。

3　AとBが、それぞれ主たる事務所の他に3か所の従たる事務所を有している場合、Aは営業保証金として2,500万円の供託を、Bは弁済業務保証金分担金として150万円の納付をしなければならない。

4　宅地建物取引業に関する取引により生じた債権を有する者（宅地建物取引業者ではないものとする。）は、Aに関する債権にあってはAが供託した営業保証金についてその額を上限として弁済を受ける権利を有し、Bに関する債権にあってはBが納付した弁済業務保証金分担金についてその額を上限として弁済を受ける権利を有する。

－ 27 －

【問　42】　宅地建物取引業者Ａ社が、Ｂから自己所有の甲宅地の売却の媒介を依頼され、Ｂと媒介契約を締結した場合における次の記述のうち、宅地建物取引業法の規定によれば、正しいものはいくつあるか。

ア　Ａ社が、Ｂとの間に専任媒介契約を締結し、甲宅地の売買契約を成立させたときは、Ａ社は、遅滞なく、登録番号、取引価格、売買契約の成立した年月日、売主及び買主の氏名を指定流通機構に通知しなければならない。

イ　Ａ社は、Ｂとの間に媒介契約を締結し、Ｂに対して甲宅地を売買すべき価格又はその評価額について意見を述べるときは、その根拠を明らかにしなければならない。

ウ　Ａ社がＢとの間に締結した専任媒介契約の有効期間は、Ｂからの申出により更新することができるが、更新の時から３月を超えることができない。

1　一つ
2　二つ
3　三つ
4　なし

－ 28 －

【問　43】　宅地建物取引業者Ａが、自ら売主として、宅地建物取引業者でないＢとの間でマンション（代金4,000万円）の売買契約を締結した場合に関する次の記述のうち、宅地建物取引業法（以下この問において「法」という。）の規定に違反するものの組合せはどれか。

ア　Ａは、建築工事完了前のマンションの売買契約を締結する際に、Ｂから手付金200万円を受領し、さらに建築工事中に200万円を中間金として受領した後、当該手付金と中間金について法第41条に定める保全措置を講じた。

イ　Ａは、建築工事完了後のマンションの売買契約を締結する際に、法第41条の2に定める保全措置を講じることなくＢから手付金400万円を受領した。

ウ　Ａは、建築工事完了前のマンションの売買契約を締結する際に、Ｂから手付金500万円を受領したが、Ｂに当該手付金500万円を現実に提供して、契約を一方的に解除した。

エ　Ａは、建築工事完了後のマンションの売買契約を締結する際に、当事者の債務の不履行を理由とする契約の解除に伴う損害賠償の予定額を1,000万円とする特約を定めた。

1　ア、ウ
2　イ、ウ
3　ア、イ、エ
4　ア、ウ、エ

【問　44】　宅地建物取引業者が行う業務に関する次の記述のうち、宅地建物取引業法の規定によれば、正しいものはいくつあるか。なお、この問において「37条書面」とは、同法第37条の規定により交付すべき書面をいい、書面を交付すべき相手方等の承諾を得て、政令の定めるところにより、電磁的方法による提供をする場合における当該電磁的方法を含むものとする。

ア　宅地建物取引業者は、自ら売主として宅地建物取引業者ではない買主との間で新築分譲住宅の売買契約を締結した場合において、当該新築分譲住宅が種類又は品質に関して契約の内容に適合しない場合におけるその不適合を担保すべき責任の履行に関して講ずべき保証保険契約の締結その他の措置について定めがあるときは、当該措置についても37条書面に記載しなければならない。

イ　宅地建物取引業者は、37条書面を交付（書面を交付すべき相手方等の承諾を得て、政令の定めるところにより、電磁的方法による提供をする場合を含む。）するに当たり、宅地建物取引士をして、その書面に記名の上、その内容を説明させなければならない。

ウ　宅地建物取引業者は、自ら売主として宅地の売買契約を締結した場合は、買主が宅地建物取引業者であっても、37条書面に当該宅地の引渡しの時期を記載しなければならない。

エ　宅地建物取引業者は、建物の売買の媒介において、当該建物に係る租税その他の公課の負担に関する定めがあるときは、その内容を37条書面に記載しなければならない。

1　一つ
2　二つ
3　三つ
4　四つ

― 30 ―

【問 45】 特定住宅瑕疵担保責任の履行の確保等に関する法律に基づく住宅販売瑕疵担保保証金の供託又は住宅販売瑕疵担保責任保険契約の締結（以下この問において「資力確保措置」という。）に関する次の記述のうち、正しいものはどれか。なお、本問における「瑕疵」とは、種類又は品質に関して契約の内容に適合しない状態をいう。

1 自ら売主として新築住宅を宅地建物取引業者でない買主に引き渡した宅地建物取引業者は、当該住宅を引き渡した日から３週間以内に、その住宅に関する資力確保措置の状況について、その免許を受けた国土交通大臣又は都道府県知事に届け出なければならない。

2 自ら売主として新築住宅を宅地建物取引業者でない買主に引き渡した宅地建物取引業者は、基準日に係る資力確保措置の状況の届出をしなければ、当該基準日の翌日から起算して50日を経過した日以後においては、新たに自ら売主となる新築住宅の売買契約を締結してはならない。

3 住宅販売瑕疵担保責任保険契約は、新築住宅を自ら売主として販売する宅地建物取引業者が住宅瑕疵担保責任保険法人と締結する保険契約であり、当該住宅の売買契約を締結した日から５年間、当該住宅の瑕疵によって生じた損害について保険金が支払われる。

4 新築住宅を自ら売主として販売する宅地建物取引業者が、住宅販売瑕疵担保保証金の供託をした場合、買主に対する当該保証金の供託をしている供託所の所在地等について記載した書面の交付（又は買主の承諾を得て、書面に記載すべき事項を電磁的方法により提供）及び説明は、当該住宅の売買契約を締結した日から引渡しまでに行わなければならない。

― 31 ―

【問　46】　独立行政法人住宅金融支援機構（以下この問において「機構」という。）に関する次の記述のうち、誤っているものはどれか。

1　機構は、証券化支援事業（買取型）において、中古住宅を購入するための貸付債権を買取りの対象としていない。

2　機構は、証券化支援事業（買取型）において、バリアフリー性、省エネルギー性、耐震性又は耐久性・可変性に優れた住宅を取得する場合に、貸付金の利率を一定期間引き下げる制度を実施している。

3　機構は、マンション管理組合や区分所有者に対するマンション共用部分の改良に必要な資金の貸付けを業務として行っている。

4　機構は、災害により住宅が滅失した場合において、それに代わるべき建築物の建設又は購入に必要な資金の貸付けを業務として行っている。

【問　47】　宅地建物取引業者が行う広告に関する次の記述のうち、不当景品類及び不当表示防止法（不動産の表示に関する公正競争規約を含む。）の規定によれば、正しいものはどれか。

1　インターネット上に掲載した賃貸物件の広告について、掲載直前に契約済みとなったとしても、消費者からの問合せに対し既に契約済みであり取引できない旨を説明すれば、その時点で消費者の誤認は払拭されるため、不当表示に問われることはない。

2　宅地の造成及び建物の建築が禁止されており、宅地の造成及び建物の建築が可能となる予定がない市街化調整区域内の土地を販売する際の新聞折込広告においては、当該土地が市街化調整区域内に所在する旨を16ポイント以上の大きさの文字で表示すれば、宅地の造成や建物の建築ができない旨まで表示する必要はない。

3　半径300m以内に小学校及び市役所が所在している中古住宅の販売広告においては、当該住宅からの道路距離及び徒歩所要時間の表示を省略して、「小学校、市役所近し」と表示すればよい。

4　近くに新駅の設置が予定されている分譲住宅の販売広告を行うに当たり、当該鉄道事業者が新駅設置及びその予定時期を公表している場合、広告の中に新駅設置の予定時期を明示して表示してもよい。

【問　48】　次の記述のうち、正しいものはどれか。

1　令和3年度法人企業統計年報（令和4年9月公表）によれば、令和3年度における全産業の経常利益は前年度に比べ33.5％増加となったが、不動産業の経常利益は13.1％減少した。

2　令和5年地価公示（令和5年3月公表）によれば、令和4年1月以降の1年間の地価は、全国平均では住宅地、商業地、工業地のいずれについても上昇となった。

3　令和5年版国土交通白書（令和5年6月公表）によれば、令和4年3月末における宅地建物取引業者数は約20万に達している。

4　建築着工統計（令和5年1月公表）によれば、令和4年の貸家の新設着工戸数は約34.5万戸となっており、2年ぶりの減少となった。

【問　49】　土地に関する次の記述のうち、最も不適当なものはどれか。

1　扇状地は、山地から河川により運ばれてきた砂礫等が堆積して形成された地盤である。

2　三角州は、河川の河口付近に見られる軟弱な地盤である。

3　台地は、一般に地盤が安定しており、低地に比べ、自然災害に対して安全度は高い。

4　埋立地は、一般に海面に対して比高を持ち、干拓地に比べ、水害に対して危険である。

【問　50】　建築の構造に関する次の記述のうち、最も不適当なものはどれか。

1　耐震構造は、建物の柱、はり、耐震壁などで剛性を高め、地震に対して十分耐えられるようにした構造である。

2　免震構造は、建物の下部構造と上部構造との間に積層ゴムなどを設置し、揺れを減らす構造である。

3　制震構造は、制震ダンパーなどを設置し、揺れを制御する構造である。

4　既存不適格建築物の耐震補強として、制震構造や免震構造を用いることは適していない。

【冊子ご利用時のご注意】

　以下の「冊子」は、この色紙を残したまま、ていねいに抜き取り、ご利用ください。
　なお、抜き取りの際の損傷についてのお取替えはご遠慮願います。

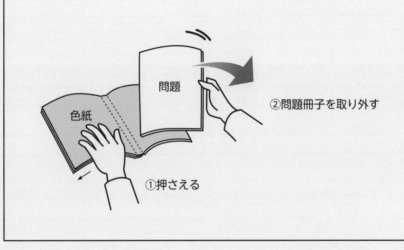

TAC出版

問　　　題

予想模試　第1回

合格水準38点（2020年度10月レベル）／制限時間2時間

次の注意事項をよく読んでから、始めてください。

（注意事項）

1　問　　題

問題は、1ページから34ページまでの50問です。

試験開始の合図と同時に、ページ数を確認してください。

乱丁や落丁があった場合は、直ちに試験監督員に申し出てください。

2　解　　答

正解は、各問題とも一つだけです。

二つ以上の解答をしたもの及び判読が困難なものは、正解としません。

3　適用法令

問題の中の法令に関する部分は、令和5年4月1日現在施行されている規定に基づいて出題されています。

【問　1】　Aが甲土地をBに売却した場合に関する次の記述のうち、民法の規定及び判例によれば、正しいものはどれか。

1　甲土地はAがCから購入したもので、CからAに対する所有権移転登記がまだ行われていない場合、Bは、所有権移転登記を備えていなくても、Cに対して甲土地の所有権を主張することができる。

2　Bが甲土地をDに売却しDが所有権移転登記を備えたが、その後AがBの詐欺を理由にAB間の売買契約を取り消した場合、DがBの詐欺の事実を知っていたか否かにかかわらず、AはDに対して甲土地の所有権を主張することができない。

3　Bが甲土地をEに売却しEが所有権移転登記を備えたが、その後AがBの強迫を理由にAB間の売買契約を取り消した場合、EがBの強迫の事実を過失なく知らなかったときは、AはEに対して甲土地の所有権を主張することができない。

4　Aが所有者として登記されている甲土地について、Bが登記を信頼してAと売買契約を締結したが、実は甲土地はAの土地ではなく第三者Fの土地であり、Fが債権者の追及を逃れるために売買契約の実態はないのに登記だけAに移していた場合、Bは、無権利者であるAから甲土地を買い受けた以上、Fに対して甲土地の所有権を主張することができない。

【問　2】　A所有の甲建物につき、AB間で売買契約が締結され、AがBから手付を受領した場合に関する次の記述のうち、民法の規定及び判例によれば、正しいものはどれか。

1　手付が解約手付である旨のAB間の合意がある場合、Bが銀行から融資を受け、資金を調達したときは、Aは、手付に基づいて売買契約を解除することができない。

2　手付が解約手付である旨のAB間の合意がある場合、Aは、自らが売買契約の履行に着手していても、Bが履行に着手していなければ、手付金相当額をBに現実に提供することによって、売買契約を解除することができる。

3　Aが甲建物をCにも譲渡してCが所有権移転登記を備えた場合でも、Bは、履行不能を理由として売買契約を解除することができない。

4　AがBの債務不履行を理由にAB間の売買契約を適法に解除した場合、その後、DがBから甲建物を購入し所有権移転登記を備えたときは、Dは、Aに対して甲建物の所有権を主張することができる。

－ 1 －

【問　3】　Aは、所有する甲土地を囲うブロック塀の設置工事を業者Bに請け負わせた後、このブロック塀を含む甲土地全部をCに賃貸し、Cがこれを占有使用していたが、ブロック塀の設置工事の際におけるBの過失により生じた欠陥により、ブロック塀が倒壊して通行人Dが負傷した。A及びCは、この欠陥があることを過失なく知らない。この場合における次の記述のうち、民法の規定によれば、正しいものはどれか。

1　AもCも損害の発生を防止するのに必要な注意をしていなかった場合、Dは、A及びCに対して損害賠償を請求することができる。

2　AもCも損害の発生を防止するのに必要な注意をしていた場合、Dは、Cに対しては損害賠償を請求することはできないが、Aに対しては請求することができ、賠償金を支払ったAは、Bに対して求償権を行使することができる。

3　請負人BのDに対する不法行為が成立する場合、Aは、Bの使用者と考えられることから、注文又は指図についてAに過失がなくとも、Bがその仕事についてDに加えた損害を賠償する責任を負う。

4　Aに工作物責任が認められる場合、Dが、損害及び加害者を知った時から2年間、損害賠償請求権を行使しなかったときは、この請求権は時効により消滅する。

【問　4】　AのBに対する金銭債権について、C及びDが、Bの債務を保証している場合に関する次の記述のうち、民法の規定及び判例によれば、正しいものはいくつあるか。

ア　CがBの保証人（連帯保証人ではない。）である場合、CがAから保証債務の履行を請求されたときは、Cは、Bが破産手続開始の決定を受けているか否かにかかわらず、まずBに催告するようAに対して請求することができる。

イ　DがBの連帯保証人である場合、Bが債務を承認した効果はDに及び、Dが債務を承認した効果はBに及ぶ。

ウ　C及びDがBの連帯保証人である場合、CD間に連帯の特約がなくとも、C及びDは各自全額につき保証人としての責任を負う。

1　一つ
2　二つ
3　三つ
4　なし

－ 2 －

【問　5】　次の１から４までの記述のうち、民法の規定、判例及び下記判決文によれば、明らかに誤っているものはどれか。

（判決文）

　不動産の取得時効の完成後、所有権移転登記がされることのないまま、第三者が原所有者から抵当権の設定を受けて抵当権設定登記を了した場合において、上記不動産の時効取得者である占有者が、その後引き続き時効取得に必要な期間占有を継続したときは、上記占有者が上記抵当権の存在を容認していたなど抵当権の消滅を妨げる特段の事情がない限り、上記占有者は、上記不動産を時効取得し、その結果、上記抵当権は消滅すると解するのが相当である。

1　取得時効の完成により甲不動産の所有権を適法に取得した者は、その旨を登記しなければ、時効完成後に甲不動産に関して旧所有者から抵当権の設定を受けて抵当権設定登記を備えた第三者に対して、時効による抵当権の負担のない甲不動産の取得を主張することができない。

2　甲不動産の取得時効の完成後、所有権移転登記がなされる前に、甲不動産に関して第三者が旧所有者から抵当権の設定を受けて抵当権設定登記を備えた場合、甲不動産の時効取得者である占有者が、その後引き続き時効取得に必要な期間占有を継続したときでも、当該占有者は、常に抵当権の負担のある甲不動産を取得する。

3　甲不動産の取得時効の完成後、所有権移転登記がなされる前に、甲不動産に関して第三者が旧所有者から抵当権の設定を受けて抵当権設定登記を備えた場合でも、甲不動産の時効取得者である占有者が、その後引き続き時効取得に必要な期間占有を継続したときは、当該占有者が抵当権の存在を容認していたなどの特段の事情がなければ、当該占有者は、抵当権の負担のない甲不動産を取得する。

4　甲不動産の取得時効の完成後、所有権移転登記がなされる前に、第三者が旧所有者から甲不動産を譲り受けて所有権移転登記を備えた場合でも、甲不動産の時効取得者である占有者が、その後引き続き時効取得に必要な期間占有を継続したときは、当該占有者は、登記なしに、第三者に対して時効による甲不動産の取得を主張することができる。

－ 3 －

【問　6】　Aを注文者、Bを請負人とする建物建築工事の請負契約が令和5年7月1日に締結された場合における次の記述のうち、民法の規定によれば、正しいものはどれか。

1　建物の完成前であれば、Aは、いつでもBに対して損害を賠償して請負契約を解除することができる。

2　建物の完成後、Bから引渡しを受けた当該建物に品質に関する契約内容との不適合がある場合でも、Aは、請負契約を解除することができない。

3　建物の完成後、Bから引渡しを受けた当該建物に品質に関する契約内容との不適合がある場合、Aは、建物が完成した時から1年以内にその旨をBに通知しなければ、報酬の減額を請求することができない。

4　建物の完成後、Bから引渡しを受けた当該建物に品質に関する契約内容との不適合がある場合でも、Bが担保責任を負わない旨の特約をしたときは、Aは、Bの責任を一切追及することができない。

【問　7】　令和5年7月1日にAが死亡し、相続人がAの子であるBとCの2名である場合に関する次の記述のうち、民法の規定及び判例によれば、正しいものはどれか。

1　Bが嫡出子、Cが非嫡出子であった場合、Bの相続分はCの相続分の2倍となる。

2　相続の開始から3か月が経過した場合、Cが自己のために相続の開始があったことを知らなかったときでも、Cは、単純承認をしたものとみなされる。

3　相続財産に属する甲土地について、遺産分割前に、BがCに無断でB単独名義の所有権移転登記をしてこれを第三者Dに譲渡した場合、Cは、Dが所有権移転登記を備えたときでも、Dに対して自己の持分を登記なくして対抗することができる。

4　遺産のすべてをCに相続させる旨の適法な遺言がなされていた場合、Bは、遺留分侵害額に相当する金銭の支払いを請求することができない。

－ 4 －

【問　8】　制限行為能力者に関する次の記述のうち、民法の規定によれば、正しいものはどれか。なお、保佐人及び補助人の同意に代わる家庭裁判所の許可については、考慮しないものとする。

1　成年被後見人が成年後見人の同意を得て不動産の贈与を受ける契約をした場合でも、成年後見人は、当該法律行為を取り消すことができる。

2　未成年者が法定代理人の同意を得ずに不動産を売却した場合でも、法定代理人は、当該法律行為を取り消すことができない。

3　被補助人が、補助人の同意を得なければならない不動産の売却について、その同意を得ずにこれを売却した場合、被補助人が詐術を用いて相手方に行為能力者であると信じさせていたときでも、補助人は、当該法律行為を取り消すことができる。

4　被保佐人が保佐人の同意を得ずに日用品を購入した場合、保佐人は、当該法律行為を取り消すことができる。

【問　9】　AとBとの間で令和5年7月1日に締結されたA所有の甲自動車についての売買契約に関する次の記述のうち、民法の規定によれば、正しいものはどれか。

1　BのAに対する債務について、AがBの意思に反してCとの間で併存的債務引受の契約を締結した場合、その併存的債務引受は効力を生じない。

2　BのAに対する債務について、AがBの意思に反してCとの間で免責的債務引受の契約を締結した場合、その免責的債務引受は、AがBに対してその契約を締結した旨を通知したときでも、効力を生じない。

3　BのAに対する債務について、Cを引受人とする併存的債務引受の効力が生じた場合、Bの債務が引受け前に時効により消滅したときでも、Aは、Cに対して債務の全額を請求することができる。

4　BのAに対する債務について、Cを引受人とする免責的債務引受の効力が生じた場合、Bの債務を担保するために第三者Dが設定していた抵当権は、Cの債務を担保することについてDの承諾がない限り、消滅する。

－ 5 －

【問 10】 Aを売主、Bを買主とする甲土地の売買契約が締結された場合に関する次の記述のうち、民法の規定によれば、正しいものはどれか。なお、債務不履行について、Bの帰責事由はないものとする。

1 Bが、甲土地がCの所有物であることを知りながら当該契約を締結した場合、Aが甲土地の所有権を取得してBに移転することができないときでも、Bは、当該契約を解除することができない。

2 Bに引き渡された甲土地が品質に関して契約の内容に適合しない場合、Aがその不適合を知らなかったときは、Aは、担保責任を負うことはない。

3 Bに引き渡された甲土地が品質に関して契約の内容に適合しない場合、BがAに対して代替物の引渡しによる履行の追完を請求したときでも、Aは、そのBの請求した方法と異なる方法による履行の追完をすることができる場合がある。

4 Bに引き渡された甲土地が品質に関して契約の内容に適合しない場合、Bが不適合を理由にAに対して損害賠償請求をすることができるのは、不適合を理由に当該契約を解除することができない場合に限られる。

【問 11】 現行の借地借家法の施行後に設定された借地権（一時使用目的ではない。）に関する次の記述のうち、民法及び借地借家法の規定によれば、正しいものはどれか。

1 借地権者が地代を支払わなかったことを理由として借地権設定者が土地の賃貸借契約を解除した場合でも、借地権者は、借地権設定者に対して、借地上の建物を時価で買い取るように請求することができる。

2 借地権の存続期間満了の際、借地権者が借地契約の更新を請求した場合、建物がないときでも、借地権者に正当な理由があれば、従前の借地契約と同一の条件で借地契約を更新したものとみなされる。

3 借地権の存続期間が満了する前に建物が滅失し、借地権者が残存期間を超えて存続すべき建物を築造した場合、借地権設定者が異議を述べなければ、借地権は、建物が築造された日から当然に20年間存続する。

4 借地権者が借地権の目的である土地の上に建物を所有している場合、借地権設定者が当該土地を第三者に売却し、第三者が所有権移転登記を備えたときは、借地契約が公正証書によって締結されていても、借地権者は、借地権の登記あるいは借地上の建物について登記をしていなければ、借地権を第三者に対抗することができない。

— 6 —

【問　12】　甲建物について、賃貸人Ａと賃借人Ｂとの間で、期間を８か月として借地借家法第38条に定める定期建物賃貸借契約（以下この問において「本件契約」という。）を締結し、又は締結しようとする場合に関する次の記述のうち、借地借家法の規定によれば、正しいものはどれか。

1　本件契約は、期間が１年未満であるので、期間の定めがない建物の賃貸借契約とみなされる。

2　ＡＢ間において、期間満了により本件契約が終了する際にＢは造作買取請求をすることができない旨の特約を定めた場合、当該特約は有効である。

3　ＡＢ間において本件契約を締結する場合、Ａは、Ｂの承諾があれば、「契約の更新がなく期間の満了により賃貸借は終了する」旨を記載した書面の交付及び説明を省略することができ、ＡＢ間の契約は８か月の期間満了により終了する。

4　ＡＢ間において本件契約を締結した場合、Ａは、Ｂに対して、期間の満了の３か月前までの間に期間満了により賃貸借が終了する旨の通知をしなければ、当該期間満了による終了をＢに対抗することができない。

【問　13】　建物の区分所有等に関する法律に関する次の記述のうち、誤っているものはどれか。

1　集会の議事録の保管場所は、規約の保管場所と同様、建物内の見やすい場所に掲示しなければならない。

2　管理者は、自然人に限ることなく、また、区分所有者以外の者からも選任することができる。

3　規約及び集会の決議は、区分所有者の特定承継人に対しても、その効力を生じる。

4　規約を保管する者は、利害関係人の請求があったときは、正当な理由がある場合でも、規約の閲覧を拒んではならない。

― 7 ―

【問　14】　不動産の登記に関する次の記述のうち、不動産登記法の規定によれば、誤っているものはどれか。

1　建物が滅失したときは、表題部所有者又は所有権の登記名義人は、その滅失の日から1月以内に、当該建物の滅失の登記を申請しなければならない。

2　所有権の登記名義人は、その住所について変更があったときは、当該変更のあった日から1月以内に、変更の登記を申請しなければならない。

3　区分建物の所有権の保存の登記は、表題部所有者から所有権を取得した者も、申請することができる。

4　所有権の登記がない土地と所有権の登記がある土地との合筆の登記は、することができない。

【問　15】　都市計画法に関する次の記述のうち、正しいものはどれか。

1　特例容積率適用地区は、建築物の容積率の限度からみて未利用となっている建築物の容積の活用を促進して土地の高度利用を図るために定める地区であり、用途地域のうち、第一種低層住居専用地域、第二種低層住居専用地域、田園住居地域又は工業専用地域内に限り、定めることができる。

2　市街化調整区域は、市街化を禁止すべき区域である。

3　都道府県が都市計画区域を指定する場合において、一体の都市として総合的に整備し、開発し、及び保全する必要がある区域であっても、当該市町村の区域外にわたり、都市計画区域を指定することはできない。

4　水道、電気又はガス供給施設、下水道等の都市施設に関する都市計画は、市街化調整区域内においても定めることができる。

－ 8 －

【問　16】　都市計画法（以下この問において「法」という。）に関する次の記述のうち、正しいものはどれか。なお、この問において「都道府県知事」とは、地方自治法に基づく指定都市、中核市及び施行時特例市にあってはその長をいうものとする。

1　市街化区域内で開発許可の申請をした者に対しては、当該開発行為が法第33条の許可基準のいずれか一つに該当し、かつ、その申請手続きが法令の手続きに違反していなければ、都道府県知事は許可をしなければならない。

2　市街化区域における1ヘクタールのマンション建設の用に供する目的で行う開発行為については、都道府県知事は、あらかじめ開発審査会の議を経なければ、開発許可をすることはできない。

3　開発許可の処分についての審査請求は、開発審査会に対して行う。

4　都市計画区域及び準都市計画区域以外の区域で行われる開発区域の面積が9,800㎡のコンクリートプラントの建設のための土地の区画形質の変更を行おうとする者は、あらかじめ、都道府県知事の許可を受けなければならない。

【問　17】　建築基準法（以下この問において「法」という。）に関する次の記述のうち、正しいものはどれか。

1　当該法は、建築物の敷地、構造、設備及び用途に関する最高の基準を定めて、国民の生命、健康及び財産の保護を図り、もって公共の福祉の増進に資することを目的とする。

2　地方公共団体は、道路と一定の建築物の敷地との関係について、条例でその制限を緩和することはできない。

3　法第42条第2項の規定によれば、道路の境界線とみなされる線と道路との間の部分の敷地が私有地であれば、当該所有者の選択により、敷地面積に算入される。

4　法第28条の2の規定にある、著しく衛生上有害なものとして建築材料に添加してはならない物質は、石綿以外のものも政令で指定されている。

【問　18】　建築基準法に関する次の記述のうち、誤っているものはどれか。ただし、指定確認検査機関の確認については考慮しないものとする。

1　建蔽率の限度が10分の8とされている地域内で、かつ、防火地域内にある耐火建築物又はこれと同等以上の延焼防止性能を有するものとして政令で定める建築物（耐火建築物等）を建築する場合は、建蔽率は10分の9となる。

2　建築物の敷地が、2以上の斜線制限（道路斜線制限、隣地斜線制限、北側斜線制限）の異なる地域にまたがるときは、建築物の各部分でそれぞれの地域の斜線制限が適用される。

3　建築物の敷地が、都市計画により定められた建築物の容積率の限度が異なる地域にまたがる場合、建築物が一方の地域内のみに建築される場合であっても、その容積率の限度は、それぞれの地域に属する敷地の部分の割合に応じて按分計算により算出された数値となる。

4　建築主は、鉄筋コンクリート造平屋建て、延べ面積200㎡の住宅の新築工事を完了した場合は、一定の場合を除き、その工事完了日から4日以内に到達するように、建築主事に対し、当該工事に係る検査の申請をする必要がある。

【問 19】 宅地造成等規制法に関する次の記述のうち、誤っているものはどれか。なお、この問において「都道府県知事」とは地方自治法に基づく指定都市、中核市及び施行時特例市にあってはその長をいうものとする。

1 都道府県知事は、宅地造成工事規制区域（以下この問において「規制区域」という。）内の宅地について、宅地造成（宅地造成工事規制区域の指定前に行われたものを除く。）に伴う災害の防止のため必要があると認める場合には、その宅地の工事施行者に対し、擁壁等の設置又は改造その他宅地造成に伴う災害の防止のため必要な措置をとることを勧告することができる。

2 都道府県知事は、規制区域又は造成宅地防災区域の指定のため測量又は調査を行う必要がある場合は、その必要の限度において、他人の占有する土地に立ち入ることができる。

3 規制区域内において、政令で定める土地の形質の変更をせず、許可を受ける必要がない場合でも、宅地以外の土地を宅地に転用した者は、その転用した日から14日以内に、都道府県知事に届け出なければならない。

4 都道府県知事は、造成宅地防災区域内の造成宅地について、宅地造成に伴う災害で、相当数の居住者その他の者に危害を生ずるものの防止のため必要があると認める場合には、その造成宅地の管理者に対しても、擁壁等の設置又は改造その他、災害防止のため必要な措置をとることを勧告することができる。

【問 20】 土地区画整理法に関する次の記述のうち、誤っているものはどれか。

1 土地区画整理組合を設立しようとする者は、7人以上共同して、定款及び事業計画を定め、その組合の設立について都道府県知事（指定都市等ではその長）の認可を受けなければならない。

2 施行者は、換地処分を行う前において、換地計画に基づき換地処分を行うため必要がある場合には、換地計画において換地を定めないこととされる宅地の所有者等に対し、宅地の使用収益を停止させることができる。

3 土地区画整理組合が仮換地を指定する場合において、従前の宅地について抵当権者がいるときでも、その者に対し、その仮換地について仮にそれらの権利の目的となるべき宅地又はその部分を指定する必要はない。

4 仮換地の指定があった場合において、従前の宅地の所有者は、当該仮換地及び従前の宅地について、抵当権を設定することができる。

【問 21】 農地法（以下この問において「法」という。）に関する次の記述のうち、正しいものはどれか。

1 宅地に転用するため農地を取得しようとする場合に、「農地の所有権を契約締結時から1年以内に移転する」旨の予約契約を行おうとするときは、その契約の締結について、法第5条第1項の許可を受ける必要がある。

2 農家が、準都市計画区域内にある自己所有の農地を、賃貸住宅を建設するために転用する場合には、法第4条第1項の許可を受ける必要がある。

3 砂利採取法第16条の認可を受けて市街化調整区域内にある農地を砂利採取のために一時的に貸し付ける場合には、法第5条第1項の許可を受ける必要はない。

4 農業者Aが耕作目的で農地を取得しようとする場合は、当該農地がAの住所のある市町村の区域内にあるときに限り、農業委員会の許可を受ければよい。

— 12 —

【問 22】 国土利用計画法第23条の都道府県知事（以下この問において「甲」という。）への届出（以下この問において「事後届出」という。）に関する次の記述のうち、正しいものはどれか。

1 甲から事後届出に係る土地利用目的に関し勧告を受けた権利取得者Aは、当該甲に対し、当該土地の権利を買い取るべきことを請求することができる。

2 信託契約によって土地の所有権移転を受けた信託銀行が、信託財産である当該土地をBに売却した場合でも、Bは、事後届出が必要となることはない。

3 事後届出が必要な一定の契約で権利取得者となったCが届出を行わなかった場合でも、Cは甲から当該届出を行うよう勧告を受けることはない。

4 都市計画区域外にある10,000㎡の土地を時効取得したDは、事後届出が必要となる。

【問 23】 令和5年中に、個人が、現に自己の居住の用に供している財産を譲渡した場合における譲渡所得の課税に関する次の記述のうち、正しいものはどれか。

1 令和5年1月1日において所有期間が10年以下の居住用財産については、居住用財産の譲渡所得の3,000万円特別控除（租税特別措置法第35条第1項。以下この問において同じ。）を適用することができない。

2 令和5年1月1日において所有期間が10年を超える居住用財産について、その者と別居している孫に譲渡した場合には、居住用財産の譲渡所得の3,000万円特別控除を適用することができる。

3 令和5年1月1日において所有期間及び居住期間が10年を超える居住用財産について、特定の居住用財産の買換えの場合の長期譲渡所得の課税の特例（租税特別措置法第36条の2）を適用するためには、譲渡資産とされる家屋の譲渡に係る対価の額が2億円以下でなければならない。

4 令和5年1月1日において所有期間が10年を超える居住用財産について、居住用財産の譲渡所得の3,000万円特別控除の適用を受ける場合であっても、特別控除後の譲渡益について、居住用財産を譲渡した場合の軽減税率の特例（租税特別措置法第31条の3第1項）を適用することができる。

— 13 —

【問 24】 不動産取得税に関する次の記述のうち、誤っているものはどれか。

1 家屋が新築された日から一定期間を経過して、なお、当該家屋について最初の使用又は譲渡が行われない場合においては、当該家屋が新築された日からその一定期間を経過した日において家屋の取得がなされたものとみなし、当該家屋の所有者を取得者とみなして、これに対して不動産取得税を課する。

2 土地に定着した立木は、土地と同時に取引される場合に限り、課税対象となる。

3 法人が中古住宅を取得した場合、住宅取得に係る不動産取得税の課税標準の算定について、当該住宅の価格から一定額を控除する旨の課税標準の特例は適用されない。

4 宅地の取得に係る不動産取得税の課税標準は、当該取得が令和5年10月に行われた場合、当該宅地の価格の2分の1の額とされる。

【問 25】 地価公示法に関する次の記述のうち、正しいものはどれか。

1 地価公示において判定を行う標準地の正常な価格とは、土地について、自由な取引が行われるとした場合におけるその取引において通常成立すると認められる価格をいい、この「取引」には、たとえ住宅地とするためであっても、農地の取引は含まれない。

2 不動産鑑定士は、土地鑑定委員会の求めに応じて標準地の鑑定評価を行うに当たっては、近傍類地の取引価格から算定される推定の価格、近傍類地の地代等から算定される推定の価格及び同等の効用を有する土地の造成に要する推定の費用の額を平均して求めなければならない。

3 土地鑑定委員が、標準地の選定のために他人の占有する土地に立ち入ろうとする場合は、立ち入る1週間前までに、土地の占有者の承諾を得なければならない。

4 都市及びその周辺の地域等において、土地の取引を行う者は、取引の対象土地に類似する利用価値を有すると認められる標準地について公示された価格を指標として取引を行うよう努めなければならない。

【問　26】　宅地建物取引業者Aが、BからB所有の建物の売却又は貸借に係る媒介を依頼され、媒介契約を締結した場合における次の記述のうち、宅地建物取引業法（以下この問において「法」という。）の規定によれば正しいものはどれか。なお、この問において一般媒介契約とは、専任媒介契約ではない媒介契約をいい、法第34条の2第1項の規定に基づく書面（以下この問において「書面」という。）の交付については、同条第11項に基づく電磁的方法による提供は考慮しないものとする。

1　Aは、Bと建物の売却について媒介契約を締結した場合、Bが宅地建物取引業者であるときは、AはBに対して、書面の交付をすることを省略することができる。

2　Aは、Bと建物の貸借について媒介契約を締結した場合、AはBに対して、書面の作成及び交付を省略することができない。

3　Aは、Bと建物の売却について一般媒介契約を締結した場合、当該建物の売買の媒介を担当する宅地建物取引士は、書面に記名をしなければならない。

4　Aは、Bと建物の売却について一般媒介契約を締結した場合、Aは、建物の購入の申込みがあったときは、遅滞なく、その旨をBに報告しなければならない。

— 15 —

【問　27】　宅地建物取引業者Ａ（甲県知事免許）が行う業務に関する次の記述のうち、宅地建物取引業法（以下この問において「法」という。）の規定によれば、誤っているものはどれか。

1　Ａは、投資用マンションの購入の勧誘に先立って、Ａの名称及び投資用マンションの購入について勧誘をする目的であることを告げずに、勧誘を行った場合、法の規定に違反する。

2　Ａは、近隣に建設予定の分譲マンションの売買契約の締結の勧誘に際して、相手方等が契約を締結しない旨の意思を表示しているにもかかわらず、繰り返し自宅を訪問するセールスを行った場合、法の規定に違反する。

3　Ａは、取引の相手方から契約をするかどうかの重要な判断要素の一つとして、当該宅地の周辺の将来における交通整備の見通し等について確認がなされた際、Ａは、将来の交通整備について新聞記事を示しながら、「確定はしていないが、当該宅地から徒歩２分のところにバスが運行するとの報道がある。」旨を説明した場合、法の規定に違反する。

4　Ａは、建物の売買の媒介に際し、買主から売買契約の申込みを撤回する旨の申出があったが、Ａは、申込みの際に受領した預り金を既に売主に交付していたため、当該預り金を買主に返還しなかった場合、法の規定に違反する。

－ 16 －

【問 28】 宅地建物取引業者が建物の貸借の媒介を行う場合の宅地建物取引業法第35条に規定する重要事項の説明に関する次の記述のうち、同条の規定に違反するものはいくつあるか。なお、説明の相手方は宅地建物取引業者ではないものとする。

ア　当該建物がマンションである場合、建物の区分所有等に関する法律第2条第3項に規定する専有部分の用途について、管理規約で「住宅としての使用に限定し、事務所や店舗としての使用は認めない」旨の定めがあったが、借主がそれを既に知っていたことから、借主に対し、当該規約の定めの説明をしなかった。

イ　敷金の授受の定めがあったが、敷金の額及び授受の目的についての説明をしなかった。

ウ　当該建物が既存の建物である場合、半年前に建物状況調査が実施されていたが、建物の売買や交換契約ではなく、貸借の契約であることから、借主に対して、建物状況調査が実施されていることのみを説明し、結果の概要についての説明をしなかった。

1　一つ
2　二つ
3　三つ
4　なし

－ 17 －

【問　29】　宅地建物取引業者A社（甲県知事免許）は、甲県内に本店及び1か所の宅地建物取引業を営む支店を設置し、甲県知事の宅地建物取引士資格登録を受けている宅地建物取引士Bを本店の専任の宅地建物取引士として業務に従事させている。次の記述のうち、宅地建物取引業法の規定によれば、誤っているものはいくつあるか。

ア　A社の本店（本店では宅地建物取引業の業務に従事する者が17名、うちBを含め専任の宅地建物取引士が4名）において、Bが退職した場合、A社は、2週間以内に新たに専任の宅地建物取引士を補充する等の必要な措置を執らなければならない。

イ　A社が甲県内の2つの事務所をすべて乙県内に移転し、引き続き宅地建物取引業を営もうとする場合、A社は、甲県知事に廃業の届出を行うとともに、乙県知事に直接免許換えの申請をしなければならない。

ウ　A社が甲県内の支店を乙県に移転し、国土交通大臣免許に免許換えをした場合、Bは、遅滞なく、甲県知事に資格登録簿の変更の登録を申請しなければならない。

1　一つ
2　二つ
3　三つ
4　なし

【問　30】　宅地建物取引業者Aの宅地建物取引業法（以下この問において「法」という。）第37条の規定により交付すべき書面（以下この問において「37条書面」という。）に関する次の記述のうち、宅地建物取引業法の規定によれば、誤っているものはどれか。なお、法第37条第4項の規定による電磁的方法による提供は、考慮しなくてよい。

1　Aが媒介により建物の売買契約を締結させた場合、Aは、引渡しの時期又は移転登記の申請時期のいずれかを37条書面に記載しなければならない。

2　Aが自ら売主として宅地建物取引業者でない買主との間で建物を売却する契約を締結した場合、損害賠償額の予定又は違約金に関する定めがあるときは、Aは、その内容を37条書面に記載しなければならない。

3　買主が金融機関から住宅ローンの承認を得られなかったときは、売買契約を解除することができる旨の特約をした場合、Aが自ら当該住宅ローンのあっせんをする定めがなくても、Aは、その特約の内容を37条書面に記載しなければならない。

4　Aが建築工事完了前の建物の売買を媒介し、当該売買契約を締結させた場合、37条書面に記載すべき当該建物を特定するために必要な表示について、Aは、法第35条の規定に基づいて行った重要事項の説明において使用した図書があるときは、その図書の交付により行わなければならない。

【問　31】　宅地建物取引士Aが、甲県知事の宅地建物取引士資格登録（以下この問において「登録」という。）及び宅地建物取引士証の交付を受けている場合に関する次の記述のうち、宅地建物取引業法の規定によれば、誤っているものはいくつあるか。

ア　Aが事務禁止処分を受け、その禁止の期間中にAの申請によりその登録が消除された場合、当該登録消除の日から5年を経過するまでは、Aは登録を受けることができない。

イ　Aは、取引の関係者に対し、信義を旨とし、誠実にその業務を行わなければならない。

ウ　Aは、その本籍を変更した場合、遅滞なく、甲県知事に変更の登録を申請するとともに、あわせて宅地建物取引士証の書換え交付の申請をしなければならない。

1　一つ
2　二つ
3　三つ
4　なし

— 19 —

【問 32】 宅地建物取引業保証協会（以下この問において「保証協会」という。）又はその社員に関する次の記述のうち、正しいものはどれか。

1 　保証協会に加入した宅地建物取引業者は、その加入した日から2週間以内に弁済業務保証金分担金を保証協会に納付しなければならない。

2 　保証協会は、弁済業務保証金分担金の納付を受けたときは、その日から2週間以内に、その納付を受けた額に相当する額の弁済業務保証金を供託しなければならない。

3 　保証協会に加入した宅地建物取引業者は、直ちに、その旨を免許を受けた国土交通大臣又は都道府県知事に報告しなければならない。

4 　保証協会は、弁済業務保証金の還付があったときは、国土交通大臣から通知書の送付を受けた日から2週間以内に還付額に相当する額の弁済業務保証金を供託しなければならない。

【問 33】 宅地建物取引業者Aについての「35条書面」又は「37条書面」の交付に関する次の記述のうち、宅地建物取引業法（以下この問において「法」という。）の規定によれば、正しいものはどれか。なお、この問において、「35条書面」とは、法第35条の規定に基づく重要事項を記載した書面、「37条書面」とは、法第37条の規定に基づく契約の内容を記載した書面をいい、その交付は、それぞれ法第35条第8項の規定による提供及び法第37条第4項又は第5項の規定による提供（電磁的方法による提供）を含むものとする。また、説明の相手方は宅地建物取引業者ではないものとする。

1 Aは、建物の売買の媒介を行う場合、当該建物の買主に対する重要事項の説明にテレビ会議等のITを活用することができるが、その場合、テレビ会議等の画面上で35条書面を視認できるようにすれば、必ずしも35条書面を買主に事前に交付しておく必要はない。

2 Aが、宅地の売買を媒介により成立させた場合、Aは、売買契約成立後、遅滞なく、37条書面を宅地建物取引士をして売主と買主の双方に交付させなければならない。

3 貸主であるAが、宅地建物取引業者Bの媒介により借主と建物の賃貸借契約を締結した際に、Bが作成して交付した37条書面の記載事項に宅地建物取引業法に違反する事実があった場合、37条書面を作成して交付したBのみならず、Aも監督処分を受けることがある。

4 Aが、宅地建物取引業者である売主C及び宅地建物取引業者ではない買主Dの間の建物の売買について媒介を行う場合、Cの建物の種類又は品質に関する契約不適合（以下この問において「契約不適合」という。）責任について、「CがDに責任を負うのは、契約不適合があった旨をDが引渡しの日から2年以内にCに通知した場合に限る」旨の特約がなされたときは、35条書面にはその旨の記載をする必要はないが、37条書面には、その旨の記載をしなければならない。

— 21 —

【問 34】 宅地建物取引業者Aが行う宅地建物取引業法（以下この問において「法」
という。）第35条に規定する重要事項の説明に関する次の記述のうち、正しいものはい
くつあるか。

ア　Aが行う重要事項の説明を担当する宅地建物取引士は、説明の相手方（宅地建物取
　　引業者ではないものとする。）から請求がなくても、宅地建物取引士証を相手方に提
　　示しなければならず、この提示を怠ると、A及び当該宅地建物取引士は、10万円以下
　　の過料に処せられることがある。

イ　Aは、1棟のマンション（20戸）を競売により取得し、自ら借主を募集して、宅地
　　建物取引業者ではない者と賃貸借契約を締結しようとする場合、重要事項の説明を行
　　う必要はなく、法第35条の規定に基づく書面を交付し、又は法第35条第8項の規定に
　　基づく電磁的方法による提供をする必要もない。

ウ　Aは、自ら売主となる建物が津波防災地域づくりに関する法律の規定により指定さ
　　れた津波災害警戒区域内にあるときは、重要事項の説明において宅地建物取引業者で
　　はない買主に対し、その旨を説明する必要がある。

1　一つ
2　二つ
3　三つ
4　なし

－ 22 －

【問 35】 宅地建物取引業者A及びAの事務所の政令で定める使用人Bに関する次の記述のうち、宅地建物取引業法の規定によれば、正しいものはどれか。

1 Aが業務停止処分に違反したとして免許を取り消されたが、Bが当該取消しに係る聴聞の期日及び場所の公示の日の30日前にAを退職した場合、Bは当該取消しの日から5年を経過していなくても、宅地建物取引業の免許を受けることができる。

2 Bが宅地建物取引士となったときは、Bはその事務所に置かれる専任の宅地建物取引士とみなされる。

3 Aが設置する事務所等及び事務所等以外の国土交通省令で定めるその業務を行う場所について掲げる国土交通省令で定める標識には、政令で定める使用人の氏名も記載しなければならない。

4 Aは、Bがその住所を変更した場合、30日以内にその免許を受けた国土交通大臣又は都道府県知事に当該変更を届け出なければならない。

【問 36】 宅地建物取引業者Aが行う宅地建物取引業法第35条に規定する重要事項の説明に関する次の記述のうち、誤っているものはどれか。なお、説明の相手方は宅地建物取引業者ではないものとする。

1 売買契約の対象となる宅地が、宅地造成等規制法の規定により指定された造成宅地防災区域内にある場合、Aは、その旨を買主に説明しなければならないが、宅地の貸借契約の媒介においては、借主にその説明をする必要はない。

2 売買契約の対象となる建物につき、建築確認は受けているがまだ建築工事が完了していない場合において、Aは、建物の形状や構造については、建築工事が完了した後に説明することにして、契約成立までに説明することを省略することはできない。

3 売買契約の対象となる宅地が、地すべり等防止法第3条第1項の規定に基づく地すべり防止区域内にある場合、Aは、地下水を誘致し、又は停滞させる行為で地下水を増加させるもの等一定の行為を行おうとするときは、都道府県知事の許可を受けなければならない旨を説明しなければならない。

4 売買契約の対象となる宅地が、建築基準法に基づき、地方公共団体が条例で指定した災害危険区域内にある場合、Aは、条例で定められている制限に関する事項の概要を説明しなければならない。

― 23 ―

【問　37】　宅地建物取引業者Ａ（甲県知事免許）が行う広告に関する次の記述のうち、宅地建物取引業法（以下この問において「法」という。）の規定によれば、正しいものはどれか。

1　Ａは、宅地の売主の依頼を受けて、売買の媒介に関する広告を行う場合、広告に媒介である旨の表示はしなければならないが、売主の名称を表示する必要はない。

2　Ａは、新築分譲マンションを建築工事の完了前に販売しようとする場合、建築基準法第６条第１項の確認を受ける前は、当該マンションの売買契約の締結をすることはできないが、同確認を申請中である旨を広告中に表示すれば、当該販売の広告を行うことができる。

3　Ａは、宅地の売買に関する広告をインターネットで行った場合、当該宅地の売買契約が成立したにもかかわらず継続して広告の掲載を続けても、広告の掲載開始時点で当該宅地の売買契約が成立していなければ、法第32条に規定する誇大広告等の禁止に違反することはない。

4　Ａは、甲県知事から法第65条第２項の規定によりその業務の全部の停止を命ぜられた場合、Ａは、当該業務停止処分の期間経過後に契約を締結する予定の宅地については、当該業務停止処分の期間中でも、その販売の広告を行うことができる。

－ 24 －

【問　38】　宅地建物取引業者Aが自ら売主として締結した建物の売買契約について、買主が宅地建物取引業法（以下この問において「法」という。）第37条の2の規定に基づく契約の解除（以下この問において「解除」という。）をする場合に関する次の記述のうち、誤っているものはどれか。

1　Aが分譲しようとする建物のうちの一つに設置したモデルルーム（法第50条第2項に規定する届出を要するものとする。）内で宅地建物取引業者でないBが買受けの申込み及び売買契約の締結をした場合、Aが当該モデルルームについて法第50条第2項に規定する届出をしていないときでも、Bは契約を解除できない。

2　宅地建物取引業者ではないCが喫茶店で買受けの申込み及び売買契約の締結を行い、その際にAが売買契約の解除ができる旨及びその方法について口頭でのみ説明を行った場合、Cが建物の引渡しを受け、かつ、代金の一部を支払ったときは、Cは契約を解除できない。

3　宅地建物取引業者であるDの申出により、Dの自宅近くの喫茶店でDが買受けの申込み及び売買契約の締結をした場合、Aから契約の解除ができる旨及びその方法の告知を受けていないときでも、Dは契約を解除できない。

4　喫茶店で買受けの申込み及び売買契約の締結を行った宅地建物取引業者ではないEが解除しようとするときは、解除の意思表示を書面で行う必要があり、その効力は書面を発した時に生ずる。

－ 25 －

【問　39】　宅地建物取引業の免許（以下この問において「免許」という。）に関する次の記述のうち、宅地建物取引業法の規定によれば、正しいものはどれか。

1　宅地建物取引業者A（甲県知事免許）が免許の更新に当たって甲県知事から付された条件に違反した場合、甲県知事はその免許を取り消さなければならない。

2　宅地建物取引業者B社（甲県知事免許）は、自己の所有する賃貸マンションを不特定多数の者に賃貸するため、新たに乙県内に支店を設けることにした場合、Bは国土交通大臣の免許を申請しなければならない。

3　法人である宅地建物取引業者C社（甲県知事免許）が合併及び破産手続の開始決定以外の理由により解散した場合、清算人はその旨を甲県知事に届け出なければならず、C社の免許はその解散の時にその効力を失う。

4　個人である宅地建物取引業者Dが、刑法第208条（暴行）の罪を犯し懲役1年の刑に処せられた場合、それが執行猶予付きの判決であったときでも、その免許は必ず取り消される。

【問　40】　宅地建物取引業者A（消費税課税事業者）が甲及び乙から甲所有の建物の売買について媒介の依頼を受け、甲乙間で売買契約を成立させた場合、宅地建物取引業法の規定によれば、Aが甲から受領できる報酬の限度額は、次のうちどれか。なお、建物の代金は1,100万円（消費税等相当額100万円を含む。）とする。

1　36万円

2　39万円

3　39万6,000円

4　42万9,000円

－ 26 －

【問 41】 営業保証金を供託している宅地建物取引業者Aと宅地建物取引業保証協会（以下この問において「保証協会」という。）の社員である宅地建物取引業者Bに関する次の記述のうち、宅地建物取引業法の規定によれば、正しいものはどれか。

1　AとBがそれぞれ主たる事務所の他に4か所の従たる事務所を有している場合、宅地建物取引業に関する取引により生じた債権を有する者が営業保証金又は弁済業務保証金から弁済を受ける権利を有する上限額は、Aについては3,000万円、Bについては180万円となる。

2　AとBがそれぞれ1,000万円の還付を生じさせた場合、Aは、免許を受けた国土交通大臣又は都道府県知事から通知書の送付を受けた日から2週間以内に1,000万円を主たる事務所の最寄りの供託所に供託しなければならず、Bは保証協会から通知を受けた日から2週間以内に60万円を保証協会に納付しなければならない。

3　AとBがそれぞれ新たに1か所の従たる事務所を設置する場合、Aは当該事務所に係る営業保証金を主たる事務所の最寄りの供託所に供託して免許を受けた国土交通大臣又は都道府県知事に届け出た後でなければ、新設した事務所で事業を開始することはできず、Bは事務所を新設した日から2週間以内に新設した事務所に係る額の弁済業務保証金分担金を保証協会に納付しなければならない。

4　AとBがそれぞれ1か所の従たる事務所を増設する場合、Aは主たる事務所の最寄りの供託所に額面500万円の国債証券をもって営業保証金を供託することができ、Bは保証協会に額面30万円の国債証券をもって弁済業務保証金分担金を納付することができる。

― 27 ―

【問 42】 Aが自ら売主となってB所有の中古の建物をCに売却し、その後CはDの媒介によりEに当該建物を転売する場合に関する次の記述のうち、宅地建物取引業法（以下この問において「法」という。）の規定によれば、正しいものはいくつあるか。なお、A、C及びDは、宅地建物取引業者であり、B及びEは、宅地建物取引業者ではないものとする。

ア B所有の建物について、AがBと停止条件付売買契約を締結している場合、Aは、停止条件が成就する前であっても、当該建物をCに売却する契約を締結することができる。

イ BがAに建物を売却したため、CがAとの売買契約により建物の所有権を取得した場合に、その後に行われたCE間の建物の売買契約において、建物が種類又は品質に関して契約の内容に適合しない場合におけるその不適合を担保すべき責任（以下この問において「担保責任」という。）を追及するためには、Eは引渡しの日から1年以内に契約不適合をCに通知しなければならない旨の特約をしたときは、当該特約は無効となり、Eは、原則として引渡しの日から2年以内に契約不適合をCに通知すれば、担保責任の追及が認められる。

ウ BがAに建物を売却したため、Aとの売買契約により建物の所有権を取得したCがDに媒介を依頼した場合、CD間の媒介契約が国土交通大臣が定めた標準媒介契約約款に基づかないものである場合、法第34条の2第1項の規定に基づく書面（同条第11項の規定に基づく電磁的方法を含む。）にその旨の記載をしていなければ、Dは業務停止処分を受けることがある。

エ BがAに建物を売却したため、Aとの売買契約により建物の所有権を取得したCがDに媒介を依頼した場合、EがCとの売買契約に基づき、当該建物についての所有権移転登記又は引渡しがなされる前に代金額の15％に相当する額の手付金を支払うときは、Dは、Eが手付金を支払う前に保全措置を講じなければならない。

1 一つ
2 二つ
3 三つ
4 四つ

【問　43】　宅地建物取引業者Aが、BからB所有の宅地の売買の媒介を依頼され、媒介契約を締結した場合に関する次の記述のうち、宅地建物取引業法（以下この問において「法」という。）の規定によれば、正しいものはどれか。なお、この問において、法第34条の2第1項の規定に基づく書面の交付については、同条第11項に基づく電磁的方法による提供を含むものとする。

1　AB間の媒介契約が一般媒介契約（専任媒介でない媒介契約）である場合、法第34条の2第1項の規定に基づく書面には指定流通機構への登録について記載する必要はない。

2　AB間の媒介契約が一般媒介契約（専任媒介でない媒介契約）である場合、有効期間について6か月としたときは、法第34条の2第1項の規定に基づく書面には有効期間について6か月の定めをした旨を記載しなければならない。

3　AB間の媒介契約が専属専任媒介契約である場合、Aは、Bの氏名及び住所を指定流通機構に登録しなければならない。

4　AB間の媒介契約が専属専任媒介契約である場合、Aは、Bから依頼された宅地の売買契約が成約に至ったときは、遅滞なく、指定流通機構に買主の氏名及び住所を通知しなければならない。

― 29 ―

【問 44】 宅地建物取引業者Aが、宅地建物取引業法第37条の規定により交付すべき書面（以下この問において「37条書面」という。）への記載に関する次の記述のうち、宅地建物取引業法の規定に違反しないものはどれか。

1 Aがマンションの貸借の媒介を行った場合、借主が借賃の支払方法を定めていなかったので、37条書面において借賃の支払方法を記載しなかった。

2 売買契約の目的物である建物の引渡しの時期については、買主が早急の引渡しを求めていなかったので、特に定めをすることはなく、Aは、買主の同意を得て、その定めがない旨を37条書面に記載しなかった。

3 Aは、自ら売主として宅地建物取引業者でない買主との間で建物を売却する契約を締結し、契約時に受領する手付金等に関し、宅地建物取引業法第41条の2に規定する手付金等の保全措置を講じたが、かかる保全措置の概要について、37条書面に記載しなかった。

4 損害賠償額の予定に関する特約があったが、建物の貸借の媒介であり、売買の媒介ではなかったので、Aは、当該特約の内容について、37条書面に記載しなかった。

【問 45】 宅地建物取引業者Ａ（甲県知事免許）が、自ら売主として宅地建物取引業者ではない買主Ｂに新築住宅を販売する場合における次の記述のうち、特定住宅瑕疵担保責任の履行の確保等に関する法律（以下この問において「法」という。）の規定によれば、正しいものはどれか。

1　新築住宅をＢに引き渡したＡは、年２回の基準日ごとに、基準日から３週間以内に、当該基準日に係る住宅販売瑕疵担保保証金の供託及び住宅販売瑕疵担保責任保険契約の締結の状況について、甲県知事に届け出なければならない。

2　Ａが住宅販売瑕疵担保保証金の供託をし、その額が、基準日において、販売新築住宅の合計戸数（住宅の床面積が55㎡以下であるときは、２戸をもって１戸と数える。）を基礎として算定する基準額を超えることとなった場合、Ａは、甲県知事の承認を受けた上で、その超過額を取り戻すことができる。

3　Ａが住宅販売瑕疵担保保証金の供託をしている場合、Ａは、Ｂに対する法第15条に定める供託所の所在地等についての事項を記載した書面の交付に代えて、Ｂの承諾を得なくても、当該書面に記載すべき事項を電磁的方法により提供することができる。

4　Ａが住宅販売瑕疵担保責任保険契約の締結をした場合、当該住宅を引き渡した時から10年間、当該住宅の構造耐力上主要な部分、雨水の浸入を防止する部分、配電設備の瑕疵によって生じた損害について保険金の支払を受けることができる。

【問　46】　独立行政法人住宅金融支援機構（以下この問において「機構」という。）に関する次の記述のうち、誤っているものはどれか。

1　証券化支援事業（買取型）に係る貸付金の利率は、金融機関によって異なる利率が適用される。

2　機構は、住宅のエネルギー消費性能（建築物のエネルギー消費性能の向上に関する法律第2条第1項第2号に規定するエネルギー消費性能をいう。）の向上を主たる目的とする住宅の改良に必要な資金の貸付けを行っている。

3　機構は、証券化支援事業（買取型）において、第三者に賃貸する目的の物件などの投資用物件の取得に必要な資金の貸付けに係る貸付債権について譲受けの対象としている。

4　証券化支援事業（買取型）において、機構による譲受けの対象となる住宅の購入に必要な資金の貸付けに係る金融機関の貸付債権には、当該住宅の購入に付随する改良に必要な資金も含まれる。

【問　47】　宅地建物取引業者が行う広告等に関する次の記述のうち、不当景品類及び不当表示防止法（不動産の表示に関する公正競争規約及び不動産業における景品類の提供の制限に関する公正競争規約を含む。）の規定によれば、正しいものはどれか。

1　懸賞によらないで提供する景品類の最高額は、不動産業においては、取引価額の10分の1又は50万円のいずれか低い金額の範囲内と定められている。

2　宅地の造成材料又は建物の建築材料については、これを強調して表示するときであっても、その材料名を表示すれば、材料が使用されている部位まで明示する必要はない。

3　新聞広告で表示した物件に重大な瑕疵があるため、そのままでは当該物件が取引することができないものであることが明らかな場合（当該物件に瑕疵があること及びその内容が明瞭に記載されている場合を除く。）は、不当表示に該当する。

4　建築基準法第40条の規定に基づく地方公共団体の条例により附加された敷地の形態に対する制限に適合しない土地については、「条例による制限あり」と表示すれば、建築又は再建築ができない旨を明示する必要はない。

【問 48】 次の記述のうち、正しいものはどれか。

1　令和5年地価公示（令和5年3月公表）によれば、令和4年1月以降の1年間の地価は、三大都市圏平均では、住宅地について、2年連続の上昇となった。

2　令和5年版国土交通白書（令和5年6月公表）によれば、令和3年度末時点の宅地建物取引業者数は128,597業者となっており、令和2年度末時点に比べ減少した。

3　建築着工統計（令和5年1月公表）によれば、令和4年の持家の新設着工戸数は約25.3万戸となっており、2年連続の増加となった。

4　令和3年度法人企業統計調査（令和4年9月公表）によれば、令和3年度における全産業の経常利益は前年度に比べ33.5％の増加となったが、不動産業の経常利益は6兆580億円と、13.1％減少した。

【問 49】 土地に関する次の記述のうち、適当でないものはどれか。

1　丘陵地帯で地下水位が浅く、固結した砂質土で形成された地盤の場合、地震時は液状化する可能性が高い。

2　自然堤防とは、河川からの砂や小礫の供給が多い場所に形成され、細かい粘性土や泥炭などが堆積した地盤である。

3　自然堤防の背後に広がる低平地は、軟弱な地盤であることが多く、盛土の沈下が問題になりやすい。

4　建物の基礎の支持力は、砂礫地盤よりも粘土地盤の方が発揮されやすい。

― 33 ―

【問 50】 建築物の構造と材料に関する次の記述のうち、最も不適当なものはどれか。

1 コンクリートの引張強度は、圧縮強度より大きく、鉄筋の圧縮強度は、引張強度より大きい。

2 建築物に異なる構造方法による基礎を併用した場合は、構造計算によって構造耐力上安全であることを確かめなければならない。

3 はり、けたその他の横架材には、その中央部附近の下側に耐力上支障のある欠込みをしてはならない。

4 筋かいには、原則として欠込みをしてはならないが、筋かいをたすき掛けにするためにやむを得ない場合において、必要な補強を行ったときは、この限りでない。

【冊子ご利用時のご注意】

　以下の「冊子」は、この色紙を残したまま、ていねいに抜き取り、ご利用ください。

　なお、抜き取りの際の損傷についてのお取替えはご遠慮願います。

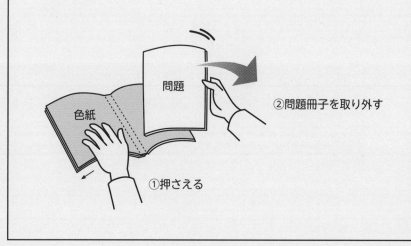

TAC出版

問　　　題

予想模試　第２回

合格水準37点（2018年度レベル）／制限時間２時間

次の注意事項をよく読んでから、始めてください。

（注意事項）

1　問　　題

問題は、１ページから34ページまでの50問です。

試験開始の合図と同時に、ページ数を確認してください。

乱丁や落丁があった場合は、直ちに試験監督員に申し出てください。

2　解　　答

正解は、各問題とも一つだけです。

二つ以上の解答をしたもの及び判読が困難なものは、正解としません。

3　適用法令

問題の中の法令に関する部分は、令和５年４月１日現在施行されている規定に基づいて出題されています。

【問　1】　任意代理に関する次の記述のうち、民法の規定によれば、正しいものはどれか。なお、代理権は令和5年7月1日に授与されたものとする。

1　任意代理人が保佐開始の審判を受けたときは、代理権は消滅する。

2　任意代理人は、自己の責任で、自由に復代理人を選任することができる。

3　不動産の売買契約に関して、被補助人が任意代理人となって当該契約を締結した場合、本人は、行為能力の制限によっては当該売買契約を取り消すことができない。

4　不動産の売買契約に関して、同一人物が売主及び買主の双方の任意代理人となった場合、売主及び買主の双方の意向にかかわらず、当該契約の効果は、両当事者に有効に帰属する。

【問　2】　Aを売主、Bを買主とする甲建物の売買契約が締結されたが、Bに引き渡された甲建物が品質に関して契約の内容に適合しない場合に関する次の記述のうち、民法の規定によれば、正しいものはどれか。なお、不適合はBの責めに帰すべき事由によるものではないものとする。

1　AB間の売買契約が、Bと媒介契約を締結した宅地建物取引業者Cの媒介により契約締結に至ったものである場合、Bは、AのみならずCに対しても、担保責任を追及することができる。

2　Bは、履行の追完が不能であるときは、Aに対して、履行の追完の催告をせずに、代金の減額を請求することができる。

3　Bが契約の不適合に関してAに対し担保責任を追及するときは、Bは、甲建物の引渡しを受けた時から1年以内にその旨をAに通知しなければならない。

4　AB間の売買契約に、甲建物が品質に関して契約の内容に適合しない場合のAの担保責任を全部免責する旨の特約が規定されていた場合、Bは、当該不適合についてAの責任を一切追及することができない。

－ 1 －

【問　3】　AとBとの間で締結された売買契約に基づき、AがBに対して代金債権を有している場合の、その債権の消滅時効に関する次の記述のうち、民法の規定によれば、正しいものはどれか。

1　Cが、自己所有の建物にAのBに対する代金債権を被担保債権としてAの抵当権を設定している場合、Cは、Aの代金債権の消滅時効を援用することができる。

2　Aの代金債権は、Aが権利を行使することができることを知った時から３年間行使しない場合、時効によって消滅する。

3　Aが訴訟によりBに支払いを請求し、支払いを命じる確定判決を得た場合、Aの代金債権は確定し、以後当該債権が時効によって消滅することはない。

4　Aが訴訟によりBに支払いを請求した場合、その訴えが取り下げられたときは、Aの代金債権の時効は更新される。

【問　4】　普通抵当権と根抵当権に関する次の記述のうち、民法の規定によれば、誤っているものはどれか。

1　普通抵当権の抵当権者は、後順位抵当権者のためにその抵当権の順位を放棄することができるが、根抵当権者は、元本の確定前においては、その根抵当権の順位を放棄することができない。

2　普通抵当権を設定する場合には、被担保債権を特定しなければならないが、根抵当権を設定する場合には、あらゆる範囲の不特定の債権を極度額の限度で被担保債権とすることができる。

3　普通抵当権の場合、利息については、原則として最後の２年分を超えない範囲内で担保されるが、根抵当権の場合は、極度額の範囲内なら、最後の２年分を超える利息に関しても担保される。

4　普通抵当権の場合、被担保債権を譲り受けた者は、担保となっている普通抵当権を被担保債権とともに取得するが、元本確定前の根抵当権の場合、被担保債権を譲り受けた者は、担保となっている根抵当権を被担保債権とともには取得しない。

－ 2 －

【問　5】　ＡがＢに対してＡ所有の甲土地を令和５年７月１日に売却した場合に関する次の記述のうち、民法の規定及び判例によれば、正しいものはどれか。

1　Ａが自分の真意ではないと認識しながらＢに対する甲土地の売却の意思表示を行い、Ｂもその意思表示がＡの真意ではないことを知っていた場合、ＣがＡＢ間の契約の事情を知らずにＢから甲土地を買い受けたときは、Ａは、Ｃに対して甲土地の所有権を主張することができない。

2　ＡがＢの詐欺を理由にＡＢ間の売買契約を取り消した後、ＤがＢから甲土地を買い受けた場合、Ｄが所有権移転登記を備えたときでも、Ａは、Ｄに対して甲土地の所有権を主張することができる。

3　ＡＢ間の売買契約がＡとＢとで意を通じた仮装のもので、ＥがそのＡＢ間の契約の事情を知らずにＢから甲土地を買い受けた場合でも、Ｅが所有権移転登記を備えていないときは、Ａは、Ｅに対して甲土地の所有権を主張することができる。

4　ＢがＦに甲土地を転売した後に、ＡがＢの強迫を理由にＡＢ間の売買契約を取り消した場合、ＦがＢによる強迫につき過失なく知らなかったときは、Ａは、Ｆに対して甲土地の所有権を主張することができない。

【問　6】　Ａを売主、Ｂを買主とする甲建物の売買契約が成立した場合に関する次の記述のうち、民法の規定によれば、誤っているものはどれか。

1　ＢがＡに解約手付を交付している場合、Ａが契約の履行に着手していないときは、Ｂは、既に代金の一部を支払っていても、手付を放棄して売買契約を解除することができる。

2　甲建物の引渡し前に、甲建物が地震によって滅失した場合、Ｂは、Ａに対して、代金の支払いを拒むことができる。

3　甲建物の引渡し前に、甲建物が地震によって滅失した場合、Ｂは、Ａに対して、損害賠償を請求することができない。

4　Ｂが代金の一部を先に支払い、残代金は１か月後所有権移転登記及び甲建物の引渡しと引換えに支払う旨の合意がある場合、Ａは履行期に債務を履行したが、Ｂは履行期が過ぎても残代金を支払わなかったので、Ａが売買契約を解除したときは、Ｂは、Ｂの原状回復義務とＡの受領済み代金返還義務に関して同時履行の抗弁権を主張することはできない。

【問　7】　AがBからBのCに対する代金債権の譲渡を受けた場合に関する次の記述のうち、民法の規定によれば、誤っているものはどれか。

1　AB間でなされた債権譲渡契約は、Cに対する通知がなく、また、Cによる承諾がない場合でも、有効である。

2　BのCに対する債権に譲渡禁止の特約がある場合、Aがその特約の存在を知りながら債権の譲渡を受けたときでも、Cは、Aに対して債務の履行を拒むことはできない。

3　Aは、Bから代理権を授与され、Bの代理人としてCに口頭による通知をしたときは、Cに対して債務を履行するよう請求することができる。

4　Bが、Aへの譲渡についてCに口頭による通知をした後、Cに対する債権を第三者Dに対しても譲渡し、確定日付のある証書によってこれをCに通知した場合、Dは、Cに対して債務を履行するよう請求することができる。

【問　8】　事業者Aに雇用されているBが、令和5年7月1日の営業時間中に、A所有の乗用車を運転して取引先に向かって行く途中で人身事故を起こし、歩行者Cに危害を加えた場合における次の記述のうち、民法の規定及び判例によれば、正しいものはどれか。

1　Cが即死であった場合、C本人の慰謝料請求権は観念できないので、Cに相続人Dがいるときでも、DがCの慰謝料請求権を相続することはない。

2　Aに使用者としての損害賠償責任が発生する場合、AがCに対して貸金債権を有しているときでも、Cは、不法行為に基づく損害賠償債請求権をもって貸金債務を相殺することはできない。

3　Aに使用者としての損害賠償責任が発生し、AがCに対して損害を賠償した場合、A自身は不法行為を行っていないので、Aは、Bに対して、負担した損害額の全額を求償することができる。

4　BにCに対する不法行為に基づく損害賠償責任が発生し、BがCに対して損害を賠償した場合、Bは、Aに対して、損害の公平な分担という見地から相当と認められる額について求償することができる。

【問 9】 遺言に関する次の１から４までの記述のうち、民法の規定及び下記判決文によれば、誤っているものはどれか。

（判決文）

　民法は、自筆証書である遺言書に改変等を加える行為について、それが遺言書中の加除その他の変更に当たる場合には、968条３項所定の厳格な方式を遵守したときに限って変更としての効力を認める一方で、それが遺言書の破棄に当たる場合には、遺言者がそれを故意に行ったときにその破棄した部分について遺言を撤回したものとみなすこととしている。そして、前者は、遺言の効力を維持することを前提に遺言書の一部を変更する場合を想定した規定であるから、遺言書の一部を抹消した後にもなお元の文字が判読できる状態であれば、民法968条３項所定の方式を具備していない限り、抹消としての効力を否定するという判断もあり得よう。ところが、本件のように赤色のボールペンで遺言書の文面全体に斜線を引く行為は、その行為の有する一般的な意味に照らして、その遺言書の全体を不要のものとし、そこに記載された遺言の全ての効力を失わせる意思の表れとみるのが相当であるから、その行為の効力について、一部の抹消の場合と同様に判断することはできない。以上によれば、本件遺言書に故意に本件斜線を引く行為は、民法1024条前段所定の「故意に遺言書を破棄したとき」に該当するというべきであり、これにより被相続人は本件遺言を撤回したものとみなされることになる。

1　自筆証書（相続財産目録を含む。）中の加除その他の変更は、遺言者が、その場所を指示し、これを変更した旨を付記して特にこれに署名し、かつ、その変更の場所に印を押さなければ、その効力を生じない。

2　遺言者が故意に遺言書や遺贈の目的物を破棄したときは、その破棄した部分については、遺言を撤回したものとみなされる。

3　遺言者が自筆証書である遺言書に故意に斜線を引く行為は、その斜線が赤色ボールペンでその遺言書の文面全体の左上から右下にかけて引かれているという場合においては、その遺言書の全体を不要のものとし、そこに記載された遺言の全ての効力を失わせる意思の表れとみるべきである。

4　遺言者が自筆証書である遺言書に故意に斜線を引く行為は、その斜線が赤色ボールペンでその遺言書の文面全体の左上から右下にかけて引かれているという場合であっても、その斜線が引かれた後も遺言書の元の文字が判読できる状態である以上、民法1024条前段の「故意に遺言書を破棄したとき」には該当しない。

【問 10】 Aは、BからB所有の甲建物を賃借し、敷金として賃料2か月分に相当する金額をBに交付した。この場合に関する次の記述のうち、民法の規定によれば、正しいものはどれか。

1 Bは、Aの責めに帰すべき事由によって甲建物の使用及び収益のために修繕が必要となった場合でも、その修繕をする義務を負う。

2 賃貸借が終了した場合、Aは、通常の使用及び収益によって生じた甲建物の損耗があるときは、その損耗について原状に復する義務を負う。

3 Aが甲建物をBの承諾を得てCに対して適法に転貸した後、BがAとの賃貸借契約を合意解除した場合でも、Bは、その解除の当時、Aの債務不履行による解除権を有していたときは、その合意解除の効果をCに対して対抗することができる。

4 AがDに対して賃借権を譲渡した場合、Bがこの賃借権譲渡を承諾したときは、敷金に関する権利義務は、AからDに承継される。

【問 11】 借地権（借地借家法第25条に規定する一時使用目的の借地権を除く。）に関する次の記述のうち、借地借家法の規定及び判例によれば、正しいものはどれか。

1 借地権の存続期間が定められていない場合、借地権設定者は、借地権者に対して、いつでも解約を申し入れて、建物を収去して土地を明け渡すよう請求することができる。

2 建物の規模を制限する借地条件がある場合、付近の土地の利用状況の変化その他事情の変更により、現に借地権を設定するにおいてはその借地条件と異なる建物の所有を目的とすることが相当であるにもかかわらず、借地条件の変更につき当事者間に協議が調わないときは、裁判所は、借地権者の申立てがある場合に限り、その借地条件を変更することができる。

3 第三者が賃借権の目的である土地の上の建物を競売により取得した場合、その第三者が賃借権を取得しても借地権設定者に不利となるおそれがないにもかかわらず、借地権設定者がその賃借権の譲渡を承諾しないときは、その第三者は、裁判所に対して、借地権設定者の承諾に代わる許可の申立てをすることができる。

4 借地権者が賃借権の目的である一筆の土地の上に甲及び乙の2棟の建物を所有している場合、借地権設定者がその土地を第三者に売却し、第三者が所有権移転登記を備えたときは、借地権者は、甲建物に借地権者名義の所有権保存登記があっても、乙建物が未登記であれば、第三者に対して借地権を対抗することができない。

― 6 ―

【問　12】　Aが所有する甲建物をBに対して賃貸する場合に関する次の記述のうち、借地借家法の規定によれば、正しいものはどれか。

1　AB間の賃貸借契約が借地借家法第38条に規定する定期建物賃貸借契約である場合、当該契約の期間は、当事者間で8か月と合意すれば、そのとおりの効力を有する。

2　AB間の賃貸借契約が借地借家法第38条に規定する定期建物賃貸借契約であるか否かにかかわらず、当該契約は、AB間の合意があれば、書面又は電磁的記録により契約を締結しなくても効力を生じる。

3　AB間の賃貸借契約が借地借家法第38条に規定する定期建物賃貸借契約である場合、Bは、契約期間中、中途解約を申し入れることはできない。

4　AB間の賃貸借契約が借地借家法第38条に規定する定期建物賃貸借契約である場合、造作買取請求権を排除する特約がないときでも、Bは、期間満了で当該契約が終了する際、Aの同意を得て甲建物に付加した造作について、造作買取請求権を行使することはできない。

【問　13】　建物の区分所有等に関する法律に関する次の記述のうち、正しいものはどれか。

1　集会の議事録が書面で作成されているときは、議長及び集会に出席した区分所有者の2人がこれに署名し、押印をしなければならない。

2　敷地利用権が数人で有する所有権である場合、区分所有者は、規約によらなくとも、集会の決議があれば、その有する専有部分とその専有部分に係る敷地利用権とを分離して処分することができる。

3　区分所有者の承諾を得て専有部分を占有する者は、会議の目的たる事項につき利害関係を有する場合、集会に出席して議決権を行使することができる。

4　占有者は、建物又はその敷地若しくは附属施設の使用方法につき、区分所有者が規約又は集会の決議に基づいて負う義務と同一の義務を負う。

【問　14】　不動産の登記に関する次の記述のうち、不動産登記法の規定によれば、誤っているものはどれか。

1　賃借権の設定の登記をする場合において、敷金があるときは、その旨も登記事項となる。

2　登記の申請に係る不動産の所在地が当該申請を受けた登記所の管轄に属しないときは、登記官は、理由を付した決定で、当該申請を却下しなければならない。

3　表題部所有者であるAから土地を買い受けたBは、Aと共同してBを登記名義人とする所有権の保存の登記を申請することができる。

4　信託の登記の申請は、当該信託に係る権利の保存、設定、移転又は変更の登記の申請と同時にしなければならない。

【問　15】　都市計画法に関する次の記述のうち、誤っているものはどれか。

1　市街地開発事業等予定区域に関する都市計画において定められた区域内において、建築物の建築以外の一定の行為をしようとする者も、都道府県知事（市の区域内では、市の長をいう。以下同じ。）の許可が必要となる。

2　工業専用地域は、主として工業の利便を増進するため定める地域である。

3　土地区画整理事業の施行区域内において、2階建てで地階を有しない鉄骨造の建築物の建築をしようとする者は、当該事業の認可の告示が行われる前においても、都道府県知事の許可を受ける必要がある。

4　市町村が定める都市計画は、議会の議決を経て定められた当該市町村の建設に関する基本構想に即し、かつ、都道府県が定めた都市計画に適合したものでなければならない。

【問　16】　都市計画法（以下この問において「法」という。）に関する次の記述のうち、正しいものはどれか。なお、この問における都道府県知事とは、地方自治法に基づく指定都市、中核市及び施行時特例市にあってはその長をいうものとする。

1　開発許可を申請しようとする者は、あらかじめ、開発行為に関係がある公共施設の管理者と協議をしなければならず、さらにその同意を得なければならない。

2　農業を営む者が、市街化区域内に所在する自己の所有する1,000㎡の土地を、水田のみにする目的で区画形質の変更を行おうとする場合には、開発許可が必要である。

3　法第33条に規定する開発許可基準のうち、排水施設の構造及び能力についての基準は、主として自己の居住の用に供する住宅の建築の用に供する目的で行う開発行為には、適用されない。

4　開発許可を受けた開発区域内の土地においては、開発行為に関する工事完了の公告があるまでの間であれば、都道府県知事の承認を受けることで、工事用の仮設建築物を建築することができる。

【問　17】　建築基準法（以下この問において「法」という。）に関する次の記述のうち、正しいものはどれか。ただし、指定確認検査機関の確認については考慮しないものとする。

1　道路内にある建築物で特定行政庁が安全上、防火上及び衛生上支障がないと認めて建築審査会の同意を得て許可したものについては、建蔽率の制限は10分の1緩和される。

2　平家建てのコンビニエンスストアー（用途に供する床面積の合計210㎡）を新築する場合、建築主は、建築主事が工事の完了検査の申請を受理した日から7日を経過したときは、検査済証の交付を受ける前でも、仮に、当該建築物又は建築物の部分を使用し、又は使用させることができる。

3　都市計画区域内において、建築主は、新築工事着手前に、建築主事の確認を受ける必要があるが、その後、建築主事は、都道府県知事に届け出なければならない。

4　建築監視員は、工事中の建築物について法の規定に違反することが明らかな建築物について、緊急の必要がある一定の場合であっても、当該建築物の建築主、工事請負人、現場管理者に対して、工事の施工停止を命ずることはできない。

【問　18】　建築基準法（以下この問において「法」という。）に関する次の記述のうち、正しいものはどれか。

1　隣地境界線からの水平距離が一定の位置において確保される採光、通風等と、同程度以上の採光、通風等が当該位置において確保されるものとして一定の基準に適合する建築物についても、法第56条第1項第2号の規定による隣地斜線制限は適用される。

2　延べ面積が2,900㎡の建築物は、一定の主要構造部（床・屋根・階段を除く。）の全部又は一部に木材・プラスチック等の可燃材料を用いている場合、一定の技術的基準に適合するもので、国土交通大臣が定めた構造方法を用いるもの又は国土交通大臣の認定を受けたものとしなければならない。

3　特定街区内の建築物については、建築物の容積率の規定は、適用されない。

4　建築協定を締結する場合においては、当該協定区域内の土地が借地権の目的となっているときは、必ず土地所有者の合意を得なければならない。

【問　19】　宅地造成等規制法に関する次の記述のうち、正しいものはどれか。なお、この問において「都道府県知事」とは地方自治法に基づく指定都市、中核市及び施行時特例市にあってはその長をいうものとする。

1　宅地造成工事規制区域（以下この問において「規制区域」という。）内において、宅地を宅地以外の土地にするために、切土をした部分に生じる崖の高さが5mを超える場合は、都道府県知事の許可を受けなければならない。

2　都道府県知事は、規制区域内の宅地の占有者に対しては、当該宅地又は当該宅地において行われている工事の状況について報告を求めることはできない。

3　都道府県（指定都市等の区域内にあっては、それぞれ指定都市等を含む。）が規制区域内において行う宅地造成に関する工事については、都道府県知事（指定都市等の区域内にあっては、それぞれ指定都市等の長をいう。）の許可を受けなくてもよい。

4　規制区域内において、切土又は盛土をする土地の面積が2,000㎡の土地の排水施設を設置する場合、その土地における排水施設は、政令で定める資格を有する者の設計によらなければならない。

－ 10 －

【問 20】 土地区画整理組合（以下この問において「組合」という。）が施行する土地区画整理事業（以下この問において「事業」という。）に関する次の記述のうち、正しいものはどれか。

1 換地処分は、都道府県知事が換地計画において定められた関係事項を公告してするものとされている。

2 事業施行後の宅地価額の総額が、事業施行前の宅地価額の総額を超える場合に限り、保留地を定めることができる。

3 組合は、施行地区内の宅地について換地処分を行うため、換地計画を定めなければならず、当該組合が換地計画について都道府県知事の認可の申請をしようとするときは、換地計画に係る区域を管轄する市町村長を経由して行わなければならない。

4 組合の設立認可の申請が、都道府県知事に対してあった場合には、当該都道府県知事は、自らその事業計画を2週間公衆の縦覧に供しなければならない。

【問 21】 農地法（以下この問において「法」という。）に関する次の記述のうち、正しいものはどれか。

1 現在耕作の用に供されている1.9アールの市街化調整区域内にある農地を、3ヵ月間だけ資材置場として無償で借り受ける場合において、登記簿上の地目が雑種地であれば、農業委員会へ届出をすることで足りる。

2 農家が、自己所有の市街化調整区域内の休閑地に住宅を建築する場合には、法第4条第1項の許可は不要である。

3 土地区画整理法に基づく土地区画整理事業により道路を建設するために、所有する農地を転用しようとする場合には、法第4条第1項の許可は必要である。

4 土地収用法に基づき、農地に関する権利が収用され、又は使用される場合、法第3条第1項の許可は不要である。

— 11 —

【問　22】　国土利用計画法（以下この問において「法」という。）第23条の届出（以下この問において「事後届出」という。）に関する次の記述のうち、誤っているものはどれか。なお、この問において「都道府県知事」とは、地方自治法に基づく指定都市にあってはその長をいうものとする。

1　一定の売買契約で権利取得者となった者（以下この問において「権利取得者」という。）が行った事後届出に対し、都道府県知事から土地の利用目的に関する変更勧告がなされた場合に、当該権利取得者がその勧告に従わなかったときは、都道府県知事は、当該届出に係る土地の売買契約を無効にすることができる。

2　都道府県知事は、権利取得者に対し、勧告をした場合において、必要があると認めるときは、その勧告に基づいて講じた措置について報告をさせることができる。

3　土地の売買契約を締結した場合の届出について、虚偽の届出をした者は、6ヵ月以下の懲役又は100万円以下の罰金に処せられる。

4　注視区域又は監視区域内に所在する土地の売買について、法第27条の4及び第27条の7の事前届出をした者は、併せて、事後届出をする必要はない。

【問　23】　印紙税に関する次の記述のうち、正しいものはどれか。

1　給与所得者Aが自宅の土地建物を譲渡し、代金8,000万円を受け取った際に作成した領収書には、金銭の受取書として印紙税が課税される。

2　宅地建物取引業者の従業者Bが、業務上当初作成した「土地を8,000万円で譲渡する」旨を記載した土地譲渡契約書の契約金額を変更するために再度作成する契約書で、「当初の契約書の契約金額を2,000万円減額し、6,000万円とする」旨を記載した変更契約書は、契約金額を減額するものであることから、印紙税は課税されない。

3　C県を売主、株式会社D社を買主とする土地の譲渡契約において、双方が署名押印して共同で土地譲渡契約書を2通作成し、C県とD社がそれぞれ1通ずつ保存することとした場合、D社が保存する契約書には印紙税が課税される。

4　印紙税の課税文書である不動産譲渡契約書を作成した宅地建物取引業者E社が、印紙税を納付せず、その事実が税務調査により判明した場合は、納付しなかった印紙税額と納付しなかった印紙税額の2倍に相当する金額の合計額が過怠税として徴収される。

【問　24】　固定資産税に関する次の記述のうち、正しいものはどれか。ただし、認定長期優良住宅については考慮しないものとする。

1　空家等対策の推進に関する特別措置法第14条第2項の規定により所有者等に対し勧告がされた同法第2条第2項に規定する特定空家等の敷地の用に供されている土地であっても、住宅用地として課税される。

2　固定資産税の納税者は、その納付すべき当該年度の固定資産課税に係る固定資産について、固定資産課税台帳に登録された価格について不服があるときは、一定の場合を除いて、文書をもって、固定資産評価審査委員会に審査の申出をすることができる。

3　固定資産税の納期は、4月、7月、12月及び2月中において、当該都道府県の条例で定めるが、特別の事情がある場合においては、これと異なる納期を定めることができる。

4　固定資産税の標準税率は、100分の2.1である。

【問　25】　地価公示法に関する次の記述のうち、正しいものはどれか。

1　都市計画区域外の区域を公示区域とすることはできない。

2　標準地の鑑定評価について虚偽の鑑定評価を行った不動産鑑定士は、6月以下の懲役若しくは50万円以下の罰金に処せられることがあるが、標準地の鑑定評価に際して知ることのできた秘密を漏らした不動産鑑定士は、6月以下の懲役若しくは50万円以下の罰金に処せられることはない。

3　土地鑑定委員会が標準地の単位面積当たりの正常な価格を判定したときは、当該価格については官報で公示する必要があるが、標準地の価格の総額については、官報で公示する必要はない。

4　土地収用法の規定により、公示区域内の土地について、当該土地に対する事業の認定の告示の時における相当な価格を算定するときは、公示価格を指標として算定した当該土地の価格を考慮しなければならない。

【問　26】　宅地建物取引業者Aが媒介により建物の売買又は貸借の契約を成立させた場合における宅地建物取引業法第37条の規定により交付すべき書面（以下この問において「37条書面」といい、その交付は、法第37条第4項又は第5項の規定による電磁的方法による提供を含むものとする。）に関する次の記述のうち、宅地建物取引業法の規定によれば、正しいものはどれか。

1　Aが、媒介により建物の貸借の契約を成立させた場合、Aは、契約の更新に関する事項の定めがあれば、当該定めについて、37条書面に必ず記載しなければならない。

2　Aが、媒介により建物の貸借の契約を成立させた場合、Aは、かかる貸借の契約に関する保証人の氏名及び住所について、37条書面に必ず記載しなければならない。

3　Aが、媒介により既存建物の売買の契約を成立させた場合、Aは、建物の構造耐力上主要な部分等の状況について、売主及び買主双方が確認した事項がなければ、当該事項について、37条書面に記載する必要はない。

4　Aが、媒介により居住用マンションについて、2年間の期間の定めのある賃貸借契約を成立させた場合、Aは、当該賃貸借契約に借主からの中途解約を認める条項があるときは、当該中途解約を認める条項について、37条書面に記載しなければならない。

－ 14 －

【問　27】　宅地建物取引業者Aが、自ら売主となって、宅地建物取引業者ではない買主Bと5,000万円のマンション（完成物件）の売買契約（手付金500万円、中間金1,000万円）を締結した場合に関する次の記述のうち、宅地建物取引業法の規定によれば、誤っているものはどれか。なお、この問において「保全措置」とは、同法第41条の2の規定による手付金等の保全措置をいう。

1　当該マンションの売買契約で手付金が解約手付であることを定めていなかった場合でも、Aが契約の履行に着手していなければ、Bは、手付を放棄して契約を解除することができる。

2　当該マンションの引渡し及び所有権の移転登記を中間金の支払と同時に行うときは、Aは、保全措置を講ずることなく、Bから手付金及び中間金を受領することができる。

3　Bが当該マンションの売買契約を締結する前に申込証拠金30万円をAに支払っている場合、契約締結時に手付金500万円を受領し、その後、当該マンションの引渡し及び移転登記前に、当該申込証拠金を代金に充当するときでも、Aは、当該申込証拠金につき保全措置を講ずる必要はない。

4　当該マンションの引渡し及び所有権の移転登記前にBが中間金を支払うときに、Aが保全措置を講じていない場合、Bは、当該中間金を支払わないことができる。

－ 15 －

【問　28】　宅地建物取引業法 (以下この問において「法」という。) の規定に基づく監督処分に関する次の記述のうち、正しいものはどれか。

1　宅地建物取引士A（甲県知事登録）が、Bに自己の名義の使用を許し、BがAの宅地建物取引士証を提示して重要事項の説明をした場合、Bが宅地建物取引士であるときであっても、Aは甲県知事から事務禁止処分を受けることがある。

2　宅地建物取引業者C（甲県知事免許）が宅地建物取引業に係る営業に関し成年者と同一の行為能力を有しない未成年者で、その法定代理人が刑法第198条（贈賄）の罪で罰金の刑に処せられた場合、甲県知事はCの免許を取り消さなければならない。

3　甲県知事は、宅地建物取引業者D（甲県知事免許）に対し、法第37条に規定する書面の交付（法第37条第４項又は第５項の規定による電磁的方法による提供を含む。）をしていなかったことを理由に業務停止処分をしようとするときは、あらかじめ、内閣総理大臣に協議しなければならない。

4　宅地建物取引業者E（甲県知事免許）が乙県内に新たに支店を設置して宅地建物取引業を営んでいる場合において、Eが免許換えの申請を怠っていることが判明したときは、Eは甲県知事から業務停止処分を受けることがある。

－ 16 －

【問 29】 宅地建物取引業の免許（以下この問において「免許」という。）に関する次の記述のうち、宅地建物取引業法（以下この問において「法」という。）の規定によれば、正しいものの組合せはどれか。

ア 免許をする国土交通大臣又は都道府県知事は、法第3条第1項の免許（法第3条第3項の更新を除く。）に条件を付し、及びこれを変更することができる。

イ 甲県知事免許を受けた宅地建物取引業者が、乙県の区域内の業務に関し、乙県知事から指示を受けたときは、甲県に備えられる宅地建物取引業者名簿には、当該指示の年月日及び内容が登載される。

ウ 甲県知事免許を受けた宅地建物取引業者が、乙県内に継続的に業務を行うことができる施設を有する場所で宅地建物取引業に係る契約締結権限を有する使用人を置く営業所を設置して、そこで宅地建物取引業を営もうとする場合、かかる営業所が商業登記簿に登載すべき支店に該当しない場合でも、甲県知事の免許から国土交通大臣の免許に免許換えを申請しなければならない。

エ 宅地建物取引業者（甲県知事免許）が死亡した場合、当該宅地建物取引業者の相続人はその旨を甲県知事に届け出なければならず、甲県知事から受けた免許は、その届出の時に効力を失う。

1 ア、イ
2 ア、エ
3 イ、ウ
4 ウ、エ

【問　30】　宅地建物取引業者Ａ（甲県知事免許）が行う広告に関する次の記述のうち、宅地建物取引業法の規定によれば、誤っているものはどれか。

1　Ａが建物の所有者と賃貸借契約を締結し、当該建物を転貸するための広告をする際は、当該広告に自らが契約の当事者となって貸借を成立させる旨を明示しなくても、宅地建物取引業法第34条に規定する取引態様の別の明示義務の規定には違反しない。

2　Ａが建物の売主の依頼を受けて、売買の媒介に関する広告をする際は、当該建物について、売買の媒介であることを明示すればよく、建物の売主がＡ以外の他の宅建業者に重ねて売却の媒介を依頼することの許否については明示する必要はない。

3　Ａは、宅地造成工事規制区域内における宅地造成工事の許可が必要とされる場合において、当該宅地の売買に関する広告は、宅地造成等規制法第13条に規定する宅地造成工事の完了検査を受けた後でなければしてはならない。

4　Ａが顧客を集めるために、売る意思のない条件の良い宅地を広告することにより他の宅地を販売しようとした場合、取引の相手方が実際に誤認したか否か、あるいは損害を受けたか否かにかかわらず、監督処分の対象となる。

【問 31】 宅地建物取引業者Aが、宅地建物取引業に関して報酬を受領する場合に関する次の記述のうち、宅地建物取引業法の規定によれば、正しいものはどれか。なお、消費税及び地方消費税に関しては考慮しないものとする。

1 Aが貸主B及び借主Cの双方から賃貸借の媒介依頼を受けて、B所有の宅地について1か月の地代5万円で賃貸借契約を成立させた場合、Cから依頼を受けるに当たって承諾を得ている場合を除き、Cから受領できる報酬の限度額は2万5,000円である。

2 AがDから売却の媒介又は代理の依頼を受けた価額400万円以下の物件が、通常の媒介又は代理に比べ現地調査等の費用を多く要するものであった場合、AがDに説明した上で当該多く要する費用をDから受領できる報酬の上限を規定するいわゆる低廉な空家等の売買又は交換の媒介又は代理に関する報酬の特例を適用できるのは、空家でない建物や宅地も含まれる。

3 Aが貸主Eと借主Fから店舗用建物の賃貸借の媒介の依頼を受けて、1か月の借賃30万円、権利金500万円（権利設定の対価として支払われるもので、返還されないものとする。）で賃貸借契約を成立させた場合、Aが依頼者の一方であるE又はFから受領できる報酬の限度額は、21万円である。

4 Aが貸主Gと借主Hから賃貸借の媒介の依頼を受けて、G所有の居住用建物について1か月の借賃10万円で賃貸借契約を成立させた場合、媒介契約に報酬の支払時期についての特約がないときは、報酬は後払いであり、Aは、賃貸借契約締結後、Hが建物に入居した後に報酬の支払を請求できる。

【問　32】 宅地建物取引業法（以下この問において「法」という。）の規定によれば、宅地建物取引業者Aに関する次の記述のうち、正しいものはどれか。

1　Aは、その事務所ごとに従業者名簿を備え、取引の関係者から請求があったときは、当該名簿をその者の閲覧に供しなければならないが、当該名簿を事務所のパソコンのハードディスクに記録し、ディスプレイの画面に表示する方法で閲覧に供することもできる。

2　Aは、その事務所ごとにその業務に関する帳簿を備えなければならないが、当該帳簿の記載事項を事務所のパソコンのハードディスクに記録し、必要に応じ当該事務所においてパソコンやプリンターを用いて紙面に印刷することが可能な環境を整えていたとしても、当該帳簿への記載に代えることができない。

3　Aは、建物の貸借の媒介を行う場合、借主に対し、テレビ会議等のITを活用して法第35条の規定に基づく重要事項の説明をすることができるが（IT重説）、IT重説を行う場合は、法第35条第8項又は9項の規定による電磁的方法による重要事項説明書の提供のみが認められ、同条第1項から第3項までの規定による書面の交付によることはできない。

4　Aが宅地の所有者Bと売買の専属専任媒介契約を締結した場合、Aは、Bに対する当該媒介業務の処理状況の報告を電子メールで行うことはできない。

【問　33】　宅地建物取引業者Aが、BからBの所有する宅地又は建物の売買の媒介を依頼され、媒介契約を締結した場合に関する次の記述のうち、宅地建物取引業法（以下この問において「法」という。）の規定によれば、正しいものはどれか。なお、この問において、法第34条の2第1項の規定に基づく書面（以下この問において「書面」という。）の交付については、同条第11項に基づく電磁的方法による提供を含むものとする。

1　ＡＢ間の媒介契約が建物の売買の一般媒介契約（専任媒介契約ではない媒介契約）である場合、法上、指定流通機構に登録することは認められない。

2　ＡＢ間の媒介契約が宅地の売買の一般媒介契約（専任媒介契約ではない媒介契約）である場合、当該媒介契約の有効期間を6か月と定め、有効期間満了時に依頼者が遅滞なく異議を申し立てない限り自動更新される旨の定めをすることができる。

3　ＡＢ間の媒介契約が宅地の売買の専属専任媒介契約である場合、Aは、業務処理状況の報告をBに対して5日に1回以上の割合で行わなければならない。

4　Aは、Bと既存の建物の一般媒介契約（専任媒介契約ではない媒介契約）を締結した場合、Bが媒介契約締結の当初から建物状況調査を実施する者のあっせんを希望する意思がない場合、Aは、法第34条の2第1項の規定に基づく書面に係るあっせんに関する事項の記載を省略することができる。

【問　34】　宅地建物取引業の免許（以下この問において「免許」という。）に関する次の記述のうち、誤っているものはどれか。

1　Aが、土地を複数所有する資産家Bに建築させた総戸数30戸の賃貸マンションを一括して借り上げ、不特定多数の者に業として転貸する場合、A及びBは免許を受ける必要がない。

2　建設業を営むC社が、自らが建物の建築工事を請け負うことを条件に、C社所有の社有地を区画割りし、宅地として不特定多数の取引先の関係者に対して廉価で反復継続して分譲する場合、C社は免許を受ける必要がある。

3　農家Dが都市計画法上の田園住居地域内の農地を区画割りして、不特定多数の者に家庭菜園用地として反復継続して分譲する場合、Dは免許を受ける必要がない。

4　宗教法人Eが礼拝施設の建設資金に充てるため、その所有する雑木林を30区画の宅地に造成し、近隣の不特定多数の住民らを対象に宅地として反復継続して分譲する場合、Eは免許を受ける必要がある。

－ 21 －

【問　35】　宅地建物取引業者が建物の貸借の媒介を行う場合に関する次の記述のうち、宅地建物取引業法第35条の重要事項の説明に関する規定によれば、正しいものはどれか。なお、借主は宅地建物取引業者ではないものとする。

1　当該建物がマンションである場合、建物の区分所有等に関する法律第2条第3項に規定する専有部分の用途について、管理規約で「区分所有者及び占有者は、居住者に迷惑又は危害を及ぼすおそれのある動物を飼育すること（ただし、盲導犬・聴導犬・介護犬及び居室のみで飼育できる小鳥・観賞魚は除く）をしてはならない」旨の規約があるときでも、借主がそれを既に知っているときは、借主に当該規約の定めを説明する必要はない。

2　当該貸借が借地借家法第38条第1項の定期建物賃貸借である場合、同法第38条第3項の貸主の借主に対する定期建物賃貸借である旨の説明を、重要事項の説明義務を負っている媒介依頼を受けた宅地建物取引業者が貸主の代理人として行うことはできない。

3　敷金の授受の定めがあるときは、当該建物の借賃の額のほか、敷金の額及び授受の目的についても借主に説明しなければならない。

4　当該建物の位置が水防法施行規則第11条第1号の規定により当該建物が所在する市町村の長が提供する図面に表示されているときは、当該図面における当該建物の所在地について、借主に説明しなければならない。

－ 22 －

【問 36】 甲県知事から宅地建物取引業の免許（以下この問において「免許」という。）を受けている宅地建物取引業者に関する次の記述のうち、宅地建物取引業法の規定によれば、正しいものはどれか。

1 宅地建物取引業者A社（法人）について破産手続開始の決定があった場合、A社を代表する役員は甲県知事に廃業を届け出なければならず、また廃業の届出日がいつであるかにかかわらず、破産手続開始の決定をもって免許の効力が失われる。

2 宅地建物取引業者B社（法人）が、免許の更新に当たって甲県知事から付された条件に違反した場合、甲県知事はその免許を取り消すことができる。

3 宅地建物取引業者C（個人）が、道路交通法違反により懲役1年の刑に処せられた場合、それが執行猶予付き判決であれば、その免許は取り消されない。

4 宅地建物取引業者D（個人）が、免許の更新を受けようとするときは、甲県知事が国土交通省令の定めるところにより指定する講習で、更新の申請前6か月以内に行われるものを受講しなければならない。

【問 37】 宅地建物取引業者A（甲県知事免許）に関する次の記述のうち、宅地建物取引業法の規定に違反するものはいくつあるか。

ア Aは、業務が多忙であることを理由に、その従業者に対し、その業務を適正に実施させるため必要な教育を行うよう努めることをしなかった。

イ Aが乙県内に建設したマンション（100戸）の販売について、宅地建物取引業者B（乙県知事免許）に媒介を依頼し、A及びBが共同して甲県内に案内所を設置し、当該案内所において売買契約の申込みを受ける業務を行う場合において、Bが当該案内所に専任の宅地建物取引士を設置したので、Aは当該案内所に専任の宅地建物取引士を設置しなかった。

ウ Aは、その業務に関する帳簿を事務所ごとに備え、一定事項を取引のあったつど記載していたが、取引の関係者から帳簿の閲覧請求があっても、当該帳簿を閲覧させなかった。

1 一つ
2 二つ
3 三つ
4 なし

— 23 —

【問 38】 宅地建物取引士Aが、甲県知事の宅地建物取引士資格登録（以下この問において「登録」という。）及び宅地建物取引士証の交付を受けている場合に関する次の記述のうち、宅地建物取引業法の規定によれば、誤っているものはいくつあるか。

ア　Aが禁錮以上の刑に処せられたことにより甲県知事から登録の消除処分を受けた場合、Aは、その処分の日から5年を経過するまで、登録を受けることができない。

イ　成年者であるAが、甲県知事免許を受けた宅地建物取引業者Bの成年者である専任の宅地建物取引士である場合、Bがすべての事務所を乙県に移転し乙県知事の宅地建物取引業の免許を受けようとするときにおいて、Aが乙県内のBが設置する事務所の成年者である専任の宅地建物取引士となるには、Aは乙県知事に登録の移転を申請しなければならない。

ウ　Aは、その住所を変更した場合、遅滞なく、甲県知事に変更の登録を申請するとともに、あわせて宅地建物取引士証の書換え交付の申請をしなければならない。

1　一つ
2　二つ
3　三つ
4　なし

－ 24 －

【問 39】 本店と1か所の支店を有する宅地建物取引業者A（甲県知事免許、令和4年3月1日営業保証金を供託し届出後に営業開始）が、令和5年6月1日、弁済業務保証金分担金を納付して宅地建物取引業保証協会（以下この問において「保証協会」という。）Bに加入した場合に関する次の記述のうち、宅地建物取引業法の規定によれば正しいものはどれか。

1 Aは、令和5年6月1日以降においても、自らが取引の相手方に対し損害を与えたときに備え、相手方の損害を確実に補塡できるようにするために、B以外の他の保証協会に加入することもできる。

2 Bは、令和5年6月1日のAの加入に際し、AがBの社員となる前にAと宅地建物取引業に関し取引した者の有するその取引により生じた債権に関して弁済が行われることにより、弁済業務の円滑な運営に支障を生ずるおそれがあると認めるときは、Aに担保の提供を求めることができる。

3 宅地建物取引業者Cが令和5年4月1日にAとの宅地建物取引業に関する取引により債権を取得した場合、Cは、Bの供託した弁済業務保証金について弁済を受ける権利を実行するため、令和5年7月1日にBに対して認証の申出をして、認証を受けることができる。

4 Aは、令和5年8月1日に新たに甲県内に1か所の事務所を増設しようとする場合、その増設する事務所に係る弁済業務保証金分担金をBに納付した後でなければ、その増設した事務所で業務を開始してはならない。

— 25 —

【問 40】 宅地建物取引業者Aが行う宅地建物取引業法第35条に規定する重要事項の説明（以下この問において「説明」という。）に関する次の記述のうち、誤っているものはどれか。なお、買主及び借主は、宅地建物取引業者ではないものとする。

1 Aは、宅地又は建物の貸借の媒介又は代理をする場合のみならず、宅地又は建物の売買又は交換をする場合においても、対面による重要事項の説明に代えて、テレビ会議等のITを活用して重要事項の説明を行うことができる。

2 Aは、売買の対象となる宅地が、土砂災害警戒区域等における土砂災害防止対策の推進に関する法律第7条第1項の規定により指定された土砂災害警戒区域内にあるときは、その旨を買主に説明しなければならないが、建物の貸借の媒介の場合は、借主にその旨を説明する必要はない。

3 Aは、売買の対象となる建物が、住宅の品質確保の促進等に関する法律第5条第1項に規定する住宅性能評価を受けた新築住宅であるときは、その旨を買主に説明しなければならないが、建物の貸借の媒介の場合は、借主にその旨を説明する必要はない。

4 Aは、売買の対象となる宅地について、割賦販売の媒介を行う場合、割賦販売価格のみならず、現金販売価格についても説明しなければならない。

【問 41】 宅地建物取引業者Aが自ら売主となる建物の売買契約が成立した場合、宅地建物取引業法（以下この問において「法」という。）第37条の規定により交付すべき書面（以下この問において「37条書面」といい、特に断りのない限り、法第37条第4項又は第5項の規定による電磁的方法による提供を含むものとする。）に関する次の記述のうち、宅地建物取引業法の規定によれば、正しいものはいくつあるか。

ア　Aは、買主が建物の代金について金融機関から住宅ローンの承認が受けられなかったときは、無条件で契約を解除できる旨の特約をした場合、Aが融資のあっせんをするのでなければ、かかる特約の内容を37条書面に記載する必要はない。

イ　Aは、当該建物に係る租税その他の公課の負担に関する定めがある場合、その内容を37条書面に記載する必要はない。

ウ　Aは、損害賠償額の予定又は違約金に関する定めがない場合、定めがない旨を37条書面に記載しなければならない。

エ　Aは、37条書面（法第37条第4項の規定による電磁的方法による提供を除く。）に記名をした宅地建物取引士とは別の宅地建物取引士ではない従業者に、37条書面を交付させることができる。

1　一つ
2　二つ
3　三つ
4　なし

【問 42】 宅地建物取引業の免許（以下この問において「免許」という。）に関する次の記述のうち、誤っているものはどれか。

1 信託業法第3条の免許を受けた信託会社Aが宅地建物取引業を営もうとする場合、国土交通大臣に届出をすれば、Aは免許を受ける必要はない。

2 医療法人Bが病院の建設資金に充てるため、その所有する雑種地を30区画の宅地に造成し、医療法人の不特定多数の関係者を対象に宅地として反復継続して分譲する場合、Bは免許を受ける必要がある。

3 免許を受けていないCが営む宅地建物取引業の取引に宅地建物取引業者が代理人として関与していても、Cの当該取引は、無免許事業に該当する。

4 Dが新たに宅地建物取引業を営むために免許の申請を行った場合、免許を受けるまでの間は、宅地建物取引業の取引を行うことはできないが、これから宅地建物取引業を営む旨の広告を行うことはできる。

— 28 —

【問 43】 宅地建物取引業者Aが、自ら売主として買主との間で締結した建物の売買契約について、買主が宅地建物取引業法第37条の2の規定に基づき、いわゆるクーリング・オフによる契約の解除をする場合に関する次の記述のうち、正しいものはどれか。

1 宅地建物取引業者ではない買主Bの申し出により、Bがその親類宅でAから建物に関する説明を受けて買受けの申込みをし、翌日にAの事務所で売買契約が締結された場合、Bは、クーリング・オフによる契約の解除をすることができない。

2 建物の買受けの申込み及び売買契約の締結が、Aが行う一団の建物の分譲のためのテント張りの案内所で行われた場合、宅地建物取引業者である買主Cが、契約締結の5日後にAから建物の引渡しを受けたが、残代金の支払いをしていないときは、Cは、クーリング・オフによる契約の解除をすることができる。

3 建物の買受けの申込み及び売買契約の締結が、事務所のそばの喫茶店で行われた場合において、Aが宅地建物取引業者ではない買主Dに対してクーリング・オフができる旨及びその方法について書面で告げなかった場合でも、Aは業務停止処分を受けることはない。

4 建物の買受けの申込み及び売買契約の締結が、宅地建物取引業者ではない買主Eの取引先の銀行で行われ、Eはその際にAからクーリング・オフができる旨及びその方法について口頭で告げられ、その5日後にこれを記載した書面の交付を受けた場合、クーリング・オフによる契約の解除が可能な期間の起算日は、口頭で告げられた日である。

【問　44】　宅地建物取引業者Ａが行う宅地建物取引業法第35条に規定する重要事項の説明（以下この問において「説明」という。）に関する次の記述のうち、誤っているものはどれか。なお、説明の相手方は宅地建物取引業者ではないものとする。

1　売買の対象となる既存の建物について、当該建物の新築の工事に着手した時期が昭和60年６月１日であるときは、建築物の耐震改修の促進に関する法律により、建築基準法に規定する指定確認検査機関等による耐震診断を受けたものであるときでも、その内容を説明する必要はない。

2　売買の対象となる建物が既存の建物であるときは、建物状況調査（実施後１年を経過していないものに限る。）を実施しているかどうか及びこれを実施している場合におけるその結果の概要を説明しなければならない。

3　売買の対象となる建物が地域における歴史的風致の維持及び向上に関する法律第12条第１項により指定された歴史的風致形成建造物である場合、その増築をするときは市町村長への届出が必要である旨を説明しなければならない。

4　代理して貸借を行う対象となる建物について、石綿の使用の有無の調査の結果が記録されているときは、その旨について説明しなければならないが、当該記録の内容までは説明する必要はない。

【問 45】 宅地建物取引業者Ａ（甲県知事免許）が自ら売主として、宅地建物取引業者ではない買主Ｂに新築住宅を販売する場合における次の記述のうち、特定住宅瑕疵担保責任の履行の確保等に関する法律（以下この問において「法」という。）の規定によれば、正しいものはどれか。

1　Ａが住宅販売瑕疵担保保証金の供託をし、基準日において、その額が販売新築住宅の合計戸数を基礎として算定する基準額を超えることとなった場合、国土交通大臣の承認を受けた上で、その超過額を取り戻すことができる。

2　Ａが媒介を依頼した他の宅地建物取引業者が住宅販売瑕疵担保責任保険契約の締結をしていれば、Ａは住宅販売瑕疵担保保証金の供託又は住宅販売瑕疵担保責任保険契約の締結を行う必要はない。

3　Ａは、住宅販売瑕疵担保保証金の供託をする場合、Ｂに対する供託所の所在地等について記載した書面の交付（又は、法第15条第２項で準用する第10条第２項による電磁的方法による提供）及び説明を、Ｂに新築住宅を引き渡すまでに行えばよい。

4　Ｂに新築住宅を引き渡したＡは、基準日に係る住宅販売瑕疵担保保証金の供託及び住宅販売瑕疵担保責任保険契約の締結の状況について届出をしなければ、当該基準日の翌日から起算して50日を経過した日以後は、新たに自ら売主となる新築住宅の売買契約を締結してはならない。

－ 31 －

【問 46】 独立行政法人住宅金融支援機構（以下この問において「機構」という。）の業務に関する次の記述のうち、誤っているものはどれか。

1　機構は、住宅の建設、購入、改良若しくは移転（以下この問において「建設等」という。）をしようとする者又は住宅の建設等に関する事業を行う者に対し、必要な資金の調達又は良質な住宅の設計若しくは建設等に関する情報の提供、相談その他の援助を業務として行う。

2　機構は、銀行が貸し付けた住宅ローンの債権を買い取ることはできるが、保険会社が貸し付けた住宅ローンの債権を買い取ることはできない。

3　機構は、民間金融機関が貸し付けた住宅ローンについて、住宅融資保険を引き受けることにより、民間金融機関による住宅資金の供給を支援している。

4　機構は、事業主又は事業主団体から独立行政法人雇用・能力開発機構の行う転貸貸付に係る住宅資金の貸付けを受けることができない勤労者に対し、財形住宅貸付業務を行っている。

【問　47】　宅地建物取引業者が行う広告等に関する次の記述のうち、不当景品類及び不当表示防止法（不動産の表示に関する公正競争規約を含む。）の規定によれば、正しいものはどれか。

1　「シリーズ広告」とは、販売区画数若しくは販売戸数が2以上の分譲宅地、新築分譲住宅、新築分譲マンション若しくは一棟リノベーションマンション、又は、賃貸戸数が2以上の新築賃貸マンション若しくは新築賃貸アパートであって、価格又は賃料が確定していないため、直ちに取引することができない物件について、規則に規定する表示媒体を用いて、その本広告に先立ち、その取引開始時期をあらかじめ告知する広告表示をいう。

2　新築分譲住宅の広告を行う場合、建物の面積（マンションにあっては、専有面積）は、取引する全ての建物の面積を表示しなければならない。

3　建築工事完了後3ヵ月経過したが居住の用に供されたことがない分譲住宅について、一般消費者に対し、初めて購入の申込みの勧誘を行う場合、「新発売」と表示して広告を出すことができる。

4　別荘地（別荘又はリゾートマンションを含む。）の販売広告において、その最寄りの駅の名称を用いることができるのは、別荘地が、その最寄りの駅から直線距離で1,000メートル以内に所在している場合でなければならない。

【問　48】　宅地建物の統計等に関する次の記述のうち、正しいものはどれか。

1　令和3年度法人企業統計調査（財務省、令和4年9月公表）によれば、令和3年度における不動産業の売上高は48兆5,822億円で、全産業の売上高の約10％を占めている。

2　住宅着工統計（国土交通省、令和5年1月公表）によれば、令和4年のマンションの新設住宅着工戸数は、前年比6.8％減で、3年ぶりの減少となった。

3　令和5年地価公示（令和5年3月公表）によれば、令和4年1月以降の1年間の地価は、全国平均では、全用途平均で2年連続で上昇した。

4　令和4年版土地白書（令和4年6月公表）によれば、令和2年における我が国の国土面積は、約3,780万ヘクタールであり、このうち住宅地、工業用地等の宅地が約437万ヘクタールとなっている。

【問 49】 土地に関する次の記述のうち、適当でないものはどれか。

1 低地は、一般に地盤が安定しており、台地に比べ、自然災害に対して安全度は高い。

2 著しく傾斜している谷に盛土して宅地を造成する場合、原地盤に繁茂している樹木を残したまま盛土を行ってはならない。

3 切土をする場合において、切土をした後の地盤に滑りやすい土質の層があるときは、地滑り抑止ぐい又はグラウンドアンカーその他の土留の設置等の措置を講じなければならない。

4 山頂から見て等高線が張り出している部分は尾根で、等高線が山頂に向かって高い方に弧を描いている部分は谷である。

【問 50】 建築物の構造と材料に関する次の記述のうち、最も不適当なものはどれか。

1 階数が2以上の木造建築物においては、間仕切壁を上下階とも同じ位置にならないようにつくった方が、一般的に耐震力は高まる。

2 コンクリートは、打上がりが均質で密実になり、かつ、必要な強度が得られるようにその調合を定めなければならない。

3 積雪荷重の計算に当たり、雪下ろしを行う慣習のある地方においては、その地方における垂直積雪量が1mを超える場合においても、積雪荷重は、雪下ろしの実況に応じて垂直積雪量を1mまで減らして計算することができる。

4 鉄筋コンクリート構造は、耐火、耐久性が大きく骨組形態を自由にすることができる。

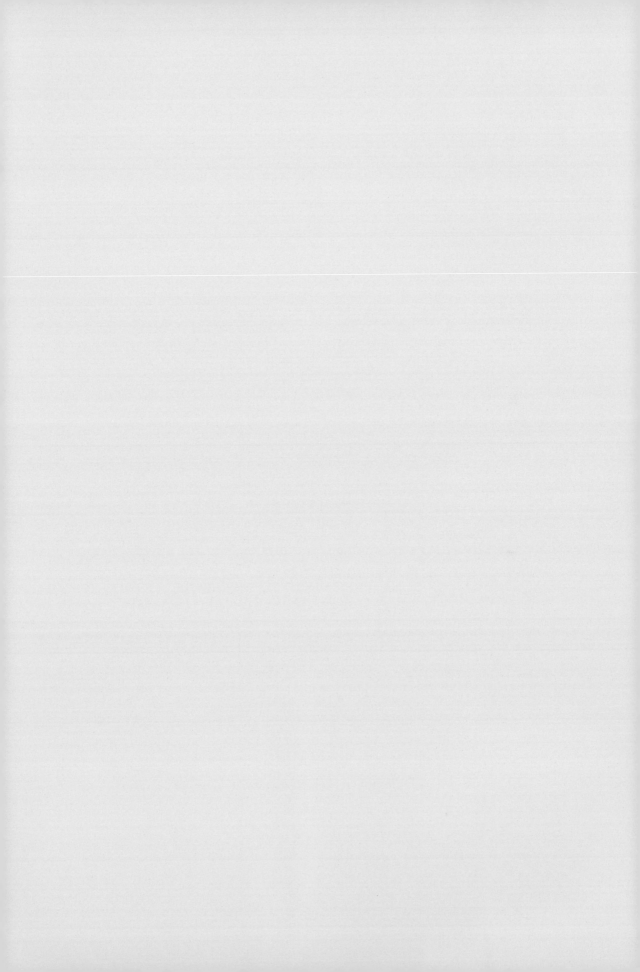

【冊子ご利用時のご注意】

　以下の「冊子」は、この色紙を残したまま、ていねいに抜き取り、ご利用ください。
　なお、抜き取りの際の損傷についてのお取替えはご遠慮願います。

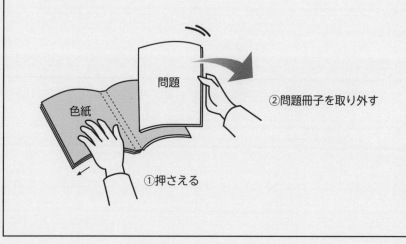

TAC出版

問　　　題

予想模試　第３回

合格水準36点（2020年度12月／2022年度レベル）／制限時間２時間

　次の注意事項をよく読んでから、始めてください。

(注意事項)

1　問　　題

　　問題は、１ページから34ページまでの50問です。

　　試験開始の合図と同時に、ページ数を確認してください。

　　乱丁や落丁があった場合は、直ちに試験監督員に申し出てください。

2　解　　答

　　正解は、各問題とも一つだけです。

　　二つ以上の解答をしたもの及び判読が困難なものは、正解としません。

3　適用法令

　　問題の中の法令に関する部分は、令和５年４月１日現在施行されている規定に基づいて

　出題されています。

【問　1】　行為能力に関する次の記述のうち、民法の規定によれば、正しいものはどれか。なお、保佐人の同意に代わる家庭裁判所の許可については、考慮しないものとする。

1　被保佐人が、保佐人の同意を得ないでその所有する建物を売却した場合、当該売買契約は、無効である。

2　18歳に達した者が建物の賃貸借契約を有効に締結するには、父母双方がいる場合、少なくとも父母のどちらか一方の同意が必要である。

3　精神上の障害により事理を弁識する能力が不十分である者について、配偶者から補助開始の審判の請求があった場合、家庭裁判所は、その事実が認められるときは、本人の同意がなくてもその審判をすることができる。

4　成年後見人は、成年被後見人に代わって、成年被後見人が所有する建物を売却する場合、その建物が成年被後見人の居住の用に供するものであれば、家庭裁判所の許可を得なければならない。

【問　2】　債務不履行に関する次の記述のうち、民法の規定によれば、正しいものはどれか。なお、債務は令和5年7月1日以降に生じたものとする。

1　金銭債務の債務者が支払期日に支払いをしなかった場合、債権者は、その不履行が不可抗力である場合を除き、債務者に対して遅延損害金を請求することができる。

2　契約に基づく債務の履行が契約の成立時に不能であった場合でも、債権者は、その不能が債務者の責めに帰することができない事由によるものであるときを除き、債務者に対して損害賠償の請求をすることができる。

3　金銭債務の債務者が支払期日に支払いをしなかった場合、特段の定めがない限り、債権者は、債務者に対して、年4％の割合による遅延損害金を請求することができる。

4　債務者がその債務について遅滞の責任を負っている間に、当事者双方の責めに帰することができない事由によってその債務の履行が不能となった場合、債権者は、債務者に対して損害賠償を請求することができない。

－　1　－

【問　3】　委任に関する次の1から4までの記述のうち、民法の規定及び下記判決文によれば、誤っているものはどれか。

（判決文）

　ところで、本件管理契約は、委任契約の範ちゅうに属するものと解すべきところ、本件管理契約の如く単に委任者の利益のみならず受任者の利益のためにも委任がなされた場合であっても、委任契約が当事者間の信頼関係を基礎とする契約であることに徴すれば、受任者が著しく不誠実な行動に出る等やむをえない事由があるときは、委任者において委任契約を解除することができるものと解すべきことはもちろんであるが、さらに、かかるやむをえない事由がない場合であっても、委任者が委任契約の解除権自体を放棄したものとは解されない事情があるときは、該委任契約が受任者の利益のためにもなされていることを理由として、委任者の意思に反して事務処理を継続させることは、委任者の利益を阻害し委任契約の本旨に反することになるから、委任者は、民法651条に則り委任契約を解除することができ、ただ、受任者がこれによって不利益を受けるときは、委任者から損害の賠償を受けることによって、その不利益を填補されれば足りるものと解するのが相当である。

1　委任は、委任者又は受任者のいずれからも、いつでもその解除をすることができるが、相手方に不利な時期に委任の解除をしたときは、相手方に対して損害賠償責任を負う場合がある。

2　単に委任者の利益のみならず受任者の利益のためにも委任がなされた場合、やむをえない事由があるときは、委任者は、委任の解除をすることができる。

3　単に委任者の利益のみならず受任者の利益のためにも委任がなされた場合、やむをえない事由がないときは、委任者は、いつでも委任の解除をすることができ、ただ、それによって受任者が不利益を受けるときは、受任者は、委任者に対して損害賠償を請求することができる。

4　単に委任者の利益のみならず受任者の利益のためにも委任がなされた場合、やむをえない事由がなくても、委任者が委任を解除する権利自体を放棄したものとは解されない事情があるときは、委任者は、委任の解除をすることができる。

－ 2 －

【問　4】　AがA所有の甲土地の売却に関する代理権をBに与え、BがCとの間で甲土地の売買契約を締結した場合における次の記述のうち、民法の規定によれば、正しいものはどれか。

1　AがCをだまして当該契約を締結させた場合でも、Cは、Bが善意無過失であれば、当該契約を取り消すことができない。

2　AがBに代理権を与える前にBが保佐開始の審判を受けていた場合でも、Aは、Bが被保佐人であることを理由に当該契約を取り消すことができない。

3　AがBに代理権を与えた後にAが後見開始の審判を受け、その後に当該契約が締結された場合、Bによる当該契約の締結は、無権代理行為となる。

4　Bは、やむを得ない事由があるときでも、Aの許諾を得なければ、復代理人を選任することができない。

【問　5】　AとBがCに対して1,000万円の連帯債務を負っている場合に関する次の記述のうち、民法の規定によれば、正しいものはどれか。なお、AとBの負担部分は等しいものとし、連帯債務の効力に関する当事者間での別段の意思表示はないものとする。

1　CがAに対して1,000万円の請求をした場合、Cは、それと同時に、Bに対して1,000万円の請求をすることはできない。

2　Bが、Cに対する1,000万円の債務と、Cに対して有する1,000万円の債権を対当額で相殺する旨の意思表示をCにした場合、AのCに対する連帯債務も全部消滅する。

3　Aが、Cに対して、Aの負担部分の範囲内の金額である200万円を弁済した場合、Aは、Bに対して求償することができない。

4　CがBに対して1,000万円全額を免除した場合、AのCに対する連帯債務も全部消滅する。

－ 3 －

【問　6】　A所有の甲土地の物権変動に関する次の記述のうち、民法の規定及び判例によれば、誤っているものはどれか。なお、背信的悪意者に関しては考慮しないものとする。

1　Aが甲土地をBとCとに対して二重に譲渡した場合、AB間の売買契約の方がAC間の売買契約よりも先になされたことをBが立証できたときでも、Bは、登記なしに、甲土地の所有権をCに主張することができない。

2　甲土地がAからDに売却された後、Aの死亡によりEが単独相続し、甲土地について相続を原因とするAからEへの所有権移転登記がなされた場合でも、Dは、登記なしに、甲土地の所有権をEに主張することができる。

3　甲土地がFとGに共同相続され、FとGが持分各2分の1の共有相続登記をした後、遺産分割協議によりFが単独所有権を取得した場合、その後にGが登記上の持分2分の1を第三者Hに譲渡し、所有権移転登記をしたときは、Fは、登記なしに、甲土地の単独所有権をHに主張することができない。

4　甲土地がIとJに共同相続されたが、遺産分割協議前にJが相続を放棄したにもかかわらず、Jが単独で所有権を相続取得した旨の登記をした後、Kに対して甲土地を売却し、Kが所有権移転登記を備えた場合、Iは、登記なしに、Jの相続放棄による甲土地のJの持分権の取得をKに主張することができない。

【問　7】　Aには、配偶者B及びBとの間の子Cがいる。この場合における次の記述のうち、民法の規定及び判例によれば、誤っているものはどれか。

1　A及びBは、夫婦であっても、同一の証書で遺言をすることはできない。

2　Aが公正証書による遺言をする場合は、証人2人以上の立会いが必要であるが、自筆証書による遺言をする場合は、証人の立会いは不要である。

3　Aが死亡し、Bが単純承認した場合でも、Cは、限定承認をすることができる。

4　Aが死亡し、B及びCが単純承認した場合、Bが相続開始時に金銭を相続財産として保管しているときは、Cは、遺産分割協議が成立するまでの間は、自己の相続分に相当する金銭を支払うようBに請求することはできない。

【問 8】 Aは、A所有の甲土地を、Bに対して5,000万円で売却する契約を締結し、Bから手付として500万円を受領した。この場合に関する次の記述のうち、民法の規定及び判例によれば、正しいものはどれか。

1 AB間で、手付金相当額を損害賠償額の予定とする旨定めていた場合、Bは、Aの債務不履行を理由に損害賠償請求をするに際しては、Aに債務不履行があったことのみならず、損害の発生や損害額の立証もしなければならない。

2 手付についてAB間に別段の合意がない場合、手付は、解約手付とみなされる。

3 Bが甲土地の引渡しを受けてこれを使用していたが、3か月経過後、Bの代金不払いを理由にAB間の売買契約が解除された場合、Bは、原状回復として甲土地をAに返還するとともに、3か月分の使用料相当額を支払う必要がある。

4 Aが第三者Cの詐欺によってBに甲土地を売却し、その後BがDに甲土地を転売した場合、BがCによる詐欺の事実を過失なく知らなかったときでも、DがCによる詐欺の事実を知っていれば、Aは、詐欺を理由にAB間の売買契約を取り消すことができる。

【問 9】 債権の消滅に関する次の記述のうち、民法の規定及び判例によれば、誤っているものはどれか。

1 弁済者が弁済の提供をしたのに債権者がその受領を拒んだ場合、弁済者は、債権者のために弁済の目的物を供託することができるが、債権者が弁済を受領することができない場合は、供託することができない。

2 土地賃借人は、土地賃貸人の意思に反しない場合に限り、当該土地の賃料について金銭以外のもので代物弁済することができる。

3 土地賃借人が当該土地上に建物を所有してその建物を賃貸している場合、借地上の建物の賃借人は、土地賃借人の意思に反しても、土地賃貸人に対して当該土地の賃料を弁済することができる。

4 債権が不法行為によって生じた場合、その債権者は、その不法行為に基づく損害賠償債権を自働債権として相殺することができる。

【問 10】 時効に関する次の記述のうち、民法の規定及び判例によれば、正しいものはどれか。

1 催告によって時効の完成が猶予されている間になされた再度の催告は、時効の完成猶予の効力を有しない。

2 10年より短い時効期間の定めがある権利が、確定判決又は確定判決と同一の効力を有するものによって確定した場合、その時効期間は、その短い時効期間の定めによる。

3 債務者は、時効の完成の事実を知らずに債務の承認をしたときは、その後、その完成した消滅時効を援用することができる。

4 債務不履行に基づく損害賠償請求権は、権利を行使することができる時から1年間行使しないときは、時効によって消滅する。

【問 11】 居住用建物の所有を目的とする、期間30年の土地の賃貸借契約に関する次の記述のうち、借地借家法の規定及び判例によれば、正しいものはどれか。なお、賃借権の登記はなされておらず、借地借家法第25条に規定する一時使用の借地権は考慮しないものとする。

1 借地権の存続期間が満了した後、借地権者が土地の占有を継続する場合で、借地権設定者が遅滞なく異議を述べなかったときは、借地上の建物の有無にかかわらず、借地契約は従前の契約と同一の条件で更新されたものとみなされる。

2 借地契約を書面によって締結すれば、当該契約の更新がなく期間満了により終了し、終了時には借地権者が借地上の建物を収去すべき旨を有効に定めることができる。

3 借地権者は、自己の長男名義で所有権保存登記をした建物を借地上に所有していれば、第三者に対して借地権を対抗することができる。

4 借地権者が所有していた借地上の建物が滅失した場合でも、当該建物について借地権者名義の所有権保存登記がなされていたときは、借地権者は、借地借家法に規定する事項をその土地上の見やすい場所に掲示すれば、滅失のあった日から2年間は、第三者に対して借地権を対抗することができる。

【問　12】　賃貸人Ａが賃借人Ｂとの間で、Ａ所有の居住用建物（床面積180㎡）について、期間２年と定めた賃貸借契約を令和５年７月１日に締結した場合に関する次の記述のうち、民法及び借地借家法の規定によれば、正しいものはどれか。なお、借地借家法第39条に定める取壊し予定の建物の賃貸借及び同法第40条に定める一時使用目的の建物の賃貸借は考慮しないものとする。

1　Ａは、Ｂの責めに帰すべき事由によって当該建物の修繕が必要となった場合でも、その修繕をしなければならない。

2　Ｂは賃借権の登記をしない限り賃借権を第三者に対抗することができない旨の特約を定めた場合、当該特約は有効である。

3　ＡＢ間の賃貸借契約が借地借家法第38条の定期建物賃貸借である場合、Ｂは契約期間中の中途解約をすることができない旨の特約を定めたときは、当該特約は無効である。

4　ＡＢ間の賃貸借契約が借地借家法第38条の定期建物賃貸借である場合、当該契約が公正証書によって締結されたときは、当該契約前にＡがＢに対して契約の更新がない旨を口頭で説明していれば、ＡＢ間の賃貸借契約は、期間満了により終了する。

【問　13】　建物の区分所有等に関する法律（以下この問において「法」という。）に関する次の記述のうち、誤っているものはどれか。

1　共用部分の変更（その形状又は効用の著しい変更を伴わないものを除く。）は、区分所有者及び議決権の各４分の３以上の多数による集会の決議で決するが、この区分所有者の定数及び議決権は、規約でその過半数まで減ずることができる。

2　規約の廃止は、区分所有者及び議決権の各４分の３以上の多数によってする。

3　集会の議事は、法又は規約に別段の定めがない限り、区分所有者及び議決権の各過半数で決する。

4　区分所有者のうちの１人でも反対者がいる場合は、招集の手続きを省略して集会を開くことはできない。

— 7 —

【問　14】　不動産の登記に関する次の記述のうち、不動産登記法の規定によれば、誤っているものはどれか。

1　土地の分筆の登記は、表題部所有者又は所有権の登記名義人以外の者は、申請することができない。

2　表題部所有者又は所有権の登記名義人が相互に持分を異にする土地の合筆の登記は、申請することができない。

3　受益者又は委託者は、受託者に代わって信託の登記を申請することができる。

4　敷地権付き区分建物の表題部所有者から所有権を取得した者は、当該敷地権の登記名義人の承諾を得ることなく、当該区分建物に係る所有権の保存の登記を申請することができる。

【問　15】　都市計画法に関する次の記述のうち、正しいものはどれか。

1　都市計画法に違反した者又は当該違反の事実を知って違反に係る建築物を購入した者に対しては、国土交通大臣又は都道府県知事に限り、当該法の規定により建築物の除却等の命令をすることができる。

2　地区計画の区域（一定の区域に限る。）内で、建築物の建築を行おうとする者から一定事項の届出があった場合、都道府県知事は、その届出に係る行為が地区計画に適合しないと認めるときは、その者に勧告をすることができる。

3　都市施設は、市街化区域については、少なくとも道路、公園及び下水道を定めるものとし、第一種低層住居専用地域、第二種低層住居専用地域、第一種中高層住居専用地域、第二種中高層住居専用地域、第一種住居地域、第二種住居地域及び準住居地域に限り、義務教育施設をも定めるものとする。

4　市街化調整区域内の土地の区域について定められる地区計画の地区整備計画においては、建築物の容積率の最低限度、建築物の建築面積の最低限度及び建築物等の高さの最低限度を定めることはできない。

－ 8 －

【問 16】 都市計画法の規定によれば、誤っているものはどれか。なお、この問において「都道府県知事」とは、地方自治法に基づく指定都市、中核市及び施行時特例市にあってはその長をいうものとする。

1 市街化調整区域内において、生産される農産物の貯蔵に必要な建築物の建築を目的とする当該市街化調整区域内における土地の区画形質の変更をする場合には、都道府県知事の許可を受ける必要はない。

2 土地区画整理事業の施行として行う開発行為は、土地区画整理組合が行う場合でも、市町村が行う場合でも、開発許可を受ける必要はない。

3 都道府県知事は、開発行為に関する工事の完了の届出があった場合において、当該工事が開発許可の内容に適合していると認めたときは、検査済証を交付しなければならない。

4 開発許可を受けた開発行為に関する工事により設置された公共施設は、他の法律に基づく管理者が別にあるときに限らず、その公共施設の存する市町村の管理に属さないことがある。

【問 17】 建築基準法(以下この問において「法」という。)に関する次の記述のうち、誤っているものはどれか。ただし、特定行政庁の許可は考慮しないものとする。

1 文化財保護法の規定によって重要文化財に指定された建築物には、法は適用されない。

2 第一種中高層住居専用地域内の建築物が、法第56条の2第1項の規定による日影規制の対象区域内にあるときは、法第56条第1項第3号の規定による北側斜線制限は適用される。

3 建築物の敷地は、原則として、これに接する道の境より高くなければならず、建築物の地盤面は、これに接する周囲の土地より高くなければならない。

4 建築主が建築確認の申請をする場合において、事前に周辺住民の同意を得る必要はない。

【問　18】　建築基準法に関する次の記述のうち、誤っているものはどれか。ただし、特定行政庁の許可は考慮しないものとする。

1　私道の変更又は廃止によって、その道路に接する敷地が接道義務の規定に抵触することとなる場合には、特定行政庁は、当該敷地所有者の同意を得なくても、その私道の変更又は廃止を制限し、又は禁止することができる。

2　田園住居地域内において、高等専門学校や病院は、建築することができない。

3　建築物の敷地が防火地域の内外にわたり、その敷地内の建築物の全部が耐火建築物又はこれと同等以上の延焼防止性能を有する一定の建築物であれば、その敷地はすべて防火地域内にあるものとみなされて、建築物の建蔽率に関する制限の緩和規定が適用される。

4　敷地内には、屋外に設ける避難階段及び屋外への出口から道又は公園、広場その他の空地に通ずる幅員が、必ず1.5m以上の通路を設けなければならない。

【問　19】　宅地造成等規制法に関する次の記述のうち、正しいものはどれか。なお、この問において「都道府県知事」とは、地方自治法に基づく指定都市、中核市及び施行時特例市にあってはその長をいうものとする。

1　宅地造成工事規制区域（以下この問において「規制区域」という。）内において行われる宅地造成に関する工事は、一定の技術的基準に従い、擁壁、排水施設その他の政令で定める施設の設置その他宅地造成に伴う災害の発生を防止するため必要な措置が講じられたものでなければならない。

2　都道府県知事は、造成宅地防災区域について指定事由がなくなったと認めるときは、当該造成宅地防災区域の一部に限り指定を解除することができるが、当該区域の全部について指定を解除することはできない。

3　宅地以外の土地を宅地にするための盛土であって、当該盛土を行う高さが1mの崖を生ずることとなる土地の形質の変更は、宅地造成に該当する。

4　規制区域の指定の際、当該規制区域内において行われている宅地造成に関する工事の造成主は、その指定があった日から14日以内に、当該工事について都道府県知事に届け出なければならない。

【問 20】 土地区画整理法に関する次の記述のうち、正しいものはどれか。

1 施行地区における土地区画整理事業は、必ず都市計画事業として施行される。

2 土地区画整理組合が事業計画を定める場合において、宅地以外の土地を施行地区に編入するときは、当該土地管理者の許可を必要とする。

3 土地区画整理組合が換地計画を作成しようとする場合には、総会の議決を経なければならない。

4 土地区画整理事業により施行者が取得した保留地を購入した者が、当該保留地に建築物の新築を行う場合、施行者の承認を受ける必要がある。

【問 21】 農地法（以下この問において「法」という。）に関する次の記述のうち、誤っているものはどれか。

1 農家が、民事調停法による農事調停により、農地の所有権を取得しようとする場合には、市街化区域の内外を問わず、法第3条第1項の許可を受ける必要はない。

2 市街化区域内において、4ヘクタールを超える農地を住宅建設のために転用する者は、転用行為に着手する前にあらかじめ農林水産大臣へ届出をしていれば、法第4条第1項の許可を受ける必要はない。

3 農地又は採草放牧地の賃貸借の当事者は、当該賃貸借契約を合意により解約する場合には、原則として、都道府県知事の許可を受ける必要がある。

4 会社の代表者が、その会社の業務に関し、法第4条第1項又は第5条第1項の規定に違反して転用行為をした場合は、その代表者が罰せられるのみならず、その会社も1億円以下の罰金刑が科せられる。

— 11 —

【問 22】 国土利用計画法第23条の事後届出（以下この問において「事後届出」という。）に関する次の記述のうち、誤っているものはどれか。なお、この問において「都道府県知事」とは、地方自治法に基づく指定都市にあってはその長をいうものとする。

1 市街化区域に所在する2,500㎡の土地の所有者Aが、当該土地を一期1,300㎡、二期1,200㎡に分割して、当該土地にビルの建設を計画する宅地建物取引業者Bに売却するため事後届出を行う場合には、Bは、一期・二期それぞれの売買契約締結の日から2週間以内に、当該届出を行う必要がある。

2 金銭消費貸借契約の締結に伴い、債務者の所有する準都市計画区域内に所在する1ヘクタールの土地について、債権者のために質権を設定した場合、事後届出を行う必要はない。

3 都道府県知事は、勧告に基づき当該土地の利用目的が変更された場合において、必要があると認めるときは、当該土地に関する権利の処分についてのあっせんその他の措置を講じなければならない。

4 国所有の都市計画区域外に所在する12,000㎡の土地について、宅地建物取引業者Cが購入する契約を締結した場合、Cは、事後届出を行う必要はない。

【問 23】 住宅用家屋の所有権の移転登記に係る登録免許税の税率の軽減措置（以下この問において「軽減措置」という。）に関する次の記述のうち、正しいものはどれか。

1 軽減措置の対象は住宅用家屋であるが、一定の要件を満たせばその住宅用家屋の敷地の用に供されている土地に係る所有権の移転登記にも適用される。

2 軽減措置の適用を受けるためには、その住宅用家屋の取得後1か月以内に所有権の移転登記をしなければならない。

3 軽減措置は、築25年超の既存住宅を取得した場合において受ける所有権の移転登記には、適用されることはない。

4 軽減措置は、競落により取得した住宅用家屋に係る所有権の移転登記にも適用される。

【問　24】　固定資産税に関する次の記述のうち、正しいものはどれか。ただし、認定長期優良住宅については考慮しないものとする。

1　固定資産の所有者の所在が震災により不明である場合、その所有者の法定相続人を所有者とみなして、これを固定資産課税台帳に登録し、その者に固定資産税を課することができる。

2　新築された住宅に対して課される固定資産税については、新たに課されることとなった年度から一定の年度分に限り、3分の1相当額を固定資産税額から減額される。

3　固定資産税は、固定資産に対し、当該固定資産所在の都道府県において課する。

4　財政上その他特別の必要がある場合を除き、一定区域内において同一の者が所有する家屋に係る固定資産税の課税標準額が20万円未満の場合には課税できない。

【問　25】　不動産の鑑定評価に関する次の記述のうち、不動産鑑定評価基準によれば、正しいものはどれか。

1　原価法は、対象不動産が建物又は建物及びその敷地である場合において、再調達原価の把握及び減価修正を適切に行うことができるときに有効であり、対象不動産が土地のみである場合においては、この手法を適用することができない。

2　取引事例比較法は、近隣地域において対象不動産と類似の不動産の取引が行われている場合には有効であるが、同一需給圏内の類似地域等において対象不動産と類似の不動産の取引が行われている場合には、この手法を適用することができない。

3　収益還元法における収益価格を求める方法には、一期間の純収益を還元利回りによって還元するDCF法と、連続する複数の期間に発生する純収益及び復帰価格を、その発生時期に応じて現在価値に割り引き、それぞれを合計する直接還元法がある。

4　試算価格の調整とは、鑑定評価の複数の手法により求められた各試算価格の再吟味及び各試算価格が有する説得力に係る判断を行い、鑑定評価における最終判断である鑑定評価額の決定に導く作業をいう。

【問　26】　宅地建物取引業者が建物の貸借の媒介を行う場合に関する次の記述のうち、宅地建物取引業法第35条の規定により重要事項としての説明が義務付けられているものはいくつあるか。なお、説明の相手方は宅地建物取引業者ではないものとする。

ア　当該建物が新住宅市街地開発事業により造成された宅地上にあり、新住宅市街地開発法第32条第1項に基づく建物の使用及び収益を目的とする権利の設定又は移転について都道府県知事の承認を要する旨の制限があるときの、その概要

イ　当該建物が都市計画法上の防火地域内にあり、建築基準法第62条に基づく建築物の屋根の構造に係る制限があるときの、その概要

ウ　敷金の授受の定めがある場合の、敷金の保管方法

1　一つ
2　二つ
3　三つ
4　なし

【問　27】　宅地建物取引業の免許（以下この問において「免許」という。）に関する次の記述のうち、誤っているものはどれか。

1　法人Ａの非常勤の役員Ｂが、刑法第209条（過失傷害）の罪により罰金の刑に処せられて3年を経過している場合、Ａは、免許を受けることができる。

2　宅地建物取引業者Ｃ社の相談役で取締役よりもＣ社に対する支配力の大きいＤが、刑法第211条（業務上過失致死傷等）の罪により懲役の刑に処せられた場合、Ｃ社の免許が取り消されることはない。

3　Ｅが、飲酒運転の上ひき逃げ事故を起こし道路交通法違反により懲役の刑に処せられた場合、Ｅは、その刑の執行を終わり、又は刑の執行を受けることがなくなった日から5年を経過するまでの間は、免許を受けることはできない。

4　宅地建物取引業者Ｆ社の成年者である専任の宅地建物取引士で、役員でも政令で定める使用人でもないＧが、Ｆ社の業務と無関係な行為により刑法第246条（詐欺）の罪により懲役の刑に処せられ、その宅地建物取引士の資格登録が消除された場合であっても、Ｆ社が免許を取り消されることはない。

－ 14 －

【問　28】　宅地建物取引士等の住所に関する次の記述のうち、宅地建物取引業法の規定によれば、正しいものはどれか。

1　宅地建物取引業者の事務所ごとに設置される従業者名簿には、当該宅地建物取引業者の業務に従事する宅地建物取引士の住所についても記載され、取引の関係者から請求があったときは、閲覧させなければならない。

2　宅地建物取引業者名簿には、事務所ごとに置かれる成年者である専任の宅地建物取引士の住所も登載され、一般の閲覧に供される。

3　宅地建物取引士は、取引の関係者から請求があったときは、宅地建物取引士証を提示しなければならず、宅地建物取引士証の住所欄に容易に剥がすことが可能なシールを貼ったうえで提示することは認められない。

4　宅地建物取引士の資格登録簿には、登録を受けた者の住所も登載されるが、一般の閲覧に供されることはない。

【問　29】　宅地建物取引業者Ａ（甲県知事免許）が乙県内で30区画の住宅用地の分譲を行うため、宅地建物取引業者Ｂ（乙県知事免許）に販売代理を依頼し、Ｂが乙県内の当該分譲地から800ｍ離れた駅前商店街の貸し店舗に売買契約を締結する案内所を設置する場合に関する次の記述のうち、宅地建物取引業法（以下この問において「法」という。）の規定によれば、正しいものはいくつあるか。

ア　Ａは、当該案内所に、法第49条に規定する帳簿を備える必要はないが、Ｂは、当該案内所に、法第49条に規定する帳簿を備える必要がある。

イ　Ａは、当該案内所に、法第50条第１項に規定する標識を掲示する必要はないが、Ｂは、当該案内所に、法第50条第１項に規定する標識を掲示する必要がある。

ウ　Ａは、乙県に所在する分譲住宅用地に、法第50条第１項に規定する標識を掲示する必要があるが、Ｂは、当該分譲住宅用地に、法第50条第１項に規定する標識を掲示する必要はない。

1　一つ
2　二つ
3　三つ
4　なし

【問　30】　宅地建物取引業者A（甲県知事免許）が行う広告に関する次の記述のうち、宅地建物取引業法によれば、誤っているものはどれか。

1　Aが、宅地を分譲するに当たり、その販売広告において宅地の将来の環境について著しく事実に相違する表示をしたが、その広告をインターネットを利用する方法で行った場合においても、甲県知事は、Aに対して監督処分をすることができる。

2　Aが、甲県知事からその業務の全部の停止を命ぜられた期間中は、当該停止処分が行われる前に印刷した広告の配布活動であっても、行うことはできない。

3　Aが、建物の分譲の広告を行う場合、建物代金に消費税が課されるときは、消費税額を含んだ価格を明瞭に表示しなければならない。

4　Aが、別荘地に住宅を建築して分譲する場合、売買契約の締結を建築基準法第6条第1項の確認後に行うこととすれば、広告については、同確認前であっても、同確認の申請中である旨を表示して行うことができる。

【問　31】　宅地建物取引業保証協会（以下この問において「保証協会」という。）に加入している宅地建物取引業者Aに関する次の記述のうち、宅地建物取引業法の規定によれば、誤っているものはいくつあるか。

ア　Aは、保証協会の社員の地位を失ったときは、当該地位を失った日から2週間以内に、営業保証金を本店の最寄りの供託所に供託しなければならない。

イ　Aは、保証協会から還付充当金を納付すべき旨の通知を受けた場合、当該通知を受けた日から2週間以内に還付充当金を保証協会に納付しなければならない。

ウ　Aは、保証協会に加入した後、新たに従たる事務所を設置した場合、事務所を設置した日から2週間以内に当該事務所の分の弁済業務保証金分担金を保証協会に納付しなければならない。

エ　Aは、保証協会から特別弁済業務保証金分担金を納付すべき旨の通知を受けた場合、当該通知を受けた日から2週間以内に当該特別弁済業務保証金分担金を保証協会に納付しなければならない。

1　一つ
2　二つ
3　三つ
4　四つ

【問　32】　宅地建物取引業の免許（以下この問において「免許」という。）に関する次の記述のうち、正しいものはどれか。

1　破産した宅地建物取引業者の破産財団の換価のために、自ら売主となり、宅地及び建物の売却を反復継続して行う破産管財人Ａ、及びＡから依頼されてその売却の媒介を業として営むＢは、ともに免許を受ける必要はない。

2　Ｃが自己所有の都市計画法に規定する用途地域内の土地を駐車場として整備し、その賃貸を業として行う場合、当該賃貸の契約を宅地建物取引業者に代理を依頼して締結するときにおいても、Ｃは免許を受けなければならない。

3　Ｄが、都市計画法に規定する第一種住居地域内の自己所有の農地について、道路を設けて区画割りをし、その売却を業として行おうとする場合、Ｄは免許を受ける必要はない。

4　他人の所有する業務用ビルを一括して賃借するＥが、フロアごとにその転貸を業として行う場合、Ｅは免許を受ける必要はない。

【問 33】 宅地建物取引業者が宅地又は建物の売買又は貸借の媒介を行う場合、宅地建物取引業法第35条に規定する重要事項の説明をしなければならないものはいくつあるか。なお、説明の相手方は宅地建物取引業者ではないものとする。

ア 建物（区分所有建物）の貸借の媒介を行う場合において、建物の区分所有等に関する法律第2条第3項に規定する専有部分の用途について、管理規約で「区分所有者及び占有者は、専有部分、共用部分の如何を問わず、犬・猫等の動物の飼育をしてはならない」旨の規約があるが、借主がそれを既に知っていたときの当該規約の内容。

イ 建物の貸借の媒介を行う場合において、当該建物の借賃の額。

ウ 建物の貸借の媒介を行う場合において、当該貸借が借地借家法第38条第1項の定期建物賃貸借であることについて、貸主がその内容をあらかじめ書面で借主に説明していたときの当該貸借が定期建物賃貸借である旨。

エ 宅地の売買の媒介を行う場合において、当該宅地（面積200㎡）が重要施設周辺及び国境離島等における土地等の利用状況の調査及び利用の規制等に関する法律により定められた特別注視区域内にあるときは、同法第13条第1項の規定により、内閣府令で定めるところにより、あらかじめ売買の契約締結前に契約当事者が一定事項を内閣総理大臣に届け出なければならない旨。

1 一つ
2 二つ
3 三つ
4 四つ

― 18 ―

【問 34】 宅地建物取引業者A（甲県知事免許）の営業保証金に関する次の記述のうち、宅地建物取引業法の規定によれば、正しいものはどれか。

1 Aが、営業保証金を金銭と国債証券で供託している場合で、主たる事務所を移転したためその最寄りの供託所が変更したとき、Aは、金銭で供託した部分に限り、保管替えを請求することができる。

2 Aが、事業の開始後、新たに甲県内に事務所を1か所増設した場合、500万円の営業保証金を本店の最寄りの供託所に供託すれば、甲県知事にその旨を届け出る前においても、増設した事務所で事業を開始することができる。

3 Aが、甲県内にある支店を1か所閉鎖したことにより営業保証金の一部を取り戻そうとする場合においても、還付請求権者に対し、一定の公告手続きを行う必要がある。

4 Aが、免許を受けてから1か月以内に営業保証金を供託した旨の届出をしない場合は、甲県知事から届出をすべき旨の催告を受け、さらに催告が到達した日から3か月以内に届出をしないと免許を取り消されることがある。

【問 35】 宅地建物取引業者A（甲県知事免許）と、甲県知事から宅地建物取引士証の交付を受けて、Aの事務所で業務に従事している宅地建物取引士Bに関する次の記述のうち、宅地建物取引業法の規定によれば、正しいものはどれか。

1 Bは、乙県内に所在する宅地建物取引業者Cの事務所の業務に従事しようとするときは、甲県知事を経由して乙県知事に宅地建物取引士の登録の移転を申請するとともに新たな宅地建物取引士証の交付を申請することができるが、乙県知事から交付される宅地建物取引士証は、甲県知事から交付を受けた宅地建物取引士証と引換えに交付される。

2 Aは、乙県にも宅地建物取引業を営む支店を設置しようとする場合、国土交通大臣に対して直接に免許換えの申請を行わなければならず、国土交通大臣から交付される免許証は、甲県知事から交付を受けた免許証と引換えに交付される。

3 Aは、免許証を亡失した場合、遅滞なく、甲県知事に免許証の再交付を申請しなければならならず、Bは、宅地建物取引士証を亡失した場合、遅滞なく、甲県知事に宅地建物取引士証の再交付を申請しなければならない。

4 Aは、免許の有効期間が満了した場合、失効した免許証を甲県知事に返納する必要はなく、Bは、宅地建物取引士証の有効期間が満了した場合、失効した宅地建物取引士証を甲県知事に返納する必要はない。

－ 20 －

【問 36】 宅地建物取引業法第37条の規定により交付すべき書面（以下この問において「37条書面」といい、37条書面には、同法第37条第4項又は第5項の規定による電磁的方法による提供をする場合の当該電磁的方法を含むものとする。）に関する次の記述のうち、宅地建物取引業法の規定によれば、誤っているものはどれか。

1 宅地建物取引業者Aが、事務所の賃貸借契約について、当該契約を貸主を代理して成立させた場合、Aは、37条書面には、当事者の氏名（法人にあっては、その名称）及び住所等は記載しなければならないが、事務所の借主である法人において当該契約の任に当たった者の氏名について、記載する必要はない。

2 宅地建物取引業者Bが、媒介により建物の賃貸借の契約を成立させた場合、Bは、37条書面には、敷金についてのローンのあっせんの定めがあるときのローンが成立しないときの措置について、記載する必要はない。

3 宅地建物取引業者Cが、媒介により建物の賃貸借の契約を成立させた場合、37条書面には、借主が付した保証人の氏名及び住所について、記載する必要はない。

4 宅地建物取引業者Dが、自ら売主となる宅地の売買の契約を成立させた場合、Dは、37条書面には、当該宅地が土砂災害警戒区域等における土砂災害防止対策の推進に関する法律第7条第1項により指定された土砂災害警戒区域内にあるときはその旨について、記載しなければならない。

【問 37】 宅地建物取引業者Aが、売主Bと買主C（B及びCは宅地建物取引業者ではないものとする。）との間の建物の売買について媒介を行う場合の、宅地建物取引業法第35条の規定に基づく重要事項を記載した書面及び第37条の規定に基づく書面（以下この問において、それぞれ「35条書面」及び「37条書面」といい、同法第35条第8項、第37条第4項の規定による電磁的方法による提供をする場合の当該電磁的方法を含むものとする。）に関する次の記述のうち、宅地建物取引業法の規定によれば、誤っているものはどれか。

1 Aは、35条書面には、建物が種類又は品質に関して契約の内容に適合しない場合におけるその不適合を担保すべき責任について定めをする予定があっても、その内容を記載する必要がないが、37条書面には、当該責任について定めがあるときは、その内容について記載しなければならない。

2 Bが支払った本年度中の当該建物の固定資産税20万円について、日割り計算で精算し、CがBに13万2,300円を支払う旨を定める場合、Aは、35条書面にも37条書面にも、その定めを記載しなければならない。

3 Aは、35条書面については、契約が成立するまでにCに交付して、宅地建物取引士をして説明させなければならず、37条書面については、契約締結後遅滞なくB及びCに交付し、宅地建物取引士をして説明させなければならない。

4 Aは、契約の解除に関する事項について、35条書面には、必ず記載しなければならないが、37条書面には、その定めがある場合に限り、記載しなければならない。

— 22 —

【問　38】　宅地建物取引業者Aが宅地建物取引業者ではない者に対して行う宅地建物取引業法第35条に規定する重要事項の説明に関する次の記述のうち、誤っているものはいくつあるか。

ア　重要事項の説明を担当する宅地建物取引士は、取引の相手方から請求がなくても、宅地建物取引士証を相手方に提示しなければならず、この提示を怠ると50万円以下の罰金の刑に処せられることがある。

イ　Aは、建物について自ら貸主となる場合、Aが自ら売主となる場合とは異なり、重要事項の説明を行う必要はない。

ウ　Aは、区分所有建物（マンション）の分譲の媒介を行うに際し、当該マンションの建物又はその敷地の一部を特定の者にのみ使用を許す旨の規約の定めがある場合、その内容について重要事項の説明を行う必要はあるが、その使用者の氏名及び住所については、重要事項の説明をする必要はない。

1　一つ
2　二つ
3　三つ
4　なし

【問 39】 宅地建物取引業者Aが、BからB所有の建物の売却に係る媒介を依頼され、専任媒介契約又は専属専任媒介契約を締結した場合における次の記述のうち、宅地建物取引業法（以下この問において「法」という。）の規定によれば、正しいものはどれか。なお、この問において、法第34条の2第1項の規定に基づく書面の交付については、同条第11項に基づく電磁的方法による提供を含むものとする。

1 Aは、Bと建物の売却について専任媒介契約を締結し、当該建物につき、所在、規模、形質、売買すべき価額その他国土交通省令で定める事項を指定流通機構に登録した。その後、当該建物の売買契約が成立したときは、Aは、遅滞なく、当該建物の所在、取引価格及び売買契約の成立した年月日を指定流通機構に通知しなければならない。

2 Aは、Bと建物の売却について専属専任媒介契約を締結し、所定の事項を指定流通機構に登録した場合、Aは、登録を証する書面の引渡しに代えて、政令で定めるところによりBの承諾を得て、当該書面において証されるべき事項を電磁的方法であって国土交通省令で定めるものにより提供することができる。

3 Aは、Bと建物の売却について、専任媒介契約を締結した場合、Aは、建物を売買すべき価格について意見を述べるときは、その根拠を法第34条の2第1項の規定に基づきBに交付すべき書面に記載しなければならない。

4 Aは、Bと建物の売却について、専属専任媒介契約を締結した場合、Aは、当該建物の所在等や売買すべき価額のほかに、建物に存する登記された権利の種類及び内容を指定流通機構に登録しなければならない。

【問 40】 宅地建物取引業者Aが、自ら売主となり、宅地建物取引業者ではない買主Bとの間で締結した宅地の売買契約について、Bが宅地建物取引業法第37条の2の規定に基づき、いわゆるクーリング・オフによる契約の解除をする場合における次の記述のうち、正しいものはどれか。

1　Bによる宅地の買受けの申込みは、Aの事務所の応接室が別の顧客との対応で午前中はふさがっていたため、事務所のそばの喫茶店で行われ、午後に事務所の応接室が空いた後、当該事務所で売買契約が締結された。当該契約に係るクーリング・オフについて、その5日後にAから書面で告げられた場合、Bは、当該契約の締結日から12日後であっても、契約の解除をすることができる。

2　Bは、自らの申し出により、その自宅近くの喫茶店で宅地建物取引業法第35条に規定する重要事項の説明を受け、翌日にAの事務所で宅地の買受けの申込み及び売買契約の締結を行った。Bは、契約を締結した日の翌日にクーリング・オフによる契約の解除をすることができる。

3　買受けの申込み及び売買契約の締結は、Aが行う一団の宅地の分譲のためのテント張りの案内所で行われ、その際、BはAからクーリング・オフについて何も告げられていなかった。BがAから宅地の引渡しを受け、かつ、代金の一部を支払ったときは、Bは、クーリング・オフによる契約の解除をすることができない。

4　買受けの申込み及び売買契約の締結は、ホテルのロビーで行われ、その際、BはAからクーリング・オフができる旨及びその方法について口頭で告げられ、その5日後にクーリング・オフができる旨及びその方法が記載された書面の交付を受けた。この場合、クーリング・オフによる契約の解除が可能な期間の起算日は、クーリング・オフができる旨及びその方法について口頭で告げられた日である。

【問 41】 宅地建物取引業者Aに関する次の記述のうち、宅地建物取引業法（以下この問において「法」という。）の規定に違反するものはどれか。

1 Aは、宅地建物取引業者である買主Bと、宅地の売買契約を締結するに当たり、Bに対し法第35条の2に規定する供託所等の説明をしなかった。

2 Aは、事務所の用に供する建物の貸主として、宅地建物取引業者である借主Cと賃貸借契約を締結したが、Cに対して法第37条に基づく書面の交付も当該書面の交付に代わる法第37条第5項の規定に基づく電磁的方法による提供もしなかった。

3 Aは、宅地の売買契約を媒介する際、宅地建物取引業者ではない買主Dに対する法第35条の規定に基づく重要事項の説明として、契約の解除に関する事項について説明しなかったが、説明しないことについてAに過失はあったものの故意はなかった。

4 Aは、宅地建物取引業者ではない買主Eからテント張りの案内所で別荘地の買受けの申込みを受けて、売主として売買契約を締結したが、法第37条の2の規定に基づき、いわゆるクーリング・オフによる契約の解除ができる旨及びその方法について、書面で告げなかった。

— 26 —

【問 42】 Aが自ら売主となってB所有の中古の建物をCに売却し、その後CはDの媒介によりEに当該建物を転売する場合に関する次の記述のうち、宅地建物取引業法（以下この問において「法」という。）の規定によれば、正しいものはいくつあるか。なお、A、C及びDは、宅地建物取引業者であり、B及びEは宅地建物取引業者ではないものとする。

ア B所有の建物について、AがBと停止条件付きの売買契約を締結した場合、Aは、その条件の成就前は、当該建物をCに売却する契約を締結することができない。

イ Cが当該建物の所有権を取得した後、DがCと当該建物の売却について一般媒介契約（専任媒介契約でない媒介契約）を締結したときは、Dは、法第34条の2第1項の規定に基づき交付すべき書面又は当該書面に代わる法第34条の2第11項の規定により提供する電磁的方法に、建物状況調査を実施する者のあっせんに関する事項を記載しなければならない。

ウ AC間の売買契約において、Cが当該建物の種類又は品質に関する契約不適合の担保責任をAに追及するには、Cは当該不適合を引渡しの日から1年以内にAに通知しなければならない旨の特約を締結した場合、当該特約は有効である。

エ Cが当該建物について所有権を取得した後、EがCとの売買契約に基づき、法第41条の2の規定に基づく保全措置が必要な手付金等を支払う場合、Dは手付金等を受領する前に保全措置を講じなければならない。

1 一つ
2 二つ
3 三つ
4 四つ

― 27 ―

【問 43】 宅地建物取引業を専業としている宅地建物取引業者Ａ社が行う業務に関する次の記述のうち、宅地建物取引業法（以下この問において「法」という。）の規定に違反しないものはどれか。

1　Ａ社は、事務所ごとに設置する従業者名簿に、従業者の主たる職務内容は記載したが、宅地建物取引士であるか否かの別は記載しなかった。

2　Ａ社は、正社員である従業員については、従業者証明書を携帯させて宅地建物取引業の業務に従事させたが、役員及び一時的に宅地建物取引業の業務に従事するアルバイトについては、従業者証明書を携帯させることなく、宅地建物取引業の業務に従事させた。

3　Ａ社は、その業務に関する帳簿を事務所ごとに設置したが、取引の関係者から請求があったにもかかわらず、当該帳簿を閲覧させなかった。

4　Ａ社は、宅地の売買契約の締結を勧誘するに際し、その相手方等に対して、契約の目的物である宅地の将来の環境について、過失により、誤解させるべき断定的判断を提供した。

－ 28 －

【問　44】　宅地建物取引業者Ａ（消費税等の課税事業者）が売買又は貸借の媒介に関して受け取ることができる報酬等に関する次の記述のうち、宅地建物取引業法の規定によれば、誤っているものはいくつあるか。

ア　店舗用の建物の貸借の媒介により貸借の契約を成立させた場合に係る報酬の額は、借賃の１月分の1.1倍に相当する額と、権利金（権利設定の対価として支払われるもので、返還されないものをいう。）の授受がある場合は、当該権利金の額を代金の額とみなして算定した額のいずれか高い額が、Ａが受領できる報酬限度額となる。

イ　Ａが遠隔地の別荘（建物）の売買の媒介の依頼を受け、売買の契約を成立させた場合においては、売買の媒介に係る報酬の限度額の他に、依頼者の依頼によらない特別の現地調査の費用を報酬とは別に依頼者から受領することができる。

ウ　定期建物賃貸借契約の契約期間が終了した直後にＡが依頼を受けて当該定期建物賃貸借契約の再契約を成立させた場合、Ａが受け取る報酬については、宅地建物取引業法の規定が適用される。

1　一つ
2　二つ
3　三つ
4　なし

【問　45】　特定住宅瑕疵担保責任の履行の確保等に関する法律に基づく住宅販売瑕疵担保保証金の供託又は住宅販売瑕疵担保責任保険契約の締結（以下この問において「資力確保措置」という。）に関する次の記述のうち、正しいものはどれか。

1　宅地建物取引業者は、自ら売主として新築住宅を販売する場合だけでなく、中古住宅を販売する場合においても、資力確保措置を講ずる義務を負う。

2　宅地建物取引業者は、自ら売主として宅地建物取引業者である買主との間で新築住宅の売買契約を締結し、当該住宅を引き渡す場合においても、資力確保措置を講ずる義務を負う。

3　宅地建物取引業者は、自ら売主として新築住宅を販売する場合において、住宅販売瑕疵担保保証金の供託をするときは、当該新築住宅の売買契約を締結するまでに、買主に、供託所の所在地等の一定事項について、口頭のみで説明すれば足り、書面を交付又は買主の承諾を得て当該書面に記載すべき事項を電磁的方法により提供して説明する必要はない。

4　自ら売主として新築住宅を宅地建物取引業者でない買主に引き渡した宅地建物取引業者は、基準日ごとに、当該基準日に係る資力確保措置の状況について、基準日から3週間以内に、その免許を受けた国土交通大臣又は都道府県知事に届け出なければならない。

【問 46】 独立行政法人住宅金融支援機構（以下この問において「機構」という。）の業務に関する次の記述のうち、誤っているものはどれか。

1 機構は、貸付けを受けた者が経済事情の著しい変動に伴い、元利金の支払が著しく困難となった場合には、一定の貸付条件の変更又は元利金の支払方法の変更をすることができる。

2 機構は、高齢者が自ら居住する住宅に対して行うバリアフリー工事又は耐震改修工事に係る貸付けについて、毎月の返済を元金の一部の均等額のみの支払とし、借入金の利息は債務者本人の死亡時に一括して返済する制度を設けている。

3 機構は、子どもを育成する家庭又は高齢者の家庭（単身の世帯を含む。）に適した良好な居住性能及び居住環境を有する賃貸住宅の建設又は改良に必要な資金の貸付けを業務として行っている。

4 機構は、住宅確保要配慮者（高齢者、低額所得者、子育て世帯、障害者、被災者等の住宅の確保に特に配慮を要する者。）保護のため、住宅確保要配慮者に対する賃貸住宅の供給の促進に関する法律第19条の規定による貸付け及び同法第20条第1項の規定による保険を業務として行っている。

— 31 —

【問 47】 宅地建物取引業者が行う広告等に関する次の記述のうち、不当景品類及び不当表示防止法（不動産の表示に関する公正競争規約を含む。）の規定によれば、正しいものはどれか。

1 登記簿上「宅地」と記載されているが現況は「畑」である土地を販売する場合、地目については、「宅地」と表示すれば、不当表示に該当することはない。

2 建売住宅を販売するに当たり、当該住宅の壁に遮音性能が優れている壁材を使用している場合、完成した住宅としての遮音性能を裏付ける試験結果やデータがなくても、広告において、住宅としての遮音性能が優れているかのような表示をすることが、不当表示に該当することはない。

3 新築分譲マンションの広告に住宅ローンについて記載する場合、当該ローンを扱っている金融機関の商号等について表示するだけではなく、借入金の利率及び利息を徴する方式又は返済例も、また、ボーナス併用払のときは、1か月当たりの返済額の表示に続けて、ボーナス時に加算される返済額も明示して表示しなければならない。

4 新築住宅の居室等の広さを畳数で表示する場合においては、畳1枚当たりの広さは1.62平方メートル（各室の壁心面積を畳数で除した数値）以上の広さがあるという意味で用いなければならないが、中古住宅の居室等の広さを畳数で表示する場合は、この限りでない。

— 32 —

【問 48】 次の記述のうち、正しいものはどれか。

1 令和３年度法人企業統計調査（令和４年９月公表）によれば、令和３年度における不動産業の経常利益は全産業経常利益の約7.2％であり、前年度に比べ13.1％増加した。

2 令和５年地価公示（令和５年３月公表）によれば、令和４年１月以降の１年間の地価は、全国平均では住宅地、商業地のいずれについても、２年ぶりの下落となった。

3 令和５年版土地白書（令和５年６月公表）によれば、土地取引について、売買による所有権移転登記の件数でその動向を見ると、令和４年の全国の土地取引件数は約200万件となり、前年比で大幅に増加した。

4 建築着工統計（令和５年１月公表）によれば、令和４年の新設住宅着工戸数は約86万戸となっており、２年連続の減少となった。

【問 49】 土地に関する次の記述のうち、最も不適当なものはどれか。

1 台地や丘陵は一般に地盤が安定しているが、台地や丘陵の縁辺部は、豪雨などによる崖崩れに対して、注意を要する。

2 崩壊跡地は、微地形的には馬蹄形状の凹地形を示すことが多く、また地下水位が低いため竹などの好湿性の植物が繁茂することが多い。

3 谷出口に広がる扇状地は、微高地ではあるが、地盤は堅固でないため、土石流災害に対して注意を要する。

4 地形図で見ると、急傾斜地では等高線の間隔は密になり、傾斜が緩やかな土地では等高線の間隔は疎になっている。

【問 50】 建築物の構造と材料に関する次の記述のうち、誤っているものはどれか。

1 鉄骨造の建築物の構造耐力上主要な部分の材料は、鋳鉄としなければならないが、鋳鉄は、圧縮応力又は接触応力以外の応力が存在する部分にも、使用することができる。

2 切土又は盛土したがけ面の擁壁は、鉄筋コンクリート造、無筋コンクリート造又は練積み造としなければならない。

3 木造建築物の外壁のうち、鉄網モルタル塗その他軸組が腐りやすい構造である部分の下地には、防水紙その他これに類するものを使用しなければならない。

4 木造建築物の構造耐力上主要な部分に使用する木材の品質は、節、腐れ、繊維の傾斜、丸身等による耐力上の欠点がないものでなければならない。

【冊子ご利用時のご注意】

　以下の「冊子」は、この色紙を残したまま、ていねいに抜き取り、ご利用ください。
　なお、抜き取りの際の損傷についてのお取替えはご遠慮願います。

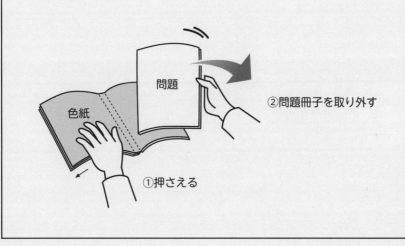

TAC出版

問　　　題

予想模試　第４回

合格水準35点 <small>(2019年度レベル)</small>／制限時間２時間

　次の注意事項をよく読んでから、始めてください。

（注意事項）

１　問　　題

　　問題は、１ページから34ページまでの50問です。

　　試験開始の合図と同時に、ページ数を確認してください。

　　乱丁や落丁があった場合は、直ちに試験監督員に申し出てください。

２　解　　答

　　正解は、各問題とも一つだけです。

　　二つ以上の解答をしたもの及び判読が困難なものは、正解としません。

３　適用法令

　　問題の中の法令に関する部分は、令和５年４月１日現在施行されている規定に基づいて出題されています。

【問　1】　法定地上権に関する次の1から4までの記述のうち、民法の規定、判例及び下記判決文によれば、誤っているものはどれか。

（判決文）

　土地の抵当権設定当時、その地上に建物が存在しなかったときは、民法388条の規定の適用はないものと解すべきところ、土地に対する先順位抵当権の設定当時、その地上に建物がなく、後順位抵当権設定当時には建物が建築されていた場合に、後順位抵当権者の申立により土地の競売がなされるときであっても、右土地は先順位抵当権設定当時の状態において競売されるべきものであるから、右建物のため法定地上権が成立するものではないと解される。

1　AがA所有の甲土地にBのために抵当権を設定した当時、甲土地上にA所有の乙建物があったが、その後Aが乙建物をCに売却した場合、Bの抵当権が実行されたときは、乙建物のために法定地上権が成立する。

2　AがA所有の更地である甲土地にBのために抵当権を設定した後、甲土地上にA所有の乙建物が建築され、その後Bの抵当権が実行された場合、抵当権設定当時Bが甲土地上に乙建物が建築されることをあらかじめ承認していたときでも、乙建物のために法定地上権は成立しない。

3　AとBが共有する甲土地上にA所有の乙建物があるところ、Aが甲土地の共有持分にCのために抵当権を設定した場合、Cの抵当権が実行されたときでも、乙建物のために法定地上権は成立しない。

4　AがA所有の更地である甲土地にBのために第1順位の抵当権を設定した後、甲土地上にA所有の乙建物が建築され、その後、Aが甲土地にCのために第2順位の抵当権を設定した場合、Cの抵当権が実行されたときは、乙建物のために法定地上権が成立する。

－1－

【問　2】　Aが、Bに対して1,000万円を貸し付け、CがBの債務の連帯保証人となっている場合に関する次の記述のうち、民法の規定及び判例によれば、正しいものはどれか。

1　AがCに対して履行を請求した場合でも、Cは、Aに対して、まずBに催告するよう主張することができる。

2　AがBに対して履行を請求して時効の完成が猶予された場合、その効果はCに対しては及ばない。

3　AがCに対して履行を請求して時効の完成が猶予された場合、その効果はBに対しても及ぶ。

4　Bの債務について消滅時効が完成した場合、Cは、その後Bが時効の利益を放棄しても、Bの債務の消滅時効を援用することができる。

【問　3】　A所有の甲土地について、Aから売却に関する代理権を与えられていないBが、Aの代理人として、Cとの間で売買契約を締結した場合における次の記述のうち、民法の規定及び判例によれば、正しいものはどれか。

1　Cは、Aに対して相当の期間を定めて、その期間内に追認をするかどうかを催告することができるが、Aがその期間内に確答をしないときは、当該売買契約を追認したものとみなされる。

2　Bの死亡により、AがBの唯一の相続人として相続した場合、当該売買契約は当然に有効となる。

3　甲土地を担保に金員を借り入れる代理権を与えられていたBが、Aの名において甲土地を売却した場合、本人自身の行為であると信じたことについてCに正当な理由があるときは、表見代理の規定を類推適用することができる。

4　AがCに対して、Bは甲土地の売却に関する代理人であると表示していた場合、Bに甲土地を売却する代理権はないことをCが過失により知らなかったときでも、当該売買契約は有効となる。

－ 2 －

【問　4】　令和5年7月1日に設定された根抵当権に関する次の記述のうち、民法の規定によれば、正しいものはどれか。

1　根抵当権設定者は、担保すべき元本の確定すべき期日の定めがない場合、一定期間を経過しても、担保すべき元本の確定を請求することはできない。

2　根抵当権の極度額は、利害関係を有する者の承諾を得なくても、減額することができる。

3　元本の確定前に、根抵当権の被担保債権に属する個別の債権が根抵当権者から第三者に譲渡された場合、その第三者は、根抵当権に基づく優先弁済を主張することができない。

4　登記された極度額が5,000万円の場合、根抵当権者は、元本5,000万円とそれに対する最後の2年分の利息及び損害金の合計額につき、優先弁済を主張することができる。

【問　5】　Aの被用者Bが、Cに対して不法行為をし、これによりCに損害が生じた場合に関する次の記述のうち、民法の規定及び判例によれば、正しいものはどれか。

1　Bの損害賠償債務は、CからBに対する履行の請求を待たず、損害発生と同時に履行遅滞となるので、Bは、その時以降完済に至るまでの遅延損害金を支払わなければならない。

2　Bの不法行為によりCが即死した場合、Cの配偶者Dがいたときでも、Bは、Dに対して慰謝料についての損害賠償責任を負わない。

3　Bが勤務時間中にA所有の乗用車を運転して取引先に行く途中に交通事故を発生させ、同乗していたCが負傷した場合でも、BがAに無断で乗用車を運転していたときは、Aは、Cに対して、使用者としての損害賠償責任を負うことはない。

4　AがBの行為につきCに対して使用者責任を負う場合、AがCに損害を賠償しても、Bに故意がなければ、Aは、Bに対して求償することはできない。

－ 3 －

【問　6】　Aは、BからB所有の甲建物を月額15万円で賃借し、その引渡しを受け、敷金として30万円をBに交付した。この場合に関する次の記述のうち、民法及び借地借家法の規定によれば、正しいものはどれか。

1　AB間の賃貸借契約期間中に、Bが甲建物をCに譲渡し、Cが所有権移転登記を備えた場合、Aの承諾がないときでも、敷金が存在する限度において、敷金返還債務はBからCに承継される。

2　Aに賃料の未払いがある場合、Aは、AB間の賃貸借契約期間中、Bに対して、敷金をその賃料債務の弁済に充てるよう請求することができる。

3　AがBの承諾を得て甲建物をDに対して適法に月額20万円で転貸している場合、AがBに対して甲建物の賃料を支払期日になっても支払わないときは、Bは、Dに対して、転借料20万円全額を直接自分に支払うよう請求することができる。

4　AB間の賃貸借契約の期間満了前に甲建物が滅失し、使用及び収益をすることができなくなった場合でも、当該契約は終了しない。

【問　7】　時効に関する次の記述のうち、民法の規定及び判例によれば、誤っているものはどれか。なお、時効の対象となる債権の発生原因は、令和5年7月1日以降に生じたものとする。

1　債権者から債務者に対して、裁判外での債務履行の催告があったときは、消滅時効が更新される。

2　錯誤を理由とする取消権は、その行為の時から20年間行使しない場合、時効によって消滅する。

3　債務不履行に基づく損害賠償請求権は、債権者が権利を行使することができることを知った時から5年間行使しない場合、時効によって消滅する。

4　債務者が時効完成の事実を知らないで債務の承認をした場合でも、債務者は、その完成した消滅時効を援用することはできない。

【問　8】　相続に関する次の記述のうち、民法の規定及び判例によれば、誤っているものはどれか。

1　遺留分侵害額の請求権は、遺留分権利者が、相続の開始及び遺留分を侵害する贈与又は遺贈があったことを知った時から1年間行使しないとき、又は相続開始の時から10年を経過したときは、時効によって消滅する。

2　無権代理人が本人に無断で本人所有の甲土地を売却した後に、単独で本人を相続した場合、本人が自ら甲土地を売却したのと同様な法律上の効果が生じる。

3　被相続人の兄弟姉妹が相続人となるべき場合、相続開始以前に兄弟姉妹及びその子がいずれも死亡していたときは、その者の子（兄弟姉妹の孫）が相続人となる。

4　遺言執行者が管理する相続財産を相続人が無断で処分した場合、当該処分行為は無効となるが、これをもって善意の第三者に対抗することはできない。

【問　9】　AがBに対してA所有の甲建物を売却し、AからBに対する所有権移転登記が行われた場合に関する次の記述のうち、民法の規定及び判例によれば、誤っているものはどれか。

1　Aが、Bから代金の一部として金銭を受領した後、売買契約を適法に解除した場合、Aは、その金銭をBに返還する際、その受領の時から利息を付さなければならない。

2　特約でBに留保された解除権の行使に期間の定めのない場合、Aは、Bに対して、相当の期間内に解除をするかどうかを確答すべき旨の催告をすることができるが、その期間内に解除の通知を受けないときは、売買契約は、解除されたものとみなされる。

3　Aが期日までに甲建物の引渡しをしなかったため、Aの責めに帰すべき事由による履行遅滞が生じた場合、Bは、Aに対して相当の期間を定めて履行を催告し、その期間内にAの履行がないときは、その契約を解除するとともに、損害賠償の請求をすることができる。

4　BがBの債権者Cとの間で甲建物について抵当権設定契約を締結し、その旨の登記をした場合、その後Aが売買契約を適法に解除したときでも、Aは、Cに対して、その抵当権の消滅を主張することができない。

— 5 —

【問　10】　A及びBが、持分を７・３の割合で、甲土地を共有している場合に関する次の記述のうち、民法の規定及び判例によれば、誤っているものはどれか。

1　甲土地がCによって不法に占有されている場合、Aは、Cに対して、単独で甲土地の明渡しを請求することができる。

2　Aが、Bに無断で、甲土地を自己の所有としてDに売却した場合、Bの持分については、他人の権利の売買となる。

3　Aは、いつでも甲土地の分割を請求することができるが、Bは、持分割合がAより少ないので、甲土地の分割を請求することができない。

4　Aが死亡し、相続人の不存在が確定した場合、Aの持分は、民法第958条の２の特別縁故者に対する財産分与がなされないときは、Bに帰属する。

【問　11】　Aが、その所有地について、Bに対し、建物の所有を目的として存続期間30年の約定で賃貸し、Bがその土地上に建物を所有している場合に関する次の記述のうち、借地借家法の規定によれば、正しいものはどれか。なお、借地借家法第25条に規定する一時使用目的の借地権は考慮しないものとする。

1　当初の存続期間満了の３年前に、建物が火災により滅失したため、Bが残存期間を超えて存続すべき建物を新たに築造した場合、その築造についてBがAの承諾を得ていないときは、Aは、土地賃貸借の解約の申入れをすることができる。

2　当初の存続期間満了の３年前に、建物が火災により滅失したため、Bが残存期間を超えて存続すべき建物を新たに築造する旨をAに通知したが、Aがその通知を受けた後２か月を経過しても異議を述べなかった場合、Aは、その建物の築造について承諾をしたものとみなされる。

3　借地契約が締結されてから５年後に、建物が火災により滅失したため、BがAの承諾を得て、残存期間を超えて存続すべき建物を新たに築造した場合、借地権は、その承諾を得た日から20年間存続する。

4　契約の更新後に、建物が火災により滅失したため、Bが残存期間を超えて存続すべき建物を新たに築造しようとする場合、Bは、Aの承諾を得なければならず、Aが承諾しないときは、Aに対抗する手段がない。

－ 6 －

【問 12】 AがBからB所有の甲建物を賃借している場合に関する次の記述のうち、民法及び借地借家法の規定並びに判例によれば、正しいものはどれか。

1 AB間で賃貸借の期間を定めなかった場合、Aが一時使用する目的で甲建物を賃借しているときでも、一時使用する目的でなく甲建物を賃借しているときでも、BがAに対して解約の申入れをし、その通知に正当事由があれば、解約の申入れの日から3か月を経過した日に、賃貸借契約は終了する。

2 Aが甲建物をCに転貸することにつきBが承諾をしない場合、Aが一時使用する目的で甲建物を賃借しているときでも、一時使用する目的でなく甲建物を賃借しているときでも、Aは、Bの承諾に代わる許可の裁判を裁判所に申し立てることはできない。

3 AがBの承諾を得て甲建物をCに転貸した場合、Aが一時使用する目的で甲建物を賃借しているときでも、一時使用する目的でなく甲建物を賃借しているときでも、Bは、AB間の賃貸借契約が期間の満了によって終了する際、Cに対してその旨の通知をしなければ、賃貸借契約の終了をCに対抗することができない。

4 AがBの承諾を得ずに甲建物をCに転貸した場合、Aが一時使用する目的で甲建物を賃借しているときでも、一時使用する目的でなく甲建物を賃借しているときでも、Bは、常にAB間の賃貸借契約を解除することができる。

【問 13】 建物の区分所有等に関する法律（以下この問において「法」という。）についての次の記述のうち、誤っているものはどれか。

1 他の区分所有者から区分所有権を譲り受け、建物の専有部分の全部を所有することとなった者は、公正証書による規約の設定を行うことができる。

2 集会の招集通知は、会日より少なくとも1週間前に、会議の目的たる事項を示して、各区分所有者に発しなければならない。ただし、この期間は、規約で伸縮することができる。

3 専有部分が数人の共有に属するときの集会の招集の通知は、共有者間で法第40条の規定に基づく議決権を行使すべき者にすれば足り、議決権を行使すべき者が定められていないときは、共有者のいずれか1人にすれば足りる。

4 建物の価格の3分の1に相当する部分が滅失した場合、規約で別段の定めがない限り、各区分所有者は、滅失した共用部分について、復旧の工事に着手するまでに復旧決議、建替え決議又は一括建替え決議があったときは、復旧することができない。

【問 14】 不動産の登記に関する次の記述のうち、不動産登記法の規定によれば、誤っているものはどれか。

1 登記事項証明書の交付の請求は、請求に係る不動産の所在地を管轄する登記所以外の登記所の登記官に対しては、することができない。

2 権利の変更の登記又は更正の登記は、登記上の利害関係を有する第三者の承諾がある場合及び当該第三者がない場合に限り、付記登記によってすることができる。

3 共有物分割禁止の定めに係る権利の変更の登記の申請は、当該権利の共有者である全ての登記名義人が共同してしなければならない。

4 仮登記に関して、仮登記権利者が単独で申請できる場合がある。

【問　15】　都市計画法に関する次の記述のうち、正しいものはどれか。

1　第二種中高層住居専用地域は、中高層住宅に係る良好な住居の環境を保護するため定める地域である。

2　田園住居地域内の農地の区域内において、土地の形質の変更を行おうとする者は、非常災害のため必要な応急措置として行う行為であっても、市町村長の許可を受けなければならない。

3　事業地内の建築物がある土地で、土地収用法の規定により収用の手続が保留されているものの所有者は、施行者に対し、当該土地を時価で買い取るべきことを請求することができる。

4　都市計画の決定又は変更の提案は、当該提案に係る都市計画の素案の対象となる土地について所有権又は借地権を有している者（以下この問において「土地所有者等」という。）に限らず行うことができるが、この場合、土地所有者等の３分の２以上の同意を得る必要がある。

【問　16】　都市計画法に関する次の記述のうち、正しいものはどれか。なお、この問において「都道府県知事」とは、地方自治法に基づく指定都市、中核市及び施行時特例市にあってはその長をいうものとする。

1　準都市計画区域内の土地において、9,500㎡のゴルフコースの建設を目的とする土地の区画形質の変更を行おうとする者は、あらかじめ、都道府県知事の許可を受ける必要がある。

2　都道府県知事は、市街化区域内の土地について開発許可をしたときは、当該許可に係る開発区域内において予定される建築物の用途、構造及び設備を開発登録簿に登録しなければならない。

3　開発許可を受けた開発区域内の土地においては、工事完了公告があるまでの間は、当該許可に係る開発行為に同意していない土地の所有者でも、建築物を建築することができない。

4　市街化調整区域のうち、開発許可を受けた開発区域以外の区域内で行う仮設建築物の新築については、都道府県知事の許可を受ける必要がある。

【問　17】　建築基準法に関する次の記述のうち、正しいものはどれか。

1　容積率の算定に当たり、建築物の一定の用途に供する部分の床面積の合計の3分の1を限度として、地下室の床面積を建築物の延べ面積に算入しないとする特例は、住宅の用途に供する部分を有する建築物に限り適用される。

2　建蔽率の限度が10分の8とされている地域内で、かつ、準防火地域内にある耐火建築物と同等以上の延焼防止性能を有する建築物については、建蔽率の限度は10分の9となる。

3　建築物に設ける昇降機は、安全な構造で、かつ、その昇降路の周壁及び開口部は、防火上支障がない構造でなければならず、高さ21mの建築物には、非常用の昇降機を設けなければならない。

4　高度利用地区内においては、建築物の容積率及び建蔽率並びに建築物の建築面積（同一敷地内に2以上の建築物がある場合、それぞれの建築面積）は、必ず、高度利用地区に関する都市計画において定められた内容に適合するものでなければならない。

【問　18】　建築基準法に関する次の記述のうち、誤っているものはどれか。ただし、指定確認検査機関の確認については考慮しないものとする。

1　都市計画区域内において、鉄骨造平屋建て、延べ面積200㎡の一般住宅に供する建築物を、診療所に用途変更する場合には、建築主事の確認を受ける必要はない。

2　隣地境界線から後退して壁面線の指定がある場合には、当該壁面線を越えない建築物で、特定行政庁の許可があるものについては、建築物の建蔽率による制限が緩和される。

3　田園住居地域内の土地においても、都市計画で建築物の外壁又はこれに代わる柱の面から敷地境界線までの距離の限度を、0.5m又は1mとして定めることができる。

4　日影規制は、地方公共団体の条例で指定された区域で適用されるが、準工業地域も、当該規制の対象区域となる。

－ 10 －

【問 19】 宅地造成等規制法に関する次の記述のうち、正しいものはどれか。なお、この問において「都道府県知事」とは地方自治法に基づく指定都市、中核市及び施行時特例市にあってはその長をいうものとする。

1 都道府県知事は、宅地造成工事規制区域（以下この問において「規制区域」という。）内において行われる宅地造成に関する工事の許可の申請があった場合には、文書による通知をもって許可又は不許可の処分を通知することになるが、許可するにあたり条件を付すことはできない。

2 都道府県知事は、規制区域内に造成宅地防災区域を重ねて指定することは常にできない。

3 規制区域内の宅地造成に関する工事の検査済証が交付された後においても、宅地造成に伴う災害防止上の必要性が認められる場合は、都道府県知事は、宅地の占有者に対して、当該宅地の使用を禁止又は制限をすることができる。

4 規制区域内の宅地において行われる切土による土地の形質の変更に関する工事で、当該宅地に高さ2.5mの崖が生じるが、その面積が490㎡の場合は、造成主は、都道府県知事の許可を受けなくてもよい。

【問 20】 土地区画整理組合（以下この問において「組合」という。）が施行する土地区画整理事業（以下この問において「事業」という。）に関する次の記述のうち、正しいものはどれか。

1 組合が施行する事業の換地計画においては、定款で定める目的のため、一定の土地を換地として定めないで、その土地を保留地として定めることはできない。

2 仮換地が指定された場合において、当該仮換地について権原に基づき使用し、又は収益することができる者は、仮換地指定の効力発生の日から換地処分の公告の日まで、仮換地について使用し、又は収益することができる。

3 組合が施行する事業に係る施行地区内の宅地について、所有権又は借地権を有する者は、すべて当該組合の組合員となる。

4 組合が賦課金の額及び賦課徴収方法を定める場合には、土地区画整理審議会の同意及び総会の議決を経なければならない。

― 11 ―

【問　21】　農地法（以下この問において「法」という。）によれば、次の記述のうち、誤っているものはどれか。

1　農地の所有者が、その農地のうち2.5アールを自らの養畜の事業のための畜舎の敷地に転用しようとする場合には、法第4条第1項の許可を受ける必要がある。

2　農業者が、包括遺贈で取得した土地（肥培管理のうえ作物を栽培している。）を自己の住宅用地として転用する場合には、法第4条第1項の許可を受ける必要がある。

3　競売により、倉庫の敷地として市街化区域外の農地を取得しようとする場合に、法第5条第1項の許可を受ける必要がある。

4　あらかじめ農業委員会に届け出ることで、許可を不要とする市街化区域内の特例措置は、市街化区域内の農地を耕作目的で取得する場合にも適用される。

【問　22】　国土利用計画法第23条の事後届出（以下この問において「事後届出」という。）に関する次の記述のうち、正しいものはどれか。なお、この問において「都道府県知事」とは、地方自治法に基づく指定都市にあってはその長をいうものとする。

1　事後届出においては、土地の所有権移転後における土地利用目的だけではなく、土地の所在及び面積についても、届出をしなければならない事項に該当する。

2　土地売買等の契約締結後、所定の期間内に事後届出をしなかった者は、懲役又は罰金に処せられることがあり、罰則が確定したときにはその契約の効力は無効となる。

3　甲県知事は、宅地建物取引業者Aが事後届出を行った場合に、Aに対し、当該届出に係る土地の利用目的について、必要な助言をすることができるが、Aがその助言に従わないときは、甲県知事は、その旨及び助言の内容を公表することができる。

4　市街化調整区域に所在するA所有の面積5,500㎡の土地と、市街化区域に所在するB所有の面積2,500㎡の土地について、交換契約を締結した場合には、AとBの両者とも事後届出を行う必要はない。

【問　23】　住宅取得等資金の贈与を受けた場合の相続時精算課税の特例（「相続時精算課税の特別控除（2,500万円）」）に関する次の記述のうち、正しいものはどれか。

1　祖父母から住宅用家屋の贈与を受けた場合でも、この特例の適用を受けることができる。

2　自己の配偶者から住宅取得等資金の贈与を受けた場合でも、この特例の適用を受けることができる。

3　床面積（40㎡以上）の3分の2を、資金の贈与を受けた者の住宅として使用する家屋を新築した場合でも、この特例の適用を受けることができる。

4　住宅取得のための資金の贈与を受けた者について、その年の所得税法に定める合計所得金額が2,000万円を超えている場合には、この特例の適用を受けることができない。

【問　24】　不動産取得税に関する次の記述のうち、正しいものはどれか。なお、認定長期優良住宅については考慮しないものとする。

1　令和5年4月に取得した床面積280㎡である新築住宅に係る不動産取得税の課税標準の算定については、当該新築住宅の価格から1,200万円が控除される。

2　不動産取得税の課税標準となるべき額が、土地の取得にあっては10万円、家屋の取得のうち建築に係るものにあっては一戸（共同住宅等にあっては、居住の用に供するために独立的に区画された一の部分をいう。以下同じ。）につき23万円、その他のものにあっては一戸につき12万円に満たない場合においては、不動産取得税を課することができない。

3　住宅は、別荘（日常生活の用に供しないものとして総務省令で定める家屋又はその部分のうち専ら保養の用に供するもの。）を含めて不動産取得税の課税対象となるが、店舗、工場、倉庫は不動産取得税の課税対象とはならない。

4　不動産取得税は、不動産の取得に対して、不動産の所在地の都道府県が課する税であるが、その徴収は申告納付の方式がとられている。

－ 13 －

【問 25】 不動産の鑑定評価に関する次の記述のうち、不動産鑑定評価基準によれば、誤っているものはどれか。

1 不動産の価格を求める鑑定評価の基本的な手法は、原価法、取引事例比較法及び収益還元法に大別され、鑑定評価に当たっては、複数の鑑定評価の手法を適用すべきであるが、複数の鑑定評価の手法の適用が困難な場合においても、その考え方をできるだけ参酌するように努めるべきである。

2 宅地でもなく建物の敷地でもない土地の賃料を、鑑定評価によって求める場合、賃料の算定期間は、原則として1年を単位とする。

3 不動産の価格は、その不動産の効用が最高度に発揮される可能性に最も富む使用を前提として把握される価格を標準として形成されるものであるから、不動産についての不合理な又は個人的な事情による現実の使用方法には、留意するべきではない。

4 収益還元法は、賃貸用不動産又は賃貸以外の事業の用に供する不動産の価格を求める場合に特に有効であり、文化財の指定を受けた建造物等の一般的に市場性を有しない不動産以外のものには基本的にすべて適用すべきものであり、自用の不動産にも賃貸を想定することにより適用すべきである。

【問 26】 宅地建物取引業者Ａ（甲県知事免許）と、Ａの事務所で業務に従事する宅地建物取引士Ｂ（甲県知事登録）に関する次の記述のうち、宅地建物取引業法の規定によれば、正しいものはどれか。

1 Ａは、甲県から乙県にすべての事務所を移転する場合、乙県知事に直接、免許換えの申請をしなければならず、免許換えによって乙県知事から交付される免許証は、甲県知事から交付された免許証と引換えに交付される。

2 Ｂは、Ａの乙県知事免許への免許換えに伴い業務に従事する事務所を甲県内の事務所から乙県内の事務所に変更しようとするときは、甲県知事を経由して乙県知事に登録の移転を申請するとともに新たな宅地建物取引士証の交付を申請することができる。この場合、乙県知事から交付される宅地建物取引士証は、甲県知事から交付された宅地建物取引士証と引換えに交付される。

3 ＢがＡの事務所の成年者である専任の宅地建物取引士である場合、Ｂがその住所を変更したときは、Ａは遅滞なく甲県知事に変更の登録の申請をしなければならない。

4 Ｂが甲県知事から事務禁止の処分を受けた場合、Ａの乙県知事免許への免許換えに伴い乙県内に設置する事務所でＢが業務に従事しようとするときは、Ｂは、その事務禁止期間中に乙県知事への登録の移転の申請をすることができる。

【問　27】　宅地建物取引業者Aが行う宅地又は建物の売買に関する広告に関する次の記述のうち、宅地建物取引業法によれば、正しいものはどれか。

1　Aは、自ら建売住宅を建築して分譲しようとする場合、建築基準法第6条第1項の建築確認を受けるまでは、たとえ建築確認申請中であっても、当該分譲の広告を行うことはできないが、Aが他社が分譲する建売住宅について、その販売の代理又は媒介を行おうとする場合であれば、建築確認を受ける前に広告することが認められる。

2　Aは、販売する宅地又は建物の広告に著しく事実に相違する表示をした場合、免許取消処分等の監督処分の対象となるばかりか、懲役の刑に処せられることもある。

3　Aは、建物の所有者から建物の売却を依頼され、専任媒介契約を締結して当該売買に関する広告を行う場合、広告には、単に媒介である旨の表示のみならず、専任媒介契約である旨を表示する必要がある。

4　宅建業者Aが宅地を分譲する際に国土利用計画法第27条の4の届出、又は同法第27条の7の届出（契約を締結する前の事前届出）をする必要がある場合、Aは、当該届出をした後でなければ、分譲の広告をしてはならない。

【問　28】　宅地建物取引業者Aが、BからB所有の宅地の売却の媒介を依頼され媒介契約を締結した場合における次の記述のうち、宅地建物取引業法（以下この問において「法」という。）の規定によれば、正しいものはいくつあるか。なお、この問において、法第34条の2第1項の規定に基づく書面の交付については、特に断りがない限り、同条第11項に基づく電磁的方法による提供を含むものとする。

ア　一般媒介契約（専任媒介契約でない媒介契約）を締結した場合、法第34条の2第11項に基づく電磁的方法によらず、同条1項の規定に基づく書面で交付する場合、当該書面には宅地建物取引業者が記名をしなければならないが、押印をする必要はない。

イ　専属専任媒介契約を締結した場合、Aが探索した相手方以外の者とBとの間で売買契約を締結したときの措置についてAB間で取り決めがなければ、Aは当該措置について法第34条の2第1項の規定に基づき交付すべき書面に記載する必要はない。

ウ　専任媒介契約を締結した場合、Aは、売却の媒介の依頼を受けた宅地の評価額についての根拠を明らかにするため周辺の取引事例の調査をしたときは、当該調査の実施についてBの承諾を得ていなくても、同調査に要した費用をBに請求することができる。

1　一つ
2　二つ
3　三つ
4　なし

－ 17 －

【問 29】 個人で甲県知事の宅地建物取引業の免許を受けている宅地建物取引業者A
は、甲県知事の宅地建物取引士の資格登録を受けている宅地建物取引士Bを本店の専任
の宅地建物取引士として業務に従事させている。次の記述のうち、宅地建物取引業法の
規定によれば、誤っているものはどれか。

1 A（本店の業務に従事する者が、一時的な事務補助者を除き32人、うちBを含め専
   任の宅地建物取引士7人）は、Bが退職した場合、14日以内に専任の宅地建物取引士
   の補充等の必要な措置を執らなければならない。

2 Aが、株式会社を設立し、株式会社A社として宅建業を行うことにした場合、Aは
   30日以内に甲県知事に変更の届出をしなければならず、またBは30日以内に変更の登
   録を申請しなければならない。

3 Bが婚姻等によりその氏を変更した場合においても、宅地建物取引士の資格登録簿
   の変更の登録の申請をし、旧姓が併記された宅地建物取引士証の交付を受けた日以降
   においては、その業務において旧姓を使用することができる。

4 Bがその住所のみを変更した場合、Bは甲県知事に宅地建物取引士の資格登録簿の
   変更の登録を申請することと併せて宅地建物取引士証の書換え交付の申請をしなけれ
   ばならないが、その際の当該宅地建物取引士証の書換え交付は、Bが現に有する宅地
   建物取引士証の裏面に変更した後の住所を記載することをもってこれに代えることが
   できる。

― 18 ―

【問 30】 主たる事務所と2か所の宅地建物取引業を営む従たる事務所を有する宅地建物取引業者A（甲県知事免許、令和4年9月1日に営業保証金の供託等の手続を行って宅地建物取引業を開始した。）が、令和5年3月1日に弁済業務保証金分担金を納付して宅地建物取引業保証協会（以下この問において「保証協会」という。）に加入した。その後、同年6月1日に宅地建物取引業者でないBから、同年3月1日のAとの宅地の売買について債権が生じたとして、弁済業務保証金の還付請求があった。この場合、次の記述のうち宅地建物取引業法の規定によれば、正しいものはどれか。

1 Aから弁済業務保証金分担金の納付を受けた保証協会は、納付を受けた日から2週間以内に弁済業務保証金を供託所に供託しなければならない。

2 Aは、Bが還付を受け、保証協会から還付充当金を納付すべき旨の通知を受けたときは、その通知を受けた日から2週間以内に、その通知された額の還付充当金を保証協会に納付しなければならず、この期間内に納付しないときは甲県知事から免許取消処分を受けることがある。

3 Bは、保証協会が供託した弁済業務保証金について弁済を受ける権利を実行するときは、甲県知事の認証を受けた後、保証協会に対し還付請求をしなければならない。

4 Aは、令和5年5月1日に新たに甲県内に1か所の宅地建物取引業を営む従たる事務所を設置し、弁済業務保証金分担金を保証協会に納付した場合、Bは、その取引により生じた債権に関し、2,000万円を限度として、当該保証協会が供託した弁済業務保証金から弁済を受ける権利を有する。

— 19 —

【問　31】　宅地建物取引業の免許（以下この問において「免許」という。）に関する次の記述のうち、宅地建物取引業法の規定によれば、正しいものはどれか。

1　法人である宅地建物取引業者A社（国土交通大臣免許）について、破産手続開始の決定があった場合、その日から30日以内に、A社を代表する役員は、その旨を主たる事務所の所在地を管轄する都道府県知事を経由して国土交通大臣に届け出なければならない。

2　法人である宅地建物取引業者B社（甲県知事免許）は、不正の手段により免許を取得したとして甲県知事から免許を取り消されたが、B社の取締役Cは、当該取消しに係る聴聞の期日及び場所の公示の日の30日前にB社の取締役を退任していた。B社の免許取消しの日から5年を経過していない場合でも、Cは免許を受けることができる。

3　宅地建物取引業者D（乙県知事免許）が、免許の更新を受けようとするときは、乙県知事が国土交通省令の定めるところにより指定する講習で、更新の申請前6か月以内に行われるものを受講しなければならない。

4　E社の取締役が、刑法159条(私文書偽造)の罪を犯し、地方裁判所で懲役2年の判決を言い渡されたが、この判決に対して高等裁判所に控訴して現在裁判が係属中である。この場合、E社は免許を受けることができる。

【問　32】　宅地建物取引業者Ａが行う宅地建物取引業法（以下この問において「法」という。）第35条に規定する重要事項の説明（以下この問において「説明」という。）に関する次の記述のうち、誤っているものはどれか。なお、説明の相手方は宅地建物取引業者ではないものとし、法第35条に規定する重要事項を記載した書面の交付は、法第35条第8項の規定による電磁的方法による提供を含むものとする。

1　Ａが行う説明を担当する宅地建物取引士は、説明の相手方から請求がなくても、宅地建物取引士証を相手方に提示しなければならず、この提示を怠ると10万円以下の過料に処せられることがある。

2　Ａは、区分所有権の目的である建物の貸借の媒介を行う場合、その専有部分の用途その他の利用の制限に関する規約の定めがあるときは、その内容を説明する必要があるが、1棟の建物又はその敷地の専用使用権に関する規約の定めがあるときでも、その内容を説明する必要はない。

3　売主Ｂと買主Ｃの間の宅地の売買について、Ａが媒介をする場合において、買主Ｃが未成年者で、当該売買契約の締結について法定代理人の同意を得ていたときは、Ａは、未成年者Ｃに対して説明を行う必要がある。

4　Ａは、建物の貸借について貸主となる場合、その相手方である借主が物件を一括賃借し、それを分割又はそのままの規模で第三者に転貸する事業（サブリース）を行う法人業者であるときは、宅地建物取引士の記名のある法第35条に規定する重要事項を記載した書面を借主に交付しなければならない。

— 21 —

【問 33】 宅地建物取引業者A（甲県知事免許）の営業保証金に関する次の記述のうち、宅地建物取引業法の規定によれば、正しいものはどれか。

1 Aが自ら売主として宅地の売買契約を締結する場合、Aは、当該売買契約が成立するまでの間に、営業保証金を供託した主たる事務所の最寄りの供託所及びその所在地並びに供託している営業保証金の額について、宅地建物取引業者ではない買主に説明をしなければならない。

2 Aが業務停止処分の期間中に宅地建物取引業を営んだことを理由に甲県知事から免許取消処分を受けた場合、Aは、その供託している営業保証金の取戻しをすることができない。

3 Aが免許を受けてから1か月以内に営業保証金を供託した旨の届出をしない場合は、甲県知事から届出をすべき旨の催告を受け、さらに催告が到達した日から3か月以内に届出をしないと免許を取り消されることがある。

4 Aが所有する賃貸マンションの宅地建物取引業者ではない賃借人は、Aに対する当該賃貸借に関する債権について、Aが供託した営業保証金から還付を受けることができない。

【問　34】　宅地建物取引業者Aが、B所有の宅地又は建物について、B及びCから媒介依頼を受けて売買又は賃貸借の契約を成立させた場合に関する次の記述のうち、宅地建物取引業法の規定によれば、正しいものはどれか。なお、宅地建物取引業者の受領する報酬に対する消費税等相当額に関しては考慮しないものとする。

1　Aが媒介依頼を受けたものが宅地の売買である場合において、その代金額が350万円である場合、現地調査等の費用が通常の売買の媒介に比べ2万円（消費税等相当額を含まない。）多く要する場合、その旨をBに説明し、これを報酬に加算する旨をAB間で合意したときに、AがB及びCのそれぞれから受領できる報酬の上限額は、Bから18万円、Cからは16万円である。

2　Aが媒介依頼を受けたものが宅地の売買である場合において、その代金額が2,200万円である場合、AがBから受け取ることのできる報酬の上限額は66万円である。

3　Aが媒介依頼を受けたものが遠隔地の宅地の売買の媒介である場合において、Bの特別の依頼により現地調査を行い、その費用の負担について媒介依頼を受ける際にBに説明しその承諾を得ていたときであっても、当該費用は報酬とは別にBから受領することはできない。

4　Aが媒介依頼を受けたものが建物についてCと締結されていた定期建物賃貸借の終了後の再契約である場合において、Aが受け取る報酬については、宅地建物取引業法の規定は適用されない。

— 23 —

【問 35】 宅地建物取引業者Ａ社は、自ら売主として、宅地建物取引業者でないＢと中古マンションの売買契約（代金3,000万円、手付金400万円、中間金500万円）を締結した。この場合、宅地建物取引業法（以下この問において「法」という。）の規定によれば、正しいものはいくつあるか。なお、この問において「保全措置」とは、法第41条の２第１項の規定による手付金等の保全措置をいう。

ア　契約締結の３日後にＢが中間金を支払うことになっていたので、Ａ社は、あらかじめＢの承諾を得れば、契約時に受領する手付金について、中間金受領の際にまとめて保全措置を講ずることができる。

イ　Ａ社は、Ｂから手付金を受領するに当たって、Ｃ銀行と保証委託契約を締結し、その契約を証する書面をＢに交付（法第41条第５項の規定に基づく電磁的方法による提供を含む。）することにより、保全措置を講ずることができる。

ウ　Ａ社がＢに対して当該マンションの引渡し及び登記を移転する前に倒産した場合、Ｂは、Ａ社の講じた保全措置により保証保険契約を締結したＤ保険会社に対し手付金の返還に代わる保険金の支払いを求めることができるが、その取引により生じた損害があるときでも、Ａ社が供託していた営業保証金から弁済を受けることはできない。

1　一つ
2　二つ
3　三つ
4　なし

－ 24 －

【問 36】 宅地建物取引業者が媒介により宅地又は建物の売買又は貸借の契約を成立させた場合における宅地建物取引業法（以下この問において「法」という。）第37条の規定により交付すべき書面（以下この問において「37条書面」という。）に関する次の記述のうち、宅地建物取引業法の規定によれば、誤っているものはいくつあるか。なお、この問において、37条書面への記載については、法第37条第4項又は同法第5項の規定に基づき電磁的方法により提供する場合を含むものとする。

ア 宅地建物取引業者Aが、媒介により宅地の貸借の契約を成立させた場合、Aは、当該宅地の引渡しの時期の定めがない場合においては、宅地の引渡しの時期について定めがない旨を37条書面に記載しなければならない。

イ 宅地建物取引業者Bが、媒介により店舗の貸借の契約を成立させた場合、Bは、37条書面に、借賃の額並びにその支払の時期及び方法は記載しなければならないが、保証金（未払いの賃料などの債務の担保にする目的で、賃借人が賃貸人に預けておく金銭）についての定めがあっても、当該保証金の額や授受の目的等については記載する必要はない。

ウ 宅地建物取引業者Cが、媒介により既存建物の売買の契約を成立させた場合、建物の構造耐力上主要な部分等の状況について、売主及び買主双方が確認した事項を37条書面に記載しなければならない。

エ 宅地建物取引業者Dが、媒介により居住用マンションについて、2年間の期間の定めのある賃貸借契約を成立させた場合、当該賃貸借契約に借主からの中途解約を認める条項があるときは、Dは、当該中途解約を認める条項について、37条書面に記載しなければならない。

1 一つ
2 二つ
3 三つ
4 四つ

【問 37】 宅地建物取引業者と宅地建物取引士に関する次の記述のうち、宅地建物取引業法の規定によれば、誤っているものはどれか。

1 宅地建物取引業者が業務停止処分を受けたときは、その旨が公告されるが、宅地建物取引士が事務禁止処分を受けたときは、その旨が公告されることはない。

2 宅地建物取引業者は、免許を受ける際に免許に条件が付せられることがあるが、宅地建物取引士は、宅地建物取引士証の交付を受ける際に当該交付に条件が付せられることはない。

3 宅地建物取引業者は、宅地建物取引業の廃止の届出をするときは、宅地建物取引業の免許証（以下この問において「免許証」という。）を返納する必要はない。

4 宅地建物取引業者は、その主たる事務所に免許証を掲げなくともよい。

【問 38】 宅地建物取引業法第37条の規定により交付すべき書面（以下この問において「37条書面」という。）に関する次の記述のうち、宅地建物取引業法の規定によれば、誤っているものはどれか。なお、この問において、「37条書面」には、法第37条第4項又は同法第5項の規定に基づき電磁的方法により提供する場合における当該電磁的方法を含むものとする。

1 宅地建物取引業者Aが、事務所の用途に供する建物の賃貸借契約を貸主を代理して成立させた場合、Aは、37条書面に、借賃の額並びにその支払の時期及び方法は記載しなければならないが、当該建物の借主である法人において当該契約の任に当たった者の氏名については記載する必要はない。

2 宅地建物取引業者Bが、媒介により店舗の貸借の契約を成立させた場合、Bは、37条書面に、借賃についてのローンのあっせんの定めがあるときのローンが成立しないときの措置については記載する必要はない。

3 宅地建物取引業者Cが、自ら売主となる宅地の売買契約を締結した場合、当該宅地が東日本大震災復興特別区域法第64条第1項により指定された届出対象区域内にあるときは、Cは、37条書面に、土地の区画形質の変更等を行おうとするときは同条第4項に基づき一定事項を被災関連市町村長に届け出なければならない旨を記載しなければならない。

4 宅地建物取引業者Dが、媒介により建物の売買又は貸借の契約を成立させた場合、Dは、当該建物に係る天災その他不可抗力による損害の負担に関する定めがあるときは、その内容について、当該契約が売買契約であると貸借契約であるとを問わず、37条書面に記載しなければならない。

【問 39】 宅地建物取引業者Ａが、自ら売主として、宅地建物取引業者でないＢと宅地の売買契約を締結した場合、宅地建物取引業法第37条の2の規定に基づくいわゆるクーリング・オフについてＡがＢに告げるときに交付すべき書面（以下この問において「告知書面」という）の内容に関する次の記述のうち、正しいものはどれか。

1 告知書面には、クーリング・オフによる契約の解除は、Ｂが当該契約の解除を行う旨を記載した書面が到達した時にその効力を生ずることは記載されている必要がある。

2 告知書面には、Ｂがクーリング・オフによる契約の解除を行った場合、Ａは、それに伴う損害賠償又は違約金の支払をＢに請求することができないことは記載されている必要があるが、売買契約の締結に際し、手付金その他の金銭が支払われているときは、遅滞なくその全額をＢに返還することは記載されている必要はない。

3 告知書面には、Ｂの氏名（法人の場合、その商号又は名称）及び住所は記載されている必要はない。

4 Ａが宅地建物取引業者Ｃの媒介により、Ｂと宅地の売買契約を締結した場合、告知書面には、Ｃの商号又は名称及び住所並びに免許証番号は記載されている必要はない。

【問 40】 宅地建物取引業者Ａに関する次の記述のうち、宅地建物取引業法の規定に違反するものはどれか。

1 Ａが宅地建物取引業者Ｂと業務に関する展示会を共同で実施する場合、Ａ及びＢを代表して、Ｂのみが展示会場の公衆の見やすい場所にＢの標識を掲示し、Ａは標識を掲示しなかった。

2 Ａは、建物の所有者から貸借の媒介の依頼を受け、借主を見つけるために広告をした際、当該広告に貸主の名称を表示しなかった。

3 Ａは、その業務に関する帳簿を事務所ごとに備え、一定事項を取引のあったつど記載していたが、取引の関係者から帳簿の閲覧請求があっても、当該帳簿を閲覧させなかった。

4 Ａは、宅地の所有者と賃貸借契約を締結し、当該宅地を転貸するための広告をする際、当該広告に自らが契約の当事者となって転貸借を成立させる旨を明示しなかった。

【問　41】　住所に関する次の記述のうち、宅地建物取引業法の規定によれば、誤っているものはどれか。

1　宅地建物取引士は、取引の関係者から請求があったときは、宅地建物取引士証を提示しなければならないが、宅地建物取引士証の住所欄に容易に剥がすことが可能なシールを貼ったうえで提示しても差し支えない。

2　事務所ごとに設置される従業者名簿については、当該従業者の住所について記載する必要はない。

3　宅地建物取引業者名簿には、役員及び政令で定める使用人の住所も登載される。

4　宅地建物取引士の資格登録簿には、登録を受けようとする者の住所も登載される。

【問　42】　宅地建物取引業法（以下この問において「法」という。）の規定に基づく監督処分等に関する次の記述のうち、正しいものはどれか。

1　宅地建物取引業者A（甲県知事免許）が宅地建物取引業に係る営業に関し成年者と同一の行為能力を有しない未成年者で、その法定代理人が刑法第222条（脅迫）の罪で罰金の刑に処せられた場合、甲県知事はAの免許を取り消さなければならない。

2　国土交通大臣は、その免許を受けた宅地建物取引業者Bに対して、宅地建物取引業の適正な運営を確保するため必要な指導を行おうとするときは、内閣総理大臣に協議しなければならない。

3　宅地建物取引業者C（甲県知事免許）の事務所の所在地を確知できないときは、甲県知事は、直ちにCの免許を取り消すことができる。

4　宅地建物取引業者D（国土交通大臣免許）が業務に関し取引の公正を害する行為をしたことを理由に、国土交通大臣がDに必要な指示をした場合でも、国土交通大臣はDの事務所の所在地を管轄する都道府県知事にその旨を通知する必要はない。

－ 29 －

【問 43】 甲県に本店を設置し、国土交通大臣の免許を受けた宅地建物取引業者A社に関する次の記述のうち、宅地建物取引業法の規定によれば正しいものはどれか。

1 A社は、乙県に案内所を設置しようとする場合、宅地建物取引業法第50条第2項の規定に基づき業務を行う場所について、国土交通大臣に届出をするときは、乙県知事を経由しなくても、国土交通大臣に対して直接、届出書を提出することができる。

2 A社は、本店及び支店のすべての従事者に従業者証明書を携帯させている場合に限り、本店の事務所にのみ従業者名簿を一括して備えることができる。

3 A社は、宅地建物取引業以外に建設業も兼業するため、乙県内に建設業のみを営む支店を設置することにした場合、A社は、当該支店の名称及び所在地並びに支店長の氏名について、国土交通大臣に届け出なければならない。

4 宅地建物取引士Bを新たに本店の専ら宅地建物の取引の業務を担当する取締役としたA社は、Bの氏名を届け出るほか、本店の成年者である専任の宅地建物取引士の氏名の変更について、国土交通大臣に届け出なければならない。

【問 44】 宅地建物取引業の免許（以下この問において「免許」という。）に関する次の記述のうち、宅地建物取引業法の規定によれば、正しいものはいくつあるか。

ア A社の代表取締役が、公職選挙法違反により罰金の刑に処せられ、その刑の執行が終わった日から5年を経過していない場合、A社は免許を受けることができない。

イ 宅地建物取引業者B社の使用人であって、B社の宅地建物取引業を行う支店の代表者が、刑法第247条（背任）の罪により罰金の刑に処せられた場合、B社の免許は取り消される。

ウ 宅地建物取引業者C社の非常勤の役員が、宅地建物取引業法の規定に違反して罰金の刑に処せられた場合でも、C社の免許は取り消されることはない。

エ D社の顧問が、暴力団員による不当な行為の防止等に関する法律第2条第6号に規定する暴力団員であり、かつ、取締役よりもD社に対する支配力が大きい場合、D社は免許を受けることができない。

1 一つ
2 二つ
3 三つ
4 四つ

― 31 ―

【問 45】 特定住宅瑕疵担保責任の履行の確保等に関する法律に基づく住宅販売瑕疵担保保証金（以下この問において「保証金」という。）に関する次の記述のうち、正しいものはどれか。

1 保証金を供託している宅地建物取引業者は、還付があったことについて国土交通大臣から通知書の送付を受けた日又は還付により基準額に不足することとなったことを知った日から2週間以内に、その不足額を供託しなければならない。

2 自ら売主として宅地建物取引業者でない買主に新築住宅の引渡しをした宅地建物取引業者は、事業年度の末日ごとに、保証金の供託の状況について、その免許を受けた国土交通大臣又は都道府県知事に届け出なければならない。

3 宅地建物取引業者は、保証金を供託する場合は、法務大臣及び国土交通大臣の定める供託所に供託しなければならない。

4 自ら売主として宅地建物取引業者でない買主に新築住宅の引渡しをした宅地建物取引業者は、保証金の供託をしていれば、保証金の供託の状況について届出をしていなくても、自ら売主となる新築住宅の売買契約の締結が禁止されることはない。

【問 46】 独立行政法人住宅金融支援機構（以下この問において「機構」という。）に関する次の記述のうち、誤っているものはどれか。

1 機構は、災害により住宅が滅失した場合、それに代わるべき建築物の建設に必要な資金の貸付けを業務として行っており、災害により住宅が損傷したにとどまる場合、当該住宅の補修に必要な資金の貸付けも、業務として行っている。

2 機構は、高齢者の家庭に適した良好な居住性能及び居住環境を有する住宅とすることを主たる目的とする住宅の改良（高齢者が自ら居住する住宅について行うものに限る。）に必要な資金の貸付けを、業務として行っている。

3 機構は、民間金融機関が貸し付けた長期・固定金利の住宅ローンについて、その住宅ローンを担保として発行された債券等の元利払いを保証する証券化支援事業（保証型）を行っている。

4 機構は、マンションの共用部分の改良に必要な資金の貸付けを、業務として行っているが、合理的土地利用建築物の建設若しくは合理的土地利用建築物で人の居住の用その他その本来の用途に供したことのないものの購入に必要な資金の貸付けは、業務として行っていない。

— 32 —

【問　47】　宅地建物取引業者が行う広告等に関する次の記述のうち、不当景品類及び不当表示防止法（不動産の表示に関する公正競争規約を含む。）の規定によれば、正しいものはどれか。

1　土地上に廃屋が存在する自己所有の土地を販売する場合、売買契約が成立した後に、売主である宅地建物取引業者自らが費用を負担して撤去する予定のときは、広告においては、廃屋が存在している旨を表示しなくてもよい。

2　私道負担部分が含まれている新築住宅を販売する際、私道負担の面積が全体の３％以下であれば、私道負担部分がある旨を表示すれば足り、その面積までは表示する必要はない。

3　「リビング・ダイニング・キッチン（ＬＤＫ）」とは、居間と台所と食堂の機能が１室に併存する部屋をいい、住宅（マンションにあっては住戸）の居室（寝室）数に応じ、その用途に従って使用するために必要な広さ、形状及び機能を有するものをいう。

4　土地の一部が高圧電線路下にある場合、建物の建築が禁止されているときは、その旨を明示しなければならないが、そのおおむねの面積まで表示する必要はない。

【問　48】　次の記述のうち、正しいものはどれか。

1　令和５年地価公示（令和５年３月公表）によれば、令和４年１月以降の１年間の地価は、地方圏平均では、住宅地について、２年連続の上昇となった。

2　令和５年版国土交通白書（令和５年６月公表）によれば、令和３年度の宅地建物取引業者に対する監督処分件数は、約600件であり、免許取消処分の件数が一番多い。

3　建築着工統計（令和５年１月公表）によれば、令和４年の貸家の新設住宅着工戸数は約25.3万戸となっており、昨年の増加から再びの減少となった。

4　指定流通機構の活用状況について（令和５年４月公益財団法人不動産流通推進センター公表）によれば、2022年度末現在の総登録件数は約85万件であり、３年連続して売り物件が賃貸物件の件数を上回った。

－ 33 －

【問 49】 土地に関する次の記述のうち、適当でないものはどれか。

1 気候変動による水災害リスクの増大に対応するため、集水域と河川区域のみならず、氾濫域も含めて一つの流域ととらえ、流域に関わるあらゆる関係者により、地域の特性に応じ、ハード・ソフトの両面から流域全体で治水対策に取り組む「流域治水」を推進するべきである。

2 我が国の低地は、一般的に洪水、高潮、津波や地震による災害危険度が高く、我が国の大都市の大部分は低地に立地しているため、防災対策等に留意する必要がある。

3 著しく傾斜している土地において盛土をする場合、段切りその他の措置を講じるなど、安全面に配慮しなければならない。

4 擁壁の表面（道路側）の排水をよくするために、耐水材料での水抜き穴を設け、その周辺には砂利等の透水層を設ける。

【問 50】 建築物に関する次の記述のうち、誤っているものはどれか。

1 鉄筋コンクリート造において一般的に用いられるラーメン式の構造とは、柱と梁をピン接合して組み合わせた直方体で構成する構造をいう。

2 木造建築物において、構造耐力上主要な部分に使用する木材の品質は、節、腐れ、繊維の傾斜、丸身等による耐力上の欠点がないものでなければならない。

3 組積造において、各階の壁の厚さは、その上にある壁の厚さより薄くしてはならない。

4 鉄筋コンクリート造における耐力壁の厚さは、12cm以上としなければならず、鉄筋に対するコンクリートのかぶり厚さは、耐力壁にあっては3cm以上としなければならない。

－ 34 －

過去問セレクト　解答用紙

解　答　欄

得点　　／50

問題番号	解　　答　　番　　号	問題番号	解　　答　　番　　号
問 1	① ② ③ ④	問 26	① ② ③ ④
問 2	① ② ③ ④	問 27	① ② ③ ④
問 3	① ② ③ ④	問 28	① ② ③ ④
問 4	① ② ③ ④	問 29	① ② ③ ④
問 5	① ② ③ ④	問 30	① ② ③ ④
問 6	① ② ③ ④	問 31	① ② ③ ④
問 7	① ② ③ ④	問 32	① ② ③ ④
問 8	① ② ③ ④	問 33	① ② ③ ④
問 9	① ② ③ ④	問 34	① ② ③ ④
問 10	① ② ③ ④	問 35	① ② ③ ④
問 11	① ② ③ ④	問 36	① ② ③ ④
問 12	① ② ③ ④	問 37	① ② ③ ④
問 13	① ② ③ ④	問 38	① ② ③ ④
問 14	① ② ③ ④	問 39	① ② ③ ④
問 15	① ② ③ ④	問 40	① ② ③ ④
問 16	① ② ③ ④	問 41	① ② ③ ④
問 17	① ② ③ ④	問 42	① ② ③ ④
問 18	① ② ③ ④	問 43	① ② ③ ④
問 19	① ② ③ ④	問 44	① ② ③ ④
問 20	① ② ③ ④	問 45	① ② ③ ④
問 21	① ② ③ ④	問 46	① ② ③ ④
問 22	① ② ③ ④	問 47	① ② ③ ④
問 23	① ② ③ ④	問 48	① ② ③ ④
問 24	① ② ③ ④	問 49	① ② ③ ④
問 25	① ② ③ ④	問 50	① ② ③ ④

第□回　解答用紙

解　答　欄

得点 　／50

問題番号	解　　答　　番　　号	問題番号	解　　答　　番　　号
問 1	① ② ③ ④	問 26	① ② ③ ④
問 2	① ② ③ ④	問 27	① ② ③ ④
問 3	① ② ③ ④	問 28	① ② ③ ④
問 4	① ② ③ ④	問 29	① ② ③ ④
問 5	① ② ③ ④	問 30	① ② ③ ④
問 6	① ② ③ ④	問 31	① ② ③ ④
問 7	① ② ③ ④	問 32	① ② ③ ④
問 8	① ② ③ ④	問 33	① ② ③ ④
問 9	① ② ③ ④	問 34	① ② ③ ④
問 10	① ② ③ ④	問 35	① ② ③ ④
問 11	① ② ③ ④	問 36	① ② ③ ④
問 12	① ② ③ ④	問 37	① ② ③ ④
問 13	① ② ③ ④	問 38	① ② ③ ④
問 14	① ② ③ ④	問 39	① ② ③ ④
問 15	① ② ③ ④	問 40	① ② ③ ④
問 16	① ② ③ ④	問 41	① ② ③ ④
問 17	① ② ③ ④	問 42	① ② ③ ④
問 18	① ② ③ ④	問 43	① ② ③ ④
問 19	① ② ③ ④	問 44	① ② ③ ④
問 20	① ② ③ ④	問 45	① ② ③ ④
問 21	① ② ③ ④	問 46	① ② ③ ④
問 22	① ② ③ ④	問 47	① ② ③ ④
問 23	① ② ③ ④	問 48	① ② ③ ④
問 24	① ② ③ ④	問 49	① ② ③ ④
問 25	① ② ③ ④	問 50	① ② ③ ④

第□回　解答用紙

解　答　欄

得点 ／50

問題番号	解　答　番　号				問題番号	解　答　番　号			
問 1	①	②	③	④	問 26	①	②	③	④
問 2	①	②	③	④	問 27	①	②	③	④
問 3	①	②	③	④	問 28	①	②	③	④
問 4	①	②	③	④	問 29	①	②	③	④
問 5	①	②	③	④	問 30	①	②	③	④
問 6	①	②	③	④	問 31	①	②	③	④
問 7	①	②	③	④	問 32	①	②	③	④
問 8	①	②	③	④	問 33	①	②	③	④
問 9	①	②	③	④	問 34	①	②	③	④
問 10	①	②	③	④	問 35	①	②	③	④
問 11	①	②	③	④	問 36	①	②	③	④
問 12	①	②	③	④	問 37	①	②	③	④
問 13	①	②	③	④	問 38	①	②	③	④
問 14	①	②	③	④	問 39	①	②	③	④
問 15	①	②	③	④	問 40	①	②	③	④
問 16	①	②	③	④	問 41	①	②	③	④
問 17	①	②	③	④	問 42	①	②	③	④
問 18	①	②	③	④	問 43	①	②	③	④
問 19	①	②	③	④	問 44	①	②	③	④
問 20	①	②	③	④	問 45	①	②	③	④
問 21	①	②	③	④	問 46	①	②	③	④
問 22	①	②	③	④	問 47	①	②	③	④
問 23	①	②	③	④	問 48	①	②	③	④
問 24	①	②	③	④	問 49	①	②	③	④
問 25	①	②	③	④	問 50	①	②	③	④

第□回　解答用紙

解　答　欄

得点　／50

問題番号	解　答　番　号	問題番号	解　答　番　号
問　1	① ② ③ ④	問　26	① ② ③ ④
問　2	① ② ③ ④	問　27	① ② ③ ④
問　3	① ② ③ ④	問　28	① ② ③ ④
問　4	① ② ③ ④	問　29	① ② ③ ④
問　5	① ② ③ ④	問　30	① ② ③ ④
問　6	① ② ③ ④	問　31	① ② ③ ④
問　7	① ② ③ ④	問　32	① ② ③ ④
問　8	① ② ③ ④	問　33	① ② ③ ④
問　9	① ② ③ ④	問　34	① ② ③ ④
問　10	① ② ③ ④	問　35	① ② ③ ④
問　11	① ② ③ ④	問　36	① ② ③ ④
問　12	① ② ③ ④	問　37	① ② ③ ④
問　13	① ② ③ ④	問　38	① ② ③ ④
問　14	① ② ③ ④	問　39	① ② ③ ④
問　15	① ② ③ ④	問　40	① ② ③ ④
問　16	① ② ③ ④	問　41	① ② ③ ④
問　17	① ② ③ ④	問　42	① ② ③ ④
問　18	① ② ③ ④	問　43	① ② ③ ④
問　19	① ② ③ ④	問　44	① ② ③ ④
問　20	① ② ③ ④	問　45	① ② ③ ④
問　21	① ② ③ ④	問　46	① ② ③ ④
問　22	① ② ③ ④	問　47	① ② ③ ④
問　23	① ② ③ ④	問　48	① ② ③ ④
問　24	① ② ③ ④	問　49	① ② ③ ④
問　25	① ② ③ ④	問　50	① ② ③ ④

（切り取ってご利用下さい）

第□回　解答用紙

解　答　欄

得点　／50

問題番号	解　　答　　番　　号	問題番号	解　　答　　番　　号
問 1	① ② ③ ④	問 26	① ② ③ ④
問 2	① ② ③ ④	問 27	① ② ③ ④
問 3	① ② ③ ④	問 28	① ② ③ ④
問 4	① ② ③ ④	問 29	① ② ③ ④
問 5	① ② ③ ④	問 30	① ② ③ ④
問 6	① ② ③ ④	問 31	① ② ③ ④
問 7	① ② ③ ④	問 32	① ② ③ ④
問 8	① ② ③ ④	問 33	① ② ③ ④
問 9	① ② ③ ④	問 34	① ② ③ ④
問 10	① ② ③ ④	問 35	① ② ③ ④
問 11	① ② ③ ④	問 36	① ② ③ ④
問 12	① ② ③ ④	問 37	① ② ③ ④
問 13	① ② ③ ④	問 38	① ② ③ ④
問 14	① ② ③ ④	問 39	① ② ③ ④
問 15	① ② ③ ④	問 40	① ② ③ ④
問 16	① ② ③ ④	問 41	① ② ③ ④
問 17	① ② ③ ④	問 42	① ② ③ ④
問 18	① ② ③ ④	問 43	① ② ③ ④
問 19	① ② ③ ④	問 44	① ② ③ ④
問 20	① ② ③ ④	問 45	① ② ③ ④
問 21	① ② ③ ④	問 46	① ② ③ ④
問 22	① ② ③ ④	問 47	① ② ③ ④
問 23	① ② ③ ④	問 48	① ② ③ ④
問 24	① ② ③ ④	問 49	① ② ③ ④
問 25	① ② ③ ④	問 50	① ② ③ ④

（切り取ってご利用下さい）

過去問セレクト
予想模試

解答・解説

解答一覧＆
あなたの成績診断

〈過去問セレクト〉
解答一覧＆実力診断シート

【難易度】A…得点すべし！　B…合否の分かれ目　C…難問

科目	問題	論　点	正解	難易度	check	科目	問題	論　点	正解	難易度	check
民法等	1	意思表示	4	A		宅建業法	26	事務所複合	4	A	
	2	制限行為能力者	4	A			27	報酬	1	B	
	3	契約の解除	2	B			28	重要事項の説明	2	A	
	4	売主の担保責任	1	A			29	宅建士複合	1	B	
	5	無権代理等	3	A			30	業務上の規制	2	B	
	6	消滅時効	3	B			31	専任媒介契約	3	A	
	7	連帯債務	3	A			32	37条書面	2	A	
	8	不法行為	1	A			33	宅建士複合	1	B	
	9	対抗問題	4	A			34	重要事項の説明	2	A	
	10	抵当権	4	A			35	35条書面・37条書面	1	A	
	11	借地権	4	A			36	重要事項の説明	4	A	
	12	借家権	4	A			37	広告複合	1	A	
	13	区分所有法	4	A			38	クーリング・オフ	2	A	
	14	不動産登記法	1	B			39	保証協会	3	A	
法令上の制限	15	都市計画・建築制限等	1	A			40	重要事項の説明	2	A	
	16	開発許可の要否・建築行為等の制限	4	A			41	保証金複合	3	A	
	17	建築基準法（総合）	4	A			42	媒介契約	2	A	
	18	建築基準法（総合）	1	A			43	8種規制複合	4	A	
	19	宅地造成等規制法	1	A			44	37条書面	3	A	
	20	土地区画整理法	4	A			45	住宅瑕疵担保履行法	2	A	
	21	農地法	4	A		その他関連知識※	46	住宅金融支援機構	1	A	
	22	国土法（事後届出）	1	A			47	景表法（公正競争規約）	4	A	
その他関連知識	23	譲渡所得	2	A			48	統　計	2	A	
	24	不動産取得税	1	A			49	土　地	4	A	
	25	不動産鑑定評価基準	4	A			50	建築の構造	4	A	

※問46～50の5問は登録講習修了者の免除問題となります。

■ 科目別の成績

民　法　等	法令上の制限
／14点	／8点

宅　建　業　法	その他関連知識
／20点	／8点

■ 難易度別の成績

A	／43問中
B	／7問中
C	／0問中

A、Bランクの問題を得点しましょう。

■ 総合成績

合　　　計
／50点

● 『過去問セレクト予想模試』は「出題予想論点」＆「ぜひ得点したいAランク中心」の過去問で構成しています。繰り返し学習し、本試験2週間前には9割正答を目指しましょう。

| 問1 | 正解4 | 意思表示（H23-問1改題） | 難易度A |

| 1 | × | 動機に錯誤がある場合の意思表示の取消しは、その事情が法律行為の基礎とされていることが表示されていたときに限りすることができる（民法95条2項）。本肢のBは、甲土地は将来地価が高騰すると「勝手に思い込んで」売買契約を締結していることから、表示がないものと解され、取り消すことはできない。また、重過失があるものとも解されることから、原則として、取り消すことはできない（95条3項）。

| 2 | × | 第三者による詐欺の場合、表意者は、相手方が善意無過失のときは取り消すことができないが、相手方が知り、又は知ることができたときは取り消すことができる（96条2項）。

| 3 | × | 取消しをした者と取消し後に登場した第三者との関係については、二重譲渡があったのと同様に考えて、対抗問題とするのが判例である。したがって、第三者Dが所有権移転登記を備えている本肢の場合、AはDから甲土地を取り戻すことができない（177条）。

| 4 | ○ | 強迫による意思表示は、取り消すことができる（96条1項）。そして、強迫による意思表示の取消しは、善意無過失の第三者にも対抗することができる（96条3項反対解釈）。

| 問2 | 正解4 | 制限行為能力者（H28-問2） | 難易度A |

| 1 | × | 一種又は数種の営業を許された未成年者は、その営業に関しては、成年者と同一の行為能力を有する（営業の許可、民法6条1項）。そこで、「古着の仕入販売に関する営業」を許された本肢の未成年者は、「古着の仕入販売に関する営業」に関しては成年者と同一の行為能力を有するといえる。しかし、その営業に関係のない「自己が居住するために建物を第三者から購入」することについては、成年者と同一の行為能力を有しない。したがって、未成年者が建物購入について法定代理人の同意を得ていない本肢の場合、その法定代理人は、当該売買契約を取り消すことができる（5条1項・2項、120条1項）。

| 2 | × | 被保佐人が、不動産その他重要な財産を得たり、手離したりすることを目的とする行為や贈与の申込みを拒絶する等の重要な財産上の行為をするには、その保佐人の同意を得なければならない（13条1項）。

| 3 | × | 成年後見人は、成年被後見人に代わって、その居住の用に供する建物又はその敷地について、売却、賃貸、賃貸借の解除又は抵当権の設定等をするには、家庭裁

判所の許可を得なければならない（859条の3）。このことは、**後見監督人がいる場合でも同様である**（851条参照）。

4　○　制限行為能力者が行為能力者であることを信じさせるため**詐術**（**同意権者の同意を得たと偽る**ことも含まれる、判例）を用いたときは、その行為を**取り消すことができない**（21条）。したがって、詐術を用いて相手方に補助人の同意を得たと信じさせていた本肢の場合、被補助人は、当該行為を取り消すことができない。

問3	正解2	契約の解除 (H22-問9)	難易度B

1　○　判決文は、一定の要件があれば、甲契約上の債務の不履行を理由に、その債権者が法定解除権の行使として甲契約と併せて乙契約をも解除することができるとする。その要件として、①**それらの契約の目的とするところが相互に密接に関連付けられていて**、②社会通念上、甲契約又は乙契約のいずれかが履行されるだけでは契約を締結した目的が全体としては達成されないと認められる場合をあげている。したがって、本肢の場合、**①の要件**を欠き、甲契約上の債務の不履行を理由に甲契約と併せて乙契約を解除できない。

2　×　肢1で述べたように、甲契約と併せて乙契約をも解除することができる要件として、判決文は、肢1で述べた①と②をあげているだけであり、**乙契約書への表示は要求されていない**。

3　○　判決文は、一定の要件があれば、甲契約上の債務の不履行を理由に、その債権者が法定解除権の行使として甲契約と併せて乙契約をも解除することができるとするのであって、**甲契約上の債務に不履行があり甲契約が解除できることが前提**となっている。したがって、そもそも甲契約を解除することができないような付随的義務の不履行があるだけでは、乙契約も解除することはできない。

4　○　判決文によれば、同一当事者間で甲契約（スポーツクラブ会員権契約）と同時に乙契約（リゾートマンションの区分所有権の売買契約）が締結された場合で、**①と②の要件**が満たされているならば、甲契約上の債務の不履行を理由に、甲契約と併せて乙契約をも**法定解除することができる**。

| 問4 | 正解1 | 売主の担保責任（R元-問3改題） | 難易度A | |

1 ○ 本問の特約は、「建物引渡しから3か月を超える期間については、Aは担保責任を負わない」ということになるが、売主は、**担保責任を負わない旨の特約をしたときであっても**、**知りながら告げなかった事実**等については、その**責任を免れることができない**（民法572条）。また、担保責任の追及は、**売主**が引渡しの時に契約内容との**不適合を知り**、又は、重大な過失によって知らなかったときを**除き**、買主が不適合を**知った時から1年以内**に売主に**通知**してしなければならない（566条）。したがって、売主Aが当該不適合を知っていた本問においては、Bが当該不適合を知った時から1年以内にその旨をAに通知しなくても、Bは、Aに対して担保責任を追及することができる。

2 × 売買の目的物に品質に関する不適合があって、要件を満たす場合に、買主は、**契約を解除**することができる（564条、541条、542条）。そして、その買主は、**契約目的の達成不能**を理由に、催告なしに**直ちに**契約を解除することができる（542条1項5号）。したがって、建物の構造耐力上主要な部分の不適合であったとしても、契約の目的を達成できるか否かにかかわらず、直ちに売買契約を解除できるわけではない。

3 × 買主は、**契約の解除**ができるか否かにかかわらず、要件を満たせば**損害賠償請求**をすることができる（564条、415条）。したがって、Bが損害賠償請求をすることができるのは、売買契約を解除することができない場合に限られるとする本肢は誤っている。

4 × 売買の担保責任は、買主が**売主の責任を追及**するというものである。したがって、担保責任の追及は、Bが売主であるAに対してするのであって（562条～564条）、媒介業者のCに対しては、Bは、担保責任を追及することはできない。

| 問5 | 正解3 | 無権代理等（H20-問3） | 難易度A | |

1 × 代理人が契約の**相手方**となることは、本人の利益が害されるおそれがあるので、原則として許されず、これに反して行った場合は**無権代理行為**となる（**自己契約の禁止**、民法108条1項本文）。しかし、本人の許諾を得ている場合や、単なる債務の履行であれば、自己契約も許される（108条1項ただし書）。したがって、Aが甲土地の売却を代理する権限をBから書面で与えられている場合でも、A自らが買主となって売買契約を締結したときは、Aは、甲土地の所有権を当然に取得するわけではない。

2 × **双方代理**は、原則として許されず、これに反して行った場合は**無権代理行為**とな

るが、本人の許諾を得ている場合や、単なる債務の履行であれば許される（108条1項）。したがって、Aが甲土地の売却を代理する権限をBから書面で与えられている場合でも、AがCの代理人となってBC間の売買契約を締結したときは、Cは甲土地の所有権を当然に取得するわけではない。

3 ○ 無権代理人が本人を単独で相続し、本人と代理人の資格が同一人に帰した場合には、本人自ら法律行為をしたのと同様な法律上の地位が生じるため、本人を相続した**無権代理人は、**本人としての地位に基づいて、**無権代理行為による契約の効力を否定することはできない**（判例）。したがって、Dは甲土地の所有権を当然に取得する。なお、生前に本人が無権代理行為の追認を拒絶していた場合には、その後に無権代理人が本人を相続したとしても、無権代理行為が有効になるものではない（判例）。

4 × 本人が無権代理人を相続した場合、本人としての地位と無権代理人の地位が併存することになるが、相続人たる**本人が、**被相続人の無権代理行為の**追認を拒絶しても何ら信義に反しない**（判例）。したがって、Eは甲土地の所有権を当然に取得するとの本肢の記載は誤りである。なお、要件が満たされれば、Eは、無権代理人の地位を相続したBに対して、無権代理人の責任を追及することはできる（117条、判例）。

問6	正解3	消滅時効（H21-問3改題）	難易度B

1 ○ 裁判上の請求や支払督促（裁判所を通じてする請求の一種）等がなされ、確定判決又は**確定判決と同一の効力を有するものによって権利が確定**したときは、時効は、裁判上の請求や支払督促等の事由が**終了した時**から新たにその進行を始める（民法147条2項）。つまり、更新される。

2 ○ **時効の利益は、**あらかじめ**放棄することができない**（146条）。時効完成前の放棄を認めてしまえば、時効制度が認められている趣旨に反するし、債権者によって濫用されるおそれがあるからである。以上のことから、賃貸借契約締結時になされた、賃料債権につき消滅時効の利益はあらかじめ放棄する旨の約定は、無効とされる。

3 × 内容証明郵便による支払の請求は、裁判外の請求、つまり、催告に該当する。そして、**催告があったときは、**その時から6か月を経過するまでの間は、時効は、完成しないとされる（150条1項）。すなわち、催告により時効の完成は猶予されるが、催告は、**更新事由ではない。**したがって、内容証明郵便により支払を請求しても、その請求により消滅時効は更新されるとはいえず、本肢は誤っている。

| 4 | ○ | 消滅時効完成後に、債務者が債務の承認をした場合、債務者は、時効完成の事実を知らなかったときでも、信義則上、消滅時効を援用することは許されない（判例）。このような場合は、通常、債権者においても、「債務者は、もはや時効の援用をしないつもりである」と考えるからである。 |

| 問7 | 正解3 | 連帯債務（H13-問4改題） | 難易度A |

| 1 | × | 連帯債務においては、債権者は、その連帯債務者の1人に対し、又は、同時にもしくは順次に全員に対して、債務の全部又は一部の履行を請求することができる（民法436条）。したがって、Cは、Aに対して2,000万円を請求しても、同時に、Bに対しても請求することができる。 |

| 2 | × | 連帯債務を負っているAは、債権者に対する関係では2,000万円全額について債務を負っている（436条）。したがって、Aは、Cから2,000万円を請求されたときは、2,000万円全額を支払わなければならない。 |

| 3 | ○ | 連帯債務者の1人が弁済をし、その他自己の財産をもって共同の免責を得たときは、その連帯債務者は、その免責を得た額が自己の負担部分を超えるかどうかにかかわらず、他の連帯債務者に対し、その免責を得るために支出した財産の額（その財産の額が共同の免責を得た額を超える場合にあっては、その免責を得た額）のうち各自の負担部分に応じた額の求償権を有する（442条1項）。その額には、免責があった日以後の法定利息及び避けることができなかった費用、その他の損害賠償も含まれる（442条2項）。 |

| 4 | × | Aとともに連帯債務を負っているBは、Aが債権者Cに対して反対債権を有している場合において、Aが相殺しない間は、Aの負担部分の限度において、Cに対して債務の履行を拒むことができる（439条2項）。 |

```
        債権者
          C
        ↙   ↘
       A     B
    連帯債務者  連帯債務者
```

| 問8 | 正解1 | 不法行為（H25-問9） | 難易度A |

| 1 | ○ | Aは、使用者責任としてCに対して損害賠償責任を負うのが原則である（民法715条）。他方、共同不法行為者のBとDは、Cに対して各自連帯してその全額の損害賠償責任を負う（719条1項前段。不真正連帯債務・判例）。また、使用者Aは、指揮

監督する被用者と一体をなすものとして、被用者Bと同じ責任を負うべきであることから（判例）、同様に全額の賠償責任を負う。そして、本肢のように、**使用者Aが、損害の全額を賠償したときは、Dに対し、求償権を行使することができ、第三者Dの負担部分は、共同不法行為者である被用者Bと第三者Dとの過失の割合にしたがって定められるべきである**とするのが判例である。

使用者　A
|
被用者　B　　共同不法行為　D
　　　　↘　　　　　　↙
　　　　　　　C

2 ✕ **使用者Aは、被用者Bに対して、信義則上相当な限度で求償権を行使することができる**（715条3項、判例）。

3 ✕ **CはBとDの過失による共同不法行為**によって、損害を被っており、共同不法行為者のBとDは、Cに対して各自**連帯**してその全額の損害賠償責任を負う（719条1項前段。不真正連帯債務・判例）。したがって、Cは、Dに対しても損害賠償を請求することができる。

4 ✕ Bには過失があることから、**B**は、**D**に対しては一般の不法行為として、**損害賠償責任を負う**（709条）。他方、**A**は、使用者責任としてDに対して損害賠償責任を負うのが原則である（715条）。そして、**AとBの損害賠償義務は不真正連帯債務**とするのが判例である。

問9	正解4	対抗問題 (H24-問6)	難易度A

1 ✕ **時効完成前の第三者**と時効取得者との関係は対抗問題ではなく、時効取得者は、第三者に対して、**登記なくして所有権の取得を主張**することができる（民法177条、判例）。なぜなら、この第三者と時効取得者の関係は、当事者同士の関係と考えることができるからである。

2 ✕ **借地権**は、その登記がなくても、土地の上に借地権者が**登記されている建物**を所有するときは、**第三者に対抗**することができる（借地借家法10条1項）。そして、賃借人が賃借権の対抗要件を備えている場合、その不動産が譲渡されたときは、賃貸人の地位は、一定の合意がある場合を除き、新所有者に移転する（民法605条の2第1項・第2項）。ただし、賃貸人の地位がその譲受人（新所有者）に移転した場合であっても、新所有者は、その所有権の移転について**登記**を備えなければ、**賃貸人である地位を賃借人に主張**することができない（605条の2第3項）。

8

3 **×** 　不動産の**物権変動**は、その**登記**をしなければ、**第三者に対抗することができない**（177条）。つまり、**登記**で**優劣**を決める。したがって、Fが所有権移転登記を備えた以上、Gは、Fに対して自らが所有者であることを主張することはできない。

4 **○** 　甲土地の所有者AからHが甲土地を買い受け、その所有権移転登記がまだなされない間に、Iが甲土地をAから二重に買い受け、更にIから転得者Jがこれを買い受けて所有権移転登記を完了した場合、たとえIが**背信的悪意者**に当たるとしても、Hに対する関係でJ自身が**背信的悪意者**と評価されるのでない限り、登記を備えたJは、甲土地の所有権取得をもってHに**対抗することができる**（177条、判例）。したがって、本肢の場合、Hは、善意のJに対して、自らが甲土地の所有者であることを主張することができない。

問10	正解4	抵当権 (H22-問5)	難易度A

1 **○** 　同一の不動産について数個の抵当権が設定されたときは、その**抵当権の順位**は、**登記の前後による**（民法373条）。したがって、Cを抵当権者とする抵当権が第1順位となる。

2 **○** 　抵当権は、その**目的物の売却、賃貸、滅失**又は損傷によって抵当権設定者が受けるべき**金銭その他の物に対して、行使することができる**（372条、304条）。そして、**火災保険金請求権も物上代位の対象**となるとするのが判例である。

3 **○** 　抵当権者（及び抵当権者の地位を引き継ぐ競落人）と抵当目的物の賃借人との関係は、対抗問題である（177条）。しかし、抵当権者に対抗することができない賃貸借により抵当権の目的である建物の使用又は収益をする者であって、競売手続の開始前から使用又は収益をする者等（**抵当建物使用者**）は、原則として、その建物の競売における買受人の**買受けの時から6か月を経過する**までは、その建物を**買受人に引き渡さなくてもよい**とされている（395条）。

4 **×** 　抵当権の設定は、抵当権者となる者と抵当権設定者となる者の抵当権設定**契約**によってなされる（**約定**担保物権）。したがって、**抵当権者となる者が合意するなら、抵当目的物の担保価値が被担保債権の回収に不十分であっても抵当権の設定は可能である**。よって、Aは、Bに対して500万円以上の返済をした後でなくとも、当該土地及び建物にEのために2番抵当権を設定することができる。

問11	正解4	借地権 (H24-問11)	難易度A

1 **○** 　**借地権**は、その登記（本問の場合は、賃借権の登記。民法605条）がなくても、土地の上に借地権者が**登記されている建物**を所有するときは、これをもって**第三者**

に対抗することができる（借地借家法10条1項）。そして、この建物の登記は、**表示に関する登記で足りる**（判例）。

2　○　借地上にある**登記された建物が滅失**した場合でも、借地権者が、その建物を特定するために必要な事項、その滅失があった日及び建物を新たに築造する旨を土地の上の見やすい場所に掲示するときは、借地権は、滅失の日から**2年間、第三者に対抗することができる**（10条2項）。

3　○　転貸借は、賃借人が賃借物を更に賃貸するものであるから、土地賃借人の有する賃借権が第三者に対する**対抗要件**を備えており、かつ、**転貸借が適法に成立していれば**、土地転借人は、自己の転借権について**対抗要件**を備えているか否かにかかわらず、賃借人（転貸人）がその賃借権を対抗できる第三者に対し、**賃借人の賃借権を援用**して、自己の**転借権を主張**することができる（判例）。

4　×　臨時設備の設置その他**一時使用**のために設定されたものであることが明らかな借地権には、更新拒絶の場合の建物買取請求権の規定は、**適用されない**（25条、13条）。

問12	正解4	借家権（H29-問12改題）	難易度A

1　×　期間の定めのある建物賃貸借契約において、賃貸人の更新拒絶が認められるためには、**期間満了の1年前から6か月前までの間に更新拒絶の通知**をしなければならず、かつ、**通知には正当事由が必要**である（借地借家法26条1項本文、28条）。したがって、更新拒絶の通知に正当事由があるか否か不明である本肢においては、ＡＢ間の賃貸借契約が当然に終了し、更新されないとはいえない。

2　×　**期間の定めのある**建物賃貸借契約は、当事者の、**更新拒絶によって終了する**のであり、**賃貸人からの更新拒絶には正当事由が必要**とされている（26条1項本文、28条）。つまり、期間の定めのある建物賃貸借は、特約がない限り、**解約申入れによっては終了せず**、更新拒絶によって終了する。また、**期間の定めのない**建物賃貸借契約においては、**賃貸人が正当事由ある解約申入れ**をしたときは、建物賃貸借は、賃借人保護の観点から、**6か月を経過した時点で終了**するとされている（27条1項、28条）。そして、これらの規定に**反する特約で建物の賃借人に不利なものは、無効**となる（30条）。以上のことから、期間の定めのある建物賃貸借契約において、「Ａが甲建物の賃貸借契約の**解約の申入れ**をした場合には申入れ日から**3月**で賃貸借契約が終了する旨を定めた**特約**」は、あらかじめＢの同意があっても、**賃借人に不利**なものとして、**無効**となる。

3　×　建物の賃貸借が**期間満了**又は解約の申入れによって終了する場合、**賃貸人**は、転借人にその旨の**通知**をしなければ、その終了を転借人に**対抗することができない**

10

(34条1項)。したがって、本肢の場合、AがCに通知をしていなければ、Aは、Cに対して期間満了による終了を対抗することができない。

4　〇 　**定期建物賃貸借契約**を締結しようとするときは、**賃貸人**は、**あらかじめ**、賃借人に対し、期間満了で終了する等の旨を記載した**書面を交付**（又は電磁的方法により提供）**して説明しなければならない**（38条3項・4項）。そして、賃貸人がこの**説明をしなかったとき**は、**契約の更新がない旨の定め**は、**無効となる**（38条5項）。

問13	正解4	区分所有法（H22-問13）	難易度A

1　× 　専有部分が数人の**共有**に属するときは、共有者は、議決権を行使すべき者1人を定めなければならない（区分所有法40条）。したがって、2人まで定めることができるとする本肢は誤りである。

2　× 　規約及び集会の決議は、区分所有者の**特定承継人**に対しても、その**効力を生ずる**（46条1項）。したがって、特定承継人に対してはその効力を生じないとする本肢は誤りである。

3　× 　敷地利用権が数人で有する所有権その他の権利である場合には、区分所有者は、規約で別段の定めがあるときを除き、その有する**専有部分**とその専有部分に係る**敷地利用権**とを**分離して処分することができない**（22条1項）。したがって、本肢は誤りである。

4　〇 　区分所有者は、規約に別段の定めがない限り、**集会の決議**によって、**管理者を選任**し、又は、**解任することができる**（25条1項）。そして、集会の議事は、この法律又は規約に別段の定めがない限り、区分所有者及び議決権の**各過半数**で決する（39条1項）。したがって、本肢は正しく、本問の正解肢である。

問14	正解1	不動産登記法（H28-問14）	難易度B

1　× 　**新築した建物又は区分建物以外の表題登記がない建物**の所有権を取得した者は、その所有権の取得の日から1か月以内に、**表題登記を申請しなければならない**（不動産登記法47条1項）。したがって、所有権の保存の登記を申請しなければならないとする本肢は誤っており、本問の正解肢である。なお、所有権保存登記は、権利に関する登記であって、当事者に申請の義務はない。

2　〇 　不動産登記法においては、**登記することができる権利**の種類が定められている（3条）。すなわち、①所有権、②地上権、③永小作権、④地役権、⑤先取特権、⑥質権、⑦**抵当権**、⑧**賃借権**、⑨配偶者居住権、⑩採石権である。したがって、登記する

ことができる権利には、**抵当権及び賃借権が含まれる**（3条7号・8号）。

3 ○ 建物が**滅失**したときは、**表題部所有者又は所有権の登記名義人**は、その滅失の日から**1か月以内**に、当該建物の**滅失の登記**を申請しなければならない（57条）。

4 ○ 所有権保存の登記を申請することのできる者は、次のとおりである（74条）。
① 表題部所有者
② 表題部所有者の相続人その他の一般承継人
③ 所有権を有することが確定判決によって確認された者
④ 収用によって所有権を取得した者
⑤ **区分建物**の表題部所有者から所有権を取得した者
本肢の場合は、⑤に該当する（74条2項）。

| 問15 | 正解1 | 都市計画・建築制限等（H24-問16） | 難易度A |

1 ○ **市街地開発事業等予定区域内**において、土地の形質の変更、**建築物の建築等**を行う者は、**知事**（**市の区域**内では**市長**）の許可を受けなければならない（都市計画法52条の2第1項）。しかし、**非常災害**のため必要な応急措置として行う行為であれば、**許可は不要**である（同1項2号）。

2 × 次の①〜③の者は、都道府県又は市町村に対し、都市計画区域・準都市計画区域の一定の面積（0.5ha）以上の一体として整備等をすべき区域について、都市計画に関する基準に適合すること及び土地所有者等の3分の2以上の同意を得ることにより、**都市計画の決定又は変更を提案**できる（21条の2、施行令15条）。
① 土地所有権・借地権者（土地所有者等）
② **まちづくりNPO**（まちづくりの推進を図る活動を行う特定非営利活動法人）
③ **都市再生機構・地方住宅供給公社**・その他
以上から、①以外に、②③も行うことができる。

3 × **市町村**は、一定の都市計画を決定しようとするときは、あらかじめ、**知事に協議**しなければならない（19条3項）。「同意は不要」である。

4 × 地区計画の区域（再開発等促進区若しくは一定の開発整備促進区又は**地区整備計画が定められている区域に限る**）内において、土地の区画形質の変更、建築物の建築等を行おうとする者は、当該「**行為に着手**」する日の**30日**「**前**」までに、行為の種類、場所、設計又は施行方法、着手予定日その他一定事項を**市町村長に届け出**なければならない（58条の2第1項本文）。「行為の完了した日から30日以内」ではない。

12

| 問16 | 正解4 | 開発許可の要否・建築行為等の制限（H30-問17） | 難易度A | |

| 1 | ○ | **非常災害**のため必要な応急措置として行う開発行為は、その区域にかかわらず、知事の開発許可が**不要**である（都市計画法29条1項10号）。したがって、市街化調整区域内において行われるものであっても、知事の許可は不要である。 |

| 2 | ○ | 開発許可を受けた開発区域内のうち、用途地域等の**定められていない**土地の区域では、開発行為に関する**工事完了公告後**は、知事の**許可**を受けなければ、当該開発許可に係る**予定建築物以外の建築物を新築できない**（42条1項）。 |

| 3 | ○ | 都市計画区域及び準都市計画区域**外**では、**1ha**（10,000㎡）**未満**の開発行為は開発許可が**不要**である（29条2項、施行令22条の2）。本肢は、規模が8,000㎡であるから、開発許可は不要である。 |

| 4 | × | **準**都市計画区域内では、**農業**を営む者の**居住の用**に供する建築物の建築等の目的で行う開発行為は、規模にかかわらず、**開発許可が不要**である（29条1項2号、施行令19条1項参照）。 |

| 問17 | 正解4 | 建築基準法（総合）（H22-問18） | 難易度A | |

| 1 | × | 設問から**木造大規模**建築物（3階建て、延べ面積500㎡超）と判断でき、これを**都市計画区域外**に建築するときでも、**建築確認が必要**であり、確認済証の交付を受けなければ、その建築工事に**着手できない**（建築基準法6条1項2号）。 |

| 2 | × | 特殊建築物以外の建築物（本肢では事務所）の**用途を変更**して、一定（延べ面積200㎡超）の**特殊**建築物（本肢では共同住宅）にする場合、建築確認が**必要**である（6条1項1号、87条1項）。 |

| 3 | × | 高さ**20m超**の建築物は、原則として、有効に**避雷**設備を設けなければならない（33条）。しかし、高さ10mの建築物には設置不要である。 |

| 4 | ○ | 建築主は、工事が次の①②のいずれかの特定工程を含む場合、当該特定工程に係る**工事を終えたとき**は、その都度、建築主事の中間検査を申請しなければならない（7条の3第1項）。
① 階数が3以上である共同住宅の床及びはりに鉄筋を配置する工事の工程のうち一定の工程
② ①のほか、特定行政庁が指定する一定の工程
したがって、本肢の場合、階数が3以上である共同住宅のうち、2階の床及びこれを支持するはりに鉄筋を配置する工事を終えたときは、中間検査を受ける必要 |

がある。なお、この検査は指定確認検査機関によってもよい（7条の4第1項）。

問18	正解1	建築基準法（総合）（H28-問18改題）	難易度A

1 ○ 防火地域又は準防火地域内にある建築物で、**外壁が耐火構造**のものは、その**外壁を隣地境界線に接して設ける**ことができる（建築基準法63条）。

2 × 高さ**31m超**の建築物には、原則として、**非常用の昇降機**を設けなければならない（34条2項）。したがって、「高さ30mの建築物」には設置しなくてもよい。

3 × **防火地域・準防火地域内**にある建築物は、一定の部分等を、通常の火災による周囲への延焼を防止するためにこれらに必要とされる性能に関して一定の技術的基準に適合するもので、国土交通大臣が定めた構造方法を用いるもの等としなければならない。しかし、①**防火地域・準防火地域**内の門又は塀で高さ「**2m**」以下のもの、又は②**準防火地域**内にある建築物（木造建築物等を除く）に附属する**門又は塀**については、この**必要はない**（61条）。

4 × **耐火建築物・準耐火建築物「以外」**の建築物で、延べ面積が1,000㎡超のものは、防火壁又は防火床で**1,000㎡以内**になるよう有効に**区画**しなければならない（26条1号）。よって、本肢の建築物は耐火建築物であるから、防火壁又は防火床で1,000㎡以内に有効に区画する必要はない。

問19	正解1	宅地造成等規制法（H25-問19改題）	難易度A

1 × 規制区域内において宅地造成に関する工事を行う場合、一定の技術的基準に従い、擁壁等の設置その他宅地造成に伴う災害を防止するため必要な措置が講ぜられたものでなければならない（宅地造成等規制法9条1項）。そして、次のいずれかの規模の工事は、**一定の資格を有する者の設計**によらなければならない（同2項、施行令16条）。
　① 高さが「**5m超**」の擁壁の設置
　② 切土又は盛土をする土地の面積が1,500㎡超の土地の排水施設の設置

2 ○ 規制区域内で行われる高さ**2m以下**の崖が生ずる**切土**であっても、その切土をする土地の**面積が「500㎡超」**（本肢では600㎡）であれば、造成主は、あらかじめ知事の許可を受けなければならない（2条2号、8条1項、施行令3条1号・4号）。

3 ○ 規制区域内で行われる**盛土**では、その盛土をする土地の**面積が500㎡以下**（本肢では300㎡）であっても、高さ「**1m超**」（本肢では1.5m）の崖が生ずれば、造成主は、あらかじめ**知事の許可**を受けなければならない（2条2号、8条1項、施行令3条2号・4号）。

14

| 4 | ○ | 知事は、規制区域内の宅地について、宅地造成に伴う災害の防止のため必要があると認める場合は、その宅地の**所有者・管理者・占有者・造成主・工事施行者**に対し、擁壁等の設置又は改造その他宅地造成に伴う災害の防止のため必要な措置をとることを**勧告**できる（16条2項）。|

| 問20 | 正解4 | 土地区画整理法（H29-問21） | 難易度A | |

1	○	「**事業の完成**」は、組合の解散事由の1つである（土地区画整理法45条1項4号）。そして、組合は、この事由により解散しようとする場合、その解散について知事の**認可**を必要とする（45条2項）。
2	○	施行地区内の宅地について組合員の有する**所有権**の全部又は一部を承継した者がある場合、その組合員がその所有権の全部又は一部について組合に対して有する権利義務は、その**承継した者に移転**する（26条1項）。
3	○	**組合の設立者**は、事業計画の決定に先立って組合を設立する場合、**7人**以上共同して、**定款**及び**事業基本方針**を定め、知事の**認可**を受けることができる（14条2項）。
4	×	組合が施行する施行地区内の**宅地の所有権者又は借地権者**は、**すべて組合の組合員**となる（25条1項）。借地権のみを有する者も、その組合の組合員となる。

| 問21 | 正解4 | 農地法（H29-問15） | 難易度A | |

1	×	**市街化区域**内では、あらかじめ**農業委員会へ届出**という特例が適用されるのは、「転用がからむ**4条・5条**だけ」である（農地法4条1項7号、5条1項6号）。3条には、この特例の規定がないので、**市街化区域**でも、**3条許可が必要**となる。
2	×	市街化調整区域内の**農地を転用**する目的で所有権を**取得**する場合は、その面積にかかわらず、原則として、「**知事**又は農林水産大臣が指定する市町村長（**指定市町村長**）の許可」が必要となる（5条1項）。
3	×	**抵当権**の設定は、使用収益権が移転しないので、**許可は不要**となる（3条1項、5条1項）。
4	○	**相続**により農地の所有権を取得した者は、**遅滞なく**、**農業委員会に届出**が必要となる（3条の3）。

| 問22 | 正解1 | 国土法（事後届出）(H27-問21) | 難易度A |

1 ○ 事後届出制の場合、都市計画区域**外**の届出対象面積は**10,000㎡**以上（本肢では12,000㎡）だが（国土利用計画法23条2項1号ハ）、「**相続**」は**土地売買等の契約ではない**（14条1項）。したがって、Aの死亡により土地を相続したBは、事後届出を行う必要はない。

2 × 事後届出制の場合、**市街化**区域の届出対象面積は**2,000㎡**以上（本肢では3,000㎡）だが（23条2項1号イ）、届出を行うのは「**権利取得者**」である（23条1項）。つまり、Bが購入した場合、Bは事後届出を行わなければならないが、Aは事後届出を行う必要がない。したがって、「A及びB」ではない。

3 × 事後届出制の場合、**市街化調整**区域の届出対象面積は**5,000㎡**以上（本肢では6,000㎡）だが（23条2項1号ロ）、農地法**3条**1項の許可を受けた農地を購入した場合、**事後届出を行う必要はない**（同3号、施行令17条1号、6条7号）。

4 × 甲土地については売買で所有権を取得したので、「**土地売買等の契約**」だが、乙土地については「**対価の授受を伴わず**」賃借権の設定を受けたので、「**土地売買等の契約**」**でない**（14条1項、施行令5条）。したがって、市街化区域内でAが取得及び設定を受けた取引のうち、「土地売買等の契約」に該当する面積は、甲土地の**2,000㎡**未満（本肢では1,500㎡）であるので、**事後届出を行う必要はない**（23条2項1号イ）。

| 問23 | 正解2 | 譲渡所得 (H24-問23改題) | 難易度A |

1 × 居住用財産の譲渡所得の**3,000万円特別控除**は、居住用財産の**所有期間に関わらず適用される**（租税特別措置法35条1項）。

2 ○ **居住用財産を譲渡した場合の軽減税率の特例**は、譲渡した年の1月1日における**所有期間が10年を超えている**ことが適用要件となっている（31条の3第1項）。そして、収用交換等の場合の譲渡所得等の5,000万円特別控除の適用を受ける場合であっても、特別控除後の譲渡益について、居住用財産を譲渡した場合の軽減税率の特例を**重複適用**することができる（31条の3第1項）。

3 × **居住用財産を譲渡した場合の軽減税率の特例**の適用を受けることができる「居住用財産」には、譲渡時に自己の居住の用に供していた財産だけではなく、居住しなくなった日以後3年を経過する日の属する年の12月31日までに譲渡した財産も含まれる（31条の3第2項2号）。

| 4 | × | 居住用財産の譲渡所得の**3,000万円特別控除**は、譲渡した相手が譲渡人の**配偶者及び直系血族**（本肢「**孫**」は直系血族に該当する）、**生計を一にしている親族等特別の関係がある者**である場合には**適用されない**（35条1項、施行令23条2項、20条の3第1項）。つまり、配偶者・直系血族の場合は、「生計を一にしている」という限定はない。|

| 問24 | 正解1 | 不動産取得税（H24-問24改題） | 難易度A | |

| 1 | ○ | **不動産取得税の免税点**（課税標準となるべき額が当該金額未満である場合には課税することができない）は、**土地の取得にあっては10万円、家屋の取得のうち建築に係るものにあっては1戸につき23万円、その他のものにあっては1戸につき12万円**である（地方税法73条の15の2第1項）。|

| 2 | × | **新築住宅に係る不動産取得税の課税標準の特例**が適用されるための**床面積要件**は**50㎡以上240㎡以下、控除額は1,200万円**である（73条の14第1項、施行令37条の16第1号）。固定資産税の税額減額の面積要件（50㎡以上280㎡以下）との違いに注意する必要がある。なお、認定長期優良住宅であれば、控除額は1,300万円となる（附則11条8項）。|

| 3 | × | 宅地の取得にかかる**不動産取得税の課税標準**は、当該取得が令和6年3月31日までに行われた場合、当該宅地の価格の**2分の1**の額とされる（附則11条の5第1項）。|

| 4 | × | 令和6年3月31日までに家屋が新築された場合、当該家屋について**最初の使用又は譲渡が行われた日**において**家屋の取得**がなされたものとみなし、当該家屋の所有者又は譲受人を取得者とみなして、これに対して不動産取得税を課するのが**原則**であるが、宅建業者等が売り渡す新築住宅については、家屋が新築された日から**1年**（本則：6か月）を経過して、なお、当該家屋について最初の使用又は譲渡が行われない場合においては、当該家屋が新築された日から**1年**（本則：6か月）を経過した日において家屋の取得がなされたものとみなし、当該家屋の所有者を取得者とみなして、これに対して不動産取得税を課する（73条の2第2項、附則10条の3第1項）。|

| 問25 | 正解4 | 不動産鑑定評価基準（H24-問25） | 難易度A | |

| 1 | ○ | 不動産の価格を形成する要因（以下「**価格形成要因**」という）とは、不動産の**効用**及び**相対的稀少性**並びに不動産に対する**有効需要**の三者に影響を与える要因をいう。不動産の価格は、多数の要因の相互作用の結果として形成されるものであるが、要因それ自体も常に変動する傾向を持っている。したがって、不動産の鑑

定評価を行うに当たっては、価格形成要因を市場参加者の観点から**明確に把握**し、かつ、その**推移及び動向**並びに**諸要因間の相互関係を十分に分析**して、前記三者に及ぼすその影響を判定することが必要である（不動産鑑定評価基準総論3前文）。

2 ○ 鑑定評価の各手法の適用に当たって必要とされる事例には、原価法の適用に当たって必要な建設事例、取引事例比較法の適用に当たって必要な取引事例及び収益還元法の適用に当たって必要な収益事例（以下「取引事例等」という）がある。取引事例等は、鑑定評価の各手法に即応し、**適切にして合理的な計画に基づき**、**豊富に秩序正しく収集し**、選択すべきであり、**投機的取引**であると認められる事例等適正さを欠くものであってはならない（7－1－1－2）。

3 ○ 取引事例は、原則として**近隣地域**又は**同一需給圏内の類似地域に存する不動産**に係るもののうちから選択するものとし、**必要やむを得ない場合には近隣地域の周辺の地域に存する不動産**に係るもののうちから、対象不動産の最有効使用が標準的使用と異なる場合等には、同一需給圏内の代替競争不動産に係るもののうちから選択するものとするほか、**次の要件の全部を備えなければならない**（7－1－3－2）。

① 取引事情が正常なものと認められるものであること又は正常なものに補正することができるものであること。
② **時点修正をすることが可能**なものであること。
③ 地域要因の比較及び個別的要因の比較が可能なものであること。

4 × 原価法における**減価修正の方法**としては、**耐用年数に基づく方法**と、**観察減価法**の二つの方法があり、これらを**併用する**ものとする（7－1－2－3）。

問26	正解4	事務所複合（H22-問29改題）	難易度A

1 × 宅建業者は、事務所等及び事務所等以外の国土交通省令で定めるその業務を行う場所ごとに、標識を掲げなければならない（宅建業法50条1項）が、**免許証を掲げる義務はない。**

2 × 事務所ごとに**従業者名簿を備える義務を怠った**場合、監督処分として、業務停止処分に該当（65条2項2号、48条3項）し、50万円以下の**罰金**に処せられることがある（83条1項3号の2）。

3 × 宅建業者は、**事務所ごとに**、その業務に関する**帳簿を備え**、宅建業に関し取引のあったつど、その年月日、その取引に係る宅地又は建物の所在及び面積等の事項を**記載**しなければならない（49条）。したがって、各事務所の業務に関する帳簿を主たる事務所に備える義務はない。

| 4 | ○ | 宅建業者は、**事務所ごとに置かなければならない専任の宅建士の数に不足**が生じた場合は、**2週間以内**に新たに専任の宅建士を設置するなど必要な措置を執らなければならない（31条の3第1項・3項）。 |

| 問27 | 正解 1 | 報酬（H24-問35改題） | 難易度 B |

　宅建業者は、国土交通大臣告示（宅建業法46条3項、以下「報酬告示」と略する）に定める額を超える報酬は受領できない（46条1項・2項）。以下、報酬告示に従い、速算法で計算する。

ア	○	消費税を含む売買代金は320万円（うち、土地代金100万円）であり、**土地は消費税非課税、建物は課税**なので、320万円－100万円＝220万円が中古別荘（建物）の税込み価格である。税込み220万円の税抜き価格（本体価格）は200万円だから、本件**土地付中古別荘の本体価格は300万円**である。速算法では、**300万円×4％＋2万円＝14万円**（これをαとする）となる。**売買の媒介**依頼を受けた宅建業者が、**依頼者の一方から受領できる報酬限度額はα**（課税事業者ならαに消費税10％を加えた額、免税事業者ならαに4％を加えた額、以下同じ）となり、**売買の代理**依頼を受けた宅建業者が**依頼者から受領できる報酬限度額は2α**となる（報酬告示2・3）。さらに、1つの取引に複数業者が媒介や代理で関わった場合の**複数業者の報酬合計額は2α以内**でなければならない（国交省「考え方」）。本問では、代理依頼を受けた課税事業者A社はBから30万8,000円まで受領でき、媒介依頼を受けた課税事業者C社はDから15万4,000円まで受領できるが、A社とC社の受領する報酬額は合計30万8,000円まででなければならない。すると、代理の依頼を受けたA社がBから30万8,000円を受領すると、C社はDから報酬を受領できない。
イ	○	媒介依頼を受けた課税事業者**C社がDから受領できる報酬限度額は15万4,000円**である。C社がDから15万4,000円を受領すると、**A社とC社の受領できる報酬額合計は30万8,000円**だから、そこから15万4,000円を引くと、**課税事業者A社はBから少なくとも残り15万4,000円を上限に受領**できる。
ウ	×	A社がBから10万円の報酬を受けた場合でも、C社は**売買の媒介**依頼を受けたDからは**15万4,000円**までしか報酬を受領できない。
エ	×	広告料金は、**依頼者の依頼**によって行う**広告料金相当額**を除き、報酬とは別に受領できない（報酬告示9①、国交省「考え方」）。

　以上から、正しいものは「ア、イ」であり、正解は肢1である。

| 問28 | 正解2 | 重要事項の説明（H27-問32改題） | 難易度A |

1 × 宅建業者は、受領しようとする**預り金**について保全措置を講ずる場合、**預り金の額が50万円未満**のときは、その措置の概要を**重要事項として説明する必要はない**。すなわち、説明が不要となるのは、売買代金額の100分の10以下ではないので、本肢は誤り（宅建業法35条1項11号、規則16条の3第1号）。

2 ○ 宅建業者は、**宅地の貸借の媒介**を行う場合、当該宅地について借地借家法22条に規定する**定期借地権**を設定しようとするときは、その旨を重要事項として**説明しなければならない**（宅建業法35条1項14号、規則16条の4の3第9号）。

3 × 宅建業者は、**建物の貸借の媒介**を行う場合、**消費生活用製品安全法**に関する特定保守製品の保守点検に関する事項について、**重要事項として説明する必要はない**（宅建業法35条1項2号、令3条3項、35条1項14号、規則16条の4の3）。なお、消費生活用製品安全法とは、消費生活用製品（屋内式の瞬間湯沸かし器等）の事故を防止するための法律である。

4 × 宅建業者は、**建物の貸借の媒介**を行う場合、**契約の期間及び契約の更新**について、重要事項として説明する必要がある（宅建業法35条1項14号、規則16条の4の3第8号）。なお、**契約の更新**については、**37条書面**（電磁的方法を含む）の**記載事項ではない**（宅建業法37条2項・5項）。

| 問29 | 正解1 | 宅建士複合（H25-問44改題） | 難易度B |

ア × 登録を受けている者は、**登録事項に変更**があった場合、**遅滞なく**、登録知事に、**変更の登録申請**をしなければならない（宅建業法20条）。これに対し、**破産手続開始決定**を受けた場合は、本人がその旨を「遅滞なく」ではなく、**30日以内**に、届け出なければならない（21条2号、18条1項2号）。

イ × **宅建士証の交付**を受けようとする者は、原則として、**登録知事が指定する交付の申請前6か月以内**に行われる**講習**（法定講習）を**受講しなければならない**（22条の2第2項）。しかし、受講時期を「交付の申請の90日前から30日前」と限定する規定はない。

ウ × 専任の宅建士でなくても、**宅建士**は、**35条書面及び37条書面に記名できる**（35条5項、37条3項）。専任の宅建士とは、宅建業者が事務所等に設置しなければならない常勤・専従の宅建士のことであり、宅建士の能力や権限に着目した言葉ではない。

| エ | ○ | 宅建士が監督処分として**事務禁止処分**を受けたときは、速やかに、**宅建士証**をその交付を受けた知事に**提出**しなければならない（22条の2第7項）。かかる**提出義務**に違反した場合、宅建士は**10万円以下の過料**に処せられることがある（86条）。

以上から、正しいものは「エ」の一つであり、正解は肢1である。

| 問30 | 正解2 | 業務上の規制（H30-問40） | 難易度B |

以下、宅建業法の規定に違反しないものを○、違反するものを×とする。

| ア | × | 宅建業者は、**手付**について、貸付その他**信用の供与**をすることによって**契約の締結**を**誘引してはならない**（宅建業法47条3号）。宅建業者が建物の売買契約を締結するに際し、手付金を持ち合わせていない買主に**手付金の分割払い**を提案し、買主がこれに応じたことは、手付について信用を供与することによって契約の締結を誘引することを禁止している宅建業法の規定に**違反する**（国交省「考え方」）。

| イ | ○ | 宅建業者が、建物の販売に際し、広告に表示した**販売価格から値引き**をすることを告げて売買契約の締結を勧誘しても、**手付**について、貸付その他信用の供与をしているわけではなく、宅建業法の「手付について、貸付その他信用の供与をすることによって契約の締結を誘引する行為」の禁止規定（47条3号）には**違反しない**。

| ウ | ○ | 宅建業者は、重要事項の説明をするときは、宅建士を説明担当者としなければ、宅建業法の規定に違反する（35条1項）。しかし、**重要事項の説明とは別**に、取引の相手方に対し、**取引しようとする土地に関する交通等の状況について説明する**ことは、宅建士ではない従業者に行わせても、宅建業法の規定に**違反しない**。

| エ | × | 宅建業者の相手方等が**契約を締結しない旨の意思**（勧誘を引き続き受けることを希望しない旨の意思を含む）を**表示**したにもかかわらず、**勧誘を継続**する行為は、宅建業法の規定に違反する（47条の2第3項、規則16条の11第1号ニ）。再勧誘の禁止については、相手方等が「契約を締結しない旨の意思」を表示した場合は、**電話勧誘又は訪問勧誘などの勧誘方法を問わず、禁止される**（国交省「考え方」）。

以上から、宅建業法の規定に違反するものは「ア、エ」の二つであり、正解は肢2である。

| 問31 | 正解3 | 専任媒介契約（H27-問30改題） | 難易度A | |

以下、宅建業法の規定に違反しないものを○、違反するものを×とする。

ア × 宅地の**売却**を依頼され、**媒介契約**を締結した場合、**依頼者が宅建業者**であっても、**媒介契約書面**（電磁的方法を含む）を**作成**しなければならない（宅建業法34条の2第1項・11項、78条2項）。

イ × 宅建業者が宅地の**売却**を依頼され、**専任媒介契約**を締結した場合、たとえ依頼者の要望により登録しない旨の特約をしても、宅建業者には、**指定流通機構への登録義務がある**（34条の2第5項・10項）。

ウ × 宅建業者が宅地の**売却**を依頼され、**専任媒介契約**を締結した場合、宅建業者は、専属専任媒介契約以外の**専任媒介契約**では媒介契約締結日から**7日以内**、**専属専任媒介契約**では同**5日以内**に指定流通機構に**登録**する義務がある（34条の2第5項、規則15条の10）。したがって、専任媒介契約締結の日の9日後に売買契約を成立させている本肢は、指定流通機構に登録しなければならない法定期間内を徒過している。

エ ○ 宅建業者は、**売買の専任媒介契約**を締結した場合、**業務処理状況**を、専属専任媒介契約以外の**専任媒介契約**では**2週間に1回以上**、**専属専任媒介契約**では**1週間に1回以上**、依頼者に**報告**しなければならない（宅建業法34条の2第9項）。したがって、業務処理状況の報告日を毎週金曜日と特約することは、宅建業法の規定に違反しない。

以上から、宅建業法の規定に違反するものは「ア、イ、ウ」の三つであり、正解は肢3である。

| 問32 | 正解2 | 37条書面（H28-問39改題） | 難易度A | |

1 × 宅建業者が**区分所有建物**の**貸借の媒介**をする場合、規約でペットの飼育が禁止されていることは、「**専有部分の用途その他の利用の制限**に関する規約の定めがあるときは、その内容」に該当し、重要事項説明書（電磁的方法を含む。以下同じ）に記載し内容を説明しなければならない（宅建業法35条1項6号・8項、規則16条の2第3号）。しかし、**37条書面**（電磁的方法を含む。以下同じ）に**記載する必要はない**（宅建業法37条2項・5項参照）。

2 ○ 宅建業者が区分所有建物の**貸借の媒介**をする場合、「契約の解除に関する事項」として、契約の解除についての定めを重要事項説明書に記載し内容を説明しなけ

ればならない（35条1項8号）。また、貸借の契約成立後遅滞なく交付（電磁的方法による提供を含む。以下同じ）する37条書面には、「**契約の解除**について**定めがあるとき**は、その内容」として、契約の解除についての定めの内容を**記載**しなければならない（37条2項1号・1項7号）。

3 × 宅建業者が区分所有建物の**貸借の媒介**をして貸借の契約が成立したときは、「**借賃**の額並びにその支払時期及び**支払方法**」について**記載**した37条書面を契約の両当事者に交付しなければならない（37条2項2号）。この記載義務は、貸主及び借主が記載しないことについて**承諾**をしたとしても、**免れるものではない**（37条2項本文参照）。

4 × 宅建業者が区分所有建物の**貸借の媒介**をして貸借の契約が成立したときは、「**天災その他不可抗力による損害の負担**（危険負担）に関する**定めがある**ときは、その内容」について、37条書面に記載しなければならない（37条2項1号・1項10号）。危険負担について**定めをしない**場合は、**37条書面に記載する必要はない**。

| 問33 | 正解 1 | 宅建士複合（H28-問38改題） | 難易度 B | |

ア × 宅建士が、**登録している都道府県以外**の都道府県に所在する宅建業者の**事務所の業務に従事し又は従事しようとするとき**は、移転先の知事に登録の移転を申請できる（宅建業法19条の2）。その際、宅建士が、**登録の移転の申請**とともに、移転先の知事に対し**新たな宅建士証の交付申請**を行うと、移転先の知事は、従前の宅建士証の有効期間の**残存期間**を有効期間とする宅建士証を交付する（22条の2第5項）。よって、**新たに交付される宅建士証の有効期間は、5年ではない**ので、本肢は誤り。ただ、問題文には、登録の移転の申請とともに新たな宅建士証の交付申請をしているとの記述がないので疑義はある。

イ × 宅建士は、取引の関係者から**宅建士証の提示**を求められたときは、宅建士証の提示義務がある（22条の4）。また、宅建業者は、**従業者に従業者証明書を携帯**させなければ、その者を業務に従事させてはならず（48条1項）、従業者には、**代表者**（社長等）も含まれる（国交省「考え方」）。よって、代表取締役も従業者証明書を携帯し、取引の関係者から**従業者証明書の提示**を求められたときは、**従業者証明書の提示義務がある**（48条2項）。

ウ × 宅建士（又は宅建士資格者）が**心身の故障**により**宅建士の事務を適正に行うことができない者**として国土交通省令で定めるものに該当することになったときは、**本人又はその法定代理人**若しくは同居の親族が「**30日以内**」に登録を受けている知事に**届け出なければならない**（21条3号、18条1項12号）。

| エ ○ | 宅建士の資格登録簿は、一般の閲覧に供されることはない。これに対し、宅建業者名簿は一般の閲覧に供され（10条、規則5条の2）、宅建業者名簿には、事務所ごとの専任の宅建士の氏名も登載される（宅建業法8条2項6号、31条の3第1項）。なお、問題文には「専任」とのみ記述し、「事務所ごとの専任」であることの記載を欠く点は、出題に問題がある。 |

　以上から、正しいものは「エ」の一つであり、正解は肢1である。

| 問34 | 正解2 | 重要事項の説明（H29-問41） | 難易度A | 得点ナベし！ |

| 1 ○ | 宅建業者は、区分所有建物の売買を行う場合、当該1棟の建物及びその敷地の管理が委託されているときは、その委託を受けている者の氏名及び住所（法人の場合は、商号又は名称及び主たる事務所の所在地）について、重要事項の説明をしなければならない（宅建業法35条1項6号、規則16条の2第8号）。 |

| 2 × | 移転登記申請の時期は、重要事項の説明対象ではない。 |

| 3 ○ | 宅建業者は、建物の売買の媒介を行う場合、「ガスの供給のための施設の整備の状況」について、重要事項の説明をしなければならないが（宅建業法35条1項4号）、住宅の売買の媒介を行う場合、「ガス配管設備等に関して、住宅の売買後においても宅地内のガスの配管設備等の所有権が家庭用プロパンガス販売業者にあるものとする場合には、その旨の（重要事項の）説明」をする必要がある（国交省「考え方」）。 |

| 4 ○ | 宅建業者は、区分所有建物（マンション）の売買の媒介を行う場合、当該1棟の建物（マンション）の計画的な維持修繕のための費用の積立てを行う旨の規約があるときは、その内容及び既に積み立てられている額について、重要事項の説明をしなければならない（35条1項6号、規則16条の2第6号）。 |

| 問35 | 正解1 | 35条書面・37条書面（H23-問34改題） | 難易度A | 得点ナベし！ |

| 1 × | 宅建業者は、建物の貸借の媒介をするにあたり、その建物に関する登記された権利の種類及び内容並びに登記名義人等を35条書面（又は電磁的方法。以下同じ）に記載しなければならない（宅建業法35条1項1号）。これは、貸主から告げられたか否かにかかわらない。しかし、37条書面（又は電磁的方法。以下同じ）の記載事項には該当しない。 |

| 2 ○ | 宅建業者は、宅建士をして37条書面に記名させなければならないが（37条3項）、37条書面の作成を宅建士にさせる必要はないので、その作成を宅建士ではない |

24

従業者に行わせることができる。

3 ○ 天災その他不可抗力による損害の負担（危険負担）に関する定めがあるときは、取引の種類にかかわらず37条書面に記載しなければならない（37条2項1号・1項10号）。

4 ○ 宅建業者は、宅地建物の売買・交換等の契約が成立したときは、遅滞なく、宅建士の記名のある37条書面を交付しなければならない（37条1項・3項）。この点、35条書面に記名する宅建士と、37条書面に記名する宅建士とは、同一人物である必要はない（35条1項〜3項・5項参照）。

問36	正解4	重要事項の説明 (H30-問39改題)	難易度A

1 ○ 宅建業者は、建物の貸借の媒介を行う場合、当該建物を借りようとする者が宅建業者であるときは、宅建業法35条の重要事項の説明については、貸借の契約が成立するまでの間に法定事項が記載された35条書面を交付（又は、借主の承諾を得て、当該書面に記載すべき事項を電磁的方法により提供）しなければならないが、その内容を宅建士に説明させる必要はない（宅建業法35条6項・9項）。

2 ○ 宅建業者は、既存建物の貸借の媒介を行う場合は、既存建物の売買・交換と同様に、建物状況調査を実施しているかどうか、及びこれを実施している場合におけるその結果の概要を重要事項として説明しなければならない（35条1項6号の2イ）。

3 ○ 宅建業者は、建物の貸借の媒介を行う場合、台所、浴室、便所その他の当該建物の設備の整備の状況について、重要事項として説明しなければならない（35条1項14号、規則16条の4の3第7号）。

4 × 重要事項の説明については、テレビ会議等のITを活用することができる。もっとも、テレビ会議等のITを活用する場合でも、宅建士が、宅建士証を提示し、説明を受けようとする者が、その宅建士証を画面上で視認できたことを確認することが必要であり（国交省「考え方」）、相手方の承諾の有無にかかわらず、宅建士証の提示を省略することはできない。

問37	正解1	広告複合 (H28-問32)	難易度A

以下、宅建業法の規定に違反しないものを○、違反するものを×とする。

1 ○ 宅建業者は、宅地の造成に関する工事の完了前においては、当該工事に関し必要とされる許可等の処分があった後でなければ、当該宅地の販売に関する広告をし

てはならない（宅建業法33条）。本肢は、許可等の処分があった宅地なので、宅建業法の規定に違反しない。

2 ×　宅建業者は、**建物の建築**に関する**工事の完了前**においては、当該**工事に関し必要とされる確認等の処分があった後**でなければ、当該工事に係る建物の販売に関する**広告をしてはならない**（33条）。本肢では、宅建業者Aは建築確認を申請している段階であり、建築確認があった後ではないので、たとえ「建築確認申請済」と広告に明示しても、宅建業法の規定に違反する。

3 ×　宅建業者は、建物の売買に関する**広告**をするときは、**取引態様の別**を**明示**しなければならない（34条）。ここにいう広告には、インターネットのホームページにおけるものも含まれる。したがって、宅建業者Aが、ホームページの広告に媒介である旨の取引態様の別を明示しなかった場合、問い合わせがなく、契約成立に至らなかったとしても、宅建業法の規定に違反する。

4 ×　宅建業者が**業務全部の停止**を命じられた場合、その業務全部の停止処分の期間中は、**すべての業務をすることはできない**。この場合、**広告**をすることも「**業務**」であり、広告を業務停止処分の期間中に行ったことは、宅建業法の規定に違反する（65条2項）。

| 問38 | 正解2 | クーリング・オフ（H24-問37） | 難易度A |

1 ×　Bは建物の**引渡し**を受け、**かつ**、その**代金の全部を支払っており**、BがA社からクーリング・オフについて何も告げられていなくても、Bは**クーリング・オフによる契約の解除はできない**（宅建業法37条の2第1項2号）。なお、モデルルームは、原則としてクーリング・オフが適用されない「（土地に定着する）案内所」と解されるので（国交省「考え方」、規則16条の5第1号ロ）、問題文でクーリング・オフの告知の記述があることについて、その妥当性に疑問は感じる。

2 ○　クーリング・オフが適用される喫茶店でなされた売買契約でも、Aから**クーリング・オフができる旨及び方法について書面で告げられた**場合は、その**告げられた日から起算**して**8日を経過**すると、クーリング・オフができなくなる（宅建業法37条の2第1項本文・1項1号、規則16条の6）。Aがクーリング・オフについて書面で告げたのは契約締結から3日後であり、「書面で告げられた日から起算して8日」を契約締結日から起算すれば11日後となるので、10日目であれば、クーリング・オフにより契約を解除できる。

3 ×　Bは、ホテルのロビーにおいて買受けの申込みをしているので、宅建業法のクーリング・オフの規定によれば、後日、締結された売買契約は、解除できる（宅建

業法37条の2第1項、規則16条の5）。そして**宅建業法のクーリング・オフの規定に反する特約**で、**申込者等に不利**なものは、**無効**となる（宅建業法37条の2第4項）。よって、BがA社との間でなしたクーリング・オフによる解除をしない旨の特約は無効であり、Bがクーリング・オフによる当該契約の解除を申し入れた場合、A社はBからの解除を拒めない。

4　×　Bは、A社の**事務所**において**買受けの申込み**をしている。この場合、後日、レストランで売買契約が締結されても、**クーリング・オフは適用されない**（37条の2第1項本文かっこ書き）。

| 問39 | 正解3 | 保証協会（H26-問39改題） | 難易度A |

1　×　還付充当金の未納により保証協会の社員の地位を失った宅建業者は、その日から1週間以内に営業保証金を供託しなければならないという規定はあるが（宅建業法64条の15）、**保証協会の社員の地位を失った**にもかかわらず、2週間以内に弁済業務保証金を供託すればその**地位を回復**する旨の規定は、**存在しない**。

2　×　**保証協会**は、その社員である宅建業者から弁済業務保証金**分担金の納付を受けた**ときは、その**納付を受けた日から1週間以内**に、その納付を受けた額に相当する額の**弁済業務保証金を供託**しなければならない（64条の7第1項）。

3　○　**保証協会**は、弁済業務保証金の還付があったときは、その還付に係る社員又は社員であった者に対して、還付額に相当する額の**還付充当金**を保証協会に**納付**すべきことを**通知**しなければならない（64条の10第1項）。

4　×　保証協会の社員である宅建業者と取引した者（宅建業者を除く）は、**社員が社員となる前に取引した者**も含めて、その取引により生じた債権に関し、保証協会が供託した**弁済業務保証金から弁済（還付）を受けることができる**（64条の8第1項）。

| 問40 | 正解2 | 重要事項の説明（H27-問29改題） | 難易度A |

1　×　重要事項の説明は、買主等の**権利取得者**に対して行えばよく、売買における**売主**に対する重要事項の説明義務はない（宅建業法35条1項）。

2　○　**重要事項の説明及び書面の交付**（電磁的方法による**提供を含む**）をする**場所**には、**制限はなく**、宅建業者の事務所以外の場所で行うことができる。

3　×　宅建業者が**代理**して建物の購入を行う場合、代理の依頼者である買主が権利取得者となるので、その**買主**に対して**重要事項の説明**をする必要がある（35条1項）。

4	×

重要事項の説明をする宅建士も、**35条書面**（電磁的方法による提供をする場合における**電磁的方法を含む**）に記名する宅建士も、宅建士であればよく、**専任の宅建士**である必要はない（35条1項・5項）。

問41	正解3	保証金複合（H27-問42改題）	難易度A	得点すべし！

1	×

営業保証金の供託は、金銭のみならず一定の有価証券をもって充てることができる（宅建業法25条3項）。しかし、**弁済業務保証金分担金**の**納付**は、**金銭のみ**であり、有価証券をもって充てることはできない（64条の9）。

2	×

一部の事務所を廃止した場合、**営業保証金を取り戻すとき**は還付請求権者に対して6か月以上の期間を定めて、その期間内に申し出るべき旨を官報で公告しなければならないが（30条2項・3項、営業保証金規則7条）、**弁済業務保証金の取戻し**及び分担金の返還には**公告は不要**である（宅建業法64条の11第1項・2項・4項）。

3	○

営業保証金を供託する宅建業者は、**主たる事務所1,000万円、従たる事務所1か所につき500万円**の割合の合計額を供託しなければならず、Aが供託すべき営業保証金の額は、**1,000万円＋500万円×3＝2,500万円**となる（25条2項、令2条の4）。他方、**弁済業務保証金分担金**を納付する宅建業者は、**主たる事務所60万円、従たる事務所1か所につき30万円**の割合の合計額を納付しなければならず、Bが納付すべき弁済業務保証金分担金の額は、**60万円＋30万円×3＝150万円**となる（宅建業法64条の9第1項、令7条）。

4	×

宅建業に関する取引により生じた債権を有する者（宅建業者を除く）は、営業保証金を供託しているAに対しては、その供託した営業保証金の額を上限に（宅建業法27条1項）、弁済業務保証金分担金を納付したBに対しては、その**弁済業務保証金分担金の額を営業保証金に換算**した額を上限として（64条の8第1項）、弁済を受ける権利を有する。

問42	正解2	媒介契約（H25-問28）	難易度A	得点すべし！

ア	×

物件情報を指定流通機構に登録した**宅建業者**は、その登録した物件の売買・交換の契約が成立したときは、遅滞なく、以下の事項を**指定流通機構に通知**しなければならない。
① **登録番号**
② **取引価格**
③ 売買・交換**契約の成立した年月日**
本肢の「**売主及び買主の氏名**」は、**通知すべき事項ではない**（宅建業法34条の2第7項、

28

規則15条の13）。

イ ○ 宅建業者が、売買の媒介契約を締結した場合に、**売買すべき価格や評価額について、意見を述べる**ときは、宅建業者の勘に頼るのではなく、「価格査定マニュアル」や「同種の取引事例」等の合理的な説明がつく**根拠**を示さなければならない（宅建業法34の2第2項、1項2号、国交省「考え方」）。

ウ ○ 売買・交換の**専任媒介契約の有効期間**は、**依頼者の申出**により**更新**できる。また、その更新後の期間は、更新時から**3か月**を超えることができない（34条の2第4項・3項）。

以上から、正しいものは「イ、ウ」の二つであり、正解は肢2である。

Point
専任・専属専任媒介契約の独自の規制のまとめ

	更　新	処理状況報告義務	流通機構の登録
専　任 媒介契約	依頼者からの申し出 （3か月以内）	2週間に1回以上 （電子メール可）	媒介契約締結日から 7日以内（休業日を除く）
専属専任 媒介契約	依頼者からの申し出 （3か月以内）	1週間に1回以上 （電子メール可）	媒介契約締結日から 5日以内（休業日を除く）

問43　正解4　　8種規制複合（H28-問28改題）　　難易度A

以下、宅建業法の規定に違反しないものを○、違反するものを×とする。

ア × 宅建業者は、自ら売主として宅建業者でない者に宅地建物を売却する場合（以下、「8種規制の適用場面」と略する）、目的物が**未完成物件**であるときは、**代金額の5％を超えるか又は1,000万円を超える手付金等を受領する前**に、法定の**保全措置**を講じなければならない。本肢では、受領済みの手付金200万円に加え、中間金200万円を受領すると、手付金等の額は合計で400万円となり、代金額（4,000万円）の5％（200万円）を超えるので、中間金200万円の**受領前**に、400万円について、保全措置を講じなければならない（宅建業法41条1項本文ただし書き）。

イ ○ 8種規制の適用場面において、目的物が**完成物件**であるときは、**代金額の10％を超える**か又は1,000万円を超える**手付金等の受領前に、自ら売主となる宅建業者は保全措置を講じなければならない**。本肢では、受領しようとする手付金は400万円であり、代金額4,000万円の**10％**（400万円）を**超えていない**ので、保全

29

措置は不要である（41条の2第1項本文ただし書き）。

| ウ | × | 8種規制の適用場面において、宅建業者が**手付を受領**したときは、その手付は**解約手付**とみなされ、相手方が契約の履行に着手するまでは、買主は手付放棄、**宅建業者は手付金の倍額**を現実に提供して契約を解除できる（39条2項）。よって、宅建業者は、手付金500万円の倍額の1,000万円を現実に提供しないと解除できない。 |

| エ | × | 8種規制の適用場面において、**当事者の債務不履行を理由とする契約の解除に伴う損害賠償額の予定**をする場合、**代金額の20%**（800万円）を**超える定めはできない**（38条）。 |

　以上から、宅建業法の規定に違反するものは「ア、ウ、エ」であり、正解は肢4である。なお、肢1の「ア、ウ」も違反するものの組合せといえるが、出題者は肢4を正解肢としている。

| 問44 | 正解3 | 37条書面（H26-問40改題） | 難易度A |

| ア | ○ | 宅建業者は、**契約不適合責任の履行**に関して講ずべき**保証保険契約の締結その他の措置**について**定めがある**ときは、**37条書面**（書面を交付すべき相手方等の承諾を得て、政令の定めるところにより、電磁的方法による提供をする場合における当該**電磁的方法**を含む。以下同じ）に記載しなければならない（宅建業法37条1項11号・4項）。 |

| イ | × | 宅建業者は、法定事項が記載され、宅建士の記名のある**37条書面を交付**する（又は、**電磁的方法**による**提供**をする）義務を負うだけであり、宅建士をしてその内容を説明させる必要はない（37条）。 |

| ウ | ○ | 宅建業者は、宅地の売買契約を締結したときは、37条書面に宅地の**引渡しの時期**を必ず記載しなければならず（37条1項4号・4項）、37条書面についての規制は、**宅建業者間の取引でも同様**である（78条2項参照）。 |

| エ | ○ | 宅建業者は、建物の**売買**の媒介において、当該建物に係る**租税その他の公課の負担**に関する**定めがある**ときは、その内容を37条書面に記載しなければならない（37条1項12号・4項）。 |

　以上から、正しいものは「ア、ウ、エ」の三つであり、正解は肢3である。

| 問45 | 正解2 | 住宅瑕疵担保履行法（H24-問45改題） | 難易度A | |

1 × 自ら売主として新築住宅を宅建業者でない買主に引き渡した宅建業者は、基準日ごとに、当該**基準日に係る資力確保措置の状況**について、**基準日から3週間以内**に、その免許を受けた**免許権者に届け出なければならない**（履行法12条1項、履行法規則16条1項）。

2 ○ 自ら売主として新築住宅を宅建業者でない買主に引き渡した宅建業者は、資力確保措置を講じ、かつ、**基準日に係る資力確保措置の状況の届出**をしなければ、当該**基準日の翌日**から起算して**50日**を経過した日以後においては、新たに自ら売主となる新築住宅の売買契約を締結してはならない（履行法13条）。

3 × 住宅販売瑕疵担保責任保険契約とは、**宅建業者が保険料を支払い、宅建業者が住宅品質確保法の規定により、瑕疵担保責任を履行したときに生じた損害等を填補する保険**で、新築住宅の買主が当該新築住宅の売主である宅建業者から当該新築住宅の**引渡し**を受けた時から**10年以上**の期間にわたって有効でなければならない（2条7項4号）。

4 × 新築住宅を自ら売主として販売する宅建業者が、住宅販売瑕疵担保保証金の供託をした場合、買主に対し、当該**新築住宅の売買契約を締結するまでに**、その住宅販売瑕疵担保保証金の供託をしている供託所の所在地等について、これを記載した書面を交付（又は買主の承諾を得て、書面に記載すべき事項を**電磁的方法により提供**）して**説明**しなければならない（15条）。

| 問46 | 正解1 | 住宅金融支援機構（R元-問46） | 難易度A | |

1 × **証券化支援事業（買取型）**の代表的なものは、最長「**35年**」の全期間固定金利となる「**フラット35**」（民間金融機関と住宅金融支援機構が提携して実現した長期固定金利の住宅ローン）である。フラット35は、申込本人またはその親族が居住する新築住宅の建設資金・購入資金、**中古住宅の購入資金**等に利用できるものである。したがって、**中古住宅を購入するための貸付債権を買取りの「対象としている」**（独立行政法人住宅金融支援機構法13条1項1号、業務方法書3条1号参照）。

2 ○ 機構は、証券化支援事業（買取型）において、バリアフリー性、省エネルギー性、耐震性又は耐久性・可変性に優れた住宅を取得する場合に、**貸付金の利率を一定期間引き下げる制度**（いわゆる「**フラット35S**」）を実施している。

3 ○ 機構は、マンション管理組合や区分所有者に対する**マンション共用部分の改良**に**必要な資金の貸付け**を業務として行っている（独立行政法人住宅金融支援機構法13条1項

7号後段)。

| 4 | ○ | 機構は、災害復興建築物（災害により、住宅又は主として住宅部分からなる建築物が滅失した場合におけるこれらの建築物又は建築物の部分に代わるべき建築物又は建築物の部分）の建設又は購入に必要な資金の貸付けを業務として行っている（13条1項5号前段、2条2項）。|

| 問47 | 正解4 | 景表法（公正競争規約）(H28-問47) | 難易度A | |

| 1 | × | 事業者は、継続して物件に関する広告その他の表示をする場合において、当該広告その他の表示の内容に変更があったときは、速やかに修正し、又はその表示を取りやめなければならない（不動産の表示に関する公正競争規約24条1項）。したがって、本肢のような事情があったとしても、広告を掲載し続けることは、不当表示に問われる可能性がある。|

| 2 | × | 都市計画法上の市街化調整区域に所在する土地（都市計画法上の開発許可を受けているもの等を除く）については、「市街化調整区域。宅地の造成及び建物の建築はできません。」と（新聞折込チラシ等及びパンフレット等の場合には16ポイント以上の大きさの文字で）明示しなければならない（表示規約施行規則7条6号）。したがって、「宅地の造成や建物の建築ができない旨まで表示する必要はない」とする本肢は、誤りである。|

| 3 | × | 学校、病院、官公署、公園その他の公共・公益施設は、一定の場合を除き、次に掲げるところにより表示しなければならない（9条29号）。
① 現に利用できるものを表示すること。
② 物件からの道路距離又は徒歩所要時間を明示すること。
③ その施設の名称を表示すること。ただし、公立学校及び官公署の場合は、パンフレットを除き、省略することができる。|

| 4 | ○ | 新設予定の鉄道、都市モノレールの駅若しくは路面電車の停留場（「駅等」という）又はバスの停留所は、当該路線の運行主体が公表したものに限り、その新設予定時期を明示して表示することができる（9条6号）。|

| 問48 | 正解2 | 統　計 (R元-問48改題) | 難易度A | |

| 1 | × | 令和3年度における不動産業の経常利益は6兆580億円となっており、2年連続（対前年度比13.1％）の「増益（増加）」となった。なお、「全産業の経常利益は前年度に比べ33.5％増加」との記述は正しい（令和3年度法人企業統計年報・財務省）。|

32

2 ○ 令和5年地価公示（令和5年3月公表）における令和4年1月以降の1年間の地価は、以下のとおりで、**全国平均では、全用途平均・住宅地・商業地**のいずれも**2年連続で上昇（上昇率拡大）**した。なお、**工業地は7年連続で上昇（上昇率拡大）**した。

地価⇒2年連続（工業地は7年連続）の上昇（単位：％）

	全用途平均	住宅地	商業地
全　国	1.6	1.4	1.8
三大都市圏	2.1	1.7	2.9
地方圏	1.2	1.2	1.0

3 × 令和4年3月末（令和3年度末）時点の**宅地建物取引業者数**は**12万8,597業者**（「**約13万**」業者）となっており（令和5年版国土交通白書）、**8年連続の増加**となった。

4 × 建築着工統計（令和5年1月公表）によれば、令和4年の**新設住宅着工戸数**は、**859,529戸**（前年比0.4％増）で、**2年連続の増加**となった。新設住宅のうち、**貸家の着工戸数は約34.5万戸**となっており、「**2年連続の増加**」となった。なお、令和4年の**新設住宅着工の利用関係別戸数**は、以下のとおり。
① 持　　家→253,287戸（前年比11.3％減、昨年の増加から再びの減少）
② 貸　　家→**345,080戸**（前年比7.4％増、**2年連続の増加**）
③ 分譲住宅→255,487戸（前年比4.7％増、2年連続の増加）
　・マンションは108,198戸（同6.8％増、3年ぶりの増加）
　・一戸建住宅は145,992戸（同3.5％増、2年連続の増加）

問49	正解4	土　地 (H29-問49)	難易度A

1 ○ **扇状地**は、山地から河川により運ばれてきた**砂礫**(れき)**等が堆積して形成された地盤**である。扇状地は、**谷の出口などに扇状に広がった平坦な微高地**であり、一般に宅地として適している。

2 ○ **三角州**は、波の静かな内湾に面した**河川の河口付近**に見られる**軟弱な地盤**である。特に、地震時の液状化現象の発生に注意が必要である。

3 ○ **台地**は、一般に**水はけがよく地盤が安定**しており、**低地に比べ、自然災害に対して安全度は高い**。高いところは原則安全、低いところは原則危険、と考えるとよい。

4 × **埋立地**は、一般に**海面に対して数メートルの比高を持ち**、**干拓地**に比べ、水害に対する「**安全度は高い**」。一般に**海面よりも低く地盤が軟弱**である干拓地の方が、

33

埋立地に比べ、水害に対して**危険**である。

問50	正解4	建築の構造 (H25-問50)	難易度A

1 ○ 耐震構造は、建物の柱、はり、耐震壁（柱・はりと一体になった壁）などで**剛性**（地震に抵抗する度合い）を高め、地震に対して十分耐えられるようにした構造である。

2 ○ 免震構造は、建物の**下部構造と上部構造との間に積層ゴムなどを設置**し、地震力に対して建物がゆっくりと水平移動し、建物に伝わる**揺れを減らす構造**である。

3 ○ 制震構造は、制震ダンパー（地震のエネルギーを吸収する部材）などを**設置**し、**揺れを制御する構造**である。

4 × 既存不適格建築物といえども安全に関わる**耐震補強は必要**であり、**制震構造や免震構造を用いることは可能**であるし、むしろ用いるべきである。したがって、「適していない」というのは**最も不適当な**記述である。

34

予想模試
解答・解説

第 1 回

解答一覧 &
あなたの成績診断

〈第1回〉
解答一覧＆実力診断シート

【難易度】A…得点すべし！　B…合否の分かれ目　C…難問

科目	問題	論　点	正解	難易度	check	科目	問題	論　点	正解	難易度	check
民法等	1	対抗問題・意思表示	1	A		宅建業法	26	媒介契約	4	A	
	2	民法総合	4	B			27	業務上の規制	3	A	
	3	不法行為	2	B			28	重要事項の説明	3	A	
	4	保証と連帯保証	1	B			29	宅建業者・宅建士複合	1	A	
	5	時効	2	B			30	37条書面	1	A	
	6	請負	1	A			31	宅建士複合	3	B	
	7	相続	3	A			32	保証協会	4	A	
	8	制限行為能力者	1	A			33	35条書面・37条書面	4	B	
	9	債務引受	4	C			34	重要事項の説明	2	A	
	10	売主の担保責任等	3	B			35	政令使用人等	1	B	
	11	借地権	4	B			36	重要事項の説明	1	A	
	12	借家権	2	B			37	広告複合	1	A	
	13	区分所有法	4	A			38	クーリング・オフ	2	A	
	14	不動産登記法	2	B			39	免許複合	4	B	
法令上の制限	15	都市計画・指定	4	B			40	報酬規制	3	A	
	16	開発許可等	3	B			41	保証金複合	3	A	
	17	建築基準法（総合）	2	A			42	8種規制等複合	2	B	
	18	建築基準法（集団規定等）	1	A			43	媒介契約	2	B	
	19	宅地造成等規制法	1	A			44	37条書面	3	A	
	20	土地区画整理法	4	B			45	住宅瑕疵担保履行法	2	A	
	21	農地法	2	A		その他関連知識※	46	住宅金融支援機構	3	A	
	22	国土法（事後届出）	3	B			47	景表法（公正競争規約）	3	B	
その他関連知識	23	譲渡所得税	4	B			48	統計	1	A	
	24	不動産取得税	2	A			49	土地	4	B	
	25	地価公示法	4	A			50	建築物の構造と材料	1	B	

※問46〜50の5問は登録講習修了者の免除問題となります。

■ 科目別の成績

民　法　等	法令上の制限
／14（9）点	／8（6）点

宅　建　業　法	その他関連知識
／20（17）点	／8（6）点

注：（　）内の数字は、合格レベルの点数です。
　　弱点科目をカバーしましょう。

■ 難易度別の成績

A 　／27問中

B 　／22問中

C 　／1問中

A、Bランクの問題を得点しましょう。

■ 総合成績

合　　計
／50（38）点

| 問1 | 正解1 | 対抗問題・意思表示 | 難易度A |

1 ○ Bの前者であるAの前者Cは、Bにとって、登記がなければ対抗することができない「**第三者**」に**あたらない**（民法177条、判例）。したがって、Bは、所有権移転登記を備えていなくても、Cに対して甲土地の所有権を主張することができる。

2 × 詐欺による意思表示は、取り消すことができる（96条1項）。そして、**詐欺による**意思表示の**取消し**は、**善意無過失の第三者**には**対抗することができない**（96条3項）。したがって、DがBの詐欺の事実を知っていたとき等は、Aは、Dに対して甲土地の所有権を主張することができる。

3 × 強迫による意思表示は、取り消すことができる（96条1項）。そして、**強迫による**意思表示の**取消し**は、**善意無過失の第三者**にも**対抗することができる**（96条3項反対解釈）。したがって、Aは、善意無過失であるEに対して、甲土地の所有権を主張することができる。

4 × 本肢のように、通謀も虚偽の意思表示もないが、真の所有者（本肢ではF）が、債権者の追及を逃れるために売買契約の実態はないのに登記だけ他人名義（本肢ではA名義）に移したような落ち度のある場合、判例は、**虚偽表示の規定**（94条2項）**を類推適用**し、真の所有者は**善意の第三者**（本肢ではB）に**対抗できない**としている。他人名義という外観を作り出した真の所有者にその責めを負わせ、善意の第三者を保護すべきだからである。したがって、登記を信頼してAと売買契約を締結した善意の第三者Bは、Fに対して、甲土地の所有権を主張することができる。

Point

本試験においては、「対抗問題」と「意思表示」の分野で学習する知識が、1問の中で複合的に問われることが少なくない。本問で十分に準備しておこう。

| 問2 | 正解4 | 民法総合 | 難易度B |

1 × 売買契約の当事者は、**相手方が履行に着手するまで**は、解約手付による**解除ができる**（民法557条1項）。そして、「**履行に着手**」とは、客観的に外部から認識できる形で**履行行為の一部**をなし、又は、履行行為をするために**不可欠な前提行為**をすることを指すが（判例）、買主の資金調達は、その金銭を他の用途に流用できることから、**履行の着手ではない**とされる。したがって、Bが銀行から融資を受け、資金を調達したときでも、Aは、手付に基づいて売買契約を解除することができないとはいえない。

第1回 解答・解説

37

2　×　売買契約の当事者は、自らが履行に着手していても、相手方さえ履行に着手していなければ、解約手付による解除をすることができるが、売主が解約手付による解除をするためには、**手付の倍額を現実に提供**しなければならない（557条1項）。したがって、Aは、手付金相当額の倍額をBに現実に提供しなければ、売買契約を解除することができない。

3　×　不動産の二重譲渡（対抗問題）において、売主（本肢ではA）が不動産を第三者（本肢ではC）に譲渡して、その**第三者への所有権移転登記がなされた場合**、当初の買主（本肢ではB）に対する売主の債務は、特段の事情のないかぎり、**第三者に対する所有権移転登記が完了した時に、履行不能**となる（判例）。そして、**履行不能**があった場合、債権者は、**催告をすることなく、直ちに契約の解除**をすることができる（542条1項1号）。したがって、Bは、履行不能を理由として直ちに売買契約を解除することができる。

4　○　**解除をした者**（本肢ではA）と**解除後に登場した第三者**（本肢ではD）**との関係**については、**対抗問題**（177条）とするのが判例である。したがって、Bから甲建物を購入し所有権移転登記を備えたDは、Aに対して甲建物の所有権を主張することができる。

> **Point**
> 正解肢である肢4を含め、基本知識を確認できる出題である。肢2に引っかからないように注意。

問3	正解2	不法行為	難易度B

1　×　土地の工作物の設置又は保存の瑕疵により他人に損害が生じた場合には、**第1次的には占有者**が不法行為責任を負い（**工作物責任**、民法717条1項本文）、占有者が損害の発生を防止するために必要な注意を尽くしていたという免責事由を証明したときは、第2次的に所有者が不法行為責任を負う（717条1項ただし書）。本肢において、**占有者Cは、損害の発生を防止するのに必要な注意をしていなかった**というのであるから、Cが不法行為責任を負い、所有者Aはその責任を負わない。

2　○　肢1で述べたように、土地の工作物の設置又は保存の瑕疵により他人に損害が生じた場合には、第1次的には占有者が不法行為責任を負い、占有者が損害の発生を防止するために必要な注意を尽くしていたという免責事由を証明したときは、**第2次的に所有者**が不法行為責任を負う（717条1項）。この所有者の責任は、過失がなくても負う**無過失責任**である。本肢においては、占有者Cも所有者Aも損害の発生を防止するのに必要な注意をしていたのであるから、占有者Cは免責され、

所有者AがDに対して不法行為責任を負うことになる。ところで、占有者又は所有者に工作物責任が生じる場合、**損害の原因について他にその責任を負う者があるときは、占有者又は所有者は、その者に対して求償権を行使することができる**(717条3項)。本肢では、ブロック塀の設置工事の際におけるBの過失により生じた欠陥により、ブロック塀が倒壊してDが負傷したのであるから、賠償金を支払った所有者Aは、Bに対して求償権を行使することができる。

---

3 **×** **注文者**は、請負人がその仕事について第三者に加えた**損害を賠償する責任を負わない**。しかし、注文又は指図について注文者に過失があったときは、その注文者は、自己の過失に基づいて**損害賠償責任を負う**(716条)。したがって、注文又は指図について注文者Aに過失がない以上、Aは、Bがその仕事についてDに加えた損害を賠償する責任を負わない。

---

4 **×** **人の生命又は身体を害する不法行為による損害賠償請求権**は、被害者又はその法定代理人が損害及び加害者を知った時から**5年間**行使しないとき、又は、不法行為の時から20年間行使しないときは、時効によって消滅する(724条の2、724条)。したがって、Dが、損害及び加害者を知った時から2年間、損害賠償請求権を行使しなかったときは、この請求権は時効により消滅するとの本肢は誤っている。

> **Point**
>
> 不法行為は頻出分野であり、特に、損害賠償請求権の消滅時効については、よく出題されている。注意しておこう。

問4	正解1	保証と連帯保証	難易度B

ア **×** 連帯保証人でない普通の保証人は、債権者が保証人に債務の履行を請求したときは、まず主たる債務者に催告をすべき旨を請求することができる(催告の抗弁権)。しかし、**主たる債務者が破産手続開始の決定を受けたとき、又は、その行方が知れないときは、保証人は、催告の抗弁権を行使**することができない(民法452条)。

イ **×** **主たる債務者について生じた事由**は、原則として、保証人(連帯保証人を含む)**についても効力を及ぼす**(付従性、457条1項)。したがって、Bが債務を承認して時効が更新した場合には、Dの連帯保証債務に対してもその効力を生ずる。他方、連帯保証人について生じた事由は、主たる債務を消滅させる事由(弁済、相殺等)の他に、混同については主たる債務者に効力を及ぼすが(絶対的効力、458条)、**承認については、主たる債務者に効力を及ぼさない**。

ウ **○** 普通の保証人には分別の利益があり、各自、債務額を保証人の頭数で割った金額について債権者に支払えばよい(456条)。しかし、**連帯保証人には分別の利益が**

なく、連帯の特約がなくとも、各自が債務**全額を支払う義務**を負う（判例）。したがって、本肢は正しい。

以上から、正しいものは「ウ」の一つであり、正解は肢1である。

> **Point**
> 本問を通じて、普通の保証と連帯保証の共通点と相違点を確認しておこう。

問5	正解2	時　効	難易度B

1 ○ **時効取得者**と、**時効完成後の第三者**との関係は**対抗問題**である（民法177条、判例）。したがって、取得時効の完成により甲不動産の所有権を適法に取得した者（時効取得者）は、その旨を登記しなければ、時効完成後に甲不動産に関して旧所有者から抵当権の設定を受けて抵当権設定登記を備えた第三者に対して、時効による抵当権の負担のない甲不動産の取得を主張することができない。よって、**本肢は、明らかに誤っているとはいえない**。なお、本問判決では、問題文にある判決文の冒頭で、「時効取得者と取得時効の完成後に抵当権の設定を受けてその設定登記をした者との関係が対抗問題となることは、所論のとおりである」としている。

2 × 本問判決文は、「上記不動産の時効取得者である占有者が、**その後引き続き時効取得に必要な期間占有を継続**したときは、上記占有者が上記抵当権の存在を容認していたなど抵当権の消滅を妨げる**特段の事情がない限り**、上記占有者は、上記不動産を**時効取得**し、その結果、上記**抵当権は消滅する**」と述べている。したがって、「当該占有者は、常に抵当権の負担のある甲不動産を取得する」との**本肢は、本問判決文によれば明らかに誤っており、本問の正解肢である**。

3 ○ 肢2でも述べたように、**本問判決文**は、「上記不動産の時効取得者である占有者が、**その後引き続き時効取得に必要な期間占有を継続**したときは、上記占有者が上記抵当権の存在を容認していたなど抵当権の消滅を妨げる**特段の事情がない限り**、上記占有者は、上記不動産を**時効取得**し、その結果、上記**抵当権は消滅する**」としている。したがって、本肢は、本問判決文どおりの記述であり、**明らかに誤っているとはいえない**。

4 ○ 不動産の取得時効の完成後、所有権移転登記がなされる前に、第三者にその不動産が譲渡され、その旨の登記がされた場合において、占有者が、その登記後に、**なお引き続き時効取得に必要な期間占有を継続**したときは、占有者は、その第三者に対し、**登記なしに**時効取得を対抗することができる（177条、判例）。したがって、本肢の場合、当該占有者は、登記がなくても、第三者に対して時効による甲不動

産の取得を主張することができる。よって、**本肢は、明らかに誤っているとはいえない。**なお、本問判決では、「不動産の取得時効の完成後所有権移転登記を了する前に、第三者が上記不動産につき抵当権の設定を受け、その登記がされた場合には、占有者は、自らが時効取得した不動産につき抵当権による制限を受け…るのであって…かかる事態は、上記不動産が第三者に譲渡され、その旨の登記がされた場合に比肩するということができる」としている。

> **Point**
>
> 判決文自体を素直に読んで、ポイントとなる主旨をつかむことが最重要！

第1回 解答・解説

| 問6 | 正解1 | 請　負 | 難易度A |

1　○　請負人が**仕事を完成しない間**は、**注文者**は、いつでも損害を賠償して契約の**解除**をすることができる（民法641条）。注文者が必要としなくなった仕事をいつまでも請負人に続けさせることは、無意味だからである。

2　×　請負人が、**種類・品質に関して契約の内容に適合しない仕事の目的物**を注文者に引き渡した等の場合、注文者は、要件を満たせば、**請負契約を解除することができる**（559条、564条、541条、542条）。この場合、仕事の目的物が、**建物**その他の土地の工作物であっても、契約内容不適合を理由とする**解除が認められる**。

3　×　請負人が、**種類又は品質に関して契約の内容に適合しない仕事の目的物**を注文者に引き渡した場合、注文者がその「**不適合を知った時**」から**1年**以内にその旨を請負人に通知しないときは、注文者は、原則として、その不適合を理由として、履行の追完請求、報酬の減額請求、損害賠償請求及び契約の解除をすることができない（637条）。したがって、「建物が完成した時」から1年以内にその旨をBに通知しなければ報酬の減額を請求することができないとする本肢は誤っている。

4　×　請負人は、**担保責任を負わない旨の特約**をしたときであっても、**知りながら告げなかった事実**については、その**責任を免れることができない**（559条、572条）。したがって、Aは、Bの責任を一切追及することができないわけではない。

> **Point**
>
> 民法は令和2年に大きな改正がなされたが、改正後「請負」は出題されておらず、今年、この分野、特に「請負人の担保責任」については要注意である。肢2にあるように、仕事完成後においても「建物その他の土地の工作物」に関する解除権が認められるようになったことは、必ず覚えておかなければならない。

41

| 問7 | 正解3 | 相 続 | 難易度A | |

1 × 子、直系尊属又は兄弟姉妹が**数人あるときは、各自の相続分は、相等しいもの**とする（民法900条4号本文）。**嫡出子**（法律上の婚姻関係にある男女間に生まれた子）と**非嫡出子**（法律上の婚姻関係にない男女間に生まれた子）の**相続分は等しい**。

2 × 相続の承認又は放棄は、原則として、自己のために相続の開始があったことを**知ったときから3か月以内**に行わなければならない（熟慮期間、915条1項）。そして、相続人が**この期間内に限定承認又は相続の放棄をしなかった場合には、相続人は、単純承認をしたものとみなされる**（921条2号）。したがって、本肢のように、Cが自己のために相続の開始があったことを知らない場合には、熟慮期間が起算されないため、Cは、単純承認をしたものとはみなされない。

3 ○ 共同相続人の1人（本肢ではB）が、不動産について単独で相続した旨の登記をし、これを第三者（本肢ではD）に譲渡して所有権移転登記をした場合、他の相続人（本肢ではC）は、**第三者に対して、自己の相続分を登記なくして対抗することができる**（177条、判例）。他の相続人の相続分に関する限り、譲渡人も、譲り受けた第三者も無権利者だからである。

4 × **兄弟姉妹以外の相続人**は、直系尊属のみが相続人となる場合を除き、**遺留分**（総体的遺留分）として、被相続人の財産の2分の1の額を受ける（1042条1項）。そして、遺留分を侵害された**遺留分権利者**は、遺留分を侵害する遺贈又は贈与を受けた者（受遺者又は受贈者）に対して、**遺留分侵害額に相当する金銭の支払いを請求**することができる（遺留分侵害額請求権、1046条1項）。したがって、Aの子であるBは、遺留分権利者であるから、遺留分を侵害する遺贈を受けたCに対して、遺留分侵害額に相当する金銭の支払いを請求することができる。

> **Point**
> 本試験では、相続分・遺留分の具体的金額を計算させる問題も出題される。基本的知識を確認しておこう。

| 問8 | 正解1 | 制限行為能力者 | 難易度A | |

1 ○ 成年被後見人が行った法律行為は、**成年後見人の同意の有無にかかわらず、取り消すことができるのが原則**である（民法9条）。たとえ、贈与を受けるような、単に権利を得る行為であっても、**取り消すことのできる行為**となる。また、成年被後見人が行った、取り消すことのできる行為については、**成年後見人も取り消すことができる**（120条1項）。したがって、成年後見人は、当該法律行為を取り消す

ことができる。

2 **×** 　未成年者がその法定代理人の同意を得ずになした法律行為は、原則として、取り消すことができる（5条1項・2項）。したがって、本肢の場合、法定代理人は、当該法律行為を取り消すことができる（120条1項）。

3 **×** 　制限行為能力者が行為能力者であることを信じさせるため詐術を用いたときは、その行為を取り消すことができない（21条）。したがって、被補助人が詐術を用いて相手方に行為能力者であると信じさせていた本肢の場合、補助人は、当該法律行為を取り消すことができない。

4 **×** 　保佐人の同意を得なければならない行為で、その同意（又はこれに代わる許可）を得ないでしたものは、取り消すことができる（13条4項）。しかし、日用品の購入その他日常生活に関する行為は、保佐人の同意を必要としない（13条1項ただし書、9条ただし書）。したがって、被保佐人が保佐人の同意を得ずに日用品を購入した場合でも、保佐人は、当該法律行為を取り消すことはできない。

> **Point**
> 本試験でも、この程度の基本的な問題が出題されたときは、是非とも正解したい。なお、令和4年の民法改正により、成人年齢が18歳に引き下げられたことに注意。

| 問9 | 正解4 | 債務引受 | 難易度C |

1 **×** 　併存的債務引受の引受人は、債務者と連帯して、債務者が債権者に対して負担する債務と同一の内容の債務を負担する（民法470条1項）。そして、併存的債務引受は、債権者と引受人となる者との契約によってすることができる（470条2項）。併存的債務引受は、実質的には保証契約であるので、債務者の意思は問われないのである。したがって、Bの意思に反してなされた併存的債務引受は効力を生じないとする本肢は誤っている。

2 **×** 　免責的債務引受の引受人は、債務者が債権者に対して負担する債務と同一の内容の債務を負担し、債務者は、自己の債務を免れる（472条1項）。そして、免責的債務引受は、債権者と引受人となる者との契約によってすることができるが、この場合、免責的債務引受は、債権者が債務者に対してその契約をした旨を通知した時に、その効力を生ずる（472条2項）。債務者の知らないうちに免責的債務引受がなされ、自己の債務が免除されていた、ということがないように、通知が必要とされているのである。

3 **×** 　併存的債務引受の引受人は、併存的債務引受により負担した自己の債務について、

43

その**効力が生じた時に債務者が主張することができた抗弁**をもって、**債権者に対抗することができる**（471条1項）。したがって、本肢のBの債務が引受け前に時効により消滅した場合、Bだけでなく、Cも時効により債務が消滅したことを主張することができる。よって、AはCに対して債務の全額を請求することができるとする本肢は誤っている。

4 ○ **免責的債務引受**がなされた場合、債権者は、債務者が免れる債務の担保として設定された**担保権**を、引受人が負担する債務に移すことができる。ただし、**引受人以外の者がこれを設定した場合には、その承諾を得なければならない**（472条の4第1項）。したがって、Bの債務を担保するために第三者Dが設定していた抵当権は、Cの債務を担保することについてDの承諾がない限り、消滅する。

Point

民法は範囲が広く、本試験でも過去未出題の分野が出題されることがある。債務引受は令和2年施行民法改正により明文化されたものであるから、本問を通じて理解しておくとよいだろう。

問10	正解3	売主の担保責任等	難易度B

1 × 他人の権利を売買の目的としたときは、売主は、その**権利を取得して買主に移転する義務**を負う（民法561条）。したがって、本肢の売主Aは、Cから甲土地の所有権を取得して、これを買主Bに移転しなければならないが、Aがその義務を果たすことができないときは、**債務不履行一般の規定に従って処理**される（損害賠償請求や解除権の行使）。そして、この損害賠償請求や解除権の行使ともに、**買主の善意・悪意を要件とする明文規定はない**（415条、541条、542条参照）。よって、Bは、悪意であっても、売買契約を解除することができる。

2 × 引き渡された目的物が、種類・品質に関して**契約の内容に適合しない**ものであるときは、売主は、要件を満たせば、一定の担保責任を負う（562条〜564条）。そして、**売主が不適合を知らなかった**という理由により売主が**免責される旨の規定はない**。

3 ○ 引き渡された目的物が種類・品質に関して**契約の内容に適合しない**ものであるときは、買主は、売主に対し、目的物の修補、**代替物の引渡し**等による**履行の追完を請求**することができる。ただし、売主は、**買主に不相当な負担を課するものでないときは、**買主が請求した方法と**異なる方法による履行の追完をすることができる**（562条1項）。したがって、Aは、Bの請求した方法と異なる方法による履行の追完をすることができる場合がある。

4 × 本肢の場合、買主は、**契約の解除ができるか否かにかかわらず、**要件を満たせば

損害賠償請求をすることができる（564条、415条）。したがって、Bが損害賠償請求をすることができるのは、不適合を理由に当該契約を解除することができない場合に限られるとする本肢は誤っている。

> **Point**
>
> 売買の契約内容不適合（売主の担保責任）については、買主の救済方法として、①損害賠償請求権、②解除権だけでなく、③追完請求権、④代金減額請求権が認められている。

問11	正解4	借地権	難易度B

1 × 借地権者の**建物買取請求権**は、借地権の**存続期間の満了**により契約が終了した場合に認められ（借地借家法13条1項）、借地権者の**債務不履行**により借地権が消滅したときは、借地権者は、**建物買取請求権を行使することはできない**。この場合、借地権者の保護を図る必要はないからである。

2 × 借地権の存続期間が満了する場合において、借地権者が**契約の更新を請求した**ときは、**建物がある場合に限り**、期間を除いて従前の契約と同一の条件で**更新したものとみなされる**。ただし、借地権設定者が遅滞なく、正当事由ある異議を述べた場合は、更新されない（5条1項、6条）。本肢では、借地権者が更新を請求したときに建物がないことから、借地契約は更新されたものとはみなされない。

3 × 借地権の存続期間満了前に建物の滅失等があった場合において、借地権者が残存期間を超えて存続するような建物を築造したときは、建物の築造にあたって**借地権設定者の承諾がある場合に限り**、借地期間が延長される（7条1項）。また、**当初の存続期間の場合、借地権者**が、残存期間を超えて存続するような建物を新たに築造する旨を借地権設定者に**通知**したにもかかわらず、2か月以内に**借地権設定者が異議を述べないとき**なら、借地権設定者の**承諾が擬制される**（7条2項）。いずれの場合でも、建物再築後の借地期間は、**承諾があった日又は建物が築造された日**のいずれか早い日から、**原則**として**20年間**である。

4 ○ **借地権**は、その**登記がなくても**、土地の上に**借地権者が登記されている建物を所有するとき**は、これをもって**第三者に対抗**することができる（民法605条、借地借家法10条1項）。したがって、本肢において、借地権者は、借地権の登記又は借地上の建物の登記をしていなければ、第三者に対して借地権を対抗できない。これは、借地契約が公正証書でなされている場合でも、同様である。

> **Point**
>
> いずれの問題も、借地に関する重要基本知識をたずねる問題である。しっかりとマスターしておこう。

45

| 問12 | 正解2 | 借家権 | 難易度B | |

1 × 期間の定めがある建物の賃貸借をする場合においては、公正証書による等**書面（又は電磁的記録）**によって契約をするときに限り、契約の**更新がないこととする旨**を定めることができる（**定期建物賃貸借**、借地借家法38条1項前段・2項）。このように、定期建物賃貸借契約においては、**期間を定めなければならないが**、この場合、「期間を1年未満とする建物の賃貸借は、期間の定めがない建物の賃貸借とみなす」との借地借家法の規定は、**適用されない**（38条1項後段、29条1項）。つまり、定期建物賃貸借契約の期間を1年未満とした場合でも、その**定めた期間がそのまま契約期間**となる。したがって、本件契約は、期間の定めがない建物の賃貸借契約とはみなされない。

2 ○ 建物の賃借人には**造作買取請求権**が認められているが（33条）、この規定は強行規定ではないので、これを**排除する特約も有効**である（37条）。また、定期建物賃貸借契約は、更新がない等特別なところもあるが（38条）、**建物賃貸借契約であることに変わりはないから**、**造作買取請求権を排除する特約**についても、**普通の建物賃貸借契約と同様の扱い**となる。したがって、Bの造作買取請求権を排除する旨の特約は、有効である。

3 × 定期建物賃貸借をしようとするときは、建物の**賃貸人**は、あらかじめ、建物の賃借人に対し、建物の賃貸借は契約の**更新がなく**、**期間の満了により**当該建物の賃貸借は**終了する**ことについて、その旨を記載した**書面を交付して説明しなければならない**（38条3項）。**書面の交付に代えて**、政令で定めるところにより、建物の**賃借人の承諾**を得て、当該書面に記載すべき事項を**電磁的方法**（電子情報処理組織を使用する方法その他の情報通信の技術を利用する方法であって法務省令で定めるものをいう）**により提供することもできるが**（38条4項）、「説明」を省略することはできない。説明をしなかったときは、契約の更新がないこととする旨の定めは、**無効**となる（38条5項）。

4 × 定期建物賃貸借において、その**期間が1年以上である場合**には、賃貸人は、原則として、**期間の満了の1年前から6か月前までの間**（通知期間）に、賃借人に対し、期間の満了により建物の賃貸借が終了する旨の**通知**をしなければ、その**終了を賃借人に対抗することができない**（38条6項本文）。したがって、契約期間が8か月である本肢の場合、Aは、Bに対して、期間の満了により建物の賃貸借が終了する旨の通知をしなくても、その終了をBに対抗することができる。

> **Point**
> 昨年も出題されているが、定期建物賃貸借は超頻出事項である。万全の準備をしておこう。

| 問13 | 正解4 | 区分所有法 | 難易度A |

1 ○ 議事録の保管場所は、建物内の見やすい場所に掲示しなければならない（区分所有法42条5項、33条3項）。また、規約の保管場所についても同様である（33条3項）。

2 ○ 管理者の資格については、特に制限がない。したがって、管理者は、自然人であるか、管理会社等の法人であるか、また、区分所有者であるか否かを問わない。

3 ○ 規約及び集会の決議は、区分所有者はもちろんのこと、区分所有者の包括承継人や、区分所有者の特定承継人に対しても、その効力を生ずる（46条1項）。

4 × 規約を保管する者は、利害関係人の請求があったときは、正当な理由がある場合を除いて、規約の閲覧（規約が電磁的記録で作成されているときは、当該電磁的記録に記録された情報の内容を紙面に印刷する等の一定の方法により表示したもの、当該規約の保管場所における閲覧）を拒んではならない（33条2項）。なお、「正当な理由」には、無用の重複請求など、閲覧請求権の濫用と認められる請求等があげられる。したがって、正当な理由がある場合でも、規約の閲覧を拒んではならないとする本肢は誤りであり、本問の正解肢である。

Point
肢4については、引っかからないことが肝要。正確な知識の習得を心がけること。

| 問14 | 正解2 | 不動産登記法 | 難易度B |

1 ○ 建物が滅失したときは、表題部所有者又は所有権の登記名義人は、その滅失の日から1か月以内に、当該建物の滅失の登記を申請しなければならない（不動産登記法57条）。

2 × 登記名義人の氏名・名称又は住所についての変更の登記又は更正の登記は、登記名義人が単独で申請することができる（64条1項）。そして、本肢のような、権利に関する登記の登記事項（59条4号）について変更があった場合に、当該変更のあった日から1か月以内に、変更の登記を申請しなければならない旨の規定はない。

3 ○ 所有権の保存の登記は、次の①〜⑤以外の者は、申請することができない（74条）。
① 表題部所有者
② 表題部所有者の相続人その他の一般承継人
③ 所有権を有することが確定判決によって確認された者
④ 収用によって所有権を取得した者
⑤ 区分建物の表題部所有者から所有権を取得した者

本肢の場合は、⑤に該当する（74条2項）。したがって、区分建物の所有権の保存の登記は、表題部所有者から所有権を取得した者も申請できる。

4 ○ **所有権の登記がない土地**と**所有権の登記がある土地**との**合筆の登記**は、することが**できない**（41条5号）。一筆の土地の一部についてのみ、権利に関する登記がなされることになるからである。

> **Point**
> 不動産登記法の出題の中心は、登記手続の原則と例外である。また、肢3の所有権保存登記の申請者は頻出事項である。しっかり確認しておこう。

| 問15 | 正解4 | 都市計画・指定 | 難易度B |  |

1 × **特例容積率適用地区**は、「**第一種・第二種中高層住居**専用地域、第一種・第二種**住居**地域、**準住居**地域、**近隣商業**地域、**商業**地域、**準工業**地域又は**工業**地域」内の適正な配置及び規模の公共施設を備えた土地の区域において、容積率の限度からみて未利用となっている容積の活用を促進して土地の高度利用を図るため定める地区である（都市計画法9条16項）。したがって、用途地域のうち、「第一種・二種低層住居専用地域、田園住居地域又は工業専用地域」内では、定めることが「できない」。

2 × **市街化調整**区域は、市街化を「**抑制**」すべき区域であり（7条3項）、「禁止」すべき区域ではない。

3 × 都市計画区域の**指定**は、**行政区域に「とらわれずに指定できる」**ので、都道府県が都市計画区域を指定する場合で、一体の都市として総合的に整備し、開発し、及び保全する必要がある区域であれば、当該市町村の区域外にわたり、都市計画区域を指定できる（5条1項）。

4 ○ **都市施設**は、「都市計画区域内」はもちろん、特に必要があるときは、**都市計画区域「外」**においても**定める**ことができる（11条1項）。したがって、都市計画区域内である市街化調整区域内においても定めることができる。

> **Point**
> 肢1の出題頻度は高くはないが、覚えておこう。肢2・正解肢4は近年しばらく出題されていない論点であるので、要注意！

| 問16 | 正解3 | 開発許可等 | 難易度B | 合否の分かれ目 |

1 × 市街化区域内での開発行為は、「法33条の許可基準に適合（いずれか一つではない）」し、かつ、その申請手続きが法令の手続きに違反していなければ、知事（指定都市等ではその長。以下同じ）は開発許可をしなければならない（都市計画法33条1項）。

2 × 市街化区域では、法34条の基準を満たす必要はないので、開発審査会の議を経る「必要はない」（34条14号参照）。

3 ○ 開発許可や開発許可を受けた区域内外における「処分」又は不作為等についての審査請求は、開発審査会に対して行う（50条1項前段、29条）。なお、「不作為」についての審査請求は、開発審査会に代えて、当該不作為に係る「知事」に対してもできる（50条1項後段）。しかし、「処分」についての審査請求は、知事に対してはできない。

4 × 都市計画区域及び準都市計画区域「以外」の区域では、開発区域の面積が1ha（10,000㎡）「以上」の開発行為を行おうとする場合、原則として、開発許可が必要となる（29条2項、施行令22条の2）。コンクリート等のプラントは1ha未満でも第一種特定工作物に該当するが、本肢の場合、都市計画区域及び準都市計画区域「以外」の区域であるから、1ha未満（本肢では9,800㎡）であれば開発許可不要のケースに該当し、許可は「不要」となる。

> **Point**
> 正解肢3に関して、出題頻度は高くないが、覚えておこう。肢4に関して、開発行為の定義と開発許可不要の要件との考え方について、ひっかからないよう注意して解答しよう。

| 問17 | 正解2 | 建築基準法（総合） | 難易度A | 得点ナベし！ |

1 × 建築基準法は、建築物の敷地、構造、設備及び用途に関する「最低」の基準を定めて、国民の生命、健康及び財産の保護を図り、もって公共の福祉の増進に資することを目的とする（建築基準法1条）。「最高の基準」ではない。

2 ○ 地方公共団体は、特殊建築物等について、その敷地が接しなければならない「道路」の幅員、その敷地が道路に接する部分の長さ等、その敷地又は特殊建築物等と道路との関係について、条例で必要な制限を「付加」できるが（43条3項）、緩和はできない。

3 × 「2項道路」のみなし境界線と、道路との間の部分の敷地は、道路とみなされる

ので、私有地であっても、**敷地面積には**「算入されない」（42条2項、施行令2条1項1号）。

4 **×** 「法28条の2の規定」とは、「石綿その他の物質の飛散又は発散に対する衛生上の措置」である。そして、この規定の「著しく衛生上有害なものとして政令で定める物質」は、「石綿」のみである（建築基準法28条の2第1号、施行令20条の4）。

> **Point**
> 肢1について、出題頻度は高くないが建築基準法の目的（最低基準）であるので、確認しておこう。肢3・4はひっかけ論点であるので、確認しておこう！

問18	正解1	建築基準法（集団規定等）	難易度A

1 **×** 建蔽率の限度が10分の8とされている地域内で、かつ、防火地域内にある「耐火建築物等」を建築する場合、10分の2を加えた数値（10分の「10」）、つまり、建蔽率制限は「適用されない」（建築基準法53条6項1号）。

2 **○** 敷地が、2以上の斜線制限（道路斜線制限・隣地斜線制限・北側斜線制限）の異なる地域にまたがるときは、建築物の各部分でそれぞれの地域の斜線制限が適用される（56条5項）。

3 **○** 本肢のように建築物の敷地が容積率や建蔽率の限度の異なる地域の内外にわたる場合、建築物が一方の地域内のみに建築される場合でも、容積率や建蔽率は、それぞれの用途地域に属している敷地の面積で按分する（52条7項、53条2項）。

4 **○** 工事の完了検査の申請は、原則として、工事完了日から4日以内に建築主事に到達するように、しなければならない（7条1項・2項本文）。

> **Point**
> 肢2・3は、「異なる地域にまたがる場合」の論点である。また、肢4は、しばらく出題されていない論点であるので、これらの周辺を整理しておこう。

問19	正解1	宅地造成等規制法	難易度A

1 **×** 知事（指定都市等ではその長、以下この問において同じ）は、規制区域内の宅地について、宅地造成（規制区域の指定前に行われたものを「含む」）に伴う災害の防止のため必要があると認める場合には、その宅地の所有者、管理者、占有者、造成主又は工事施行者に対し、擁壁等の設置又は改造その他宅地造成に伴う災害

の防止のため**必要な措置をとることを勧告できる**（宅地造成等規制法16条2項）。「規制区域の指定前に行われたものを除く」ではない（同1項）。

2 ○ **知事**又はその命じた者若しくは委任した者は、規制区域又は造成宅地防災区域の**指定のため測量**又は**調査**を行う必要がある場合、必要な限度で、他人の占有する土地に**立ち入る**ことができる（4条1項、20条3項）。

3 ○ 規制区域内で、許可を受ける必要がない場合でも、宅地以外の土地を宅地に**転用**した者は、その**転用した日**から**14日**以内に、**知事に届け出**なければならない（15条3項）。事後届出であることに注意しよう。

4 ○ **知事**は、**造成宅地防災区域内**の造成宅地について、宅地造成に伴う災害で、相当数の居住者その他の者に危害を生ずるものの防止のため必要があると認める場合は、その造成宅地の所有者・**管理者**・占有者に対し、擁壁等の設置又は改造その他、災害防止のため**必要な措置を勧告できる**（21条2項、20条1項）。

> **Point**
> 正解肢1・肢4は、災害防止のための必要な措置の勧告について、肢2は、測量又は調査のための土地への立入りについての論点である。まとめて確認しておこう。

| 問20 | 正解4 | 土地区画整理法 | 難易度B | |

1 ○ 組合を設立しようとする者は、**7人**以上共同して、定款及び事業計画を定め、その組合の設立について**知事**（指定都市等ではその長）の**認可**を受けなければならない（土地区画整理法14条1項前段）。

2 ○ **施行者**は、換地処分を行う前において、①土地の区画形質の変更・公共施設の新設・変更に係る工事のため、②**換地計画に基づき換地処分を行うため**、必要がある場合、換地計画において**換地を定めない**こととされる宅地の所有者等に対し、期日を定めて、宅地の**使用収益を停止**させることができる（100条1項前段）。

3 ○ 施行者（本肢では組合）が**仮換地を指定**する場合、従前の宅地について「地上権・永小作権・賃借権その他の宅地を**使用し、又は収益することができる権利**を有する者」があるときは、その仮換地について仮にそれらの権利の目的となるべき宅地又はその部分を**指定**しなければならない（98条1項）。「抵当権者」に対して指定する必要はない。

4 × 仮換地の指定により、使用収益は仮換地について行われるが、処分権は「従前の宅地」にあるので、所有権の移転や**担保権の設定**は、「**従前の宅地**」について行

われる（99条1項）。「仮換地」について、抵当権を設定することはできない。

> **Point**
>
> 肢2・正解肢4の論点は、しばらく出題されていないので、**要注意**！肢3は、ひっかか
> らないよう整理しておこう。

問21	正解2	農地法	難易度A

1 × 売買**予約**契約については、**予約の時点**では許可が「**不要**」であり、現実に転用目的で権利が移転される場合（**予約完結権を行使**するとき）に必要となる（農地法5条1項）。国土法の届出等との違いに注意すること。

2 ○ 市街化区域**外**（本肢では「準都市計画区域内」）にある農地を、農地以外にする転用は、**4条1項許可**が必要である（4条1項）。

3 × 農地を**一時的に貸し付ける**場合でも、**転用目的の権利移動**である（5条1項）。したがって、本肢のように、「砂利採取法による認可を受けて砂利採取」のために農地を一時的に貸し付ける場合には、**5条1項許可**が必要である。

4 × 耕作目的で農地を取得する場合は、**3条許可**が必要となり、許可権者は農業委員会である（3条1項）。取得者の住所のある市町村の区域「**内外にかかわらず**」、**農業委員会の許可**が必要である。

> **Point**
>
> 農地法の許可が必要な内容・許可権者を、3条〜5条に分類して整理しておこう。いずれも**頻出論点**なので、確認のこと。

問22	正解3	国土法(事後届出)	難易度B

1 × 規制区域（**許可制**）内の土地の権利者は、許可の申請をして**不許可処分**を受けた場合は、知事に対し、当該土地に関する権利の買取請求ができる（国土利用計画法19条1項）。しかし、**届出制**（本肢では事後届出制）には、土地に関する権利の**買取請求制度はない**。もし勧告に基づき利用目的が変更された場合、知事は、必要があれば、あっせんその他の措置を講ずるよう努めなければならない（27条）。

2 × 「信託契約」で取得した場合は、「土地売買等の契約」に該当しない（14条1項参照）。しかし、信託契約で取得した**信託財産である土地を売却**した場合は、通常の売買であるから、その権利取得者Bは、事後届出が「**必要**」となることがある（23条1項）。

52

3 ○ 権利取得者となった者Cが、**事後届出を行わなかった場合**でも、「**知事から届出を行うよう勧告を受けることがある**」という**規定はない**。なお、届出がなされた場合に、「土地の利用目的」に関する変更勧告がなされることはある（24条1項）。

4 × 「**時効**」で取得した場合は、「**土地売買等の契約**」に**該当しない**（14条1項参照）。したがって、Dが都市計画区域外にある10,000㎡の土地を時効取得しても、Dは、**事後届出が不要**となる（23条1項）。

Point

肢1でいう「買取請求」は、実際には使われていない「許可制」における権利である。「届出制」にはないので、<u>要注意</u>！肢1・2・4は、いずれも"ひっかけ"論点である。

問23	正解4	譲渡所得税	難易度B

1 × 居住用財産の譲渡所得の**3,000万円特別控除**は、居住用財産の**所有期間に関わらず適用**される（租税特別措置35条1項）。

2 × 居住用財産の譲渡所得の**3,000万円特別控除**は、**譲渡した相手が譲渡人の配偶者及び直系血族**（本肢「孫」は直系血族に該当する）、**生計を一にしている親族**等特別の関係がある者である場合には**適用されない**（35条2項1号、施行令23条2項、20条の3第1項1号）。つまり、**配偶者・直系血族の場合は、「生計を一にしている」という限定はない**。

3 × 「特定の居住用財産の**買換え**の場合の長期譲渡所得の課税の**特例**」の**譲渡資産の適用要件**のうち主なものは以下のとおりである（租税特別措置法36条の2）。
① 所有期間10年超
② 居住期間10年以上
③ 譲渡に係る対価の額が「1億円以下」の居住用財産

4 ○ 居住用財産を譲渡した場合の軽減税率の特例は、譲渡した年の1月1日における**所有期間が10年を超えている**ことが**適用要件**となっている（31条の3第1項）。そして、居住用財産の譲渡所得の3,000万円特別控除の適用を受ける場合であっても、特別控除後の譲渡益について、**居住用財産を譲渡した場合の軽減税率の特例を重複適用することができる**（31条の3第1項）。

Point

譲渡所得税の主要な特例の要件はおさえておこう。

53

| 問24 | 正解2 | 不動産取得税 | 難易度A | |

1 ○ 家屋が新築された場合においては、当該家屋について**最初の使用又は譲渡**が行われた日において家屋の取得がなされたものとみなし、当該家屋の所有者又は譲受人を取得者とみなして、これに対して不動産取得税を課するのが**原則**であるが、宅建業者等が売り渡す新築住宅については、家屋が新築された日から「**1年（本則：6か月）**」を経過して、なお、当該家屋について**最初の使用又は譲渡が行われない**場合においては、当該家屋が新築された日から「**1年（本則：6か月）**」**を経過した日**において家屋の取得がなされたものとみなし、当該家屋の所有者を取得者とみなして、これに対して不動産取得税を課する（地方税法73条の2第2項、附則10条の3第1項）。

2 × 不動産取得税における**不動産**とは、**土地**および**家屋**を総称する。したがって、土地と同時に取引される場合であっても、立木は課税対象とはならない（地方税法73条1号）。

3 ○ 「**中古住宅**」を取得した場合の**課税標準の特例**は、「**個人**」が「**自己の居住用**」として取得する場合に適用される（73条の14第3項）。なお、「**新築住宅**」に係る不動産取得税の課税標準の特例は、「**個人**」「**法人**」を問わず、また「**自己の居住用**」に**限定せず**に適用されうる（同第1項）。

4 ○ **宅地**の取得にかかる不動産取得税の**課税標準**は、当該取得が令和6年3月31日までに行われた場合、当該宅地の価格の**2分の1**の額とされる（附則11条の5第1項）。

> **Point**
> 地方税の中では出題可能性が高い不動産取得税の知識を、ひととおり確認しておいてほしい。

| 問25 | 正解4 | 地価公示法 | 難易度A | |

1 × **正常な価格**とは、土地について、**自由な取引**が行われるとした場合におけるその取引（農地、採草放牧地又は森林の取引（農地、採草放牧地及び森林以外のものとするための取引を除く）を除く）において通常成立すると認められる価格（当該土地に建物その他の定着物がある場合又は当該土地に関して地上権その他当該土地の使用若しくは収益を制限する権利が存する場合には、これらの定着物又は権利が**存しない**ものとして通常成立すると認められる価格）をいう（地価公示法2条2項）。つまり、「取引」には、住宅地とするための農地の取引も含まれる。

2 ✕ 不動産鑑定士は、土地鑑定委員会の求めに応じて標準地の鑑定評価を行うにあたっては、国土交通省令で定めるところにより、①**近傍類地の取引価格から算定される推定の価格**、②**近傍類地の地代等から算定される推定の価格**及び③**同等の効用を有する土地の造成に要する推定の費用の額**を「勘案」してこれを行わなければならない（4条）。つまり、①②③は並列して「勘案」すべき価格であり、単純に「平均して求める」わけではないので、本肢は誤りである。

3 ✕ 土地鑑定委員会の委員等は、標準地の選定等のため**他人の占有する土地に立ち入ることができる**が、「立ち入ろうとする日の3日前まで」にその旨を土地の占有者に「告げなければならない」（22条1項・2項）。なお、建築物が所在し、又はかき、さく等で囲まれた他人の占有する土地に立ち入ろうとするときは、その立ち入ろうとする者は、立入りの際、あらかじめ、その旨を土地の占有者に告げなければならず、**日出前又は日没後においては、土地の占有者の承諾があった場合を除き、当該土地に立ち入ってはならない**（同3項・4項）。

4 ◯ **都市及びその周辺の地域等**において、**土地の取引を行う者**は、取引の対象土地に類似する利用価値を有すると認められる標準地について公示された価格を**指標**として取引を行うよう**努めなければならない**（1条の2）。**努力義務**である。なお、取引対象土地が標準地である場合でも、公示価格により取引を行う法的義務を負うわけではない。

> **Point**
>
> 令和5年は不動産鑑定評価基準の出題可能性が高いが、地価公示法の基本問題が出題されても解答できるように準備しておいてほしい。

問26	正解4	媒介契約	難易度A

1 ✕ **宅建業者間**で宅地建物の**売買又は交換の媒介契約**を締結した場合でも、**媒介契約書面の交付**は**省略できない**（宅建業法34条の2第1項、78条2項参照）。なお、本問を解答するために必要な知識ではないが、媒介契約書面の交付に代えて、宅建業者は、政令で定めるところにより、依頼者の承諾を得て、媒介契約書面に記載すべき事項を電磁的方法であって、宅建業者の記名押印に代わるべき措置を講ずるものとして国土交通省令で定めるものにより提供できるようになったことは、本年度の試験対象となる改正点である（34条の2第11項、令2条の6、規則15条の14〜16）。

2 ✕ 宅建業法の**媒介契約の規定**は、宅地建物の**売買又は交換の媒介契約に適用され、貸借の媒介契約には適用されない**（宅建業法34条の2第1項参照）。したがって、建物の貸借の媒介契約を締結しても、媒介契約書面の交付は省略できる。

第1回 解答・解説

3 ✕　**媒介契約書面**には、媒介依頼を受けた**宅建業者**が**記名押印**をしなければならないが（34条の2第1項）、**宅建士**は、媒介契約書面に**記名**する**必要はない**。なお、肢1に記述したような電磁的方法による提供ではなく、書面を交付して行う場合、当該媒介契約書面には、宅建業者の記名押印が必要である（電磁的方法による提供では、宅建業者の記名押印に代わる措置が必要）。宅建業者は記名のみならず押印も必要であり、押印廃止の改正はなされていないので注意しよう。

4 ◯　宅地建物の**売買**又は**交換**の**媒介契約**を締結した宅建業者は、当該媒介契約の目的物である宅地建物の売買又は交換の**申込みがあった**ときは、**遅滞なく**、その旨を依頼者に**報告**しなければならない（34条の2第8項）。この報告義務は、専任媒介契約や専属専任媒介契約のみならず、**一般媒介契約**においても、遵守しなければならない。よって、媒介契約の目的物である宅地建物の売買の申込みがあったときは、一般媒介契約であっても、遅滞なく、その旨を依頼者に報告しなければならない。

Point

売買又は交換の媒介契約では、その媒介契約の種類の一般・専任・専属専任の別を問わず、媒介を依頼された宅地建物の売買・交換の申込みがあったときは、遅滞なく、その旨を依頼者に報告しなければならない。かかる報告義務が規定された理由は、以下の通りである。例えば、売主Aから宅地の売却の媒介依頼を受けた宅建業者Bは、購入の媒介依頼を受けていない買主Cとの間で売買契約を成立させても、Bは売却の媒介依頼を受けたAからしか報酬を受領できない。すると、宅建業者Bは、媒介依頼を受けていないCから購入の申込みを受けても「その宅地は、すでに商談中である」等の嘘を言って、売買契約が成立しないようにすることがある（「囲い込み」といわれる）。そこで、BにAに対して購入の申込みがあったことを報告する義務を課すことで、このような囲い込みがなされないようにしている。

問27	正解3	業務上の規制	難易度A

1 ◯　宅建業者は、宅建業に係る契約の締結の**勧誘**をするに際し、宅建業者の相手方等に対し、当該**勧誘に先立って**、**宅建業者の名称**又は商号及び当該勧誘を行う者の氏名並びに当該契約の締結について**勧誘をする目的**である旨を**告げずに**勧誘をしてはならないので、本肢は宅建業法の規定に**違反する**（宅建業法47条の2第3項、規則16条の11第1号ハ）。

2 ◯　宅建業者は、宅建業に係る契約の締結の**勧誘**をするに際し、宅建業者の相手方等に対し、相手方等が当該**契約を締結しない旨の意思**（当該勧誘を引き続き受けることを希望しない旨の意思を含む）を**表示**したにもかかわらず、当該**勧誘を継続**

56

する行為をしてはならないので、本肢は宅建業法の規定に**違反する**（宅建業法47条の2第3項、規則16条の11第1号ニ）。

3 × 宅建業者は、宅建業に係る契約の締結を勧誘する際、相手方等に対し、契約の目的物である宅地建物の**将来の環境**又は**交通その他の利便**について**誤解させるべき断定的判断**を**提供してはならない**（宅建業法47条の2第3項、規則16条の11第1号イ）。本肢では、Aは、売買契約の対象である宅地から徒歩2分のところにバスが運行する旨を「確定していない」ことを明らかにして「新聞記事を示しつつ」かかる「報道がある」事実を説明したに過ぎず、将来の交通の利便について**断定的判断は提供していない**ので、宅建業法の規定に**違反しない**。

4 ○ 宅建業者の契約の相手方等が、契約の**申込みの撤回**を行うに際し、既に**受領した預り金**の**返還を拒む**ことは、宅建業法の規定に違反する（宅建業法47条の2第3項、規則16条の11第2号）。よって、Aが預り金を既に売主に交付していた場合でも、当該預り金を買主に返還しないことは、宅建業法の規定に違反する。

Point

本問においては、本問の正解肢である肢3の正誤の判断が難しかったかもしれない。この点、宅建業法が禁止するのは、宅建業者の物件に関する将来の環境、交通等の利便に係る「断定的判断の提供」であり、具体的には、「将来南側に5階建て以上の建物が建つ予定は、まったくない」、「○○の位置には、国道が2〜3年後に必ず開通する」などといった判断を断定的に提供することを指す（国交省「考え方」）。ところが、肢3のケースでは、宅建業者は「確定はしていない」ことを告げた上で、販売予定の宅地の最寄りに「バスが運行するとの報道がある」旨の事実の存在を説明しただけで、宅建業者が将来の交通の利便について断定的判断をしているわけではない。よって、将来の環境、交通等の利便に係る断定的判断の提供を禁止する宅建業法の規定には、違反しないのである。

問28 　**正解3**　　重要事項の説明　　難易度A

以下、違反しないものを○、違反するものを×とする。

ア × 専有部分の用途について、「住宅としての使用に限定し、事務所や店舗としての使用は認めない」旨の規約の定めは、**専有部分の用途その他の利用の制限**に関する規約の定めに該当する。このような規約の定めがある場合、売買、交換、**貸借**のいずれの契約であるかにかかわらず、その内容について、**重要事項の説明をしなければならない**（宅建業法35条1項6号、規則16条の2第3号）。そして、重要事項の説明は、宅建業法が規定する説明をすべきとする事項について、相手方が**知って**

いるか否かにかかわらず**行わなければならない**。

| イ | × |

建物の貸借の契約において、借賃以外に授受される金銭の額及びその金銭の授受の目的は重要事項の説明対象であり、敷金はこれに該当する。よって、**敷金の授受の定めがある**ときは、敷金の額及び授受の目的について、**説明しなければならない**（宅建業法35条1項7号）。なお、敷金については、「**金銭の契約終了時の精算に関する事項**」についても、説明が必要である（35条1項14号、規則16条の4の3第11号）。

| ウ | × |

既存建物の取引では、売買、交換のみならず、代理又は媒介しての貸借においても、建物状況調査（実施後1年を経過していないものに限る）を実施しているかどうか、及び実施している場合にはその結果の概要について、**説明しなければならない**（宅建業法35条1項第6号の2イ、規則16条の2の2）。

以上から、違反するものは「ア、イ、ウ」の三つであり、正解は肢3である。

Point

肢アで出題しているように、宅建業法が、重要事項として説明しなければならないと規定するものは、たとえ相手方が説明対象について既に知っていたとしても、宅建業者は説明を省略できないことは覚えておこう。重要事項として説明の要否は、説明を受ける者の個別的な事情等に左右されないのである。

| 問29 | 正解1 | 宅建業者・宅建士複合 | 難易度A |

| ア | ○ |

宅建業者は、事務所ごとに置かなければならない**専任の宅建士の数**（宅建業の業務に従事する者の5名に1名以上）に**不足**が生じた場合は、2週間以内に新たに専任の宅建士を補充するなど必要な措置を執らなければならない（宅建業法31条の3第1項・3項、規則15条の5の3）。本肢において、A社の甲県内の事務所は、Bが退職する前は、業務に従事する者が17名で、うちBを含め専任の宅建士が4名であるから、業務に従事する者5名に1名以上の専任の宅建士の数を充足していたところ、Bの退職後は、業務に従事する者が16名で、うち専任の宅建士が3名となる。これは、**業務に従事する者5名に1名以上の専任の宅建士の数を充足していない**（専任の宅建士は4名必要）ので、A社は**補充等の必要な措置を執る必要がある**。

| イ | × |

宅建業者A社が、甲県の事務所をすべて乙県に移転して、引き続き宅建業を営もうとする場合、A社は、乙県知事に直接、免許換えの申請をしなければならない（宅建業法7条1項2号）。免許換えにより新たな免許を受けたときは、従前の免許は効力を失うが（7条1項）、宅建業を廃業するわけではないので、A社が、従前の

58

免許権者である甲県知事に廃業の届出を行う必要はない。この場合、新たな免許をした乙県知事から従前の免許権者である甲県知事に対して、遅滞なく、免許換えをした旨の通知がなされる（規則4条の5）。

ウ　○　宅建業者が免許換えをすると、新たな免許の取得により免許証番号が変更する（宅建業法7条1項参照）。宅建士Bが業務に従事する宅建業者の「免許証番号」は、資格登録簿登載事項であり、かつ変更の登録申請の対象であるから、Bは、宅建士の資格登録をしている甲県知事に、遅滞なく変更の登録の申請をしなければならない（20条、18条2項、規則14条の2の2第1項5号）。

以上から、誤っているものは「イ」の一つであり、正解は肢1である。

> **Point**
>
> 肢イで問われている「免許換え」について学習する際は、「免許換えは、新規免許と同じ扱いをする」という視点をもっておくとよい。
> ① 免許換えは、新たな免許権者に申請する（現に免許を受けている免許権者を経由して申請するのではない）。
> 　→ 新規免許を受けるときは、事務所の設置場所によって決定される免許権者に申請する。
> ② 免許換えをすると、免許の有効期間は5年となる（従前の免許の有効期間の残りの期間ではない）。
> 　→ 新規免許の有効期間は、5年。
> もっとも、肢イで問われているように、免許換えをしても、新規に免許を受けるだけで、従前の宅建業を廃業するわけではないので、宅建業の廃止の届出（廃業の届出）は、不要。

問30	正解1	37条書面	難易度A

1　×　宅建業者は、建物の売買契約を締結させた場合、それが媒介により売買契約を締結させたときであっても、建物の引渡しの時期及び移転登記の申請時期の双方を37条書面に記載しなければならない。よって、「いずれか」とする本肢は誤り。なお、双方とも必要的記載事項であるから、宅建業者は、その定めのあるなしにかかわらず、37条書面に記載する必要がある（宅建業法37条1項4号・5号）。

2　○　損害賠償額の予定又は違約金に関する定めがあるときは、宅建業者は、その内容について、37条書面に記載しなければならない（37条1項8号）。なお、かかる記載は、8種規制の適用場面（宅建業者が自ら売主として宅建業者でない者に宅地建物を売却する場面）であるか否かを問わず、要求される。

3 ○ 代金についての金銭の貸借の**あっせん**に関する**定めがある**ときは、当該あっせんに係る**金銭の貸借が成立しないときの措置**について、宅建業者は、37条書面に記載しなければならないが、かかる**あっせんに関する定めがない**ときは、当該措置についての**記載は不要**である（37条1項9号）。しかし、宅建業者が金銭の貸借のあっせんをしなくても、**金銭の貸借が受けられなかった場合に解除することができる旨の特約**は、「**契約の解除に関する定め**」に該当し、宅建業者は、当該定めがあるときは、その内容について、**37条書面に記載しなければならない**（37条1項7号）。

4 ○ **工事完了前の建物**についての37条書面の記載事項である「**建物を特定するために必要な表示**」（37条1項2号）は、**重要事項の説明の際に使用した図書を交付**することにより行う（国交省「考え方」）。なお、図書とは、「付近見取図や配置図」「各階平面図（間取図）」「立面図（りつめんず）」「矩計図（かなばかりず）（断面図）」「面積表」「仕上げ表」「設備関係図面」「工事仕様書」などを指し、これらにより建物を特定する。これらは、それぞれが独立した書面であり、37条書面に書込みできるものではないことから、これら図書により特定する。

Point

肢1では、「**又は（いずれか）**」「**及び**」の違いを見落とさないように注意。また、肢1に関連し、特に下記の①〜③は、定めの有無にかかわらず、必ず37条書面に記載しなければならない事項（**必要的記載事項**）であることに注意。

　① 宅地建物の引渡しの時期
　② 移転登記申請時期（貸借を除く）
　③ 代金・借賃等の支払時期等

※ これに対し、35条書面（重要事項説明書）では、①〜③は記載事項（説明対象）ではない。35条書面と37条書面は、比較しながら勉強しよう。

問31	正解3	宅建士複合	難易度B

ア × 宅建士が**事務禁止処分**を受け、その**禁止の期間中**に本人からの申請によりその**登録が消除**された場合、**事務禁止処分の期間中**は登録を受けることができない（宅建業法18条1項11号）。事務禁止処分を受けたのにかかわらず、申請により登録消除をすることで事務禁止処分を失効させ、その後すぐに再登録をすることで事務禁止処分を免れることを許すべきではないからである。登録消除の日から5年の経過を待つ必要はないので、本肢は誤り。

イ × **宅建業者**は、取引の関係者に対し、信義を旨とし、誠実にその業務を行わなければならない（31条1項）。しかし、**宅建士**については、かかる**信義誠実義務**に関する規定は存在しないので、本肢は誤り。宅建業者の責務と宅建士の責務は紛らわ

60

しいので区別して覚えること。

ウ ✕ 宅建士が**本籍**を変更した場合は、**遅滞なく、変更の登録**を申請しなければならない（20条、規則14条の２の２第１項１号）。しかし、「本籍」は宅建士証の記載事項ではなく、**宅建士証の書換え交付**の申請は**不要**である。変更の登録を申請するとともに、宅建士証の書換え交付を申請しなければならないのは、「氏名」や「住所」の変更の場合である（規則14条の13第１項）。

以上から、誤っているものは「ア、イ、ウ」の三つであり、正解は肢３である。

> **Point**
>
> 宅建業者と宅建士の責務については、両者を混同しがちであるから、以下にまとめる。
>
> **＜宅建業者の責務＞**
> ① 信義誠実義務…宅建業者は、取引の関係者に対し、信義を旨とし、誠実にその業務を行わなければならない。
> ② 教育義務…宅建業者は、その従業者に対し、その業務を適正に実施させるため、必要な教育を行うよう努めなければならない。
>
> **＜宅建士の責務＞**
> ① 公正誠実及び連携義務 … 宅建士は、宅建業の業務に従事するときは、宅地建物の取引の専門家として、購入者等の利益保護及び円滑な宅地建物の流通に資するよう、公正かつ誠実に宅建業法に定める事務を行うとともに、宅建業に関連する業務に従事する者との連携に努めなければならない。
> ② 信用失墜行為の禁止 … 宅建士は、宅建士の信用や品位を害する行為をしてはならない。
> ③ 知識能力の維持向上 … 宅建士は、宅地建物の取引に係る事務に必要な知識や能力の維持向上に努めなければならない。

問32	正解４	保証協会	難易度Ａ

1 ✕ 保証協会に加入しようとする宅建業者は、**保証協会に加入しようとする日までに**、政令で定める額の弁済業務保証金**分担金**を保証協会に**納付**しなければならない（宅建業法64条の９第１項１号）。

2 ✕ **保証協会**は、弁済業務保証金**分担金の納付**を受けたときは、その日から**１週間以内**に、その納付を受けた額に相当する額の弁済業務**保証金**を**供託**しなければならない（64条の７第１項）。

3 ✕ **保証協会**は、新たに**社員が加入**した場合、直ちに、その旨を社員が免許を受けた

61

国土交通大臣又は都道府県知事に**報告**しなければならない（64条の4第2項）。報告は、宅建業者ではなく、保証協会が行うので、本肢は誤りである。

4　○　保証協会は、弁済業務保証金の還付があった場合においては、**国土交通大臣から通知書の送付を受けた日**から**2週間以内**に、その権利の実行により**還付された弁済業務保証金の額に相当する額**の弁済業務保証金を**供託**しなければならない（64条の8第3項、弁済業務保証金規則1条）。

Point

弁済業務保証金の還付があった場合、以下の2つの手続きをしっかり区別して覚えること。
① 国土交通大臣と保証協会との間の手続 … 保証協会は、国土交通大臣から通知のあった日から2週間以内に還付額に相当する弁済業務保証金を供託所に供託しなければならない。
② 保証協会と社員である宅建業者との間の手続 … 還付を生じさせた社員である宅建業者は、保証協会から通知を受けた日から2週間以内に、還付充当金を保証協会に納付しなければならない。

問33	正解4	35条書面・37条書面	難易度B

1　×　重要事項の説明をテレビ会議等のITを利用して行う、いわゆる**IT重説**を行うことも**可能**である。もっとも、IT重説を行う際は、宅建士の記名のある**重要事項説明書**（35条書面）及び添付書類を、IT重説を受けようとする者に**あらかじめ交付**（又は、電磁的方法により**あらかじめ提供**）しておく必要がある（国交省「考え方」）。

2　×　宅建業者は、売買契約成立後、遅滞なく、宅建士の記名のある**37条書面**を契約の両当事者に交付（又は、**電磁的方法により提供**）しなければならないが（宅建業法37条1項・3項・4項）、37条書面に**記名**する（又は、電磁的方法に明示される）ことが宅建士の法定事務であり、37条書面を交付（又は、電磁的方法により提供）するのは宅建士の法定事務ではないので、**宅建士をして**交付（又は、提供）させる必要はない。

3　×　宅建業者Aが**自ら貸主**となり、建物の賃貸借契約を締結することは、宅建業法上の「**取引**」に**該当しない**ので（2条2号）、本件賃貸借について、Aに宅建業法は適用されない。したがって、貸借の媒介をする宅建業者Bが作成し交付（又は電磁的方法により提供）した37条書面の記載内容に違反があった場合、Bのみが監督処分の対象となる（37条2項、65条1項・2項2号・3項・4項2号、66条1項9号）。「自ら貸借」が、宅建業法の「取引」に該当せず、自ら貸借に宅建業法の規定が適用

されないことは、本試験でもひっかけ問題として頻出であるので注意。

4 ○ 民法の規定する**種類又は品質に関する契約不適合責任**（以下「**契約不適合責任**」という）についての**特約**をする場合は、その特約の内容については重要事項の説明対象ではなく、**35条書面に記載する必要はない**（35条1項参照）。これに対して、**契約不適合責任の特約がある場合のその内容は、37条書面の記載事項である**（37条1項11号）。なお、契約不適合責任については、「契約不適合責任の特約」と「契約不適合責任の履行に関する保険等の措置の概要」を混乱しないように注意。前者は上記の通りであるが、後者は、35条書面では、「保険等の措置を講ずるかどうか及び講ずる場合のその措置の概要」は、記載事項である（35条1項13号）。そして、37条書面でも「保険等の措置について定めがある場合のその内容」は「契約不適合責任についての定めがある場合のその内容」とともに、記載事項となる（37条1項11号）。

> **Point**
>
> 肢1について、宅建士が重要事項の説明を対面形式ではなく、テレビ会議等のＩＴを利用して行うこと（「ＩＴ重説」）は、相手方の承諾があれば可能である。この「ＩＴ重説」は、「貸借（の媒介・代理）」のみならず「売買や交換」も含むすべての取引で認められる。さらに、相手方の承諾があれば、35条書面や37条書面の電磁的方法による提供も認められることから、顧客が宅建業者の事務所を一度も訪れることなく、すべての取引を終了することが可能となり、宅建業界のデジタル化が一気に進むことになった。

問34	**正解2**	**重要事項の説明**	**難易度A**

ア × **重要事項の説明**をする際は、宅建士は、**相手方から請求がなくても**宅建士証を**提示**する義務があり、これに違反した場合、宅建士は**10万円以下の過料**に処せられることがある（宅建業法35条4項、86条）。しかし、**宅建業者が過料に処せられることはない。**

イ ○ 建物の貸借について貸主となるＡは、**自ら貸借**を行うのであり、これは宅建業法上の「**取引**」には**該当しない**（2条2号）。よって、Ａには宅建業法は適用されず、**重要事項の説明を行う必要はなく、35条書面**（重要事項説明書）**を交付又は電磁的方法による提供をする必要もない**（35条1項本文）。借主が宅建業者であるか否かは、関係がない。本肢に限らず、自ら貸借に関するひっかけには注意しよう。

ウ ○ 取引（売買、交換、代理・媒介しての貸借）の対象となる宅地又は建物が、**津波防災地域づくりに関する法律**の規定により指定された**津波災害警戒区域内にある**ときは、その旨を重要事項として説明する**必要がある**（35条1項14号、規則16条の4の

63

3第3号）。

以上から、正しいものは「イ、ウ」の二つであり、正解は肢2である。

Point

自ら貸借が宅建業の「取引」に該当しないことについては、免許の要否としての出題のみならず、様々な箇所でひっかけとして出題される。出題例としては、下記のようなものが存在する。

① 自ら貸借のみを行う支店は、宅建業法上の「事務所」に該当しない。

② 自ら貸借をするための広告には、取引態様の明示義務がない。

③ 自ら貸借を行った取引の記録は、帳簿に記載する必要はない。

④ 自ら貸借を行う場合は、重要事項の説明義務はないし、契約成立後も37条書面の交付義務（又は電磁的記録の提供義務）はない。

| 問35 | 正解1 | 政令使用人等 | 難易度B |

1 ○ 法人である宅建業者が業務停止処分に違反した等の一定事由により免許を取り消された場合、聴聞の公示日前60日以内に役員であった者も、宅建業者が免許を取り消された日から5年間、免許欠格者となる（宅建業法5条1項2号）。しかし、政令で定める使用人については、役員とは異なり、免許欠格者とする規定は存在しない。

2 × 個人である宅建業者本人、又は法人である宅建業者の役員が宅建士であるときは、その者は、自ら主として業務に従事する事務所等に置かれる成年者である専任の宅建士とみなされる（31条の3第2項）。しかし、政令で定める使用人が宅建士である場合に、その者を自ら主として業務に従事する事務所等に置かれる成年者である専任の宅建士とみなされるという規定は存在しない。

3 × 宅建業者が事務所等に掲げる標識には、代表者の氏名は記載されるが、政令で定める使用人の氏名は記載されない（50条1項、規則19条2項、別記様式9号～11号の3）。

4 × 宅建業者は、その政令で定める使用人が氏名を変更した場合は、30日以内に宅建業者名簿の記載事項の変更の届出をその免許を受けた国土交通大臣又は都道府県知事に行わなければならない（宅建業法9条、8条2項3号・4号）。しかし、政令で定める使用人の住所は、宅建業者名簿の記載事項ではなく、変更の届出は不要である。

Point

肢1の事案における「役員」と「政令使用人」の違いは、以下のように理解して覚えるとよい。「役員」（取締役等）は会社の代表者であり、「政令使用人」（支店長等）は事務所の代表者である。会社は「役員」が動かしているので、会社が悪いことをして免許取消処分を受けた場合、会社が5年間免許を受けられないだけでなく、「役員」も同罪（役員も5年間、免許欠格者）。しかし、「政令使用人」は事務所を動かしているが、会社全体を動かしているわけではないので、会社が一定事由によって免許取消処分を受けても、「政令使用人」は免許欠格者とはならない。

問36	正解1	重要事項の説明	難易度A

1 × 契約の対象となる宅地又は建物が宅地造成等規制法の規定により指定された造成宅地防災区域内にあるときは、契約の種類が、売買、交換、貸借のいずれかを問わず、その旨を説明しなければならない（宅建業法35条1項14号、規則16条の4の3第1号）。よって、宅地の貸借の契約の場合に説明を要しないとする本肢は誤りである。

2 ○ 売買契約の対象となる建物が建築に関する工事の完了前のものであるときは、その工事の完了時における形状、構造その他国土交通省令・内閣府令で定める事項（建築の工事の完了時における当該建物の主要構造部、内装及び外装の構造又は仕上げ並びに設備の設置及び構造）を重要事項として説明しなければならない（宅建業法35条1項5号、規則16条）。重要事項の説明は、法定事項を契約が成立するまでに説明しなければならないので、契約成立時までの説明を省略することはできない（宅建業法35条1項本文）。

3 ○ 売買契約の対象となる宅地が、地すべり等防止法の規定に基づく地すべり防止区域内にあるときは、当該区域内において、地下水を誘致し、又は停滞させる行為で地下水を増加させるもの、地下水の排水施設の機能を阻害する行為その他地下水の排除を阻害する行為（政令で定める軽微な行為を除く）等一定の行為をしようとするときは、知事の許可を受けなければならない旨を説明しなければならない（35条1項2号、令3条1項42号）。

4 ○ 売買契約の対象となる宅地が、建築基準法に基づき、地方公共団体が条例で指定した災害危険区域内にあるときは、条例で定められている制限に関する事項の概要を説明しなければならない（宅建業法35条1項2号、令3条1項2号、建築基準法39条2項）。

Point

法令上の制限の細かい規制を把握している受験生は、ほとんど存在しない。仮に、細かい規制を訊く問題が出題されたら、取引しようとする物件が「○○区域内にあるとき」であれば、それは何らかの危険な区域なのであるから、「物件」が宅地でも建物でも、また「取引」が売買・交換でも、（代理・媒介しての）貸借でも、○○区域内にあることを重要事項として説明しなければならないのではないかと考えればよい。さらに踏み込んで勉強するのであれば、○○区域内における一定の行為に関する制限であるときは、それが宅地のみの規制なのか建物にもかかわる規制なのか、また買主のみならず、借主にも関係がある規制であるかを吟味して勉強すればよい（仮に借主に関係のない規制であれば、説明は不要である）。

| 問37 | 正解 1 | 広告複合 | 難易度A |

1 ○ 宅建業者は、宅地の売買に関する**広告**をするときは、**取引態様の別**を明示しなければならず、媒介の表示はしなければならないが（宅建業法34条1項）、**売主の名称は表示する必要はない。**

2 × 宅建業者は、**建物の建築に関する工事の完了前**は、当該工事に関して必要とされる**建築確認**（建築基準法6条1項の確認）**があった後**でなければ、売買契約をすることも、**広告をすることもできない**（33条、36条）。たとえ建築確認申請中である旨を広告中に表示したとしても、広告を行うことはできない。

3 × 誇大広告等の禁止規定（32条）の対象となる**広告媒体**については、**種類を問わない**ので（国交省「考え方」）、**インターネットによる広告も規制対象**となる。また、顧客を集めるため、取引する意思のない物件や**取引の対象となりえない物件の広告**を行うことは、誇大広告の典型とされる**おとり広告**であり、「著しく事実に相違する表示」として、誇大広告の禁止規定に抵触する（国交省「考え方」）。本肢では、インターネット広告継続中に宅地の**売買契約が成約済み**となり、**取引できないに**もかかわらず、その広告を続けると、取引の対象となりえない物件について広告する**おとり広告**に該当し、誇大広告の禁止に違反することがある。

4 × 宅地建物の**取引に関する広告**も「業務」であり、甲県知事からその**業務の全部の停止**を命ぜられた場合には、たとえ業務停止処分の期間経過後に契約を締結することにしても、当該業務停止処分の期間中は**広告を行うことはできない**（65条2項）。

Point

広告全般に関する基本問題であり、確実に正解したい。「広告開始時期の制限」と「契約締結時期の制限」は、いずれも未完成物件を規制の対象とする点に注意。

| 問38 | 正解2 | クーリング・オフ | 難易度A | |

1 ○ 宅建業者が一団の建物の分譲のために売買契約を締結し又は申込みを受けるモデルルーム（案内所）を設置し、そこで買主が買受けの申込みをする場合、その**モデルルームはクーリング・オフができない場所**に該当する（宅建業法37条の2第1項、規則16条の5第1号ロ、国交省「考え方」）。なお、契約行為等を予定する案内所等を設置する場合、届出義務があるが、クーリング・オフ制度の適用は、宅建業法50条2項の届出（案内所等の届出）義務を履行しているか否かとは関係がない（国交省「考え方」）。したがって、Bは、契約を解除できない。

2 × クーリング・オフの規定による契約の解除等ができなくなるのは、買主が、建物の**引渡し**を受け、**かつ**、その**代金の全部を支払った**ときである（宅建業法37条の2第1項2号）。また、クーリング・オフができる旨等について、**書面**による告知ではなく、「**口頭でのみ説明**」を行っても、解除等ができなくなる8日間の起算は始まらない（37条の2第1項1号、規則16条の6）。したがって、代金の一部を支払ったにすぎないCは、契約を解除できる。

3 ○ 買主は宅建業者であり、**宅建業者間の取引**には8種規制の1つであるクーリング・オフ制度は**適用されない**（宅建業法78条2項、37条の2第1項）。したがって、Dは、契約を解除できない。

4 ○ 買主がクーリング・オフをしようとするときは、その旨を**書面**で行わなければならず（37条の2第1項）、その効力は書面を**発した時**に生ずる（37条の2第2項）。

> **Point**
> クーリング・オフは、宅建業者ではない買主の購入意思が安定していると定型的に判断される場所（宅建業者の事務所等）では、適用されない。この点、肢1について、マンション分譲の場合のモデルルームや戸建て分譲の場合のモデルハウス等における販売活動は、別荘地の販売の場合のテント張りの案内所等とは異なり、通常適正に行われる営業活動と考えられるので、モデルルームやモデルハウスは、土地に定着した案内所とみなされる（国交省「考え方」）。したがって、売買契約を締結し又は買受けの申込みを受ける（専任の宅建士の設置義務のある）モデルルームやモデルハウスは、クーリング・オフが適用されない場所に該当する。

| 問39 | 正解4 | 免許複合 | 難易度B |

1 × 免許権者は、免許（免許の更新も含む）に条件を付し、又はその条件を変更することができるが、その免許の条件に違反した場合は、任意的な免許取消処分の対象になる（宅建業法3条の2第1項、66条2項）。よって、Aが免許の条件に違反した場合、甲県知事は免許を取り消すことができるのであって、「取り消さなければならない」としている本肢は、誤りである。

2 × 宅建業者の支店は、そこで宅建業を営む場合のみ、宅建業法上の「事務所」に該当する（3条1項、令1条の2第1号、国交省「考え方」）。本肢の乙県内の支店は、「自ら貸借」のために設置されたもので宅建業を営むものではなく、「事務所」には該当しない。よって、宅建業者B社は乙県に事務所を設置するわけではないので、国土交通大臣への免許換えを申請する必要はない。

3 × 宅建業者C社が合併及び破産手続の開始の決定以外の理由により解散した場合、清算人はその解散した宅建業者の免許権者に30日以内に廃業等の届出をしなければならない（宅建業法11条1項4号）。この場合、法人が解散しても清算業務を結了する範囲内においてなおC社は法人格を有するので、解散時には免許の効力を失わず、その免許の効力が失われるのは清算人が廃業等の届出をした時である（11条2項・1項4号）。

4 ○ 宅建業者Dが刑法208条（暴行）の罪で懲役刑に処せられると、たとえ執行猶予付きの判決であったとしても、その免許は必ず取り消される（66条1項1号、5条1項5号）。刑の執行猶予の言渡しを取り消されることなく執行猶予期間が満了した場合は刑の言渡しが効力を失い（刑法27条）、ゆえに刑の執行が終わってから5年経過しなくても、執行猶予期間満了日の翌日から免許を受けられるようになることと混同しないこと。

> **Point**
> 受験生がミスをしがちな論点を散りばめた問題である。下記のそれぞれの肢で問われている知識について、しっかり学習しておこう。
> 肢1 … 免許取消しは「必要的」（必ず取り消さなければならない）か、「任意的」（取り消すことができる）かの区別。
> 肢2 … 支店は、そこで宅建業を行う場合にのみ、事務所に該当することを失念しない。
> 肢3 … 廃業等の届出義務者は誰か。また、免許の効力が失われる時期はいつか。
> 肢4 … 懲役刑に執行猶予がついている場合、免許は取り消さなければならないのか、また、執行猶予が付いている場合、いつから免許を受けることができるのか。

| 問40 | 正解3 | 報酬規制 | 難易度A | |

建物の代金には100万円の消費税等相当額が含まれているので、報酬計算においては、消費税等相当額分を除いた**本体価額**（1,100万円－100万円＝1,000万円）で**報酬の限度額**を計算する。本問においては、宅建業者Aが、甲及び乙から建物の**売買の媒介**を依頼されて契約を成立させた場合に、媒介の**依頼者の一方**である甲から受領できる報酬の限度額は、Aは消費税の課税事業者であるから、以下の計算式により、消費税等相当額10％を含んだ39万6,000円となる（宅建業法46条1項・2項、報酬告示2）。

{(1,100万円－100万円)×3％＋6万円}×1.1＝39万6,000円

> **Point**
> 「建物の代金」のように、消費税が課税される場合は、「消費税等相当額を抜いた」本体価額を算出してから速算法を当てはめて計算するのが一般的な報酬限度額の計算方法である。なお、課税事業者である宅建業者の受領する「報酬」には、速算法を当てはめて計算した額に「消費税等相当額が加えられる」ことも失念しないこと。

| 問41 | 正解3 | 保証金複合 | 難易度A | |

1 × 宅建業に関する取引により生じた債権を有する者（還付請求権者）は、Aに対しては、主たる事務所1,000万円と従たる事務所4か所分（500万円×4）を合計した3,000万円について、Aの供託した**営業保証金から弁済を受ける権利**を有する（宅建業法27条1項）。他方、Bに対しては、納付している**弁済業務保証金分担金**を**営業保証金に換算**した額を上限として弁済を受ける権利を有するので、事務所の数がAと同じであるBに対する還付請求権者も、**営業保証金を供託しているAに対する還付請求権者と同額の3,000万円となる**（64条の8第1項）。

2 × 営業保証金を供託しているAが1,000万円の還付を生じさせた場合、Aは、**免許権者から通知書の送付を受けた日から2週間以内に1,000万円を主たる事務所の最寄りの供託所に供託**しなければならない（28条1項、営業保証金規則5条、4条）。これに対して、保証協会の社員である宅建業者Bが**1,000万円の還付**を生じさせた場合、保証協会から通知を受けた日から2週間以内に**1,000万円を保証協会に納付**しなければならない（宅建業法64条の10第1項・2項）。

3 ○ 営業保証金を供託しているAが新たに事務所を1か所設置する場合、当該事務所についての営業保証金500万円を主たる事務所の最寄りの供託所に**供託**して免許権者に**届け出た後**でなければ新設した事務所で**事業を開始**することはできない（26条1項・2項、25条1項・2項・4項・5項、令2条の4）。これに対して、**保証協会の**

社員であるBが保証協会に加入後、新たに事務所を1か所設置したときは、設置した日から**2週間以内**に弁済業務保証金分担金30万円を**保証協会に納付**しなければならない（宅建業法64条の9第2項、令7条）。

4　×　営業保証金の供託は、金銭のみならず、国債等の一定の有価証券をもって充てることができる（宅建業法25条3項）。この場合、国債証券は額面金額で評価されるので、営業保証金を供託しているAが従たる事務所1か所を増設する場合、主たる事務所の最寄りの供託所に額面500万円の国債証券をもって供託することができる（令2条の4、規則15条1項1号）。これに対して、保証協会の社員であるBが従たる事務所1か所を増設する場合、保証協会に弁済業務保証金分担金30万円を納付しなければならないが、**弁済業務保証金分担金は金銭**をもって納付しなければならないので、額面30万円の国債証券をもって納付することはできない（宅建業法64条の9第2項、令7条）。

Point

2つの保証金制度（営業保証金制度と弁済業務保証金制度）は、常に対比し、共通点と相違点を把握しておこう。

問42	正解2	8種規制等複合	難易度B

ア　○　本肢においては、他人物の買主Cは宅建業者であり、宅建業者Aが売主となり宅建業者Cが買主となる**宅建業者間取引**には**8種規制の適用はない**ので、Aは、停止条件が成就する前であっても、当該建物をCに売却する契約を締結できる（宅建業法33条の2第1号、78条2項）。

イ　×　8種規制の適用場面（宅建業者が宅地建物の自ら売主となり宅建業者でない者を買主とする売買契約）においては、種類又は品質に関する契約不適合責任（担保責任）を追及する前提としての、買主が売主に契約不適合を**通知すべき期間**について、「**引渡し日から2年以上**」の期間を設定する特約をすることが認められる（40条1項）。この点、本肢の特約は、「**引渡しの日から1年以内**」に通知すべき旨の特約であり、宅建業法が許容する引渡しの日から2年以上ではないので**無効**となる（40条2項）。よって、通知すべき期間についての特約は存在しないことになり、**民法が適用**されるので、買主Eは、原則として「**契約不適合を知った時から1年以内**」に売主Cに通知すれば、担保責任の追及が認められる（民法566条本文）。「**引渡しの日から2年以内**」となるのではない。

ウ　○　宅建業者間で売買又は交換の媒介契約を締結した場合においても、**媒介契約書面**（34条の2第1項の規定に基づく書面）、又は34条の2第11項の規定に基づく**電磁**

70

的方法には、国土交通大臣が定めた標準媒介契約約款に基づくものであるか否かの別を記載しなければならず（宅建業法34条の2第1項8号・11項、規則15条の9第4号）、これに違反した場合は、業務停止処分を受けることがある（宅建業法65条2項2号・4項2号）。

| エ | × | 8種規制の適用場面においては、完成物件（中古の建物）の売買契約においては、自ら売主となる宅建業者は、代金額の10%を超えるか、1,000万円を超える手付金等を受領しようとする場合は、法定の保全措置を講じなければならない（41条の2第1項、令3条の5）。本肢では、Eが「代金額の15%に相当する額の手付金」を支払うのであるから、手付金受領前に法定の保全措置を講じなければならないが、手付金等の保全措置を講じなければならない者は、自ら売主となる宅建業者Cであり、売買の媒介を行う宅建業者Dではない。よって、Dが保全措置を講じなければならないとする本肢は、誤り。 |

以上から、正しいものは「ア、ウ」の二つであり、正解は肢2である。

> **Point**
>
> 本問のように、宅建業者と宅建業者でない者が混在した登場人物の多い問題を解く場合は、ケアレス・ミスをしないように、問題用紙の余白に下記のような図を描くことを勧める。
>
> ```
>       B（中古建物の所有者）
>       │
>    Ⓐ（他人物の自ら売主）──── Ⓒ（自ら売主）──────E
>                                      │
>                                  Ⓓ（媒介）
> ```
>
> ※ ○は、宅建業者とする。

| 問43 | 正解2 | 媒介契約 | 難易度B | |

| 1 | × | 宅地の売買の媒介契約を締結しても、それが**一般媒介契約**（専任媒介でない媒介契約）であるときは、宅建業法上、宅建業者には指定流通機構に登録する義務はない（宅建業法34条の2第5項参照）。しかし、**媒介契約書面**には、**一般媒介契約**でも、**指定流通機構への登録に関する事項**についての**記載が必要**である（34条の2第1項6号）。一般媒介契約においても特約で指定流通機構に登録する旨を定めることができるので、登録をする旨の特約をした場合はそれを記載し、また登録しないのであれば、登録をしない旨を記載するのである。宅建業法上、**指定流通機構への** |

登録義務があるか否かという問題と、指定流通機構への登録に関する事項について媒介契約書面に記載しなければならないのかという問題を混同しないこと。

2 ○ 宅建業者は、宅地又は建物の**売買又は交換の媒介契約**を締結したときは、遅滞なく、**一定事項を記載した媒介契約書面**（法34条の2書面）を作成して宅建業者が記名押印し、依頼者に**交付**しなければならない（34条の2第1項）。その**媒介契約書面**には、**一般媒介契約**（専任媒介でない媒介契約）でも、**媒介契約の有効期間**についての**記載が必要**である（34条の2第1項5号）。一般媒介契約において、その有効期間について宅建業法上、制限がないことと（34条の2第3項参照）、その有効期間が媒介契約書面の記載事項であることを混同しないこと。

3 × 売買・交換の専任媒介契約や**専属専任媒介契約**を締結した宅建業者は、契約の相手方を探索するため、一定期間内に、当該媒介契約の目的物である宅地や建物につき、その**所在、規模、形質、売買すべき価額**その他国土交通省令で定める事項を、国土交通大臣が指定する者（**指定流通機構**）に**登録**しなければならない（34条の2第5項、規則15条の11）。しかし、**宅地の所有者**（B）の**氏名**及び**住所**は、その**登録事項ではない**。

4 × 宅建業者は、専任媒介契約や専属専任媒介契約に基づき**指定流通機構に登録した宅地建物の売買・交換の契約が成立**したときは、国土交通省令で定めるところにより、遅滞なく、その旨を当該登録に係る**指定流通機構**に**通知**しなければならない（宅建業法34条の2第7項）。その**通知事項**は、①**登録番号**、②**宅地建物の取引価格**、③**売買・交換契約の成立した年月日**であり（規則15条の13）、「**買主の氏名及び住所**」は、指定流通機構への**通知事項ではない**。

> **Point**
> 氏名・住所は、重要な個人情報であり、むやみに公開すべきではない。そして、買主が宅地建物を入手するか否かを決定する際して、購入しようとする物件の「売主」の氏名・住所は、必ずしも事前に知らなければならない情報ではなく、また成約した宅地建物の「買主」が誰かについても、指定流通機構が収集しなければならない情報ではない。よって、所有者の氏名・住所は指定流通機構への登録事項ではないし、買主の氏名・住所も指定流通機構への通知事項ではない。

| 問44 | 正解3 | 37条書面 | 難易度A |

以下、違反しないものを○、違反するものを×とする。

1 × 宅建業者の媒介により建物（マンション）の**貸借の契約**が成立したときは、その

宅建業者は、契約の各当事者に借賃の額、支払時期、支払方法について記載した37条書面を交付（又は、電磁的方法により提供）しなければならない（宅建業法37条2項2号）。したがって、借賃の支払方法を定めていなかったのであれば、支払方法は定めていない旨を記載する必要がある。

2　× 　宅地建物の引渡しの時期については、その定めの有無を問わず、必ず37条書面に記載しなければならない（37条1項4号）。Aは、買主の同意を得ても、その記載を省略することはできない。

3　○ 　手付金等の保全措置を講じた場合のその内容は、37条書面の記載事項には該当しないので、当該事項を37条書面に記載する必要はない（37条1項各号参照）。なお、手付金等の保全措置の概要は、35条書面の記載事項である（35条1項10号）。

4　× 　建物の貸借の媒介でも、売買と同様に、損害賠償額の予定に関する定めがある場合は、その内容を37条書面（又は、電磁的方法）に記載しなければならない（37条2項1号・1項8号）。

> **Point**
>
> 37条書面の記載事項については、「必ず記載すべき事項」（絶対的記載事項）と「特約ある場合は必ず記載すべき事項」（任意的記載事項）をしっかり区別して覚えること。その際、「売買・交換」の記載事項と「貸借」の記載事項を、混同しないこと。

問45	正解2	住宅瑕疵担保履行法	難易度A

1　× 　自ら売主として新築住宅を宅建業者ではない買主に引き渡した宅建業者は、「年1回」の基準日ごとに、基準日から3週間以内に、当該基準日に係る資力確保措置の状況について、免許権者に届け出なければならない（履行法3条1項、12条1項、履行法規則16条1項）。基準日については、近年、年2回（毎年3月31日及び9月30日）から、年1回（毎年3月31日）へと改正されており、それに伴い住宅販売瑕疵担保保証金の供託及び住宅販売瑕疵担保責任保険契約の締結の状況についての届出（資力確保措置の状況の届出）も年1回となったので注意。

2　○ 　宅建業者が住宅販売瑕疵担保保証金の供託をしている場合、供託している額が基準日において、販売新築住宅の合計戸数（住宅の床面積が55㎡以下であるときは、新築住宅の合計戸数の算定に当たって、2戸をもって1戸と数える。11条3項、履行法施行令6条）を基礎として算定する基準額を超えることとなったときは、免許権者（本問では甲県知事）の承認を受けて、その超過額を取り戻すことができる（履行法16条、9条1項・2項）。

3　×　宅建業者が**住宅販売瑕疵担保保証金を供託**している場合、**新築住宅の売買契約を締結するまでに**、買主に対し、**供託所の所在地**その他住宅販売瑕疵担保保証金に関し国土交通省令で定める事項について、それらの事項を記載した**書面を交付して説明**しなければならないが（15条1項、履行法施行規則21条）、かかる**書面**の**交付**に代えて、「**買主の承諾**」を得て、当該書面に記載すべき事項を**電磁的方法**（電子情報処理組織を使用する方法その他の情報通信の技術を利用する方法であって国土交通省令で定めるものをいう）により**提供**することができる（履行法15条2項、10条2項）。かかる電磁的方法による提供は、**買主の承諾**を得た場合にのみ、認められるので、AはBの承諾を得ない場合は、電磁的方法による提供はできない。

4　×　**住宅販売瑕疵担保責任保険契約**を締結した宅建業者は、当該新築住宅を引き渡した時から10年間、当該保険に係る新築住宅に、「**構造耐力上主要な部分**」又は「**雨水の浸入を防止する部分**」の瑕疵（構造耐力又は雨水の浸入に影響のないものを除く）がある場合に、かかる瑕疵に基づく特定住宅瑕疵担保責任の履行によって生じた損害について**保険金の支払いを受けることができる**（2条7項4号・2号イ、品確法95条1項、94条1項）。しかし、**配電設備の瑕疵**によって生じた損害について、**保険金の支払いを受けることはできない**。

Point

住宅瑕疵担保履行法の近年の改正は、以下の通りである。

① 基準日が年2回（毎年3月31日及び9月30日）から年1回（毎年3月31日）となり、それに伴い住宅販売瑕疵担保保証金の供託及び住宅販売瑕疵担保責任保険契約の締結の状況についての届出（資力確保措置の状況の届出）も年1回となった。

② 宅建業者が住宅販売瑕疵担保保証金を供託している場合、新築住宅の売買契約を締結するまでに、買主に対し、供託所の所在地その他住宅販売瑕疵担保保証金に関し国土交通省令で定める事項について、それらの事項を記載した書面を交付して説明しなければならないが（15条1項、履行法施行規則21条）、かかる書面の交付に代えて、買主の承諾を得て、当該書面に記載すべき事項を電磁的方法（電子情報処理組織を使用する方法その他の情報通信の技術を利用する方法であって国土交通省令で定めるものをいう）により提供することができることになった。

③ 宅建業者が住宅瑕疵担保保証金を供託する場合、基準日から3週間を経過するまでに供託所に供託していなければならないことになった（改正前は、基準日までに供託していなければならなかった）。

| 問46 | 正解3 | 住宅金融支援機構 | 難易度A |

1 ○ 証券化支援事業（買取型）に係る**貸付金の利率**は、**金融機関によって異なる**。機構が一律に定めるものではないし、各金融機関で同一の利率を適用しなければならないものでもない。なお、**証券化支援事業（買取型）**の代表的なものとして、「**フラット35**」（民間金融機関と住宅金融支援機構が提携して実現した長期固定金利の住宅ローン）の呼称が一般的である。

2 ○ 機構は、**住宅のエネルギー消費性能**（建築物のエネルギー消費性能の向上に関する法律2条1項2号に規定するエネルギー消費性能をいう）**の向上を主たる目的とする住宅の改良**に必要な資金の貸付けを行っている（独立行政法人住宅金融支援機構法13条1項10号）。

3 × 肢1の解説のとおり、証券化支援事業（買取型）の代表的なものは、最長「35年」の全期間固定金利となる「**フラット35**」である。フラット35は、**申込本人またはその親族が居住する新築住宅の建設資金・購入資金、中古住宅の購入資金**等に利用できるものである（返済中に、申込本人またはその親族が実際に居住していることの確認がなされる場合がある）。したがって、第三者に賃貸する目的の物件などの投資用物件の取得資金に利用するなどの**目的外利用が判明した場合**には、**借入金全額を一括で返済しなければならない**（住宅金融支援機構ホームページより）。つまり、第三者に賃貸する目的の物件などの**投資用物件**の取得に必要な資金の貸付けに係る**貸付債権**については、**譲受けの対象としていない**。

4 ○ 証券化支援事業（買取型）において、機構による譲受けの対象となる**住宅の購入に必要な資金の貸付けに係る金融機関の貸付債権**には、当該住宅の購入に「**付随する**」**改良（リフォーム）**に必要な資金も含まれる（独立行政法人住宅金融支援機構法13条1項1号、施行令5条1項2号、業務方法書3条1号）。なお、住宅の購入に「**付随しない**」**改良（リフォーム）に必要な資金は含まれない**ことに注意。

Point

「証券化支援事業（買取型）」とは、いわゆる「フラット35」のことである。住宅金融支援機構のホームページも閲覧してほしい。肢2は最新の改正点である。

| 問47 | 正解3 | 景表法（公正競争規約） | 難易度B |

1 × 懸賞によらないで（もれなく）提供する場合、不動産業においては、**取引価額の10分の1または「100万円」**のいずれか低い金額の範囲内とされている（不動産業における景品類の提供の制限に関する公正競争規約3条1項2号）。

75

2 **×** 　宅地の造成材料又は建物の建築材料について、これを強調して表示するときは、その材料が使用されている部位を明示しなければならない（不動産の表示に関する公正競争規約施行規則9条20号）。材料名の表示だけでは足りない。

3 **○** 　「表示した物件に重大な瑕疵があるため、そのままでは当該物件が取引することができないものであることが明らかな場合（当該物件に瑕疵があること及びその内容が明瞭に記載されている場合を除く）」は、「実際には取引の対象となり得ない」物件に該当し、「おとり広告」として不当表示に該当する（不動産の表示に関する公正競争規約21条2号）。

4 **×** 　建築基準法40条の規定に基づく地方公共団体の条例により附加された敷地の形態に対する制限に適合しない土地については、「再建築不可」又は「建築不可」と明示しなければならない（不動産の表示に関する公正競争規約施行規則7条5号）。「条例による制限あり」との表示だけでは足りない。

Point

肢1の景品類の提供に関しては、しばらく出題されていないので注意。

問48	正解1	統計	難易度A

1 **○** 　令和5年地価公示（令和5年3月公表）における令和4年1月以降の1年間の地価は、以下のとおりで、三大都市圏（東京圏・大阪圏・名古屋圏）平均では、全用途平均・住宅地のいずれも2年連続で上昇（上昇率拡大）した。なお、商業地は東京圏・名古屋圏で2年連続で上昇（上昇率拡大）するとともに、大阪圏では3年ぶりに上昇に転じた。

地価⇒すべて2年連続の上昇（上昇率拡大）（単位：％）

	全用途平均	住宅地	商業地
全　国	1.6	1.4	1.8
三大都市圏	2.1	1.7	2.9
地方圏	1.2	1.2	1.0

2 **×** 　令和3年度末時点の宅地建物取引業者数は128,597業者となっており（令和5年版国土交通白書）、8年連続の「増加」となった。

3 **×** 　建築着工統計（令和5年1月公表）によれば、令和4年の新設住宅着工戸数は、859,529戸（前年比0.4％増）で、2年連続の増加となった。新設住宅のうち、持家の着工戸数は約25.3万戸となっており、「昨年の増加から再びの減少」となっ

た。なお、令和4年の**新設住宅着工の利用関係別戸数**は、以下のとおり（建築着工統計令和5年1月公表）。

(1) 持　　　家→**253,287戸**（前年比11.3%減、昨年の増加から再びの減少）

(2) 貸　　　家→345,080戸（前年比7.4%増、2年連続の増加）

(3) 分譲住宅→255,487戸（前年比4.7%増、2年連続の増加）
　　　・マンションは108,198戸（同6.8%増、3年ぶりの増加）
　　　・一戸建住宅は145,992戸（同3.5%増、2年連続の増加）

　※　持家＝建築主が自分で居住する目的で建築するもの。
　　　貸家＝建築主が賃貸する目的で建築するもの。
　　　分譲住宅＝建て売り又は分譲の目的で建築するもの。

4　×　令和3年度における**不動産業の経常利益**は**6兆580億円**となっており、**2年連続**（対前年度比**13.1%**）の「**増益（増加）**」となった。なお、「全産業の経常利益は前年度に比べ33.5%の増加」との記述は正しい（令和3年度法人企業統計調査・財務省）。

> **Point**
> 統計分野は、本書巻頭資料で、最新情報を確認してほしい。

問49	正解4	土地	難易度B

適当なものを○、適当でないものを×とする。

1　○　「**液状化現象**」とは、地震の際、湖・沼地・河川・海面を埋め立てて造成した地盤などにおいて、地震の振動により地中の水分と地盤を構成する砂が混ざり、地盤が飽水状態となって、砂が砂粒相互の摩擦を失い、**非常に軟弱な地盤になること**である。液状化現象はすべての埋立地に均しく発生するのではなく、**比較的粒径のそろった砂地盤で、地下水位の高い（浅い）地域**で発生しやすい。

2　○　**自然堤防**とは、河川の上流から運ばれてきた土砂が、川岸に堆積した**微高地**のことである。したがって、**河川からの砂や小礫の供給が多い場所**に形成される。

3　○　**自然堤防の背後に広がる低平地**は、一般に粘性土などからなり**軟弱地盤であること**が多く、**盛土**などをすると**地盤沈下が発生するおそれ**がある。

4　×　建物の基礎の支持力は、「**粘土地盤**」よりも「**砂礫地盤**」のほうが発揮されやすい。

> **Point**
> 宅地に関する基本問題。用語はでてくる都度、おさえるとよい。

| 問50 | 正解 1 | 建築物の構造と材料 | 難易度 B |

適当なものを○、最も不適当なものを×とする。

1 × **コンクリートの圧縮強度**は、引張強度より**大きい**。**鉄筋**は、コンクリートとは逆に**引張強度**のほうが圧縮強度より**大きい**。コンクリートは、セメント・水・骨材等の混ぜ合わせ物であるから、両サイドから引っ張られると容易に壊れてしまうとイメージし、鉄筋は、両サイドから圧縮されると容易に変形してしまう、とイメージするとよい。

2 ○ 建築物には、**原則として**、**異なる構造方法による基礎を併用してはならない**。しかし、国土交通大臣が定める基準に従った**構造計算**によって**構造耐力上安全であることが確かめられた場合**においては、**併用が可能**となる（建築基準法施行令38条2項・4項）。

3 ○ はり、けたその他の**横架材**には、その**中央部附近の下側に耐力上支障のある欠込みをしてはならない**（44条）。肢4と異なり**例外は認められていない**ことに注意。

4 ○ **筋かい**には、**原則として欠込みをしてはならない**が、筋かいを**たすき掛け**にするために**やむを得ない場合**において、**必要な補強**を行ったときは、この限りでない（45条4項）。

> **Point**
> 建築物に関する出題では、建築基準法の知識が役立つことがある。そういう意味で、「法令上の制限」の建築基準法の単体規定も見ておきたい。

予想模試 解答・解説

第 2 回

解答一覧 &
あなたの成績診断

〈第2回〉
解答一覧＆実力診断シート

【難易度】A…得点すべし！　B…合否の分かれ目　C…難問

科目	問題	論点	正解	難易度	check	科目	問題	論点	正解	難易度	check
民法等	1	代理	3	B		宅建業法	26	37条書面	4	B	
	2	売主の担保責任	2	B			27	手付金等の保全措置等	3	A	
	3	消滅時効	1	B			28	監督処分	1	B	
	4	抵当権・根抵当権	2	B			29	免許複合	3	A	
	5	意思表示	1	A			30	広告複合	3	B	
	6	民法総合	4	A			31	報酬規制	2	A	
	7	債権譲渡	2	B			32	宅建業におけるIT化	1	B	
	8	不法行為	4	A			33	媒介契約	2	A	
	9	遺言	4	B			34	免許の要否	3	A	
	10	賃貸借	3	B			35	重要事項の説明	4	A	
	11	借地権	3	B			36	免許複合	2	B	
	12	借家権	1	B			37	業務上の規制	1	B	
	13	区分所有法	4	A			38	宅建士複合	2	A	
	14	不動産登記法	3	B			39	保証協会等複合	2	B	
法令上の制限	15	都市計画・建築制限等	2	A			40	重要事項の説明	2	B	
	16	開発許可手続き等	1	A			41	37条書面	1	A	
	17	建築基準法（総合）	2	A			42	免許複合	4	B	
	18	建築基準法（総合）	3	B			43	クーリング・オフ	3	A	
	19	宅地造成等規制法	4	B			44	重要事項の説明	4	A	
	20	土地区画整理法	3	B			45	住宅瑕疵担保履行法	4	A	
	21	農地法	4	B		その他関連知識※	46	住宅金融支援機構	2	A	
	22	国土法（事後届出）	1	A			47	景表法（公正競争規約）	3	B	
その他関連知識	23	印紙税	4	B			48	統計	3	A	
	24	固定資産税	2	B			49	土地	1	A	
	25	地価公示法	3	B			50	建築物の構造と材料	1	A	

※問46～50の5問は登録講習修了者の免除問題となります。

■ 科目別の成績

民 法 等	法令上の制限
／14（9）点	／8（6）点

宅 建 業 法	その他関連知識
／20（16）点	／8（6）点

注：（　）内の数字は、合格レベルの点数です。
　　弱点科目をカバーしましょう。

■ 難易度別の成績

A　　　　　／23問中

B　　　　　／27問中

C　　　　　／0問中

A、Bランクの問題を得点しましょう。

■ 総合成績

合　　計
／50（37）点

| 問1 | 正解3 | 代 理 | 難易度B |

1 × 代理人が後見開始の審判を受けたときは、代理権は消滅するが（民法111条1項2号）、**代理人が保佐開始の審判**を受けたときは、**代理権は消滅しない**。

2 × **任意代理人**は、**本人の許諾**を得たとき、又は、**やむを得ない事由があるとき**のいずれかの場合、**復代理人を選任**することができる（104条）。したがって、任意代理人は自由に復代理人を選任することができるとする本肢は誤っている。なお、法定代理人は、自己の責任でいつでも復代理人を選任することができる（105条前段）。

3 ○ 制限行為能力者が**任意代理人**としてした行為は、行為能力の制限によっては**取り消すことができない**（102条本文）。つまり、**任意代理人**は、**行為能力者であることを要しない**。したがって、被補助人が任意代理人となって不動産の売買契約を締結した場合、本人は、行為能力の制限によっては当該売買契約を取り消すことができない。

4 × 同一の法律行為について、当事者**双方の代理人**としてした行為は、債務の履行及び**本人があらかじめ許諾**した行為を**除いて**、**無権代理行為**とみなされる（108条1項）。したがって、売主及び買主の双方の意向にかかわらず、当該契約の効果は、両当事者に有効に帰属するとする本肢は誤っている。

Point
頻出分野である代理については、1問の中で、有権代理の基本的な知識だけでなく、無権代理についての知識も問われることがある。本問で十分練習してほしい。

| 問2 | 正解2 | 売主の担保責任 | 難易度B |

1 × **売買契約における担保責任**は、**買主**が**売主**の責任を追及するというものである。したがって、担保責任の追及は、Bが売主であるAに対してするのであって（民法562条～564条）、媒介業者のCに対しては、Bは、担保責任を追及することはできない。

2 ○ 買主の**代金減額請求権**は、買主が相当の期間を定めて履行の追完の催告をし、その期間内に履行の追完がない場合に認められる。ただし、**履行の追完が不能であるとき**は、買主は、その**催告をすることなく**、直ちに代金の減額を請求することができる（563条1項・2項1号）。したがって、履行の追完が不能である本肢の場合、Bは、Aに対して、履行の追完の催告をすることなく、代金の減額を請求することができる。

3　×　売主が**種類又は品質に関して契約の内容に適合しない目的物を買主に引き渡した**場合において、買主がその**不適合を知った時から1年以内**にその旨を売主に**通知**しないときは、買主は、その不適合を理由として、売主の責任を追及することができない（566条。ただし、売主が引渡しの時にその不適合を知り、又は、重大な過失によって知らなかったときは、この期間の制限の適用は受けない）。したがって、Bは甲建物の引渡しを受けた時から1年以内にその旨をAに通知しなければならないとする本肢は誤っている。

4　×　売主は、**担保責任を負わない旨の特約**をしたときであっても、**知りながら告げなかった事実**及び自ら第三者のために設定し又は第三者に譲り渡した権利については、その**責任を免れることができない**（572条）。したがって、Aは、知りながらBに告げなかった事実については、担保責任を負わなければならない。

Point

本問は、肢3の知識を正確に習得しているかどうかが得点のカギとなる。基本的な知識を「正確に」身につけることの重要性を、この問題から学んでほしい。このような問題を得点できるかどうかが、合否を分けるといえる。

問3	正解1	消滅時効	難易度B

1　○　時効は、**当事者が援用**しなければ、裁判所がこれによって裁判をすることができない（民法145条）。そして、この「**当事者**」には、**物上保証人**も含まれる（145条かっこ書）。債務が消滅すれば、付従性により抵当権が消滅し、物上保証人の不動産に設定された抵当権が実行される可能性がなくなるためである。したがって、Cは、Aの代金債権の消滅時効を援用することができる。

2　×　**債権**は、原則として、①債権者が権利を行使することができることを**知った時から5年間**、又は、②**権利を行使することができる時から10年間**これを行使しない場合、**時効によって消滅する**（166条1項）。したがって、Aが権利を行使することができることを知った時から3年間行使しない場合、時効によって消滅するとする本肢は誤っている。

3　×　**裁判上の請求**がなされ、**確定判決**によって**権利が確定**したときは、時効は、その事由が終了した時から**新たにその進行を始める**（147条2項）。つまり、時効は更新され、新たな時効期間の進行が始まる。したがって、以後当該債権が時効により消滅することはないとする本肢は誤っている。

4　×　裁判上の請求がなされると、その事由が終了するまで、時効の完成が猶予されるが（147条1項1号）、裁判上の請求について**訴えを取り下げ**、権利が確定すること

なく裁判が途中で終了したときは、その**終了の時から6か月間**は、時効の完成が猶予される（147条1項かっこ書）。しかし、この場合には、時効は更新しない。

> **Point**
>
> 肢2で学習したように、債権の消滅時効における時効期間については、令和2年の改正により、2本立てになったことに注意。新たに主観的起算点が導入され、原則的な時効期間が5年に変更された。

問4	正解2	抵当権・根抵当権	難易度B

1 ○ **普通抵当権**の抵当権者は、その抵当権を他の債権の担保とし（転抵当）、又は同一の債務者に対する他の債権者の利益のためにその抵当権もしくはその順位を譲渡し、もしくは**放棄**することができる（民法376条1項）。これらを**抵当権の処分**という。これに対して、**根抵当権者**は、根抵当権の元本の確定前においては、転根抵当を除いて、**根抵当権の処分をすることができない**（398条の11第1項本文）。根抵当権の場合、元本確定前は個々の債権との関係が切り離されていることから（独立的性格）、普通抵当権の処分とは異なる根抵当権にふさわしい他の処分方法（398条の12、398条の13）を定めた方が適切だからである。

2 × **普通抵当権**の場合、設定契約を締結するためには、**被担保債権を特定**することが必要である。これに対して、**根抵当権**の場合は、設定契約を締結する段階で被担保債権を特定する必要はないが（398条の2第1項）、債務者との特定の継続的取引契約によって生ずる債権等限定された一定の範囲に属する債権でなければならない（398条の2第1項・2項）。したがって、あらゆる範囲の不特定の債権を被担保債権とすること（包括根抵当）はできない。

3 ○ **普通抵当権**の場合、被担保債権の範囲は、元本のほか、原則として、満期となった**最後の2年分の利息等**を含む（375条）。これに対して、**根抵当権**の場合は、元本のほか、**利息**等について、極度額を限度として、優先弁済を受けることができる（398条の3第1項）。したがって、根抵当権の場合は、普通抵当権と異なって、利息については、極度額の範囲内であれば、最後の2年分に制限されず担保される。

4 ○ **普通抵当権**には、担保物権の**随伴性**があり、被担保債権を譲り受けた者は、担保となっている普通抵当権を被担保債権とともに取得する。これに対して、**根抵当権**では、元本の確定前に、根抵当権者から個々の被担保債権を譲り受けた者は、担保となっている根抵当権を被担保債権とともに**取得することはない**（398条の7第1項前段）。元本確定前の根抵当権の場合は、法律関係が複雑になることから、普通抵当権と異なり、個別の被担保債権に随伴しないのである。

Point

普通抵当権と根抵当権の比較問題は、過去にも出題されている。また、肢2・3・4は、過去にも問われている知識である。本問を通じて、根抵当権の特徴を確実にマスターしよう。

問5	正解1	意思表示	難易度A

1 ○ 心裡留保による意思表示は、相手方が表意者の真意について悪意又は有過失であるときは無効となるが（民法93条1項ただし書）、この無効は、善意の第三者に対抗することができない（93条2項）。したがって、Aは、善意のCに対して甲土地の所有権を主張することができない。

2 × 詐欺による意思表示の取消し後の第三者との関係は対抗問題であり、取り消した者は、登記なしに、第三者に対抗することはできない（177条、判例）。したがって、Aは、所有権移転登記を備えたDに対して、甲土地の所有権を主張することができない。

3 × 相手方と通じてした虚偽の意思表示は、無効であるが（94条1項）、この無効は、善意の第三者に対抗することができない（94条2項）。この「第三者」として保護されるのに、登記は不要である（判例）。したがって、Aは、善意のEに対して甲土地の所有権を主張することができない。

4 × 強迫による意思表示は、取り消すことができる（96条1項）。そして、強迫による意思表示の取消しは、善意無過失の第三者にも対抗することができる（96条3項反対解釈）。したがって、Aは、善意無過失のFに対して、甲土地の所有権を主張することができる。

Point

正解肢である肢1の知識については、過去に問われたことはないが、令和2年の民法改正により第三者保護規定が明文化されたものであり、出題が十分予想される。

問6	正解4	民法総合	難易度A

1 ○ 解約手付が交付された場合、相手方が契約の履行に着手する前であれば、買主はその手付を放棄して、売主はその倍額を現実に提供して、契約を解除することができる（民法557条1項）。したがって、Bは、すでに代金の一部を支払っていても、Aが契約の履行に着手していなければ、手付を放棄して売買契約を解除すること

ができる。

2 ○ 当事者双方の責めに帰することができない事由によって債務を履行することができなくなったときは、債権者（本肢ではB）は、反対給付の履行を拒むことができる（536条1項）。したがって、Bは、Aに対して、代金の支払いを拒むことができる。なお、売買契約に関しては、売主が買主に特定した目的物を引き渡した場合、危険は買主に移転し、その引渡し以後は、買主は、代金の支払いを拒むことができない（567条1項）。

3 ○ 債務者がその債務の本旨に従った履行をしないとき又は債務の履行が不能であるときは、債権者は、これによって生じた損害の賠償を請求することができる。ただし、その債務不履行が、契約その他の債務の発生原因及び取引上の社会通念に照らして債務者の責めに帰することができない事由によるものであるときは、損害賠償を請求することはできない（415条1項）。本肢では、甲建物が地震によって滅失しており、債務者Aに帰責事由はないため、Bは、Aに対して損害賠償を請求することはできない。

4 × 解除による双方の原状回復義務は、同時履行の関係にある（546条、533条）。したがって、Bは、自らの債務不履行を理由に解除されていても、Bの原状回復義務とAの受領済み代金返還義務に関して同時履行の抗弁権を主張することができる。

> **Point**
> 本問は、民法の総合的な問題ではあるが、いずれの肢も、基本的な知識があれば正しく判断できるであろう。十分に正解に達することができる。

| 問7 | 正解2 | 債権譲渡 | 難易度B |

1 ○ 債権譲渡契約は、譲渡人と譲受人の合意があればそれだけで成立し、譲渡人の債務者に対する通知も、債務者の承諾も（成立要件としては）必要ない。したがって、AB間の債権譲渡契約は、Cに対する通知やCの承諾がない場合でも有効である。なお、譲渡人の債務者に対する通知又は債務者の承諾は、対抗要件である（民法467条）。

2 × 債権の譲渡禁止特約があるときであっても、債権の譲渡は、その効力を妨げられない（466条2項）。ただし、この特約を知り、又は、重大な過失によって知らなかった譲受人その他の第三者に対しては、債務者は、原則として、その債務の履行を拒むことができる（466条3項・4項）。したがって、Cは、Aに対して債務の履行を拒むことはできないとする本肢は誤っている。

3 〇 債権の譲渡は、譲渡人の債務者に対する通知又は債務者の承諾がなければ、債務者その他の第三者に対抗することができず（467条1項）、**通知は、譲渡人がしなければならない**。しかし、代理人のした行為の効果は本人に帰属する以上、通知を代理人によってすることもでき、その**代理人が譲受人であっても、代理権がある以上問題はない**。したがって、本肢のAは、Cに対して債務を履行するよう請求することができる。

4 〇 肢3で述べたように、債権譲渡の債務者に対する対抗要件は、譲渡人による債務者への通知又は債務者の承諾であるが、**第三者に対する対抗要件は、確定日付のある証書による通知又は承諾**である（467条2項）。したがって、Bが、Aへの譲渡については口頭により、Dへの譲渡については確定日付のある証書によりCに通知している本肢では、DがAに優先して権利を行使することができる。よって、Dは、Cに対して債務を履行するよう請求することができる。

> **Point**
>
> 債権譲渡に関する、基本的で、主要な論点が問われている。特に、肢1については、ここでしっかりと理解し、引っかからないようにしよう。

問8	正解4	不法行為	難易度A

1 × 他人の身体・自由・名誉を侵害した場合又は他人の財産権を侵害した場合のいずれであるかを問わず、不法行為責任を負う者は、**財産以外の損害に対しても、その賠償をしなければならない**（民法710条）。そして、被害者が**即死の場合でも、被害者自身に死亡による慰謝料請求権が発生**し、その請求権は、単なる金銭債権だから、相続によって**相続人へ承継される**（判例）。したがって、DがCの慰謝料請求権を相続することはないとする本肢は誤っている。

2 × 受働債権が人の生命又は身体の侵害による損害賠償請求権である場合は、原則として、相殺することができない（509条2号）。被害者保護のため、加害者は、被害者に対して現実に損害賠償債務を履行する必要があるからである。そうだとすると、**不法行為によって発生した債権を、自働債権として相殺することはできる**ことになる（判例）。したがって、被害者Cは、不法行為に基づく損害賠償債請求権をもって貸金債務を相殺することができる。

3 × 使用者が損害を賠償した場合、**使用者**は、その不法行為をした**被用者**に対して、損害の公平な分担という見地から、**信義則上相当な限度**で、**求償権を行使することができる**（715条3項、判例）。したがって、負担した損害額の全額を求償することができるとする本肢は誤っている。

4　○　被用者が使用者の事業の執行について**第三者に損害を加え**、その**損害を賠償した**場合には、**被用者**は、使用者の事業の性格、規模、施設の状況、被用者の業務の内容、労働条件、勤務態度、加害行為の態様、加害行為の予防又は損失の分散についての使用者の配慮の程度その他諸般の事情に照らし、**損害の公平な分担という見地から相当と認められる額**について、**使用者**に対して**求償することができる**（715条3項、判例）。したがって、Bは、Aに対して、損害の公平な分担という見地から相当と認められる額について求償することができる。

> **Point**
>
> 肢1では、不法行為に関する、やや難しい知識が問われている。しかし、本試験では、このようなレベルの問題も少なくない。肢4は、令和2年12月に出題された逆求償の判例である。

問9	正解4	遺　言	難易度B

1　○　自筆証書（相続財産目録を含む）中の加除その他の**変更**は、遺言者が、その**場所を指示し**、これを変更した旨を**付記**して特にこれに**署名**し、かつ、その変更の場所に**印を押さなければ**、その効力を生じない（民法968条3項）。この自筆証書遺言の変更の規定について、本問判決文は、「**民法は、自筆証書である遺言書に改変等を加える行為について、それが遺言書中の加除その他の変更に当たる場合には、968条3項所定の厳格な方式を遵守したときに限って変更としての効力を認める**」として、**この規定を前提にして**、本件遺言書に故意に斜線を引く行為が、1024条前段の「故意に遺言書を破棄したとき」に該当するか否かを判断している。したがって、**本肢は誤っているとはいえない**。

2　○　遺言者が**故意**に遺言書を破棄したときは、その破棄した部分については、遺言を**撤回**したものとみなされる。遺言者が故意に遺贈の目的物を破棄したときも、同様である（1024条）。この遺言書等の破棄の規定について、本問判決文は、「**民法は、自筆証書である遺言書に改変等を加える行為について、（中略）、それが遺言書の破棄に当たる場合には、遺言者がそれを故意に行ったときにその破棄した部分について遺言を撤回したものとみなすこととしている**」として、**この規定を前提にして**、本件遺言書に故意に斜線を引く行為が、1024条前段の「故意に遺言書を破棄したとき」に該当するか否かを判断している。したがって、**本肢は誤っているとはいえない**。

3　○　本問判決文は、「**本件のように赤色のボールペンで遺言書の文面全体に斜線を引く行為**は、その行為の有する一般的な意味に照らして、その**遺言書の全体を不要**のものとし、そこに記載された**遺言の全ての効力を失わせる意思の表れ**とみるの

87

が相当である」としている。したがって、「その斜線が赤色ボールペンでその**遺言書の文面全体の左上から右下にかけて引かれているという場合において**は、その**遺言書の全体を不要のものとし、そこに記載された遺言の全ての効力を失わせる意思の表れ**とみるべきである」とする**本肢は誤っているとはいえない**。

4　×　本問判決文は、「**本件のように赤色のボールペン**で遺言書の文面全体に斜線を引く行為は、その行為の有する一般的な意味に照らして、その**遺言書の全体を不要のものとし、そこに記載された遺言の全ての効力を失わせる意思の表れ**とみるのが相当であるから、その行為の効力について、一部の抹消の場合と同様に判断することはできない。以上によれば、**本件遺言書に故意に本件斜線を引く行為は、**民法1024条前段所定の『**故意に遺言書を破棄したとき**』**に該当する**というべきであり、…」としている。それに対して、本肢では、「その斜線が引かれた後も**遺言書の元の文字が判読できる状態である以上、**民法1024条前段の『**故意に遺言書を破棄したとき**』**には該当しない**」とされていることから、本問判決文によれば**本肢は誤っている**。

Point

比較的最近の判例からの出題であり、判決が出された当時、新聞等でも取り上げられた身近な問題でもある。判決文型の出題では、何が問題となっているのかを落ち着いて読み取り、判決文の主旨やそこに至るまでの理由を、しっかり読み分けることが肝要！

問10	正解3	賃貸借	難易度B

1　×　**賃貸人は、賃貸物の使用及び収益に必要な修繕をする義務を負う**。ただし、**賃借人の責めに帰すべき事由**によってその修繕が必要となったときは、その**修繕義務を負わない**（民法606条1項）。

2　×　賃借人は、目的物を受け取った後にこれに生じた**損傷**（**通常損耗・経年変化を除く**）がある場合、賃貸借が終了したときは、原則として、その損傷を**原状に復する義務**を負う（621条）。したがって、Aは、通常損耗がある場合、これを原状に復する義務を負わない。

3　○　賃借人が適法に賃借物を転貸した場合、賃貸人と賃借人が賃貸借契約を**合意解除**しても、賃貸人は、その解除の効果を転借人に対抗することはできない。ただし、その**解除の当時、賃貸人が賃借人の債務不履行による解除権を有していたときは、その解除の効果を転借人に対抗することができる**（613条3項）。したがって、本肢のBは、AB間の賃貸借契約の合意解除の効果をCに対抗することができる。

4　×　**賃借権が適法に旧賃借人から新賃借人に移転した場合でも、敷金に関する権利義**

88

務関係は、原則として、**新賃借人に承継されない**（622条の2第1項2号）。旧賃借人の交付した敷金が、新賃借人のために用いられるのは不当だからである。したがって、敷金に関する権利義務は、AからDに承継されない。

> **Point**
>
> 賃貸借に関する基本的な問題であり、すべて令和2年の改正点から出題されている。正解したい問題である。

| 問11 | 正解3 | 借地権 | 難易度B |

1 × 借地権の存続期間は、当事者が**期間を定めなかった場合**でも、**30年**となる（借地借家法3条）。ところで、解約申入れは、「期間の定めのない賃貸借」を将来に向かって終了させる意思表示であるが、30年という**期間が定まる**本肢では、**解約申入れという事態は生じない**。したがって、借地権設定者は、解約申入れをして、借地権者に対して建物を収去して土地を明け渡すよう請求することはできない。

2 × 建物の種類・構造・規模・用途を**制限**するような**借地条件**がある場合において、法令による土地利用の規制の変更、付近の土地の利用状況の変化その他の事情の変更により、現に借地権を設定するにおいてはその借地条件と異なる建物の所有を目的とすることが相当であるにもかかわらず、借地条件の変更につき当事者間に協議が調わないときは、**裁判所**は、「**当事者**（借地権設定者・借地権者）」**の申立て**により、その**借地条件を変更**することができる（17条1項）。したがって、「借地権者」の申立てがある場合に限りその借地条件を変更できるとする本肢は誤っている。

3 ○ 第三者が**賃借権の目的である土地の上の建物を競売又は公売により取得**した場合、その第三者が賃借権を取得しても借地権設定者に不利となるおそれがないにもかかわらず、借地権設定者がその賃借権の譲渡を承諾しないときは、**裁判所**は、その**第三者の申立て**により、**借地権設定者の承諾に代わる許可**を与えることができる（20条1項）。競売等により借地上の建物を取得する場合には、その取得前に借地権設定者の承諾を得ることは事実上難しいため、競売等により借地上の建物を取得した第三者が、この申立てをすることができる。

4 × 一筆の土地である**借地上に2棟の建物**が存する場合、**一方の建物の登記**があれば、他方の建物について登記がなくとも、借地権者は、第三者に対して、**土地全体**について**借地権を対抗することができる**（判例）。

Point

正解肢である肢3にあるような、借地権の譲渡・転貸に関する知識が問われなくなって久しい。いつ出題されてもおかしくないので、この機会に確認しておこう。

問12	正解1	借家権	難易度B

1　○　定期建物賃貸借をするには、**契約期間を定めなければならない**。そして、この場合、たとえ定められた契約期間が**1年未満**であっても、それが**そのまま契約期間**となる（借地借家法38条1項）。したがって、本肢のように、当事者間で8か月と合意すれば、そのとおり、契約期間8か月の定期建物賃貸借となる。

2　×　通常の建物賃貸借においては、**書面を必要とする規定はない**が、定期建物賃貸借においては、**書面**（又は**電磁的記録**）が必要とされている（38条1項・2項）。したがって、定期建物賃貸借契約であるか否かにかかわらず、書面又は電磁的記録により契約を締結しなくても効力を生じるとする本肢は誤っている。

3　×　賃貸借の対象となる床面積が**200㎡未満**の、**居住用建物**の定期建物賃貸借契約においては、転勤、療養、親族の介護その他のやむを得ない事情により、賃借人が建物を**自己の生活の本拠として使用すること**が困難となったときは、**賃借人**は、**建物の賃貸借の解約の申入れ**をすることができる（38条7項）。したがって、本肢の定期建物賃貸借契約において、上記の要件を満たすのであれば、Bは、期間の途中で解約を申し入れることができる。

4　×　定期建物賃貸借契約は、更新が認められない等特別な面もあるが（38条）、**借家契約であることに違いはない**から、**造作買取請求権**の規定についても、**通常の借家契約と同様に適用される**。つまり、造作買取請求権を排除する特約がなければ（37条）、賃借人は、期間の満了又は解約の申入れによって賃貸借契約が終了するときに、賃貸人の同意を得て建物に付加した造作について、賃貸人に対し造作買取請求権を行使することができる（33条）。

Point

定番となった「定期建物賃貸借」に関する問題である。過去にも問われている知識が出題されており、決して難しい問題ではないが、賃貸借関係の問題は得意ではないとする受験生も少なくない。このレベルの問題については正解を導けるよう、確実に知識を身につけていきたい。

問13	正解4	区分所有法	難易度A

1 × 集会の議事録が**書面**で作成されているときは、議長及び集会に出席した区分所有者の２人がこれに**署名しなければならない**（区分所有法42条３項）。しかし、**押印は不要**である。

2 × 敷地利用権が数人で有する**所有権**その他の権利である場合には、区分所有者は、**規約で別段の定めがあるときを除き**、その有する**専有部分とその専有部分に係る敷地利用権とを分離して処分することができない**（22条１項）。したがって、規約によらなくとも、集会の決議があれば、その有する専有部分とその専有部分に係る敷地利用権とを分離して処分することができるとする本肢は誤っている。

3 × 区分所有者の承諾を得て**専有部分を占有する者**は、会議の目的たる事項（議題）につき利害関係を有する場合には、集会に**出席して意見を述べる**ことができるが（44条１項）、**議決権は有していない**。議決権は、区分所有者に認められる権利だからである。

4 ○ 専有部分の賃借人などの**占有者**は、建物又はその敷地若しくは附属施設の**使用方法**につき、**区分所有者**が規約又は集会の決議に基づいて負う義務と**同一の義務を負う**（46条２項）。建物などの使用方法に関しては、賃借人などの占有者も、区分所有者と異なるところがないからである。

Point

本問に関する知識は、すべて過去に出題されている。正解しなければならない基本的な問題である。なお、肢１は、近年の改正点であるから要注意！

問14	正解3	不動産登記法	難易度B

1 ○ **賃借権の登記**については、登記の目的・登記原因及びその日付などのほか、**敷金**があるときは、その旨も**登記事項**となる（不動産登記法59条、81条４号）。賃貸人の敷金返還債務は、賃貸不動産の所有権が移転した場合、未払賃料等を控除した残額について新所有者（新賃貸人）に承継されるため（民法605条の２第４項、622条の２第１項）、敷金の有無やその額等は新所有者にとって重要なことだからである。

2 ○ 登記官は、申請に係る**不動産の所在地**が当該申請を受けた**登記所の管轄に属しないとき**は、理由を付した決定で、登記の**申請を却下**しなければならない（不動産登記法25条１号）。

3 × 所有権の**保存の登記**は、次の①～⑤以外の者は、**申請することができない**（74条）。

91

① 表題部所有者

② 表題部所有者の相続人その他の一般承継人

③ 所有権を有することが確定判決によって確認された者

④ 収用によって所有権を取得した者

⑤ 「区分建物」の表題部所有者から所有権を取得した者

表題部所有者Aから「土地」を買い受けたBは、①～⑤のいずれにも該当しない。したがって、Bは、Aと共同してであっても、Bを登記名義人とする所有権の保存の登記の申請をすることはできない。なお、本肢の場合は、Aが自己名義で所有権の保存の登記をし、Bと共同してBを登記名義人とする所有権の移転の登記の申請をすることになる。

4 ○ 信託行為（信託契約や遺言等）により、信託財産は、その不動産等を有する委託者から受託者に帰属するため、信託に係る権利の保存・設定・移転・変更の登記の申請と、信託の登記（信託財産であることを示す登記）の申請をする必要がある。そして、これらの登記は同一の信託行為に基づいているから、信託の登記の申請は、当該信託に係る権利の保存、設定、移転又は変更の登記の申請と同時にしなければならない（98条1項）。

> **Point**
>
> 肢1や肢4については、基本的知識からの出題とはいえないが、過去の本試験において問われている。また、正解肢である肢3は、学習すべき事項である、所有権保存登記の申請適格者についての問題であり、正解を導くことは十分可能である。

| 問15 | 正解2 | 都市計画・建築制限等 | 難易度A |

1 ○ 予定区域内で次の行為を行おうとする場合、原則として知事等の許可が必要となる（都市計画法52条の2第1項）。

① 建築物の建築

② 工作物の建設

③ 土地の形質の変更

したがって、建築物の建築以外の行為として、②③の場合も、許可が必要である。

2 × 工業専用地域は、工業の利便を増進するため定める地域である（9条13項）。「主として」が含まれるのは、「工業地域」である（同12項）。

3 ○ 市街地開発事業の施行区域のうち、土地区画整理事業等の施行区域では、建築物の建築の許可を申請した場合、次の許可基準に該当することにより、知事等から「必ず許可」される（54条3号）。

〔許可基準〕

「階数が**2**以下で、かつ、**地階を有せず**、容易に移転し又は除却できる建築物で、主要構造部が、木造、**鉄骨造**、コンクリートブロック造、その他これらに類する構造であること」

この「許可基準」は、許可が不要とされる扱いではない。つまり、本肢では許可が必要となる。

4 ○ **市町村**が定める都市計画は、議会の議決を経て定められた当該**市町村**の建設に関する**基本構想**に即し、かつ、**都道府県**が定めた都市計画に**適合**したものでなければならない（15条3項）。

> **Point**
>
> 肢1・3は、都市計画制限に関する論点である。また、正解肢2は、用途地域に関する知識を問う論点である。いずれも整理しよう。

問16	正解1	開発許可手続き等	難易度A

1 ○ 開発許可を申請しようとする者は、あらかじめ、開発行為に**関係がある**公共施設の**管理者と協議**し、その**同意**を得なければならない（都市計画法32条1項）。

2 × **開発行為**とは、主として**建築物の建築**又は**特定工作物の建設**の用に供する目的で行う土地の区画形質の変更をいう（4条12項）。つまり、水田のみにする目的で行う土地の区画形質の変更は、その規模に関わらず、開発行為に該当しない。したがって、開発許可は「**不要**」である（29条1項）。

3 × 都市計画法**33条**に規定する開発許可の基準のうち、「**排水施設の構造・能力についての基準**」は、「**主として自己居住用に供する住宅建築用等を目的とする開発行為**」か「**それらの開発行為以外**」かの**区別なく**、「**適用される**」（33条1項3号）。

4 × 開発許可を受けた開発区域内の土地においては、開発行為に関する**工事完了の公告があるまで**の間であれば、例外として「**工事用の仮設建築物**」を建築できる（37条1号）。この際、「知事の承認」は不要である。

> **Point**
>
> 正解肢1は、公共施設の管理者の同意等に関する論点である。また、肢3は、開発許可基準の論点である。いずれの選択肢も重要論点であるので確認しておこう。

| 問17 | 正解2 | 建築基準法（総合） | 難易度A | |

1 × 公園・広場・「道路」・川等の内にある建築物で特定行政庁が安全上、防火上及び衛生上支障がないと認めて建築審査会の同意を得て許可したものについては、建蔽率の制限は「適用されない」（建築基準法53条6項3号）。

2 ○ 特殊建築物（用途に供する床面積合計が200㎡超）及び大規模建築物は、原則として検査済証の交付後でなければ使用開始はできないが、次のいずれかの場合は検査済証の交付前でも、仮に、当該建築物又は建築物の部分を使用し又は使用させることができる（7条の6第1項）。
① 特定行政庁が、安全上・防火上・避難上支障がないと認めたとき
② 建築主事が、安全上・防火上・避難上支障がないものとして国土交通大臣が定める基準に適合していることを認めたとき
③ 工事の完了検査の申請を建築主事が受理した日から7日を経過したとき
本肢の「210㎡のコンビニエンスストアー」は、この特殊建築物に該当するので（6条1項1号）、上記③に当てはまる本肢の場合、例外的に、検査済証の交付前でも、仮に使用し又は使用させることができる。

3 × 都市計画区域内における新築にあたっては、建築主は、規模にかかわらず建築確認を受ける必要がある（6条1項4号）。また、「建築主」は、建築物を建築しようとする場合は、床面積の合計が10㎡以内の場合を除き、建築主事を経由して、知事に届出が必要である（15条1項）。届出が必要な場合でも、「建築主事」が届け出るのではない。

4 × 特定行政庁又は「建築監視員」は、工事中の建築物について法の規定に違反することが明らかな建築物について、緊急の必要がある一定の場合、建築主・工事請負人・現場管理者等に対して、工事の施工停止命令を行うことが「できる」（9条10項、9条の2）。

> **Point**
> いずれの選択肢も、近年しばらく出題されていない論点であるので、確認しておこう。
> 特に、肢1・3・4のひっかけ論点には注意のこと！

| 問18 | 正解3 | 建築基準法（総合） | 難易度B | |

1 × 「隣地境界線からの水平距離が一定の位置において確保される採光・通風等」と、同程度以上の採光・通風等が当該位置において確保される一定の建築物（一定基準に適合した建築物）には、隣地斜線制限は「適用されない」（建築基準法56条7項2号）。

2 ✕ 延べ面積が「**3,000㎡を超える**」（本肢は2,900㎡）建築物は、一定の**主要構造部**（床・屋根・階段を除く）の全部又は一部に木材・プラスチック等の**可燃材料**を用いている場合、一定の技術的**基準に適合**するもので、**国土交通大臣が定めた構造方法**を用いるもの又は**国土交通大臣の認定**を受けたものとしなければならない（21条2項、2条9号の2イ）。

3 〇 **特定街区内の建築物**については、**容積率**（52条）、建蔽率（53条）、高さ（55条〜57条）の制限等の規定は、**適用されない**（60条3項）。

4 ✕ 建築協定を**締結**する場合は、原則として、区域内の所有者及び借地権者**全員の合意**が必要である。この場合、その区域内の土地に借地権者がいないときは、所有者の全員の合意が必要であるが、**借地権の目的**となっているときは、当該借地権の目的となっている土地の所有者の合意が得られなくても、「当該借地権の目的となっている土地の所有者以外の土地の**所有者等（借地権者）の全員の合意**」があればよい（70条3項）。

Point

肢2（大規模建築物の主要構造部等）については、数字を正確に覚えよう。また、正解肢3の「特定街区内の建築物」は、さまざまな制限規定が緩和されていることを確認しよう。さらに、肢4は、しばらく出題されていない論点であるので、覚えておこう。

問19	正解4	宅地造成等規制法	難易度B

1 ✕ **宅地造成**とは、「**宅地以外の土地を宅地にする**」ため又は**宅地**において行う土地の形質の変更で、政令で定めるものをいう（宅地造成等規制法2条2号、施行令3条）。したがって、「**宅地を宅地以外の土地**」にするために行うものは、その規模（本肢では崖の高さが5m超）**にかかわらず**、宅地造成の定義には該当しないので、**知事の許可は不要**である。

2 ✕ 知事は、規制区域内における宅地の所有者、管理者又は「**占有者**」に対して、当該宅地又は当該宅地において行われている**工事の状況**について**報告**を求めることができる（宅地造成等規制法19条）。

3 ✕ 国又は**都道府県**（指定都市等の区域内ではそれぞれ指定都市等を含む）が、規制区域内において行う宅地造成に関する工事については、国又は**都道府県**と**知事**（指定都市等の区域内では、それぞれ指定都市等の長をいう）**との協議**の成立をもって**許可**があったものとみなされる（11条）。したがって、「**許可は不要**」ではない。

4 〇 規制区域内において、「**切土又は盛土をする土地の面積が1,500㎡超**（本肢では

2,000㎡）の土地の排水施設を設置する場合、その土地における排水施設は、政令で定める資格を有する者の設計によらなければならない（9条2項、施行令16条2号）。

Point
正解肢4は出題頻度が高くはないが、確認しておこう！

問20	正解3	土地区画整理法	難易度B

1　×　換地処分は、施行者が関係権利者に、換地計画において定められた関係事項を「通知」して行う（土地区画整理法103条1項）。「公告」してするのではない。

2　×　保留地を定める際に、保留地の価額について、本肢のような制限が適用されるのは「公的」施行者のみであり、個人施行者・「組合」・区画整理会社には、この規定は適用されない（96条2項）。

3　○　施行者は、施行地区内の宅地について換地処分を行うため、換地計画を定めなければならず、施行者が個人施行者、組合、区画整理会社、市町村又は機構等であるときは、その換地計画について知事の認可を受けなければならない（86条1項）。そして、個人施行者、組合又は区画整理会社が認可の申請をしようとするときは、換地計画に係る区域を管轄する市町村長を経由して行わなければならない（同2項）。

4　×　組合の設立認可の申請が、知事に対してあった場合、当該知事は、原則として、施行地区となるべき区域を管轄する「市町村長」に、その事業計画を2週間公衆の縦覧に供させなければならない（20条1項本文）。「知事自ら」縦覧に供するのではない。

Point
肢1・正解肢3・肢4は、近年出題されていないので注意しよう。肢2は、出題可能性は高くないが、民間施行には関係ない箇所であることを、念のため確認しておこう。

問21	正解4	農地法	難易度B

1　×　登記簿上の地目（本肢では雑種地）に関係なく、現に耕作の用に供されている土地は「農地」であり（農地法2条1項）、農地転用を目的とする権利移動であれば、知事（指定市町村の区域内では指定市町村の長）の5条許可が「必要」である（5条1項）。本肢のように、「一定の期間（本肢では3ヵ月間）資材置場として無償で借り受けをする」場合でも、その規模にかかわらず5条許可は必要となる。また、本肢は「市街化区域内」ではないので、「農業委員会へ届出」という特例（5

96

条1項6号）も適用されない。

| 2 | × | 農地を転用する場合、原則として、**4条許可が必要**である（4条1項）。「**休閑地**」は「**農地**」となるので、**許可**を受けないと転用できない。 |

| 3 | × | 土地区画整理法に基づく**土地区画整理事業**により、**道路・公園等公共施設を建設する目的**で、農地を転用しようとする場合、**4条許可**は「**不要**」である（4条1項8号、施行規則29条5号）。 |

| 4 | ○ | **土地収用法**その他の法律によって農地等が**収用され、又は使用される**場合には、**3条許可は不要**である（農地法3条1項11号）。 |

> **Point**
>
> いずれも<u>重要ポイント</u>である。肢1・2は「農地の定義」にかかわる論点である。また、肢3・正解肢4は許可不要のケースである。肢3に関しては、4条特有の許可不要のケースであり、これ以外にも「農業用施設に供する目的で行う2a未満のケース」もあるので、整理しておこう。

| 問22 | 正解 1 | 国土法（事後届出） | 難易度A | 得点すべし！ |

| 1 | × | 一定の売買契約で権利取得者となった者が行った**事後届出**に対して、知事から土地の利用目的に関する**変更勧告**がなされた場合、当該権利取得者がその勧告に従わなかったときでも、知事は、当該届出に係る**土地の売買の契約**を「**無効にはできない**」（国土利用計画法47条、48条、49条1号参照）。 |

| 2 | ○ | 知事は、**権利取得者**に対し、**勧告**をした場合、必要があると認めるときは、その勧告に基づいて講じた措置について**報告**をさせることができる（25条）。 |

| 3 | ○ | 土地の売買の契約を締結した場合の届出について、**虚偽の届出**をした者は、「**6ヵ月**以下の懲役又は**100万円**以下の罰金」に処せられる（47条3号）。 |

| 4 | ○ | **事前**届出（注視区域・監視区域）が必要な場合は、併せて**事後**届出をする**必要はない**。 |

> **Point**
>
> 正解肢1について、届出制で無効になるということはない。また、肢3について、近年出題されていない。これらの数字は正確に覚えておこう。

第2回　解答・解説

97

| 問23 | 正解4 | 印紙税 | 難易度B |

1 × 営業に関しない受取書には、印紙税は課税されない（印紙税法2条、別表第1第17号）。

2 × 契約金額を減額する変更契約書は、記載金額のない契約書として200円の印紙税が課税される（別表第1第1号、課税物件表の適用に関する通則4ニ）。

3 × 国・地方公共団体等の作成した文書に印紙税は課税されない。本肢の場合、株式会社D社が保存する契約書はC県（地方公共団体）が作成したものとみなされることから、印紙税は「課税されない」（印紙税法5条2号、4条5項）。「保存」と「作成」のズレに注意。

4 ○ 印紙税を納付しなかった場合の過怠税は、納付しなかった印紙税の額とその2倍に相当する金額との合計額（合計で3倍）である（20条1項）。なお、作成者が「自己申告」（本肢は「税務調査により判明」）した場合の過怠税は、納付しなかった印紙税額とその10％の金額との合計額に相当する金額（合計で1.1倍）である（同2項）。

> **Point**
> 印紙税は、直近では令和2年（2020年）10月・令和4年（2022年）に出題されているが、連続で出題される可能性もあるので、基本知識は押さえておいてほしい。

| 問24 | 正解2 | 固定資産税 | 難易度B |

1 × 空家等対策の推進に関する特別措置法14条2項の規定により所有者等に対し勧告がされた同法2条2項に規定する特定空家等の敷地の用に供されている土地は、「住宅用地」から除かれている（地方税法349条の3の2第1項）。

2 ○ 固定資産税の納税者は、その納付すべき当該年度の固定資産税に係る固定資産について固定資産課税台帳に登録された価格（一定のものを除く）について不服がある場合においては、一定の期間内に、文書をもって、固定資産評価審査委員会に審査の申出をすることができる（432条1項本文）。

3 × 固定資産税の納期は、4月、7月、12月及び2月中において、当該「市町村」の条例で定めるが、特別の事情がある場合においては、これと異なる納期を定めることができる（362条1項）。固定資産税は、固定資産に対し、当該固定資産所在の市町村において課する（市町村税、342条1項）ことからも、「都道府県」と「市町村」のひっかけに注意してほしい。

98

4 ✕ 固定資産税の標準税率は、「100分の1.4」である（350条1項）。

> **Point**
>
> 令和5年は、不動産取得税の方が出題可能性は高いが、固定資産税に関する基本知識も、ひととおり押さえておこう。

| 問25 | 正解3 | 地価公示法 | 難易度B |

1 ✕ 土地鑑定委員会は、都市計画法に規定する**都市計画区域その他の土地取引が相当程度見込まれるものとして国土交通省令で定める区域**（国土利用計画法の規定により指定された規制区域を除く。これを「**公示区域**」という）**内の標準地**について、毎年1回、国土交通省令で定めるところにより、2人以上の不動産鑑定士の鑑定評価を求め、その結果を審査し、必要な調整を行って、一定の基準日における当該標準地の単位面積当たりの正常な価格を判定し、これを公示する（地価公示法2条1項）。したがって、**公示区域**は、**都市計画区域の内外を問わず選定される**。

2 ✕ 標準地の鑑定評価は、**2人以上の不動産鑑定士**が行う（2条1項）。また、**標準地の鑑定評価を行った不動産鑑定士**は、正当な理由がなく、その鑑定評価に際して知ることのできた**秘密を漏らしてはならない**（24条）。そして、標準地の鑑定評価について**虚偽の鑑定評価を行った不動産鑑定士**、「**又は**」、**正当な理由がなく**、標準地の鑑定評価に際して知ることのできた**秘密を漏らした不動産鑑定士**は、**6月以下の懲役**若しくは**50万円以下の罰金**又はこれを**併科**される（27条）。

3 〇 **土地鑑定委員会**は、標準地の単位面積当たりの正常な価格を判定したときは、すみやかに、**次に掲げる事項を官報で公示**しなければならない（6条）。標準地の価格の「総額」については、官報で公示する必要はない。
① 標準地の所在の郡、市、区、町村及び字並びに地番
② **標準地の単位面積当たりの価格**及び価格判定の基準日
③ 標準地の地積及び形状
④ 標準地及びその周辺の土地の利用の現況
⑤ その他国土交通省令で定める事項

4 ✕ **土地収用法**の規定により、公示区域内の土地について、当該土地に対する**事業の認定の告示の時における相当な価格**を算定するときは、公示価格を「**規準**」として算定した当該土地の価格を考慮しなければならない（10条）。**収用する土地に対する補償金の額を算定する場合**は公示価格を「**規準**」とする旨の規定である。

> **Point**
>
> 肢2以外は、過去問分析で対応できる基本知識である。令和5年は不動産鑑定評価基準の方が出題可能性が高いので、地価公示法の対策としては、最低限の過去問分析が有用である。

問26	正解4	37条書面	難易度B

1 × 宅建業者が、媒介により**建物の貸借**の契約を成立させた場合、**契約の更新**に関する事項は、**37条書面の記載事項ではない**（宅建業法37条2項参照）。この点、契約の更新に関する事項は、「35条書面の記載事項」であるが、37条書面の記載事項と35条書面の記載事項とを混同しないこと（35条1項14号、規則16条の4の3第8号）。

2 × 宅建業者が、媒介により**建物の貸借**の契約を成立させた場合において、**保証人の氏名**及び**住所**は、**37条書面の記載事項ではない**（宅建業法37条2項参照）。「当事者の氏名及び住所」が必要的記載事項であること（37条2項1号・1項1号）と混同しないこと。

3 × **既存建物**の**売買**の媒介に関し、37条書面には、「**建物の構造耐力上主要な部分等の状況**について、**当事者双方が確認した事項**」を記載しなければならない（37条1項2号の2）。これは**必要的記載事項**であり、建物状況調査が実施されず、建物の構造耐力上主要な部分等の状況について**当事者双方が確認した事項がなければ**、「**無**」と37条書面に**記載しなければならない**。

4 ○ マンション（建物）の**貸借**の媒介に関し、期間の定めのある賃貸借において、**借主からの中途解約を認める**条項は、「**契約の解除に関する定めがあるときの、その内容**」に該当するので、37条書面に記載しなければならない（37条2項1号、1項7号）。

> **Point**
>
> 肢1の建物の貸借における「契約の更新」に関する事項は、37条書面の記載事項ではない。契約の更新に関する事項を37条書面の記載事項と勘違いする受験生はとても多いので、注意しよう。

問27	正解3	手付金等の保全措置等	難易度A

1 ○ 宅建業者が**自ら売主**となって宅建業者ではない買主から手付を受領したときは、その**手付**は**解約手付**とみなされ、相手方が契約の履行に着手するまでは、買主は

100

その手付を放棄して、宅建業者は手付の倍額を現実に提供して、**契約の解除をすることができる**（宅建業法39条2項）。

2　○　宅建業者が、**自ら売主**として宅建業者ではない買主と宅地建物の**売買契約**を締結する場合、原則として、一定の保全措置を講じた後でなければ手付金等を受領することができないが、本肢では、受領する手付金の額は500万円であり、それは**完成物件の代金額**（5,000万円）**の10％以下**、かつ、**1,000万円以下**であるので、Aは500万円の**手付金を受領する前に保全措置を講じる必要はない**（41条の2第1項、令3条の5）。また、マンションの**引渡し**及び所有権の移転登記と**同時**に受領する**中間金**は、**手付金等の保全措置**の対象とはならない（宅建業法41条の2第1項、41条1項）。したがって、Aは、保全措置を講ずることなく、手付金及び中間金を受領することができる。

3　×　手付金等の保全措置の対象となる「**手付金等**」とは、①**契約締結後、物件引渡し前に授受される金銭**で、かつ、②**代金に充当されるもの**をいう（41条1項）。**申込証拠金**は、契約締結前に授受されるものであり、「手付金等」には該当しないが、**契約締結後**、申込証拠金を**代金に充当**すると、手付金等の保全措置の対象となる「手付金等」に該当する。そして、本肢では、受領した手付金の額と代金に充当する申込証拠金の額は合計で530万円となり、**代金**（5,000万円）**の10％を超える**ことになるので、Aは申込証拠金を代金に充当する前に、合計530万円について**保全措置を講じる必要がある**（41条の2第1項）。

4　○　宅建業者が保全措置を講ずることが必要な場合に、**保全措置を講じない**ときは、買主は**手付金等を支払わない**ことができる（41条の2第5項）。

Point

①手付の性質と額の制限、②手付金等の保全措置の2つの規制は、いずれも8種規制ではあるが、類似しており、2つを混同している受験生は多い。

①の「手付」は、手付のみに対する規制であり、ⅰ）手付金の額は代金額の20％まで、かつ、ⅱ）手付は解約手付とみなす旨の規定である。

②の「手付金等」は、手付金等に対する規制であり、手付金等とは、ⅰ）契約締結後引渡し前までに授受される金銭であり、かつ、ⅱ）代金に充当されるものである。したがって、手付・中間金・残代金などの名称を問わず、上記ⅰ）かつⅱ）に該当するものは、すべて「手付金等」に含まれ、法定の保全措置を講じなければならない場合がある。

第2回　解答・解説

| 問28 | 正解1 | 監督処分 | 難易度B | |

1 ○ 宅建士が他人に自己の名義の使用を許し、当該他人がその名義を使用して宅建士である旨の表示をした場合、たとえその名義を借りた者が宅建士であったとしても、名義貸しの禁止規定に違反し、名義貸しをした宅建士は登録を受けている都道府県知事から事務禁止処分を受けることがある（宅建業法68条2項・1項2号）。

2 × 宅建業に係る営業に関し成年者と同一の行為能力を有しない未成年者が宅建業者である場合、その法定代理人が免許欠格者になると、未成年者である宅建業者の免許は取り消される（66条1項2号）。しかしながら、贈賄罪で罰金刑に処せられても、法定代理人は免許欠格者ではなく、Cの免許が取り消されることはない（5条1項6号参照）。

3 × 国土交通大臣は、国土交通大臣の免許を受けた宅建業者が37書面の交付義務違反等の消費者の利益保護に関わる規定に違反したことを理由に、業務停止処分等の監督処分を行おうとする場合は、あらかじめ内閣総理大臣に協議しなければならない（71条の2第1項）。しかし、都道府県知事が宅建業者に監督処分を行おうとする場合に内閣総理大臣に協議しなければならない旨の規定は存しない。

4 × 宅建業者が免許換えの申請が必要であるにもかかわらず、これを怠り、新たな免許権者の免許を受けていないことが判明した場合、免許権者（甲県知事）は、その免許を必ず取り消さなければならない（66条1項5号、7条1項、3条1項）。したがって、Eは、甲県知事から必ず免許取消処分を受けるのであり、業務停止処分を受けることはない。

> **Point**
> 肢4について、本肢のように宅建業者が免許換えを怠った場合の監督処分は、必要的免許取消処分（必ず免許を取り消さなければならない）である。よって、免許取消処分以外の監督処分（指示処分や業務停止処分）を受けることはない。ひっかけ問題ではあるが、本試験にも出題されているので注意しよう。

| 問29 | 正解3 | 免許複合 | 難易度A | |

ア × 国土交通大臣又は都道府県知事（免許権者）は、免許（宅建業法3条1項の宅建業者の免許）に条件を付し、及びこれを変更できる。この免許は、新規に免許をする場合のみならず、有効期間の更新をする場合も含む（3条の2第1項）。よって、「更新を除く」とする本肢は誤り。

102

イ　○　免許権者（甲県知事）は、その免許を受けた宅建業者の受けた**指示処分**（**業務地を管轄する知事の行った指示処分を含む**）の**年月日や内容**を甲県に備えられる当該宅建業者の宅建業者名簿に**登載**しなければならない（8条2項8号、規則5条1号）。

ウ　○　宅建業法上、「本店」や「宅建業を営む支店」以外に、商業登記簿に本店や支店の登記がなくても、①**継続的に業務を行うことができる施設を有する場所**で、②**宅建業に係る契約締結権限を有する使用人を置く場所**も「**事務所**」に該当する（3条1項、令1条の2第2号、国交省「考え方」）。したがって、乙県に設置する営業所は「事務所」に該当し、甲県と乙県に事務所を有することになるので、本店の所在地を管轄する知事を経由して国土交通大臣に免許の申請（甲県知事免許から国土交通大臣免許への**免許換えの申請**）をする必要がある（宅建業法7条1項3号）。

エ　×　宅建業者が**死亡**した場合、その**相続人**は、死亡したことを知った日から30日以内に、宅建業者が免許を受けていた免許権者に**廃業等の届出**をしなければならない（11条1項1号）。もっとも、死亡した宅建業者の**免許の効力が失われる時期**は、届出時ではなく、**死亡した時**である（11条2項参照）。

以上から、正しいものは「イ、ウ」であり、正解は肢3である。

> **Point**
>
> 肢アの免許の条件制度については、免許の有効期間が3年から5年に延長する法改正が行われた際に、創設されたものである。この条件を付することができるのは、新規に免許を受ける場合及び免許の有効期間の更新時である。免許の更新時に付せられる条件の具体例としては、従前の免許の有効期間中に役員等が暴力団の構成員であったり、暴力団の実質的支配下に入った事実がある者に対して、「暴力団の構成員を役員としないこと」又は「暴力団の実質的な支配下に入らないこと」などが想定されている（国交省「考え方」）。

問30	正解3	広告複合	難易度B

1　○　建物の転貸は、**自ら貸借**であり宅建業法上の「取引」ではなく（宅建業法2条2号）、転貸人（貸主）が行う広告に宅建業法の**取引態様の別の明示義務の規定**は、**適用されない**（34条1項）。自ら貸借の引っ掛け問題に注意しよう。

2　○　宅建業者が宅建業の取引に関する**広告**を行う際は、**取引態様の別を明示**しなければならない。もっとも、媒介であれば、その**媒介の種類の明示**（一般媒介か、専任媒介か、専属専任媒介のいずれであるかの明示）までは、宅建業法上は要求されていないので、取引態様としては、「**媒介**」**と明示**するだけで十分である（34条1項）。

103

3　✕　宅建業者は、宅地造成工事規制区域内における宅地の造成等に関する**工事の完了前の宅地**においては、その**工事に必要な許可等の処分があった後**でなければ、売買その他の業務に関する**広告をしてはならない**が（33条、令2条の5第23号）、**宅地造成等規制法8条の許可を受けた後**であれば、工事に必要な許可等の処分があったことになり、工事後に実施される宅地造成工事の**完了検査**を受ける前であっても、広告をすることができる。

4　○　顧客を集めるために**売る意思のない**、条件の良い宅地建物を広告し、実際は他の物件を販売しようとする「**おとり広告**」は、誇大広告（宅建業法32条）に該当する（国交省「考え方」）。取引の相手方が**実際に誤認したか否か**、**損害を受けたか否か**は、誇大広告の禁止規定に該当するか否かの**判断には影響せず、監督処分の対象となる**（65条、66条）。

> **Point**
>
> 取引態様の別の明示義務とは、物件について「売主」「媒介」「代理」等を明示する義務であり、売主の名称や媒介の種類（一般・専任・専属専任）を明示する義務はない。実際の新築分譲マンションの販売チラシには「専属専任媒介」などと表示するケースも多く、かかる表示をしても違反ではないが、宅建業法上は、「媒介」との表示だけで取引態様の明示義務は遵守していることになる。

問31	正解2	報酬規制	難易度B

1　✕　「**宅地**」は居住用建物以外であり、**居住用建物以外の貸借の媒介**・代理の依頼を受けた宅建業者が依頼者から受領できる報酬の限度額は、**依頼者から合計で借賃の1か月分**に相当する額である（宅建業法46条1項・2項、報酬告示4）。よって、Aは、依頼者であるB及びCから合計して5万円を限度に報酬を受領できるので、仮にBから報酬を受領しなければ、Cから受領できる報酬の限度額は5万円となる。この点、**居住用建物の賃貸借の媒介**に関して依頼者の一方から受けることのできる報酬の額は、当該媒介の依頼を受けるに当たって当該依頼者の承諾を得ている場合を除き、借賃の2分の1か月分以内であるが、それと混同しないこと。

2　○　宅建業者が遠隔地等の**低廉な空家等の売買・交換**を媒介・代理する場合、かかる物件の現地調査等には通常よりも調査費用がかかるにもかかわらず、物件価額が低く、成約しても報酬が伴わず赤字になってしまうので、このような物件の媒介等が避けられる傾向があった。そこで、**低廉な空家等**（消費税を含まない価額が**400万円以下の物件**。交換の場合は、高い方の金額が400万円以下。空家が代表的ではあるが、**空家でない建物や宅地も含む**）であって、**通常の媒介・代理と比**較して現地調査等の費用を要するものは、宅建業者が受領できる報酬の特例とし

104

て、一定のルールのもと、当該現地調査等の費用に相当する額（人件費を含む）を従来の報酬額に加算できる（報酬告示7・8、国交省「考え方」）。したがって、「低廉な空家等」には、空家でない建物や宅地も含まれるので、本肢は正しい。

3 × 居住用建物以外の賃貸借の媒介依頼を受けた場合で、権利金の授受があるときは、宅建業者は、権利金の額を売買代金とみなして計算した額（媒介の依頼者の一方から、500万円×3％＋6万円＝**21万円**。なお、貸主及び借主の双方から媒介依頼を受けた場合は、貸主から21万円、借主から21万円で合計すれば42万円となる）と、**1か月分の借賃**（依頼者から受領する報酬＝貸主及び借主の双方から媒介依頼を受けた場合は、双方の依頼者から受領する報酬の合計額が1か月分の借賃相当額である30万円。合計30万円以下であれば、貸主と借主の内訳に制限はない）のいずれか高い方の額が報酬限度額となる（報酬告示4・6）。本肢では、依頼者の一方である貸主E又は借主Fから受領できる報酬限度額を訊いており、権利金の額を売買代金とみなして報酬計算すれば、500万円×3％＋6万円＝21万円が限度額となるが、1か月分の借賃相当額30万円を基準にすれば、30万円まではE又はFから受領できるので、Aが依頼者の一方であるE又はFから受領することができる報酬限度額は、**30万円**となる。宅建業者が受領する報酬合計額の高い方を訊いているのであれば、42万円となるが、本肢は、あくまで依頼者の一方であるE又はFから受領することができる報酬限度額を訊いているので、混同しないこと。

4 × 媒介により貸借の契約を締結させた場合の報酬の支払時期については、宅建業法に特段の制限はなく、報酬の支払時期について特約がなければ、Aが媒介の依頼を受けてGH間に賃貸借契約を締結させた後は、Hの入居前でも、Aは報酬の支払いを請求できる（民法656条、648条2項参照）。

> **Point**
> 肢1の宅地の賃貸借の媒介について、依頼者の一方から受領できる報酬限度額（以下、消費税を考慮しない）を、半月分の賃料相当額と誤解してしまう受験生は多い。（依頼者の事前の承諾がない限り）「依頼者の一方から半月分の賃料相当額」までしか受領できないのは、「居住用建物の賃貸借の媒介」である。賃料を報酬計算の基準とした場合、「宅地の賃貸借の媒介」は、報酬として「依頼者から1か月分の賃料相当額」まで受領できる。

第2回 解答・解説

| 問32 | 正解1 | 宅建業におけるIT化 | 難易度B |

1 ○ 宅建業者は、事務所ごとに**従業者名簿**を備えて、取引の関係者から請求があった場合は従業者名簿を**閲覧**に供する義務がある（宅建業法48条3項・4項）。この閲覧は、

事務所のパソコンのハードディスクに記録したものを紙面又は**パソコンの画面に表示**する方法で行ってもよい（規則17条の2第3項、国交省「考え方」）。

2 × 宅建業者は、事務所ごとに業務に関する**帳簿**を備えなければならない（宅建業法49条）。その帳簿は、紙への記載以外に、**法定記載事項をパソコンのハードディスクに記録し、必要に応じ当該事務所においてパソコンやプリンターを用いて明確に紙面に印刷することが可能な環境**を整えれば、パソコンのハードディスクへの記録を帳簿への記載に代えることができる（規則18条2項、国交省「考え方」）。

3 × **重要事項の説明**は、説明を受ける者の承諾を得て、テレビ会議等のITを利用して行うこと（**IT重説**）が可能である。もっとも、IT重説を行う際は、35条書面をあらかじめ説明を受ける者に交付するか、又は、電磁的方法による提供を行っておく必要がある（宅建業法35条、国交省「考え方」、IT重説実施マニュアル）。よって、**重要事項説明書**については、必ずしも35条8項又は9項の規定による**電磁的方法による提供**に限らず、法35条1項から3項に基づく**書面の交付**によることも可能なので、電磁的方法による提供に限定する本肢は誤り。

4 × 宅建業者は、宅地建物の売買の**専属専任媒介契約**を締結した場合、依頼者に対し1週間に1回以上、**業務処理状況を報告**しなければならない（34条の2第9項）。**報告の方法**については、宅建業法上の規制はなく、**電子メール**で行うことも認められる。なお、国土交通省の「標準媒介契約約款」を用いる場合、業務処理状況の報告の方法は、**文書か電子メールのいずれかを選択**することになっている。

Point

IT化は宅建業法の規制にも様々な影響を与えている。宅建業法では、一つの視点の下、宅建業法上の規制を横断的に問うような出題もなされる。定番である似た制度を比較する問題とともに、このような出題形式にも慣れておこう。

問33	正解2	媒介契約	難易度A

1 × 建物の売買の媒介契約を締結しても、それが**一般媒介契約**であるときは、宅建業者には、指定流通機構に登録する義務はない（宅建業法34条の2第5項参照）。しかし、登録することを禁止する規定はなく、任意に**登録**することは**可能**である。

2 ○ 宅地の**売買の媒介契約**においては、それが**一般媒介契約**であるときは、その**期間**について**制限はなく**、有効期間を6か月とする一般媒介契約も有効であり、期間満了時に**自動更新**される旨の定めをすることが**できる**（34条の2第3項・4項参照）。

3 × 宅地の売買の**専属専任媒介契約**を締結した場合、宅建業者は、依頼者に対し、**業**

106

務処理状況の報告を1週間に1回以上の割合で行わなければならない（34条の2第9項）。

4 ×　媒介契約を締結した宅建業者は、一般媒介であっても、建物状況調査を実施する者のあっせんに関する事項を、媒介契約書面（又は、電磁的方法）に必ず記載しなければならない（34条の2第1項4号）。

> **Point**
>
> 売買又は交換の一般媒介契約を締結した場合、専任媒介（専属専任媒介）契約のように、有効期間を3か月に制限する規定もないし、媒介契約更新の際の依頼者の申出も要求されない。また、指定流通機構への登録義務もない。ただし、指定流通機構に任意で登録することは可能である。なお、一般媒介契約においても、媒介契約書面には、期間及び指定流通機構に登録するか否かは記載しなければならないことにも注意しておこう。

問34	正解3	免許の要否	難易度A

1 ○　Bが賃貸マンションを「建築」し、そのマンションを「自ら貸借」する行為及びAがBから賃借したマンションを「自ら転貸（貸借）」する行為は、宅建業にいう「取引」に該当しないので、A及びBは免許を受ける必要がない（宅建業法3条1項、2条2号）。

2 ○　建設業を営む会社であっても、C社が「宅地」を不特定多数の取引先の関係者に反復継続して分譲する行為は宅建業に該当し、C社は免許を受ける必要がある（3条1項、2条2号）。C社が建設業を営むことや、自らが建物の建築工事を請け負うことが条件であること等は、免許を不要とする理由にはならない（77条1項、78条1項参照）。

3 ×　田園住居地域は、用途地域である（都市計画法8条1項1号）。用途地域内の土地は、現に道路等でない限り、「宅地」であり、宅地を不特定多数の人に反復継続して分譲する行為は、宅建業に該当し、農家Dは免許を受ける必要がある（宅建業法3条1項、2条1号・2号）。

4 ○　宗教法人であっても、その所有する造成した「宅地」を、不特定多数の人に反復継続して分譲する行為は、宅建業に該当し、免許を受ける必要がある（3条1項、2条2号）。Eが宗教法人であることは、免許を不要とする理由にはならない（77条1項、78条1項参照）。

> **Point**
>
> 田園住居地域は、2018年の都市計画法の改正で新たに設けられた用途地域である。用途地域内の土地は、道路、公園、河川等の政令で定める公共の用に供する施設の用に供されているもの以外は、宅建業法上の「宅地」に該当する。

問35	正解4	重要事項の説明	難易度A

1 × いわゆるペットの飼育を禁止する旨の規約の定めは、専有部分の用途その他の利用の制限に関する規約の定めである。かかる規約の定めがある場合、契約の種類の「売買、交換、媒介・代理しての貸借」を問わず、その内容を権利取得者（本肢では借主）に説明しなければならない（宅建業法35条1項6号、規則16条の2第3号）。なお、重要事項の説明は、説明の相手方が説明対象を知っているか否かにかかわらず行わなければならない。

2 × 定期建物賃貸借契約を締結する場合、借地借家法上、賃貸人は、契約締結前に賃借人に契約書とは別の書面を交付し、①契約の更新がなく、②期間満了により建物賃貸借が終了することについて、説明しなければならない（借地借家法38条3項）。また、宅建業法上、貸借の媒介を行う宅建業者も、定期建物賃貸借である旨を重要事項として説明しなければならない（宅建業法35条1項14号、規則16条の4の3第9号）。両者の説明は、それぞれ根拠法令も説明すべき主体も異なることから、一方をもって他方を省略することはできない。もっとも、媒介を行う宅建業者が、賃貸人の代理人として借地借家法上の説明を行うことは可能であり、媒介する宅建業者は、それぞれの立場でそれぞれの説明を行うことができる（国交省「考え方」等）。

3 × 建物の貸借の媒介を行うに際して、借賃以外に授受される金銭の額及びその金銭の授受の目的は重要事項の説明対象であり、敷金はこれに該当するので、敷金の授受の定めがあるときは、敷金の額及び授受の目的について、説明しなければならない（宅建業法35条1項7号。なお、敷金については、額や授受の目的以外にも「金銭の精算に関する事項」の説明も必要となる。規則16条の4の3第11号）。しかし、借賃の額については、重要事項の説明対象ではない。いじわるな問題ではあるが、このような形式の引っ掛けが本試験で出題されているので、注意すること。

4 ○ 取引物件の「宅地、建物」を問わず、また、契約の種類の「売買、交換、媒介・代理しての貸借」を問わず、水防法施行規則11条1号の規定により当該宅地又は建物が所在する市町村の長が提供する図面（水害ハザードマップ）に当該宅地又は建物の位置が表示されているときは、当該図面における当該宅地又は建物の所在地を重要事項として説明しなければならない（宅建業法35条1項14号、規則16条の4

の3第3号の2）。なお、当該市町村に照会し、当該市町村が取引の対象となる宅地建物の位置を含む水害ハザードマップの全部又は一部を作成せず、又は印刷物の配布若しくはホームページ等への掲載等をしていないことが確認された場合は、その照会をもって調査義務を果たしたことになる。この場合は、**提示すべき水害ハザードマップが存しない旨の説明**を行う必要がある。なお、本説明義務については、**水害ハザードマップに記載されている内容の説明**まで宅建業者に義務付けるものではないが、水害ハザードマップが地域の水害リスクと水害時の避難に関する情報を住民等に提供するものであることに鑑み、水害ハザードマップ上に記載された**避難所について、併せてその位置を示すことが望ましい**（国交省「考え方」）。

Point

肢4で出題している水害ハザードマップについては、2020年8月に宅建業法の改正によって重要事項の説明対象として追加されており、宅建試験では、繰り返し出題されている。水害ハザードマップについては、学習しなければならない項目が多く、今後の宅建試験でも、様々な内容を訊くことができるので、準備を怠らないようにしよう。

問36	正解2	免許複合	難易度B

1 × 法人である宅建業者（A社）について**破産手続開始の決定**があった場合、**破産管財人**は30日以内に免許権者に**廃業等の届出**をしなければならない（宅建業法11条1項3号）。そして、その**届出の日**をもって**免許の効力**が**失われる**（11条2項・1項3号）。

2 ○ 免許権者は、**免許**（免許の**更新も含む**）に条件を付し、又はその条件を変更することができるが、その免許を受けた宅建業者が**免許の条件に違反**した場合は、**任意的な免許取消処分**の対象になる（66条2項、3条の2第1項）。

3 × 宅建業者が道路交通法違反により**懲役刑**に処せられると、たとえ**執行猶予付き**の判決であったとしても、**その免許は必ず取り消される**（66条1項1号、5条1項5号）。なお、刑の執行猶予の言渡しを取り消されることなく執行猶予期間が満了した場合は刑の言渡しが効力を失い（刑法27条）、ゆえに執行猶予期間の満了日の翌日から免許を受けられるようになることと混同しないこと。

4 × 宅建業者が**免許の更新**を受けようとするときに、**講習**を受講する制度は、宅建業法上は**存在しない**。宅建士が宅建士証の交付（更新）を受ける際の法定講習（宅建業法22条の2第2項）と混同しないこと。

109

> **Point**
>
> 肢2について、免許（新規免許及び免許の更新時）には、条件を付することができ、条件違反をしたときは、免許権者は免許を取り消すことができる（任意的免許取消処分）。宅建業法には、必ず免許を取り消さなければならないとする規定が多いが（必要的免許取消処分）、免許の条件違反は、任意的免許取消処分の対象とされており、宅建業法上の規定としては珍しい。任意的免許取消処分の対象事由となっているのは、以下の３つである。
> ① 条件違反による免許取消処分
> ② 宅建業者や役員、事務所の所在を確知できない場合の公告による免許取消処分
> ③ 営業保証金を供託した旨の届出がない場合の免許取消処分

| 問37 | 正解 1 | 業務上の規制 | 難易度 B |

以下、違反しないものを〇、違反するものを×とする。

ア × 宅建業者は、その従業者に対し、その業務を適正に実施させるため、必要な教育を行うよう努めなければならない（宅建業法31条の2）。不動産取引の適正を図るには、従事者の資質向上が不可欠であることから、宅建業者は従業者に対し、登録講習をはじめ各種研修等に参加させ、又は研修等の開催により、必要な教育を行うよう努める義務がある。

イ 〇 マンションの自ら売主であるAと、Aからマンションの販売の媒介を依頼されたBが共同して契約を締結する業務を行う案内所を設置する場合、①同一物件について、②売主である宅建業者及び媒介・代理を行う宅建業者が、③同一の案内所において業務を行う場合、いずれかの宅建業者が専任の宅建士を1人以上置けば、専任の宅建士の設置要件を満たすと解されている（31条の3第1項、規則15条の5の2第2号・3号、国交省「考え方」）。ゆえに、Bが当該案内所に専任の宅建士を設置すれば、Aは専任の宅建士を設置する必要はない。

ウ 〇 宅建業者は、事務所ごとに業務に関する帳簿を備え、取引のあったつど一定事項を記載しなければならないが（宅建業法49条）、帳簿は、取引の関係者から請求があったとしても閲覧させる義務はない。従業者名簿については、閲覧させる義務があること（48条4項）と、混同しないこと。

以上から、違反するものは「ア」の一つであり、正解は肢1である。

> **Point**
>
> 肢ウの「帳簿」については、同じく事務所に備えなければならない「従業者名簿」と比較して宅建試験に出題されることがある。
> ① 保存期間
> 　　帳簿 … 事業年度の末日で閉鎖し、閉鎖後、原則として５年間保存（例外として、宅建業者が自ら売主となる新築住宅については、10年間保存）。
> 　　従業者名簿 … 最終の記載をした日から10年間保存。
> ② 閲覧義務の有無
> 　　帳簿 … 取引の関係者に閲覧させる必要はない（むしろ、むやみに閲覧させると守秘義務違反となる）。
> 　　従業者名簿 … 請求があれば、閲覧させなければならない。

問38	正解２	宅建士複合	難易度Ａ

ア　×　宅建士が**禁錮以上の刑に処せられた**ことにより**登録の消除処分を受けた**場合、その**刑の執行を終わった日**（又は、執行を受けることがなくなった日）から**５年を経過**しなければ再度登録を受けることが**できない**（宅建業法18条１項６号）。したがって、登録消除の「処分の日」から５年を経過とする本肢は誤り。

イ　×　**宅建士**は、どこの都道府県知事の登録を受けていても、全国で宅建士の事務を行うことができ、**どこの都道府県内の事務所**でも、成年者であれば、**専任の宅建士**となることができる（２条４号、31条の３第１項）。よって、Ａは甲県知事の登録を受けて甲県知事から宅建士証の交付を受けていれば、乙県知事への**登録の移転をすることなく**、乙県知事に免許換えをした宅建業者の乙県内の事務所の専任の宅建士となることができる。また、そもそも、登録の移転の申請をするか否かは任意であり（19条の２）、登録の移転を「申請しなければならない」という義務が課せられることはない。

ウ　○　宅建士は、氏名又は**住所**を変更したときは、**遅滞なく**、**変更の登録の申請**をするとともに、**あわせて宅建士証の書換え交付の申請**をしなければならない（20条、規則14条の13第１項）。

以上から、誤っているものは「ア、イ」の二つであり、正解は肢２である。

> **Point**
>
> 宅建士が禁錮以上の刑に処せられて登録消除処分を受けた場合の再登録を受けられない期間の起算点を「刑の執行を終わった日又は執行を受けることがなくなった日から5年」ではなく、「登録消除の日から5年」と勘違いをする受験生がとても多いので、注意すること。

問39	正解2	保証協会等複合	難易度B

1　×　1つの**保証協会の社員**となった者は、理由を問わず、**他の保証協会**の社員となることはできない（宅建業法64条の4第1項）。

2　○　保証協会は、**社員が社員となる前**に宅建業に関し取引をした者への**弁済**が行われることにより、**弁済業務の円滑な運営に支障を生ずるおそれがあると認めるとき**は、その社員に対し、**担保の提供**を求めることができる（64条の4第3項）。

3　×　保証協会の社員と宅建業に関し取引をした者（社員とその者が社員となる前に宅建業に関し取引をした者を含む）であっても、その者が**宅建業者**である場合は、当該保証協会が供託した弁済業務保証金について、**弁済を受ける権利を有しない**ので（64条の8第1項）、弁済業務保証金から弁済（還付）を受ける前提として、**保証協会に認証申出をしてその認証を受けることもできない。**

4　×　保証協会の社員となった後に、宅建業者が**事務所を増設**した場合、**増設した日から2週間以内**に、増設した事務所に係る額の**弁済業務保証金分担金**を保証協会に**納付**しなければならない（64条の9第2項）。弁済業務保証金分担金を保証協会に納付した後でなければ、その増設した事務所で業務を開始できない旨の規定は存しない。

> **Point**
> 肢3について、認証申出をしている者が宅建業者であることを見落としてはいないだろうか（宅建業者は、そもそも還付請求を受けることはできないので認証申出はできない）。宅建試験では、宅建業者間では適用されない規定について、肢3のように、ひっかけ問題として出題されることがあるので、以下の関係では特に注意しよう。
> ① 保証金（営業保証金や弁済業務保証金）の還付請求権者から宅建業者が除かれること。
> ② 宅建業者に対して、供託所等に関する説明は不要であること。
> ③ 宅建業者に対して、宅建士による重要事項の説明は不要であること（宅建士の記名のある35条書面の交付又は電磁的方法による提供は必要。また、例外として、不動産信託受益権の取引は、宅建士による説明が必要）。
> ④ 8種規制は宅建業者間の売買には適用がないこと。
> ⑤ 住宅瑕疵担保履行法において、買主が宅建業者である場合は、資力確保措置を講じる必要がないこと。

| 問40 | 正解2 | 重要事項の説明 | 難易度B |

1 ○ 宅建業者は、重要事項の説明を行うに際し、対面による説明のみならず、説明を受ける者の承諾を得れば、**売買、交換、貸借**を問わずテレビ会議等のＩＴを活用した重要事項の説明（ＩＴ重説）をすることができる。なお、ＩＴ重説を行う場合においても、**宅建士が記名した重要事項説明書**（又は、**宅建士が明示される電磁的記録**）を、説明を受けようとする者に**あらかじめ交付**（又は、**電磁的記録を提供**）する必要がある（宅建業法35条1項・8項、規則16条の4の8、宅建業法35条9項、規則16条の4の9、国交省「考え方」）。

2 × 売買の対象となる宅地が、土砂災害警戒区域等における土砂災害防止対策の推進に関する法律により指定された**土砂災害警戒区域内**にある場合、**宅地の売買**でも、**建物の貸借**でも、重要事項として**説明する必要がある**（宅建業法35条1項14号、規則16条の4の3第2号）。よって、建物の貸借の媒介の場合、借主に説明を要しないとする本肢は誤りである。

3 ○ 建物が住宅の品質確保の促進等に関する法律（品確法）の**住宅性能評価を受けた新築住宅**であるときは、その旨をその建物の**買主に説明する必要があるが、貸借**の場合は、その建物の**借主に説明する必要はない**（宅建業法35条1項14号、規則16条の4の3第6号）。

4 ○ 宅建業者は、宅地の**割賦販売**の媒介を行う場合、その割賦販売の契約が成立するまでの間に、**現金販売価格**、**割賦販売価格**、引渡しまでに支払う金銭の額及び賦

払金の額並びにその支払時期及び方法について、説明しなければならない（宅建業法35条2項）。

> **Point**
>
> 肢1について、宅建士が重要事項の説明を対面で行うことなく、テレビ会議等のITを利用して行う方法（いわゆる「IT重説」）は、当初は「貸借（の媒介・代理）」に限定して認められていたが、IT重説が認められる範囲は改正により広がり、「売買や交換」も含むすべての取引で認められるようになった。

問41	正解1	37条書面	難易度A

ア × 宅建業者は、代金についての金銭の貸借のあっせんに関する定めがある場合は、当該あっせんに係る金銭の貸借が成立しないときの措置を37条書面に記載しなければならないが、あっせんに関する定めがないときは、記載は不要である（宅建業法37条1項9号）。もっとも、Aは、買主が住宅ローンの承認が得られなかった場合には、無条件で契約を解除できる旨の特約をしているのであり、これは、「契約の解除に関する定めがあるときは、その内容」に該当し、かかる特約の内容を**37条書面に記載する必要がある**（37条1項7号）。

イ × 当該建物に係る**租税その他の公課の負担に関する定めがある場合は、その内容を37条書面に記載する必要がある**（37条1項12号）。

ウ × 損害賠償額の予定又は違約金に関する定めがある場合は37条書面に記載する必要があるが、定めがない場合は記載は不要である（37条1項8号）。

エ ○ 宅建業者は、37条書面を作成したときは、宅建士をして37条書面に記名させなければならないが（37条3項）、37条書面を交付するのは宅建士である必要はなく、宅建士ではない従業者に37条書面を交付させても、宅建業法の規定に違反しない。

以上から、正しいものは「エ」の一つであり、正解は肢1である。

> **Point**
>
> 37条書面の記載事項は、「売買・交換」と「貸借」について、それぞれ「定めの有無にかかわらず必ず記載しなければならないもの（必要的記載事項）」と「定めがある場合は記載しなければならないが、定めがなければ記載は不要なもの（任意的記載事項）」をしっかりと区別できるようにしよう。

| 問42 | 正解4 | 免許複合 | 難易度A |

1　○　信託業法の免許を受けた信託会社には宅建業法の免許に関する規定は適用されず（宅建業法77条1項）、免許を受ける必要はない。かかる信託会社が宅建業を営もうとする場合は、国土交通大臣に届出をする必要があるが、かかる届出を行えば、国土交通大臣の免許を受けた宅建業者とみなされるので、信託会社Aは免許を受ける必要はないのである（77条2項・3項）。

2　○　医療法人であっても、造成した「宅地」を、不特定多数の人に反復継続して分譲（売却）する行為は、宅建業に該当し、免許を受ける必要がある（2条2号、3条1項）。よって、Bが医療法人であることは、免許不要の理由にはならない（77条1項、78条1項参照）。

3　○　宅建業者を代理人にしても、本人Cが宅建業を営む場合には宅建業法が適用され、Cは免許を受ける必要がある。よって、Cが免許を受けずに宅建業の取引を行えば、それは無免許事業に該当する（2条2号、3条1項、12条1項）。

4　×　Dは、宅建業の免許の申請をしていても、免許を受けるまでは、「取引」はもちろんのこと、宅建業を営む旨の表示をし、又は宅建業を営む目的をもって広告をしてはならない（12条）。

Point

「国又は地方公共団体等」は、宅建業法の規定が適用されないので、免許も不要である。これに対して、「一定の信託会社や信託銀行等」は、宅建業法の規定の適用は受けるが、宅建業法の免許に関する規定のみ適用されない。よって、例えば、重要事項の説明をすることや、専任の宅建士の設置義務など、免許に関する規定以外の宅建業法の規定の適用は受けるが、宅建業法上の監督処分である免許取消処分は免許に関する規定であるから、適用されない（指示処分や業務停止処分は、免許に関する規定以外であるから、適用される）。

| 問43 | 正解3 | クーリング・オフ | 難易度A |

1　×　買受けの申込みが行われた場所と売買契約が締結された場所が異なる場合、クーリング・オフの可否は、買受けの申込みが行われた場所で判断する（宅建業法37条の2第1項）。この点、宅建業者ではない買主Bは、Bの親類宅で建物の買受けの申込みをしているので、買受けの申込みの翌日にAの事務所で売買契約を締結しても、Bはクーリング・オフによる契約の解除ができる。

2 ✕ 本肢では、買主Cは宅建業者であり、**宅建業者間の取引**には**8種規制の適用はな**いので、Cはクーリング・オフによる契約の解除はできない（78条2項、37条の2）。

3 ◯ 宅建業者が、**書面により**「**クーリング・オフができる旨及びその方法**」を**告げる**ことは、宅建業者の**義務ではない**。告げなければ、8日が起算されないだけである（37条の2第1項1号）。よって、**Aが告知しなくても宅建業法に違反するわけではない**ので、**業務停止処分を受けることはない**（65条2項・4項参照）。

4 ✕ クーリング・オフによる契約の解除ができるのは、売主である宅建業者からクーリング・オフができる旨及びその方法について**書面で告げられた日から起算**して**8日以内**である（37条の2第1項1号、規則16条の6第3号）。口頭で告げられても、8日の起算は始まらない。

> **Point**
>
> クーリング・オフの可否は、下記の3つのポイントで判断する。
> ① **場所** … 事務所等で買受けの申込みがなされているか。
> ② **時期** … クーリング・オフができる旨及びその方法を書面で告げられて8日間経過しているか。
> ③ **履行** … 引渡しを受け、かつ、代金全部の支払いをしているか。

問44	正解4	重要事項の説明	難易度A

1 ◯ 売買（媒介・代理しての貸借も含む）の対象となる建物が、**一定の耐震診断を受けた**ものであるときのその内容についての**重要事項の説明**は、その建物が「**昭和56年6月1日以降**に**新築の工事に着手**したもの」は**除外**される（宅建業法35条1項14号、規則16条の4の3第5号）。

2 ◯ 売買・交換の対象となる建物が**既存建物**であるときは、**建物状況調査**（実施後1年以内）が**実施されているか否か**及び実施されている場合は、建物状況調査の**結果の概要**を説明しなければならない（宅建業法35条1項6号の2イ、規則16条の2の2）。ちなみに、既存建物の（媒介・代理しての）**貸借**においても、かかる事項は説明が必要となる。

3 ◯ **歴史的風致形成建造物**の増築、改築、移転又は除却をしようとする者は、原則として、行為着手の30日前までに一定事項を**市町村長に届け出る義務**がある（地域における歴史的風致の維持及び向上に関する法律15条1項）。よって、歴史的風致形成建造物の売買等を行おうとする場合、宅建業者は、購入者が不測の損害を被らないように、かかる届出義務について、かかる**建造物の売買等の契約前に重要事項の説明をしなければならない**（宅建業法35条1項2号、令3条1項22号）。なお、建物の貸借

の契約においては、かかる事項は、重要事項の説明対象とはされていない（宅建業法35条1項2号、令3条1項22号・3項）。そもそも、建物の借主は、借りた建物の増築等をする権限はないからである。

4 × 建物について、**石綿の使用の有無**の**調査の結果が記録**されているときは、その**内容**についても、**説明しなければならない**（宅建業法35条1項14号、規則16条の4の3第4号）。その内容としては、調査の実施機関、調査の範囲、調査年月日、石綿の使用の有無及び石綿の使用の箇所を説明する（国交省「考え方」）。

Point

肢1の「指定確認検査機関等による耐震診断を受けたものであるときは、その内容」について説明を要する建物からは、その新築工事に着手した時期が「昭和56年6月1日以降」である建物は除外される。この昭和56年6月1日は、建築基準法の改正法が施行され、建物の建築について、新耐震基準が適用されることになった日である。昭和56年6月1日以降に新築工事に着手した建物は、そもそも地震に強い。しかし、かかる新耐震基準の導入前に建築された建物（旧耐震基準で建築された建物）は、地震に弱い可能性があるので、かかる建物については耐震診断を受けさせ、必要があれば補強工事を施工することが望ましい。よって、旧耐震基準の下で建築された建物については、売買・交換や貸借の契約を締結する前に「一定の耐震診断を受けたものであるときは、その内容」について重要事項の説明を行い、契約を締結するか否かの判断材料として提供することが望ましいからである。

| 問45 | 正解4 | 住宅瑕疵担保履行法 | 難易度A |

1 × 宅建業者が**住宅販売瑕疵担保保証金の供託**をしている場合、供託している額が基準日において、供託すべき**基準額を超える**こととなったときは、**免許権者**（本問では、宅建業者Aの免許権者である**甲県知事**）の**承認**を受けて、その超過額を**取り戻すことができる**（履行法16条、9条1項・2項）。「国土交通大臣」の承認とする本肢は、誤り。

2 × 宅建業者Aが**自ら売主**として**宅建業者ではない買主B**に**新築住宅を販売**する場合、Aは、**資力確保措置**（住宅販売瑕疵担保保証金の供託又は住宅販売瑕疵担保責任保険契約の締結）を**講じなければならない**（2条7項2号、11条1項・2項）。自ら売主である宅建業者Aが資力確保措置を講じなければならないことについては、Aが媒介を依頼した宅建業者が資力確保措置を講じたか否かとは無関係である。

3 × 宅建業者が自ら売主として宅建業者ではない買主に新築住宅を販売する場合において、住宅販売瑕疵担保保証金の供託をするときは、売主である宅建業者Aは、

新築住宅の売買契約を締結するまでに、買主Bに対し、**供託所の所在地その他国土交通省令で定める事項について記載した書面を交付して（又は、電磁的方法による提供をして）説明**しなければならない（15条）。よって、売買契約を締結するまでに説明を行う必要があるので、「新築住宅を引き渡すまでに」とする本肢は、誤り。

4 ○ 宅建業者は、基準日に係る**資力確保措置**の状況について、基準日から3週間以内に届出をしなければならない（12条1項、履行法規則16条）。そして、この届出をしない場合、**基準日の翌日**から起算して**50日を経過した日以後**は、新たに自ら売主となる新築住宅の売買契約を締結してはならない（履行法13条）。

> **Point**
> 住宅瑕疵担保履行法は、限られた箇所が本試験に繰り返し出題されているので、必ず過去問を参照して、どの箇所が試験に頻出なのかを把握しておくこと。

問46	正解2	住宅金融支援機構	難易度A

1 ○ 住宅金融支援機構は、住宅の建設、購入、改良若しくは移転をしようとする者又は住宅の建設等に関する事業を行う者に対し、**必要な資金の調達**又は良質な住宅の設計若しくは建設等に関する**情報の提供、相談その他の援助**を業務として行う（独立行政法人住宅金融支援機構法13条1項4号）。

2 × 住宅金融支援機構は、証券化支援事業（買取型）において、**銀行、保険会社**、農業協同組合、信用金庫、信用組合などが貸し付けた**住宅ローンの債権を買い取ることができる**（13条1項1号、独立行政法人住宅金融支援機構に関する省令40条、20条）。

3 ○ 住宅金融支援機構は、民間金融機関が貸し付けた住宅ローンについて、**住宅融資保険法による保険**を行うことにより、民間金融機関による住宅資金の供給を支援している（独立行政法人住宅金融支援機構法13条1項3号）。

4 ○ 住宅金融支援機構は、事業主又は事業主団体から独立行政法人雇用・能力開発機構の行う転貸貸付に係る住宅資金の貸付けを受けることができない勤労者に対し、**財形住宅貸付業務を**行う（13条2項5号、勤労者財産形成促進法10条1項）。

> **Point**
> 肢4以外は過去問からの出題であるから、間違えてはならない問題である。

118

| 問47 | 正解3 | 景表法（公正競争規約） | 難易度B |

1 ✕ 「**シリーズ広告**」とは、販売区画数若しくは販売戸数が2以上の分譲宅地、新築分譲住宅、新築分譲マンション若しくは一棟リノベーションマンション、又は、賃貸戸数が2以上の新築賃貸マンション若しくは新築賃貸アパートに関する広告表示であって、**一の企画に基づき、1年以内に、順次、連続して4回以上又は6か月以内に3回以上にわたって行う一連の広告表示をいう**（不動産の表示に関する公正競争規約4条6項5号）。本肢は「**予告広告**」の定義である（4条6項3号参照）。

2 ✕ 建物の面積（マンションにあっては、専有面積）は、**延べ面積を表示し、これに車庫、地下室等（地下居室は除く）の面積を含むときは、その旨及びその面積を表示しなければならない。**この場合において、**取引する全ての建物の面積を表示しなければならないのが原則**であるが、「**新築分譲住宅、新築分譲マンション、一棟リノベーションマンション、新築賃貸マンション、新築賃貸アパート、共有制リゾートクラブ会員権**」については、**パンフレット等の媒体を除き**、**最小建物面積及び最大建物面積のみで表示することができる**（施行規則9条15号）。

3 ◯ 「**新築**」とは、①**建築工事完了後1年未満**であって、②**居住の用に供されたことがないもの**をいう（不動産の表示に関する公正競争規約18条1項1号）。そして、「**新発売**」とは、新たに造成された宅地、又は「**新築**」の住宅（造成工事又は建築工事完了前のものを含む）又は一棟リノベーションマンションについて、**一般消費者に対し、初めて購入の申込みの勧誘を行うこと**（一団の宅地又は建物を数期に区分して販売する場合は、期ごとの勧誘）をいい、その申込みを受けるに際して一定の期間を設ける場合においては、その期間内における勧誘をいう（同2号）。

4 ✕ 別荘地（別荘又はリゾートマンションを含む）がその**最寄りの駅から直線距離で5,000メートル以内に所在している場合**は、その**最寄りの駅の名称を用いることができる。**また、当該物件がその最寄りの駅から同じく5,000メートルを超える地点に所在する場合は、併せてその距離を明記する場合に限り、その最寄りの駅の名称を用いることができる（19条2項2号）。

Point

不動産の表示に関する公正競争規約・施行規則については、本書巻頭の最新の改正点（本問では肢1～肢3が関連する）に注意してほしい。

| 問48 | 正解3 | 統計 | 難易度A | |

1 × 令和3年度における**不動産業の売上高**は**48兆5,822億円**となっており、全産業の売上高の「**約3％**」を占めている（令和3年度法人企業統計調査・財務省）。

2 × 令和4年の**マンションの新設住宅着工戸数**は、前年比6.8％「**増**」と、3年ぶりの「**増加**」となった（令和5年1月公表・国土交通省）。なお、令和4年の新設住宅着工の利用関係別戸数は、以下のとおり（建築着工統計令和5年1月公表）。
(1) 持　　家→253,287戸（前年比11.3％減、昨年の増加から再びの減少）
(2) 貸　　家→345,080戸（前年比7.4％増、2年連続の増加）
(3) 分譲住宅→255,487戸（前年比4.7％増、2年連続の増加）
　　・**マンション**は108,198戸（同**6.8％増、3年ぶりの増加**）
　　・一戸建住宅は145,992戸（同3.5％増、2年連続の増加）

3 ○ 令和5年地価公示（令和5年3月公表）における令和4年1月以降の1年間の**地価**は、以下のとおりで、**全国平均**では、**全用途平均・住宅地・商業地**のいずれも**2年連続で上昇（上昇率拡大）**した。
地価⇒すべて2年連続の上昇（上昇率拡大）（単位：％）

	全用途平均	住宅地	商業地
全　国	1.6	1.4	1.8
三大都市圏	2.1	1.7	2.9
地方圏	1.2	1.2	1.0

4 × 令和2年における我が国の**国土面積**は、**約3,780万ha**である。そして、住宅地・工業用地等の**宅地は約197万ha**となっている。なお、**森林**（約2,503万ha）及び**農地**（約437万ha）で**全国土面積の約8割**を占めている（令和4年版土地白書）。

> **Point**
> 統計は過去頻出のものを、本試験直前にもう一度チェックすること。

| 問49 | 正解1 | 土地 | 難易度A | |

適当なものを○、適当でないものを×とする。

1 × 「**台地**」は、一般に水はけがよく地盤が安定しており、「**低地**」に比べ、自然災害に対して**安全度は高い**。高いところは原則安全、低いところは原則危険、と考えるとよい。本肢は「台地」と「低地」が逆になった記述である。

120

| 2 | ○ | 著しく傾斜している谷に盛土して宅地を造成する場合、原地盤に繁茂している樹木を残したまま盛土を行ってはならない。原地盤に繁茂している樹木を残すと、それが腐食するばかりでなく、原地盤面と盛土部分の接着を妨げることになるからである。

| 3 | ○ | 切土をする場合において、切土をした後の地盤に滑りやすい土質の層があるときは、その地盤に滑りが生じないように、地滑り抑止ぐい又はグラウンドアンカーその他の土留（「地滑り抑止ぐい等」という）の設置、土の置換えその他の措置を講じなければならない（宅地造成等規制法施行令5条2号）。

| 4 | ○ | 等高線が、山頂から凸型に外へ出ているのが尾根であり、凹型にへこんでいるのが谷である。

Point
土地・建物の知識問題対策も過去問が有用である。肢1のような、一般常識で正解できる選択肢を見逃さないようにしてほしい。

| 問50 | 正解1 | 建築物の構造と材料 | 難易度A |

適当なものを○、最も不適当なものを×とする。

| 1 | × | 木造建築物の間仕切壁は、上下階とも「同じ位置」につくった方が、一般的に耐震力は高まる。

| 2 | ○ | コンクリートは、打上りが均質で密実になり、かつ、必要な強度が得られるようにその調合を定めなければならない（建築基準法施行令74条3項）。

| 3 | ○ | 雪下ろしを行うということは、積雪荷重が小さくなるということである。したがって、その地方における垂直積雪量が1mを超える場合においても、積雪荷重は、雪下ろしの実況に応じて垂直積雪量を1mまで減らして計算することができる（86条6項）。

| 4 | ○ | 鉄筋コンクリート構造は、耐火、耐久性が大きく、コンクリートを型枠に流し込んで造ることから、骨組形態を自由にすることができる。

Point
肢2・4以外にも、コンクリートに関連する知識を整理しておくこと。

予想模試
解答・解説

第 **3** 回

解答一覧 &
あなたの成績診断

〈第3回〉
解答一覧＆実力診断シート

【難易度】A…得点すべし！　B…合否の分かれ目　C…難問

科目	問題	論　点	正解	難易度	check	科目	問題	論　点	正解	難易度	check
民法等	1	制限行為能力者等	4	B		宅建業法	26	重要事項の説明	1	B	
	2	債務不履行	2	B			27	免許基準	2	A	
	3	委任	3	B			28	宅建士等の住所複合	4	B	
	4	代理	2	A			29	案内所等の規制	2	A	
	5	連帯債務	2	A			30	広告複合	4	A	
	6	対抗問題	4	B			31	保証協会	2	B	
	7	相続	3	A			32	免許の要否	4	A	
	8	民法総合	3	B			33	重要事項の説明	3	B	
	9	債権の消滅	1	B			34	営業保証金	3	A	
	10	時効	1	B			35	免許証・宅建士証複合	1	B	
	11	借地権	4	A			36	37条書面	4	A	
	12	借家権	3	B			37	35条書面・37条書面	3	A	
	13	区分所有法	1	B			38	重要事項の説明	1	B	
	14	不動産登記法	4	B			39	専任（専属専任）媒介契約	2	B	
法令上の制限	15	都市計画の内容等	4	B			40	クーリング・オフ	1	B	
	16	開発許可の申請等	1	B			41	業務上の規制	3	B	
	17	建築基準法（総合）	2	A			42	８種規制等	2	B	
	18	建築基準法（総合）	4	B			43	業務上の規制	3	A	
	19	宅地造成等規制法	1	A			44	報酬規制等	1	B	
	20	土地区画整理法	3	B			45	住宅瑕疵担保履行法	4	A	
	21	農地法	2	A		その他関連知識※	46	住宅金融支援機構	2	B	
	22	国土法（事後届出）	3	B			47	景表法（公正競争規約）	3	A	
その他関連知識	23	登録免許税	4	A			48	統計	1	A	
	24	固定資産税	4	A			49	土地	2	B	
	25	不動産鑑定評価基準	4	B			50	建築物の構造と材料	1	B	

※問46〜50の５問は登録講習修了者の免除問題となります。

■ 科目別の成績

民　法　等	法令上の制限
／14（9）点	／8（5）点

宅　建　業　法	その他関連知識
／20（16）点	／8（6）点

注：（　）内の数字は、合格レベルの点数です。
　　弱点科目をカバーしましょう。

■ 難易度別の成績

A　　　　　／19問中

B　　　　　／31問中

C　　　　　／0問中

A、Bランクの問題を得点しましょう。

■ 総合成績

合　　　計
／50（36）点

| 問1 | 正解4 | 制限行為能力者等 | 難易度B |

1 × 被保佐人が保佐人の同意を得ないで不動産の売買契約を締結した場合、その行為は、**取り消すことができる**（民法13条1項3号・4項）。取り消されることによって契約は初めから無効にはなるが（121条）、**取り消されるまでは有効**である。したがって、当該売買契約は無効であるとする本肢は誤っている。

2 × **年齢18歳**をもって、**成年**となる（4条）。したがって、18歳に達した者は成年者であるので、建物の賃貸借契約を**単独で締結することができる**。よって、父母のどちらか一方の同意が必要であるとする本肢は誤っている。

3 × 精神上の障害により事理を弁識する能力が不十分である者については、家庭裁判所は、本人、**配偶者**、4親等内の親族等の請求により、**補助開始の審判**をすることができる（15条1項本文）。そして、本人以外の者の請求により補助開始の審判をするには、**本人の同意がなければならない**（15条2項）。

4 ○ 成年後見人が、成年被後見人に代わって、その**居住している建物**又はその敷地について、**売却**、賃貸、賃貸借の解除又は抵当権の設定等をするには、**家庭裁判所の許可**を得なければならない（859条の3）。居住している建物の売却等により生活環境が変わると、成年被後見人は、大きな影響を受けるからである。

> **Point**
> 肢1に引っかかってしまわなかっただろうか。過去の本試験でも、このような出題がなされている。「取消し」と「無効」は異なることを、ここでしっかり確認しておこう。また、肢2は、令和4年の改正点からの出題である。

| 問2 | 正解2 | 債務不履行 | 難易度B |

1 × **金銭債務の不履行**について、債務者は、**不可抗力**によることを証明しても、**責任を負わなければならない**（民法419条3項）。したがって、債権者は、金銭債務の不履行が不可抗力である場合であっても、債務者に対して遅延損害金を請求することができる。

2 ○ 契約に基づく債務の履行がその**契約の成立の時に不能**（原始的不能）であった場合でも、**契約は無効にならず**、債務不履行による損害賠償の規定（415条）に従って、その履行の不能によって生じた**損害の賠償を請求**することができる（412条の2第2項）。したがって、その不能が債務者の責めに帰することができない事由によるものであるときを除き、債権者は、履行不能によって生じた損害について、

債務不履行による損害の賠償を請求することができる。

| 3 | × |
金銭債務の不履行について、その損害賠償の額は、原則として、**債務者が遅滞の責任を負った最初の時点における法定利率（年3％）によって定める**（419条1項、404条2項）。したがって、債権者は、債務者に対して、年4％の割合による遅延損害金を請求できるわけではない。

| 4 | × |
債務者がその債務について**遅滞の責任を負っている**間に、**当事者双方の責めに帰することができない事由によってその債務の履行が不能となったときは、その履行の不能は、債務者の責めに帰すべき事由によるものとみなされる**（413条の2第1項）。この規定により、履行不能を理由とする損害賠償請求権が認められる。したがって、本肢の場合、債権者は、債務者に対して損害賠償を請求することができる。

Point

肢1・肢3の金銭債務の特則に注意してほしい。また肢2〜肢4は、令和2年の重要な改正点である。

| 問3 | 正解3 | 委 任 | 難易度B |

| 1 | ○ |
委任契約は、**各当事者がいつでもその解除をすることができる**（民法651条1項）。そして、相手方の**不利な時期に委任契約の解除をしたときは、やむを得ない事由があったときを除き、相手方の損害を賠償しなければならない**（651条2項1号）。この**委任者・受任者双方の解除権**について、**本問判決文では直接述べている記述はない**が、上記民法の規定によれば、**本肢は誤っているとはいえない**。

| 2 | ○ |
本問判決文は、「単に委任者の利益のみならず**受任者の利益のためにも委任が**なされた場合であっても、委任契約が当事者間の信頼関係を基礎とする契約であることに徴すれば、受任者が著しく不誠実な行動に出る等**やむをえない事由があるときは、委任者**において委任契約を**解除することができる**…」としている。したがって、「単に委任者の利益のみならず受任者の利益のためにも委任がなされた場合、やむをえない事由があるときは、委任者は、委任の解除をすることができる」とする**本肢は誤っているとはいえない**。

| 3 | × |
本肢においては、「単に委任者の利益のみならず**受任者の利益のためにも**委任がなされた場合、**やむをえない事由がないときは、委任者は、いつでも委任の解除をすることができ、**…」としている。しかし、**本問判決文**は、「かかる**やむをえない事由がない場合**であっても、受任者が委任契約の解除権自体を放棄したものとは解されない事情があるときは、（中略）、委任者**は、民法651条に則り委任契

126

約を**解除することができ、…**」としている。したがって、いつでも委任の解除をすることができるとする**本肢**は、本問判決文に反しており、**誤っている**。

4 ○ 本問判決文は、「単に委任者の利益のみならず**受任者の利益のためにも**委任がなされた場合…、（中略）、かかる**やむをえない事由がない場合**であっても、**委任者が委任契約の解除権自体を放棄したものとは解されない事情があるとき**は、（中略）、**委任者**は、民法651条に則り委任契約を**解除することができ、…**」としている。したがって、「単に委任者の利益のみならず受任者の利益のためにも委任がなされた場合、やむをえない事由がなくても、委任者が委任を解除する権利自体を放棄したものとは解されない事情があるときは、委任者は、委任の解除をすることができる」とする**本肢は誤っているとはいえない**。

Point

近時の出題パターンの１つである判決文型の出題である。判決文の主旨をしっかり読み取ることがこのタイプの問題に対する解法の鉄則であり、正答を導くための前提である。

問4	正解2	代 理	難易度A

1 × 本人の詐欺によって意思表示をした**相手方**は、その意思表示を**取り消すことができる**（民法96条１項）。このことは、**代理人の知不知に関係ない**。契約の効果が帰属する本人自身の詐欺であって、第三者の詐欺ではないからである。

2 ○ 制限行為能力者が**任意代理人**としてした行為は、行為能力の制限によっては**取り消すことができない**（102条本文）。つまり、**任意代理人**は、**行為能力者であることを要しない**。したがって、AがBに代理権を与える前にBが保佐開始の審判を受け、制限行為能力者となっていた場合でも、Aは、Bが被保佐人であることを理由に当該契約を取り消すことができない。

3 × 代理人が後見開始の審判を受けたときは、代理権は消滅するが（111条１項２号）、**本人が後見開始の審判**を受けたときは、**代理権は消滅しない**。したがって、AがBに代理権を与えた後に本人Aが後見開始の審判を受け、その後に当該契約が締結された本肢の場合、Bの代理権は消滅しておらず、Bによって締結された当該契約の効果はAに帰属する。

4 × **任意代理人**は、**本人の許諾**を得たとき、又は、**やむを得ない事由があるとき**のいずれかの場合、**復代理人を選任**することができる（104条）。したがって、Bは、やむを得ない事由があるときは、Aの許諾を得なくとも、復代理人を選任することができる。

> **Point**
>
> 肢1はやや難しいが、他の肢の関連知識は、過去の本試験において問われている。正解したい問題である。

問5	正解2	連帯債務	難易度A

1 × 連帯債務においては、債権者は、その連帯債務者の1人に対し、又は同時にもしくは順次に全ての連帯債務者に対して、債務の全部又は一部の履行を請求することができる（民法436条）。したがって、Cは、Aに対して1,000万円を請求しても、同時に、Bに対しても1,000万円を請求することができる。

2 ○ 連帯債務者の1人が債権者に対して債権を有する場合において、その連帯債務者が相殺を援用したときは、債権は、全ての連帯債務者の利益のために消滅する（絶対的効力、439条1項）。したがって、AとBがCに対して1,000万円の連帯債務を負っている本問の場合において、Bが、Cに対する債務と、Cに対して有する1,000万円の債権を対当額で相殺する旨の意思表示をCにしたときは、AのCに対する連帯債務も全部消滅する。

3 × 連帯債務者の1人が弁済をし、その他自己の財産をもって共同の免責を得たときは、その連帯債務者は、その免責を得た額が自己の負担部分を超えるかどうかにかかわらず、他の連帯債務者に対し、その免責を得るために支出した財産の額（その財産の額が共同の免責を得た額を超える場合にあっては、その免責を得た額）のうち各自の負担部分に応じた額の求償権を有する（442条1項）。したがって、AがCに対して、負担部分である500万円の範囲内の金額である200万円を弁済した場合でも、Aは、Bに対して求償することができる。

4 × 連帯債務者の1人について生じた事由は、原則として、他の連帯債務者に対してその効力を生じない（相対的効力の原則、441条本文）。そして、債務の免除は、絶対的効力事由に該当しない。したがって、CがBに対して1,000万円全額を免除した場合でも、AのCに対する連帯債務に効力を生じない。

> **Point**
>
> 頻出分野とはいえない連帯債務ではあるが、このレベルの問題は確実に得点できるように、十分準備をしておかなければならない。特に、令和2年の民法改正により、「請求」や「免除」は絶対的効力事由ではなくなったことに注意。

| 問6 | 正解4 | 対抗問題 | 難易度B |

1 ○ **不動産の物権変動**は、その**登記をしなければ、第三者に対抗することができない**（民法177条）。つまり、**登記で優劣を決める**。したがって、ＡＢ間の売買契約の方がＡＣ間の売買契約よりも先になされたことをＢが立証できたか否かに関係なく、Ｂは、登記なしに、甲土地の所有権をＣに主張することができない。

2 ○ 不動産の物権変動は、登記がなければ第三者に対抗することができないが（177条）、この「第三者」とは、物権変動の当事者及びその包括承継人以外の者であって、登記が欠けていることを主張することについて正当な利益を有する者をいう（判例）。**相続人**は、被相続人の有していた一切の権利義務を包括して承継することから、**当事者である被相続人と同一の立場**にある。したがって、Ｄは、登記なしに、甲土地の所有権をＥに主張することができる。

3 ○ **遺産分割によって不動産の権利を取得した共同相続人**は、自己の法定相続分を超える部分につき、**登記なくして遺産分割後の第三者に対抗することはできない**（899条の2第1項、判例）。遺産分割後であれば、権利を取得した共同相続人は、その登記をするのが通常であり、これを要求しても酷ではないからである。したがって、Ｆは、Ｇから登記上の持分を譲り受けた第三者Ｈに対して、登記なしに、Ｇの登記上の持分の取得を主張できず、その結果、甲土地の単独所有権を主張することができない。

4 × 相続の放棄をした者が、単独で相続した旨の登記をしてこれを第三者に譲渡し、所有権移転登記をした場合、他の共同相続人は、**登記なしに、相続放棄をした者の相続分の取得**を、**第三者に主張することができる**（177条、判例）。相続の放棄をした者は、その相続に関しては、初めから相続人とならなかったものとみなされるので（939条参照）、相続放棄をした者の相続分に関する限り、**相続放棄をした者も、その者から譲り受けた第三者も無権利者**だからである。したがって、Ｉは、登記なしに、Ｊの相続放棄による甲土地のＪの持分権の取得をＫに主張することができる。

Point

相続と登記を中心に問う問題である。肢4は難しいが、その他の肢の知識については、過去に出題されている。

| 問7 | 正解3 | 相　続 | 難易度A | |

1 ○ 遺言は、**2人以上の者**が同一の証書ですることができない（民法975条）。共同して遺言すると、他の遺言者の意思に影響され、遺言が適正になされないおそれがあるからである。したがって、A及びBは、夫婦であっても、同一の証書で遺言をすることはできない。

2 ○ **公正証書**や秘密証書によって有効に遺言をするには、**証人2人以上の立会いが必要**となるが（969条1号、970条1項3号）、**自筆証書**によって遺言をする場合は、**証人の立会いは不要**である（968条参照）。

3 × 相続人が数人いる場合、**限定承認**は、共同相続人の全員が共同して行わなければならない（923条）。したがって、Bが単純承認をした場合、Cは、限定承認をすることができない。

4 ○ 相続財産として**金銭**（現金）が保管されている場合、各共同相続人は、遺産の分割までの間は、これを保管している他の相続人に対して、**自己の相続分に相当する金銭**を支払うよう求めることはできない（判例）。金銭が当然に分割されてしまうと、遺産分割において金銭を調整に使うことができず、不便だからである。

> **Point**
> 正解肢である肢3の「限定承認」に関する知識は、過去においてはよく出題されていたが、このところ正面から出題されていない。しっかり準備すべきである。

| 問8 | 正解3 | 民法総合 | 難易度B |

1 × **損害賠償額が予定された場合**は、債権者は、債務不履行の事実を証明すれば、**損害の発生とその額を証明しなくとも予定した賠償額を請求することができる**（民法420条1項、判例）。したがって、Bは、Aに債務不履行があったことを立証すればよく、損害の発生や損害額の立証をする必要はない。

2 × 手付の種類としては、①証約手付（契約成立を証明するための手付）、②違約手付（手付を交付した者が債務を履行しない場合の、違約罰としての手付）、③解約手付（解除権留保の対価としての手付）があるが、交付された手付について契約当事者間に別段の合意がなく、手付の種類が明らかでない場合、その手付は、**解約手付と推定される**（557条1項、判例）。「みなされる」のではない。「みなされる」場合は、「推定される」場合と異なり、反証を許さない。

3 ○ 当事者の一方がその解除権を行使したときは、各当事者は、その相手方を**原状に**

130

復させる義務を負う（545条1項本文）。この場合、金銭以外の物を返還するときは、その**受領の時以後**に生じた**使用利益**（果実）をも**返還しなければならない**（545条3項、判例）。したがって、Bは、3か月分の甲土地の使用料相当額をAに返還しなければならない。

4 ✕ **第三者による詐欺**の場合、表意者は、**相手方が善意無過失のときは取り消すことができない**（96条2項）。相手方保護のためである。したがって、DがCによる詐欺の事実を知っていても、相手方のBがCによる詐欺の事実を過失なく知らなかった以上、Aは、詐欺を理由にAB間の売買契約を取り消すことができない。

> **Point**
>
> 売買契約全般にまたがる総合問題である。いずれの知識もしっかり確認しておこう。

問9	正解 1	債権の消滅	難易度B

1 ✕ 弁済者は、弁済の提供をした場合において債権者がその**受領を拒んだとき**や、債権者が**弁済を受領することができないとき**等一定の場合に、債権者のために弁済の目的物を**供託**することができる（民法494条）。したがって、債権者が弁済を受領することができない場合は供託することができないとする本肢は誤っている。

2 〇 弁済をすることができる者が、債権者との間で、**債務者の負担した給付に代えて他の給付をすることにより債務を消滅させる旨の契約**をした場合において、その弁済者がその他の給付をしたときは、その給付は、**弁済と同一の効力**を有する（482条）。つまり、**代物弁済**は、**契約**によってなされる。したがって、土地賃借人は、土地賃貸人の意思に反しない場合に限り、当該土地の賃料について金銭以外のもので代物弁済することができる。

3 〇 債務者でない者（**第三者**）は、弁済をすることにつき**正当な利益**があれば、**債務者の意思に反して弁済をすることができる**（第三者の弁済、474条2項本文参照）。ところで、**借地上の建物の賃借人**は、家主である土地賃借人が土地の賃料の支払いを怠ると、土地賃貸借の解除により建物が収去され、建物賃借権を行使できなくなることから、土地の賃料を弁済することについて法律上の利害関係（現「**正当な利益**」）を有しているとされている（判例）。したがって、借地上の建物の賃借人は、土地賃借人の意思に反しても、土地賃貸人に対して当該土地の賃料を弁済することができる。

4 〇 ①悪意による不法行為に基づく損害賠償の債務や、②人の生命又は身体の侵害による損害賠償の債務の債務者は、その債権者がその債務に係る債権を他人から譲り受けたときを除き、相殺をもって債権者に対抗することができない（509条）。

つまり、これらの債権を**受働債権**として相殺することはできない。他方、**不法行為**によって発生した債権を、**自働債権**として相殺することはできる（判例）。

Point

債権の消滅全般に関する問題である。この分野に関しても、令和２年の改正点が数多くある。本問では出題されていないが、「弁済をすることにつき正当な利益を有しない第三者による弁済」などについても、十分マスターしておくこと。

問10	正解１	時　効	難易度B

１ ○ 催告によって時効の完成が猶予されている間にされた**再度の催告**は、**時効の完成猶予の効力を有しない**（民法150条２項）。つまり、催告した後で、再び裁判外の催告をしただけでは、時効の完成は猶予されない。そうでなければ、催告が繰り返された場合には、いつまでも時効が完成しないことになりかねないからである。

２ × **確定判決**又は**確定判決と同一の効力を有するもの**によって**確定した権利**については、**10年より短い時効期間の定め**があるものであっても、その時効期間は、**10年**となる（169条１項）。したがって、時効期間はその短い時効期間の定めによるとする本肢は誤っている。

３ × **消滅時効完成後**に、債務者が**債務の承認**をした場合、債務者は、時効完成の事実を知らなかったときでも、信義則の観点から、消滅時効を**援用**することは**許されない**（判例）。したがって、本肢の場合、債務者は、その完成した消滅時効を援用することはできない。

４ × **債権**は、原則として、①債権者が権利を行使することができることを知った時から５年間、又は、②**権利を行使することができる時から10年間**これを行使しない場合、**時効によって消滅**する（166条１項）。したがって、権利を行使することができる時から１年間行使しないときは時効によって消滅するとする本肢は誤っている。

Point

改正民法（令和２年施行）を中心とした、時効に関する重要な知識についての出題である。どの知識も、確実に頭に入れておきたい。

| 問11 | 正解4 | 借地権 | 難易度A | |

1 × 借地権の存続期間が満了した後、借地権者が土地の使用を継続するときは、「**建物がある場合に限り**」、期間を除いて従前の契約と同一の条件で**更新したものとみなされる**。ただし、借地権設定者が遅滞なく、正当事由ある異議を述べた場合は、更新されない（借地借家法5条2項・1項、6条）。したがって、「借地上の建物の有無にかかわらず」、借地契約は更新されたものとみなされるとする本肢は誤っている。

2 × 借地契約について、更新を認めず期間満了により契約を終了させ、その終了時には借地権者が借地上の建物を収去すべき旨を有効に定めるためには、一般定期借地権（22条）、もしくは、事業用定期借地権（23条）を設定する必要がある。そして、**一般定期借地権の場合は期間50年以上**、また、**事業用定期借地権の場合は事業用建物（居住の用に供するものを除く）の所有を目的**としていなければ、設定することができない。しかし、本問の土地の賃貸借契約は、居住用建物の所有を目的とする、期間30年の契約であり、それぞれ上記の要件を満たさないことから、一般定期借地権も、事業用定期借地権も設定されているとはいえない。また、期間満了の際の更新を認めない特約は、借地借家法の規定に反し借地権者に不利なものであるため、無効となる（9条）。したがって、本肢の場合、借地契約を書面によって締結していたとしても、当該契約の更新がなく期間満了により終了し、終了時には借地権者が借地上の建物を収去すべき旨を有効に定めることができるわけではない。

3 × 借地権は、その登記がなくても、土地の上に借地権者が**登記されている建物を所有するときは、第三者に対抗することができる**（10条1項）。ただし、その**登記**は、**借地権者名義**でなければならない（判例）。したがって、賃借権の登記がなされていない本問の場合、借地権者は、自己の長男名義で保存登記をした建物を借地上に所有していても、第三者に対して借地権を対抗することはできない。

4 ○ 借地上にある**登記された建物が滅失した場合**でも、借地権者が、その建物を特定するために必要な事項、その滅失があった日及び建物を新たに築造する旨を土地の上の見やすい場所に**掲示**するときは、借地権は、滅失のあった日から**2年間**、**第三者に対抗することができる**（10条2項）。したがって、借地権者は、一定の要件を満たしていれば、滅失のあった日から2年間は、第三者に対して借地権を対抗することができる。

> **Point**
> 本問では、借地権に関する基本的な知識が問われている。是非とも正解したい。

| 問12 | 正解3 | 借家権 | 難易度B | |

1 × 　**賃貸人**は、賃借人の責めに帰すべき事由によって修繕が必要となったときを**除き**、目的物の使用・収益に必要な**修繕**を行わなければならない（民法606条1項）。したがって、Bの責めに帰すべき事由によって当該建物の修繕が必要となった本肢の場合、Aは、その修繕義務を負わない。

2 × 　建物の賃貸借は、その登記がなくても、**建物の引渡し**があったときは、その後、その建物について物権を取得した者に対し、**対抗することができる**（借地借家法31条）。そして、**この規定に反する特約**で建物の賃借人又は転借人に**不利なもの**は、**無効となる**（37条）。したがって、当該特約は有効であるとする本肢は誤っている。

3 ○ 　居住の用に供するための定期建物賃貸借（床面積が200㎡未満の建物に係るものに限る）において、転勤、療養、親族の介護その他のやむを得ない事情により、建物の賃借人が建物を自己の生活の本拠として使用することが困難となったときは、**賃借人**は、**建物の賃貸借の解約の申入れ**をすることができる（38条7項）。そして、この賃借人の中途解約権の規定に反する特約で賃借人に不利なものは、無効となる（38条8項）。

4 × 　定期建物賃貸借をしようとするときは、賃貸人は、あらかじめ、建物の賃借人に対し、建物の賃貸借は契約の更新がなく、期間の満了により当該建物の賃貸借は終了することについて、その旨を記載した**書面を交付**（又は電磁的方法により提供）して**説明**しなければならない（38条3項・4項）。そして、賃貸人がこの説明をしなかったときは、契約の更新がない旨の定めは、無効となる（38条5項）。以上のことは、**公正証書によって定期建物賃貸借契約を締結する場合でも同様**である。したがって、AがBに対して契約の更新がない旨を「口頭で」説明している本肢の場合、AB間の賃貸借契約は、期間満了により終了するわけではない。

> **Point**
> 定期建物賃貸借は、連続して出題されている頻出事項である。この機会に、定期建物賃貸借の他の論点もしっかりマスターしておこう。

| 問13 | 正解1 | 区分所有法 | 難易度B | |

1 × 　共用部分の**重大変更**は、区分所有者及び議決権の各4分の3以上の多数による集会の決議で決する。ただし、この「**区分所有者の定数**」は、規約でその**過半数**まで**減ずることができる**（区分所有法17条1項）。「**議決権**」については、規約で減ずることはできない。

| 2 | ○ | 規約の設定、変更又は「廃止」は、区分所有者及び議決権の各４分の３以上の多数によってする（31条１項前段）。 |

3 ○ 集会の議事は、この法律（区分所有法）又は規約に別段の定めがない限り、区分所有者及び議決権の各過半数で決する（39条１項）。

4 ○ 集会は、区分所有者「全員」の同意があるときは、招集の手続きを経ないで開くことができる（36条）。１人でも反対者がいる場合は、集会招集手続を省略することはできない。

Point

正解肢である肢１は少し難しいが、全肢にわたり、過去に問われている知識からの出題である。消去法で正解を導きたい。

| 問14 | 正解4 | 不動産登記法 | 難易度B |

1 ○ 分筆又は合筆の登記は、表題部所有者又は所有権の登記名義人以外の者は、申請することができない（不動産登記法39条１項）。つまり、申請適格者は、表題部所有者又は所有権の登記名義人に限られている。

2 ○ 表題部所有者又は所有権の登記名義人が相互に持分を異にする土地の合筆の登記は、することができない（41条４号）。

3 ○ 受益者又は委託者は、受託者に代わって信託の登記を申請することができる（代位による信託の登記の申請、99条）。つまり、信託の登記の申請において受託者が信託の登記を申請しない場合、信託財産の運用等について関心の高い受益者又は委託者は、受託者に代位して申請できる（代位申請権がある）ということである。

4 × 区分建物においては、表題部所有者から所有権を取得した者も、所有権の保存の登記を申請することができる。この場合、その建物が敷地権付き区分建物であるときは、当該敷地権の登記名義人の承諾を得なければならない（74条２項）。したがって、当該敷地権の登記名義人の承諾を得ることなく当該区分建物に係る所有権の保存の登記を申請することができるとする本肢は誤り。

Point

やや難しい問題であるが、不動産登記法の出題は、この程度のレベルが少なくない。過去問の検討は、不可欠といえよう。

第３回　解答・解説

| 問15 | 正解4 | 都市計画の内容等 | 難易度B |

1 × 国土交通大臣、知事又は「**市町村長**」は、都市計画法に違反した者又は悪意（違反の事実を知っている）の建築物の**譲受人**に対して、**違反建築物に対する除却等の是正命令**ができる（都市計画法81条1項1号）。

2 × 地区計画の区域（道路、公園その他の一定施設の配置及び規模が定められている再開発等促進区若しくは開発整備促進区又は地区整備計画が定められている区域に限る）内で、土地の区画形質の変更、**建築物の建築**その他一定の行為を行おうとする者は、原則として、当該**行為着手日の30日前**までに、一定事項を「**市町村長**」に届け出なければならない（58条の2第1項）。この届出があった場合、「**市町村長**」は、その届出に係る行為が**地区計画に適合しない**と認めるときは、その届出をした者に対し、必要な措置をとることを**勧告**できる（同3項）。届出先、及び勧告をするのは、「知事」ではない。

3 × **都市施設**は、**市街化区域**及び区域区分が定められていない都市計画区域（非線引都市計画区域）については、少なくとも**道路**、**公園**及び**下水道**を定める。そして、住居系の用途地域（第一種・第二種低層住居専用地域、「**田園住居地域**」、第一種・第二種中高層住居専用地域、第一種・第二種・準住居地域）については、**義務教育施設**をも定める（13条1項11号）。

4 ○ **地区整備計画**においては、地区計画の目的を達成するため、次の事項のうち**必要なものを定める**ものとする（12条の5第7項）。
① 地区施設（街区内の居住者等の利用に供される施設等）の配置及び規模
② 建築物等の用途の制限
③ **容積率の最高限度又は最低限度**、建蔽率の最高限度
④ 建築物の敷地面積又は**建築面積の最低限度**
⑤ 壁面の位置の制限
⑥ 壁面後退区域（壁面の位置の制限として定められた限度の線と敷地境界線との間の土地の区域をいう）における工作物の設置の制限
⑦ 建築物等の高さの最高限度又は**最低限度**、等
ただし、**市街化調整区域内において定められる地区整備計画**については、上記③容積率の最「**低**」限度、④建築物の建築面積の最「**低**」限度、⑦建築物等の高さの最「**低**」限度を**定めることはできない**（同かっこ書）。なぜなら、最低限度を定めることが、市街化を促進することになるからである。

> **Point**
> 肢2・正解肢4は、しばらく出題されていないので、確認しよう。肢3は、近年久しぶりに出題されている論点である。

| 問16 | 正解1 | 開発許可の申請等 | 難易度B |

1 ✕ **市街化調整区域内**において、生産される「**農産物の貯蔵に必要な建築物**」の建築を目的とする当該市街化調整区域内における**土地の区画形質の変更**は、**34条許可基準**の一つである（都市計画法34条4号）。これを満たしていれば、原則として、開発許可を受けることができるということであり、「許可を受ける必要はない」ということではない。

2 〇 **土地区画整理事業**の施行として行う開発行為は、施行者が誰であっても（**民間**施行でも、**公的**施行でも）、**開発許可は不要**である（29条1項5号）。

3 〇 開発許可を受けた者は、開発区域（開発区域を工区に分けたときは、工区）の全部について工事を完了したときは、その旨を知事に届け出なければならない。**知事**は、当該届出があったときは、遅滞なく、当該工事が**開発許可の内容に適合**しているかを検査し、**適合**しているときは、**検査済証**を、開発許可を受けた者に**交付**しなければならない（36条1項・2項）。

4 〇 公共施設の管理は、原則として、当該公共施設の存する**市町村の管理**に属するが、次の場合には**市町村以外が管理**する（39条）。
① 他の法律に基づく**管理者が別**にあるとき
② 協議で**管理者を別**に定めたとき
上記①だけではなく、②の例外もあるので、本肢は正しい。

Point

正解肢1については、しばらく出題されていない。「農産物の**生産・集荷の用に供する**建築物」という表現の場合には、**開発許可は不要**となるので（29条1項2号、施行令20条1号）、その違いに**注意**のこと。肢2～4は、近年久しぶりに出題された論点である。確認しておこう。

| 問17 | 正解2 | 建築基準法（総合） | 難易度A |

1 〇 **文化財保護法**の規定によって、国宝、**重要文化財**等に「指定」又は仮指定を受けた建築物について、建築基準法の規定は**適用されない**（建築基準法3条1項1号）。

2 ✕ **北側斜線制限**は、住居専用地域（第一種・第二種低層住居専用地域、**第一種・第二種「中高層」住居専用地域**）、田園住居地域内で**適用**される（56条1項3号）。しかし、**第一種・第二種中高層住居専用**地域で、**日影規制が適用**される区域では、**北側**斜線制限は「**適用されない**」（56条1項3号かっこ書）。

137

3 ○ 建築物の**敷地**は、原則として、これに接する**道の境より高く**なければならず、建築物の**地盤面**は、これに接する**周囲の土地より高く**なければならない（19条1項本文）。

4 ○ 建築確認の申請をするときに、事前に周辺住民の同意に関する規定は建築基準法にはないので、**同意は不要**である。

> **Point**
>
> 肢1・正解肢2は、<u>再出題</u>の可能性がある。しばらく出題されていないので覚えておこう。

| 問18 | 正解4 | 建築基準法(総合) | 難易度B |

1 ○ 私道の変更又は廃止によって接道義務の制限に適合しなくなるような敷地が生ずる場合、**特定行政庁**は、**私道の変更又は廃止を禁止**し、又は**制限ができる**（建築基準法45条1項）。敷地所有者の同意を得て行う旨の規定はない。

2 ○ （第一種・第二種）低層住居専用地域、「**田園住居地域**」、工業地域及び工業専用地域で、**高等専門学校**や**病院**等は、原則として**建築できない**（48条、別表第二）。

3 ○ 建築物の**全部が耐火建築物**等であれば、その敷地が防火地域の内外にわたっていても、**敷地全部が防火地域**とみなされて、防火地域以外の敷地部分も**建蔽率の緩和規定が適用**される（53条7項）。

4 × **敷地内**には、屋外に設ける避難階段及び屋外への出口から道又は公園、広場その他の空地に通ずる幅員が**1.5m**（階数が3以下で延べ面積が200㎡未満の建築物の敷地内にあっては、**90cm**）以上の通路を設けなければならない（施行令128条）。

> **Point**
>
> 肢1〜3は、しばらく出題されていないので覚えておこう。特に正解肢4については、近年の改正点であり、未出題論点なので、<u>要注意</u>！

| 問19 | 正解1 | 宅地造成等規制法 | 難易度A |

1 ○ 規制区域内で行われる宅地造成に関する工事は、一定の**技術的基準**に従い、擁壁、排水施設その他の政令で定める**施設の設置**その他宅地造成に伴う**災害を防止する**ため**必要な措置が講じられた**ものでなければならない（宅地造成等規制法9条1項）。

2 × 知事は、擁壁等の設置又は改造その他必要な措置を講ずることにより、**造成宅地防災区域の全部又は一部について、指定事由がなくなった**と認めるときは、当該造成宅地防災区域の「**全部又は一部**」について、**指定を解除**する（20条2項）。

「一部に限られている」わけではない。

3 × 宅地造成に関する工事は**宅地以外**の土地を宅地にするためのものであり、造成主が許可を受けるのは、**盛土**については**1m**を「**超える**」場合である（2条2号、施行令3条2号）。本肢は、1mちょうどなので、宅地造成に該当しない。

4 × 規制区域の指定の際、当該規制区域内において**行われている宅地造成に関する工事**の**造成主**は、その**指定があった日から「21日」**以内に、当該工事について知事に**届け出**なければならない（宅地造成等規制法15条1項）。

> **Point**
> 正解肢1・肢3・4は「規制区域」の知識を、肢2は「造成宅地防災区域」の知識を問うている。両者を比較して、論点の整理をしよう。

問20	正解3	土地区画整理法	難易度B

1 × 施行「**区域**」での土地区画整理事業は、「**必ず**」**都市計画事業**として施行する（土地区画整理法3条の4第1項）。他方、本肢は施行「**地区**」なので、民間施行者による施行なら、「**都市計画事業として行われなくてもよい**」。

2 × 組合が事業計画を定める場合、**宅地以外の土地を施行地区に編入**するときは、当該「**土地管理者**」の「**承認**」を必要とする（17条、7条）。「**許可**」ではない。

3 ○ **組合**が**換地計画を作成**しようとする場合には、**総会の議決**を経なければならない（31条8号）。

4 × 保留地は、換地処分の公告日の翌日において、施行者が取得する（104条11項）。施行者から当該**保留地を購入した者**は、その土地の所有者になったのであるから自由に利用できる。したがって、建築物の**新築**について、施行者の「**承認は不要**」である。

> **Point**
> 肢1は、しばらく出題されていないので覚えておこう。肢2・正解肢3について、出題頻度は高くないが、覚えておこう。肢4について、施行者が取得する時期（換地処分の公告日の翌日）は定期的に出題される論点である。保留地に建築物を新築する場合の扱いについてはひっかけ論点なので、念のため確認しておこう。

139

| 問21 | 正解2 | 農地法 | 難易度B |

1 ○ 民事調停法の農事調停による取得の場合は、市街化区域の内外を問わず、**3条許可**は「不要」である（農地法3条1項10号）。

2 × **市街化区域**内にある農地を農地以外（本肢では住宅建設）に転用する場合、転用行為に着手する前にあらかじめ「農業委員会」に届け出て転用するときは、4条許可は「不要」である（4条1項7号）。届出先は農地の規模にかかわらず、「農林水産大臣」ではなく「農業委員会」である。

3 ○ 農地又は採草放牧地の賃貸借の当事者は、原則として知事の許可を受けなければ、賃貸借の解除をし、解約の申入れをし、「合意による解約」をし、又は賃貸借の更新をしない旨の通知をしてはならない（18条1項本文）。「知事の許可」は必要である。

4 ○ 会社の代表者が、その会社の業務に関し、4条1項・5条1項等の違反行為をした場合は、**代表者**が罰せられる（3年以下の懲役又は300万円以下の罰金）のみならず（64条）、4条1項・5条1項に係る部分に限り、その**会社**も**1億円**以下の罰金刑が科せられる（67条1号）。

Point

いずれも重要ポイントである。特に正解肢2については、「市街化区域内の特例」にかかわるひっかけ論点である。届出先は、「農業委員会」である。肢3は近年の出題論点であるが、肢1・4はしばらく出題されていない。

| 問22 | 正解3 | 国土法(事後届出) | 難易度B |

1 ○ 本肢のように「計画的な一体性」のある土地を二期に分割して購入する場合、その合計面積（市街化区域では2,000㎡以上）で考えて、**買主側（B）**のみで「一団の土地」の要件を満たすか否かを判断する。したがって、本肢の場合、合計面積が2,500㎡なので、Bは、一期・二期それぞれの売買契約締結の日から2週間以内に届出が必要である（国土利用計画法23条1項）。

2 ○ 「質権の設定」は、土地売買等の契約に該当しない（14条1項参照）。したがって、事後届出が不要である（23条1項・2項1号ハ参照）。

3 × 知事（指定都市の長）は、勧告に基づき当該土地の利用目的が変更された場合、必要があると認めるときは、当該土地に関する権利の処分についてのあっせんその他の措置を講ずるよう「努めなければならない（努力義務）」（27条）。

| 4 | 〇 |

土地売買等の契約の**当事者の**「**一方**」又は双方が、「**国**」又は地方公共団体等であるときは、**届出は不要**である（23条2項3号）。したがって、国所有の都市計画区域外に所在する12,000㎡（都市計画区域外では10,000㎡以上が届出の対象）の土地については、Cは、事後届出が不要である。

> **Point**
>
> 肢1において、一定要件のもとでの取得面積合計が届出対象面積以上であれば、その取得者に届出義務がある。定番の重要論点である。

| 問23 | 正解4 | 登録免許税 | 難易度A |

| 1 | × |

住宅用家屋の所有権の移転登記に係る登録免許税の税率の軽減措置（以下「軽減措置」という。租税特別措置法73条、施行令42条。以下同じ）の対象は、「**住宅用家屋**」に限定されていることから、「**住宅用家屋の敷地の用に供されている土地**」に係る所有権の移転登記には**適用されない**。

| 2 | × |

軽減措置は、**取得後「1年以内**」に登記することが適用要件の一つとなっている。1か月以内ではない。

| 3 | × |

軽減措置が適用される家屋の要件は、①建築基準法施行令第3章及び第5章の4の規定若しくは国土交通大臣が財務大臣と協議して定める地震に対する安全性に係る基準に適合するものであること（**新耐震基準に適合すること**）、又は②昭和57年1月1日以後に建築されたものであること等である。すなわち、**築年数要件**は、近年の法改正で**廃止**された。

| 4 | 〇 |

軽減措置は、売買又は**競落**（競売による落札）により取得した住宅用家屋に係る所有権の移転登記にも**適用される**。なお、**贈与**により取得した住宅用家屋に係る所有権の移転登記には**適用されない**ので注意。

> **Point**
>
> 肢3は、近年の改正点である。登録免許税は令和2年12月・令和3年12月に2年連続で出題されたが、念のため準備しておいてほしい。

| 問24 | 正解4 | 固定資産税 | 難易度A |

| 1 | × |

市町村は、固定資産の所有者の所在が震災、風水害、火災その他の事由によって不明である場合においては、その「**使用者**」を**所有者**とみなして、これを固定資産課税台帳に登録し、その者に固定資産税を課することができる（地方税法343条4

141

項前段)。

2　×　一定の要件を満たした新築住宅は、**5年度間**（中高層耐火建築物等）または**3年度間**（中高層耐火建築物等以外）、床面積120㎡までの部分の税額が「**2分の1**」に減額される（附則15条の6）。

3　×　固定資産税は、固定資産に対し、当該固定資産所在の「**市町村**」において課する（342条1項）。

4　○　本肢は、免税点の知識を問う出題である。免税点とは、その金額未満であれば原則として課税されない金額を意味する。**固定資産税の免税点**は、**土地**にあっては**30万円**、**家屋**にあっては**20万円**である（351条本文）。ただし、財政上その他特別の必要がある場合においては、当該市町村の条例の定めるところによって、その額がそれぞれ30万円、20万円に満たないときであっても、固定資産税を課することができる（同ただし書）。

Point

地方税は、不動産取得税、固定資産税のどちらも出題可能性があるので、両税の基本知識はおさえておいてほしい。

問25	正解4	不動産鑑定評価基準	難易度B

1　×　**原価法**は、価格時点における対象不動産の**再調達原価**を求め、この再調達原価について**減価修正**を行って対象不動産の試算価格を求める手法である（この手法による試算価格を**積算価格**という）。原価法は、対象不動産が建物又は建物及びその敷地である場合において、再調達原価の把握及び減価修正を適切に行うことができるときに有効であり、対象不動産が**土地のみ**である場合においても、**再調達原価を適切に求めることができるとき**はこの手法を**適用することができる**（不動産鑑定評価基準総論7−1−2−1）。

2　×　**取引事例比較法**は、まず多数の取引事例を**収集**して適切な事例の**選択**を行い、これらに係る取引価格に必要に応じて**事情補正及び時点修正**を行い、かつ、**地域要因の比較及び個別的要因の比較**を行って求められた価格を比較考量し、これによって対象不動産の試算価格を求める手法である（この手法による試算価格を比準価格という）。取引事例比較法は、**近隣地域若しくは同一需給圏内の類似地域**等において対象不動産と**類似の不動産の取引**が行われている場合又は同一需給圏内の代替競争不動産の取引が行われている場合に**有効**である（7−1−3−1）。

3　×　**収益還元法**における**収益価格を求める方法**には、一期間の純収益を還元利回りに

142

よって還元する方法（「**直接還元法**」）と、連続する複数の期間に発生する純収益及び復帰価格を、その発生時期に応じて現在価値に割り引き、それぞれを合計する方法（「**DCF法**」）がある（7－1－4－2）。本肢は、「**直接還元法**」と「**DCF法**」の**説明が逆**である。なお、「**純収益**」とは、不動産に帰属する適正な収益をいい、収益目的のために用いられている不動産とこれに関与する資本（不動産に化体されているものを除く）、労働及び経営（組織）の諸要素の結合によって生ずる**総収益**から、資本（不動産に化体されているものを除く）、労働及び経営（組織）の総収益に対する貢献度に応じた**分配分を控除した残余の部分**をいう（7－1－4－3）。

4 ○ **試算価格**又は試算賃料**の調整**とは、**鑑定評価の複数の手法により求められた各試算価格又は試算賃料の再吟味**及び**各試算価格又は試算賃料が有する説得力に係る判断を行い、鑑定評価における最終判断である鑑定評価額の決定に導く作業**をいう。**試算価格**又は試算賃料**の調整**に当たっては、対象不動産の**価格形成を論理的かつ実証的に説明できるようにする**ことが重要である。このため、鑑定評価の手順の各段階について、**客観的、批判的に再吟味**し、その結果を踏まえた**各試算価格又は各試算賃料が有する説得力の違いを適切に反映**することによりこれを行うものとする（8－8）。

> **Point**
> 令和3年10月不動産鑑定評価基準・令和3年12月地価公示法につづき令和4年は地価公示法が出題されたので、地価公示法よりも不動産鑑定評価基準の方が出題可能性が高い。

| 問26 | 正解1 | 重要事項の説明 | 難易度B |

以下、説明が義務付けられているものを○、義務付けられていないものを×とする。

ア ○ **建物の貸借の媒介**において、宅建業者は、重要事項の説明として、当該**建物が新住宅市街地開発事業により造成された宅地上**にあり、新住宅市街地開発法32条1項に基づき、所有権や賃借権等の**建物の使用・収益を目的とする権利の設定・移転**については、当事者は、工事完了の公告日の翌日から起算して10年間は、**知事の承認**を得なければならない旨の**制限**があるときは、その**概要を説明しなければならない**（宅建業法35条1項2号、令3条3項、新住宅市街地開発法32条1項）。かかる制限がある建物を借りようとする者にとって、建物の使用及び収益を目的とする権利の設定又は移転（建物の賃貸・転貸も含まれる）について、知事の承認を得なければならない制限は、その建物の貸借の契約を締結するか否かにとって重要な判

断材料だからである。

イ ✕ **建物の貸借**の媒介において、宅建業者は、**重要事項の説明**として、当該建物が都市計画法上の**防火地域内**にあり、**建築基準法**62条に基づく**建築物の屋根の構造に係る制限**があるときにおいても、その概要は**説明をする必要はない**（35条1項2号、令3条3項参照）。すでに防火地域内の制限の下で建築された建物の借主にとって、建物がいかなる防火地域の制限を受けて建築されたのかは、建物の貸借の契約を締結するか否かにとって重要な判断材料ではないからである。

ウ ✕ **建物の貸借**の媒介において、**借賃以外に授受される金銭の額**及びその金銭の**授受の目的**は重要事項の説明対象であり、「**敷金**」は借賃以外に授受される金銭に該当するので、敷金の授受の定めがあるときは、敷金の額及び授受の目的について、説明しなければならない（宅建業法35条1項7号）。しかし、**敷金の保管方法**については、建物の貸借の契約を締結するか否かにとって重要な判断材料ではなく、それを説明する必要はない。

以上から、説明が義務付けられているものは「ア」の一つであり、正解は肢1である。

Point

ある法令制限が重要事項の説明対象となるか否かが問われた場合は、仮に当該法令制限についての知識がなくても、その法令制限がこれから宅地建物について、売買・交換・貸借の契約を締結して権利を取得しようとする者にとって、契約を締結するか否かの判断材料であるか否かを考えれば、正解を導ける可能性が高い。本肢でも、例えば、肢アについては、「建物の使用及び収益を目的とする権利の設定又は移転」に関する制限であるから、建物の賃借人に大きな影響がある法令制限なのではないかと考えればよいし、肢イについては、「建築物の屋根の構造に係る制限」については、建物の賃借人が賃借後に屋根の構造を変更することは想定されず、とすれば建物の賃借人に大きな影響のある法令制限ではないのではないか、と考えればよい。

問27	正解2	免許基準	難易度A

1 ◯ 刑法209条（**過失傷害**）の**罪**により**罰金**の刑に処せられたとしても、役員Bは**免許欠格者ではない**から、法人Aは、免許を受けることができる（宅建業法5条1項12号・6号参照）。

2 ✕ C社の**相談役D**は、取締役よりもC社に対する**支配力が大きい**ので、免許基準においては、Dは「**役員**」に該当する。そして、Dは懲役刑に処せられたので免許欠格者となり、**免許欠格者を役員としているC社は、免許を取り消される**（66条

144

1項3号、5条1項5号）。

3 ○ 罪名を問わず、**禁錮以上の刑**（本肢の懲役の刑は、禁錮以上の刑に該当）に処せられた者で、その**刑の執行を終わり**、又は刑の執行を受けることがなくなった日から**5年を経過しない**者は、**免許欠格者に該当する**ので、Eは、免許を受けることはできない（5条1項5号）。

4 ○ **専任の宅建士G**は、宅建業者F社の**役員でも政令で定める使用人でもない**ので、Gが詐欺の罪により懲役刑に処せられ、その宅建士の資格登録が消除され、またGが免許欠格者になっても、**F社は免許欠格事由に該当しない**（5条1項12号、令2条の2参照）。したがって、これを理由として、F社の免許が取り消されることはない（宅建業法66条1項3号参照）。

> **Point**
> 宅建業の免許申請や免許取消処分については、以下の順番で考える。
> ① 免許欠格者か否かについて、審査の対象者は誰か。
> → 申請者本人、役員、政令使用人等の誰を審査するか。
> ② ①の審査の対象者が、免許欠格事由に該当するか。

問28　正解4　宅建士等の住所複合　難易度B

1 × 宅建業者は、**事務所ごとに従業者名簿**を備え、取引の関係者から請求があったときは、従業者名簿を**閲覧**させなければならない（宅建業法48条3項・4項）。もっとも、その記載事項として、従業者の氏名や主たる職務内容、宅建士であるか否かの別等が規定されているが、従業者の個人情報保護の見地より、**従業者の住所**は、従業者名簿の**記載事項ではない**（宅建業法48条3項、規則17条の2第1項参照）。

2 × 国土交通省及び都道府県には、それぞれ**宅建業者名簿**が備えられ、**一般**の閲覧に供される（宅建業法8条1項、10条）。そして、当該**宅建業者名簿**には、**役員、政令で定める使用人、事務所ごとの専任の宅建士**の**氏名**は登載されるが、個人情報保護の見地より、その**住所**は登載されない（8条2項）。

3 × 宅建士は、取引の関係者から請求があったときは、**宅建士証を提示**しなければならない（22条の4）。宅建士証には、宅建士の住所も記載されるが（規則14条の11第1項1号、様式7号の3）、宅建士の個人情報保護の見地より、**宅建士証の住所欄にシール**を貼ったうえで**提示**することが認められている。なお、シールは容易に剥がすことが可能なものとし、宅建士証を汚損しないよう注意しなければならない（国交省「考え方」）。

4 ◯ 宅建士の**資格登録**は、知事が資格登録簿に一定事項を登載して行うが、その**資格登録簿**には、**登録を受けた者の住所も登載される**（宅建業法18条2項）。資格登録簿は、宅建業者名簿とは異なり、**一般の閲覧に供されることはない**ので、登録を受けた者の住所を登載しても、個人情報の保護の見地から問題は生じない。

Point

「住所」は、重要な個人情報であり、宅建業法でもその取扱いには注意を払っている。ポイントは、住所が一般に公開されることになるのか否かである。

① 宅建業者名簿・宅建士資格登録簿

以前の宅建業法は、役員・政令使用人・事務所ごとの専任の宅建士について、その氏名のみならず、住所も「宅建業者名簿」の登載事項としていた。しかし、宅建業者名簿は一般の閲覧に供されることから、住所まで公開することは個人情報保護の見地より望ましくないので、改正により「住所」は登載しないことにした。この点、「宅建士資格登録簿」には、登録者の「住所」が登載されるが、資格登録簿は宅建業者名簿とは異なり一般の閲覧に供されることはないので、登載しても問題はない。

② 従業者名簿

宅建業者が事務所ごとに備える「従業者名簿」について、従業者の「住所」は、法改正により記載しないものとした。従業者名簿は取引の関係者の請求があれば閲覧させなければならず、個人情報保護の見地より望ましくないからである。

③ 宅建士証

宅建士証には宅建士の住所が記載される。そして、宅建士証は、取引の相手方の請求があったとき又は重要事項の説明をするとき提示する義務がある。そこで、国交省はその「考え方」を改正し、宅建士証の住所欄をシール等により隠して提示しても、宅建士証の提示義務に違反しないことにした。

問29	正解2	案内所等の規制	難易度A

ア ✕ 宅建業者は、その**事務所ごと**に、業務に関する**帳簿**を備え、宅建業に関し取引のあったつど、その年月日、その取引に係る宅地建物の所在及び面積その他国土交通省令で定める事項を記載しなければならないが、**案内所は事務所に該当しない**ので、AにもBにも**帳簿の備付け義務はない**（宅建業法49条、令1条の2参照）。

イ ◯ 本問において、案内所を設置しているのは宅建業者Aから販売代理の委託を受けた宅建業者Bであり、Bは、案内所（他の宅建業者が行う一団の宅地建物の分譲の**代理・媒介**を案内所を設置して行う場合は、その**案内所**）に、自己（B）の**標識**を掲示する義務がある（50条1項、規則19条1項4号）。他方、Aには、Bが設置した案内所について、自己（A）の標識を掲示する義務はない（19条1項参照）。

| ウ ○ | Aは、乙県に所在する**分譲住宅用地**（宅建業者が一団の宅地建物の分譲をする場合における当該宅地建物の所在する場所）に、自己（**A**）の**標識**を**掲示する義務**があるが（宅建業法50条1項、規則19条1項2号）、Bには、かかる物件の所在場所に自己の標識を掲示する義務はない（19条1項参照）。 |

以上から、正しいものは「イ、ウ」の二つであり、正解は肢2である。

Point

宅建業者は、「事務所」「自己が設置した案内所等」「自己の分譲地等」に標識を掲示する義務がある。例えば、宅建業者Aが自己の別荘地（分譲地）を売却する場合、他の宅建業者Bに媒介・代理を依頼し、Bが「Aの分譲地」の最寄りに「Bの案内所」を設置する場合、Aは「分譲地」にAの標識を掲示し、Bは「案内所」にBの標識を掲示する。なお、Bが案内所にBの標識を掲示する際は、Bの標識には、売主であるAの名称又は商号及び免許証番号を記載しなければならない。すなわち、Bが設置する案内所なので、案内所にはBに標識の掲示義務があるが、その標識の記載事項として、BはAの情報も記載するのである。「標識の掲示義務があるのは誰か」ということと、「標識に何を記載するのか」ということを、混同しないこと。

| 問30 | 正解4 | 広告複合 | 難易度A |

| 1 ○ | 宅地の分譲広告において、宅地の将来の環境について著しく事実に相違する表示をすることは**誇大広告等の禁止規定**（宅建業法32条）に違反し、監督処分や罰則の適用を受けることがある（65条、81条1号）。誇大広告等の禁止規定（32条）は、広告に接触した者に不測の損害を生じさせる事態を未然に防ぐものであり、その**広告の媒体の種類については限定されない**（国交省「考え方」）。よって、**インターネット**を利用する方法で行った広告の場合でも、誇大広告等の禁止に違反したときは、**監督処分**を受けることがあり、また罰則の適用を受けることがある。 |

| 2 ○ | 宅地建物の取引に関する広告の配布活動も「業務」の一環であり、甲県知事からその**業務の全部の停止**を命ぜられた場合には、それが業務停止処分前に印刷した**広告**であっても、当該**業務停止処分の期間中は配布できない**（65条2項）。 |

| 3 ○ | 宅建業者は、**代金額等**について、**著しく事実に相違する**か、**実際のものよりも著しく優良又は有利であると誤認させるような表示をしてはならない**（誇大広告の禁止、32条）。そして、かかる誇大広告の禁止規定に違反しないためには、**代金額を表示する際は、消費税額を含んだ額を明確に表示**することが必要である（**総額表示**、国交省「考え方」）。 |

147

| 4 | × | 宅建業者は、宅地の造成又は**建物の建築に関する工事の完了前**は、当該工事に関して必要とされる**建築確認**（建築基準法6条1項の確認）その他法令に基づく許可等の処分で政令で定めるものがあった**後でなければ**、**売買契約をすることも**、**広告をすることもできない**（33条、36条）。たとえ建築確認申請中である旨を広告中に表示したとしても、広告をすることはできない。 |

Point

肢3について、代金額を表示する際は、総額表示が義務付けられているので、例えば消費税込みで代金額が1,100万円の建物の場合は、「1,100万円」「1,100万円（税込）」「1,100万円（税抜価格1,000万円, 消費税額等100万円）」「1,100万円（税抜価格1,000万円）」など、消費税込みの代金額の総額を表示する義務がある。なお、総額表示さえすれば、具体的な消費税額がいくらかを明示する義務はない。

| 問31 | 正解2 | 保証協会 | 難易度B |

| ア | × | 宅建業者が保証協会の**社員の地位を失った**場合は、その**地位を失った日から1週間以内**に営業保証金を本店の最寄りの供託所に**供託**しなければならない（宅建業法64条の15）。 |

| イ | ○ | 宅建業者が**保証協会から還付充当金を納付すべき旨の通知を受けた**場合は、その**通知を受けた日から2週間以内**に、当該**還付充当金を保証協会に納付**しなければならない（64条の10第2項）。 |

| ウ | ○ | 宅建業者が保証協会に**加入した後、新たに従たる事務所を設置**した場合は、当該事務所の分の弁済業務保証金**分担金**をその**事務所を設置した日から2週間以内**に保証協会に**納付**しなければならない（64条の9第2項）。 |

| エ | × | 宅建業者が**保証協会から特別弁済業務保証金分担金を納付すべき旨の通知を受け**た場合は、その**通知を受けた日から1か月以内**に、当該**特別弁済業務保証金分担金を保証協会に納付**しなければならない（64条の12第4項・3項）。 |

以上から、誤っているものは「ア、エ」の二つであり、正解は肢2である。

Point

営業保証金や弁済業務保証金においては、「2週間以内に○○しなければならない」との規制が多い。試験対策上は、2週間の規制を1つずつ覚えるよりも、それ以外の「6か月」「3か月」「1か月」「2週間」「直ちに」等の登場場面をしっかりと覚え、自分の記憶にない規制は2週間ではないか、と判断した方が試験勉強として効率がよい。

| 問32 | 正解4 | 免許の要否 | 難易度A |

1 ✕ **破産管財人**は、**免許**を受けることは**不要**とされる（国交省「考え方」）。しかし、**破産管財人から売却の媒介や代理を依頼された者**（宅建業を行う者）は、原則として**免許**を受ける**必要がある**（2条2号、3条1項）。よって、破産管財人Aは、免許を受ける必要はないが、Aから売却の媒介を依頼されたBは、免許を必要とする。

2 ✕ 宅地の「**自ら貸借**」は、宅建業の「**取引**」ではなく、宅建業者に代理を依頼しようと、Cは、宅建業の免許を受ける**必要はない**（2条2号、3条1項）。

3 ✕ 「都市計画法に規定する第一種住居地域」は、用途地域である（都市計画法8条1項1号）。宅建業法上、**用途地域内の土地**は、現に道路等の政令で定める公共の用に供する施設の用に供されているものを除き、「**宅地**」である（宅建業法2条1号、令1条）。Dが売却しようとしている土地は、道路によって区画割りされた**用途地域内の農地**であり、「**宅地**」に該当する。Dは**宅地の売却を業として行う**のであるから、宅建業を行うことになり、**免許を受ける必要がある**（宅建業法2条2号、3条1項）。

4 ◯ 賃貸物件を**転貸**する行為は「**自ら貸借**」であり、これは宅建業の「**取引**」ではないので、Eは**免許を受ける必要はない**（2条2号、3条1項）。

Point

「自ら貸借」は、宅建業法の「取引」ではない。この「自ら」については、所有権がどこにあるかは問題ではない。貸借契約の貸主や借主になることが「自ら貸借」であり、Aが所有する建物をBに賃貸する行為は、AもBも「自ら貸借」をしており、BがAから賃借した建物をCに転貸する行為も、BもCも「自ら貸借」をしているのである。同様に、Aが所有する宅地をBがCに他人物売買をする行為も、Bは売買契約の売主、Cは買主であり、BもCも「自ら売買」をしているのである。

| 問33 | 正解3 | 重要事項の説明 | 難易度B |

以下、説明しなければならないものを◯、説明しなくてもよいものを✕とする。

ア ◯ いわゆるペットの飼育を禁止する旨の規約の定めは、**専有部分の用途その他の利用の制限**に関する規約の定めである。かかる規約の定めがある場合、売買、交換、貸借のいずれの契約であるかを問わず、その内容を権利取得者（本肢では**賃借人**）に**説明しなければならない**（宅建業法35条1項6号、規則16条の2第3号）。なお、**重要事項の説明**は、説明の相手方が説明対象を**知っているか否か**にかかわらず行わなければならない。

第3回 解答・解説

149

| イ × | 建物の貸借の契約において、借賃の額は、重要事項の説明対象ではないので（宅建業法35条1項）、借賃の額についての説明をしなければならないわけではない。 |

| ウ ○ | 建物の貸借が定期建物賃貸借である場合は、その旨を重要事項として説明しなければならない（宅建業法35条1項14号、規則16条の4の3第9号）。なお、定期建物賃貸借に関する宅建業法35条の宅建業者の重要事項の説明義務は、借地借家法38条2項に規定する賃貸人の説明義務とは別個のものであり、賃貸人が借地借家法上の説明を行っていても、宅建業者は、宅建業法上の重要事項の説明義務を免れるものではない（国交省「考え方」）。 |

| エ ○ | 取引物件（土地であれば、その面積が200㎡を下回らない範囲で政令で定める規模未満を除く）が「重要施設周辺及び国境離島等における土地等の利用状況の調査及び利用の規制等に関する法律」（重要土地等調査法）12条1項の規定により内閣総理大臣が指定した特別注視区域にあるときは、同法13条1項により、当事者が契約締結前に一定事項（当事者の氏名や利用目的等）をあらかじめ内閣総理大臣に届け出なければならない旨を重要事項として説明しなければならない（宅建業法35条1項2号、令3条1項63号、重要土地調査法13条1項、同施行令4条）。これは、令和4年9月に追加された本年度の改正点である。重要事項の説明で新たに追加された法令制限としては細かな改正点であり、出題可能性は低いが、近時、中国人女性が沖縄本島北部の屋那覇島を購入した旨をSNSにアップし、同法の抵触の可能性がニュース報道されたことから（結論としては、同法に抵触しない）、一応留意しておいた方がよい。 |

　以上から、重要事項の説明をしなければならないものは「ア、ウ、エ」の三つであり、正解は肢3である。

Point

定期建物賃貸借は、契約で定めた期間が満了すると、更新されず終了する。「借地借家法」では、定期建物賃貸借契約は、①契約期間を定め、②書面（又は電磁的記録）により契約を締結し、③賃貸人が契約書とは別に、契約の締結前に書面を賃借人に交付（又は、電磁的記録を提供）し、事前説明を行うことが必要となる。もっとも、賃貸人がかかる説明を行ったとしても、重要事項の説明は、「宅建業法」では、賃貸借の媒介をしている宅建業者が行うものであり、それぞれ根拠法令と説明すべき主体が異なる以上、賃貸人が書面を交付（又は電磁的記録を提供）して説明をしたからとって、宅建業者が定期建物賃貸借である旨の重要事項の説明を免れるものではない。もっとも、媒介を行う宅建業者の重要事項の説明を担当する宅建士が重要事項の説明を行う際に賃貸人の代理人として借地借家法上の説明を行うことは可能である。なお、宅建士が貸主の代理人として説明をする際には、借地借家法上の義務と宅建業法上の義務を混同しないようにするため、35条書面に「定期建物賃貸借に係る説明については、借地借家法38条２項の規定に基づき、宅建士が貸主の代理人として行う事前説明を兼ねています」などと記載し、賃借人が借地借家法上の説明と重要事項の説明を区別できるようにすることが望ましい旨の国交省の考え方が示されている。

問34	正解３	営業保証金	難易度A

1 × 　有価証券を伴って営業保証金を供託している宅建業者が、主たる事務所を移転したためその最寄りの供託所に変更が生じた場合、**移転後の最寄りの供託所に新たに供託する**必要がある（宅建業法29条１項）。金銭の部分に限って保管替えの請求をすることは認められない。

2 × 　営業保証金を供託している宅建業者が事業の開始後、**事務所を新たに増設**する場合は、その増設した事務所に係る額の営業保証金を**主たる事務所の最寄りの供託所に供託**し、**免許権者に届け出た後**でなければ、増設した事務所で**業務を開始してはならない**（26条１項・２項、25条５項・４項）。

3 ○ 　宅建業者は、**事務所の一部の廃止**に伴い**営業保証金**の額が政令で定める額を超えることとなったので、その一部の**取戻し**をしようとするときも、宅建業を廃止することに伴い営業保証金の全部の取戻しをしようとする場合と同じく、還付請求権者に対し、６か月以上の期間を定めて、その期間内に申し出るべき旨の**公告**をする必要がある（30条１項・２項）。

4 × 　免許権者は、**免許をした日から「３か月以内」**に営業保証金を供託した旨の届出がなされない場合、その届出をするように**催告しなければならず**、催告が到達し

第３回　解答・解説

た日から「**1か月以内**」に届出がなされない場合、免許権者はその**免許を取り消すことができる**（25条6項・7項）。

> **Point**
>
> 問31のPointでも触れたが、営業保証金制度や弁済業務保証金制度では、2週間以外の期間が登場する箇所はしっかりと記憶しなければならない。肢4で出題している規制は、まさに2週間以外の「3か月」「1か月」の期間が登場する規制である。その他、宅建業者が免許を受けてから3か月以内に営業保証金の届出をしない場合の催告による免許取消処分については、把握しなければならないのは、以下の点である。
> ① 免許を受けた後に、営業保証金の供託や届出の規制があること（供託等は、免許を受ける前の事前手続ではない）。
> ② 肢4のような、「3か月」と「1か月」の入れ替えによる誤りの肢の出題に注意すること。
> ③ 「催告」については、免許権者はしなければならず（義務）、「届出」がない場合の免許取消処分は任意であること。

| 問35 | 正解1 | 免許証・宅建士証複合 | 難易度B |

1 ○ 宅建士Bは、登録をしている甲県知事の管轄する都道府県以外の都道府県（本肢では乙県）に所在する宅建業者の事務所で業務に従事し、又は従事しようとするとき（**業務従事地を変更**しようとするとき）は、**登録をしている甲県知事を経由**して、変更先の事務所の所在地を管轄する乙県知事に対し、**登録の移転**を**申請**することが**できる**（宅建業法19条の2）。その登録の移転の申請のときに、移転先の乙県知事に対し、登録の移転の申請とともに**宅建士証の交付申請**をすることもでき、その場合の宅建士証の交付は、当該宅建士Bが現に有する宅建士証（甲県知事から交付を受けている宅建士証）と**引換え**に新たな宅建士証を交付して行う（22条の2第4項、規則14条の10第3項、14条の14）。

2 × 甲県知事の免許を受けた宅建業者A（甲県内に事務所がある）が、乙県にも宅建業を営む支店を設置しようとする場合、本店所在地の知事である**甲県知事を経由**して国土交通大臣に**免許換えの申請**を行わなければならない（宅建業法3条1項、4条1項、78条の3第1項）。そして、国土交通大臣免許への免許換えがなされることにより、従前の甲県知事から受けた**免許は失効**するが（7条1項3号）、この場合、遅滞なく、**免許証**を**甲県知事に返納**しなければならない（規則4条の4第1項1号）。よって、本肢の①国土交通大臣免許への免許換えの申請を国土交通大臣に対して直接行わなければならないとしていること、及び、②免許換えに伴う新たな免許証は、従前の免許証と引換えに交付されるとしていること、の2点は、誤りである。

152

| 3 | × |

宅建業者Aが免許証を亡失（紛失）した場合、Aは、遅滞なく、免許権者である甲県知事に免許証の再交付を申請しなければならない（4条の3第1項）。これに対して、宅建士Bが宅建士証を亡失した場合は、Bは、宅建士証の交付を受けた甲県知事に宅建士証の再交付の申請をすることができる（14条の15第1項）。すなわち、宅建士証の再交付の申請は、任意である。

| 4 | × |

宅建業者Aの免許の有効期間が満了した場合、失効した免許証については、免許権者（甲県知事）に返納する義務はない（4条の4第1項参照）。これに対して、宅建士Bの宅建士証の有効期間が満了した場合、失効した宅建士証は、速やかに、その交付を受けた甲県知事に返納しなければならない（宅建業法22条の2第6項）。

Point

宅建業法の学習においては、似た制度を比較して勉強すると、理解が深まる。かかる似た制度の比較の一例として、「免許証」と「宅建士証」の比較がある。具体的には、宅建業の免許も、宅建士証も、有効期間は5年間で同一であるが、宅建業者の免許が有効期間の満了により失効した場合は、免許証の返納義務が免除されるのに対し、宅建士証の更新を怠ったことにより宅建士証の有効期間が満了した場合、宅建士証の返納義務は免除されておらず、宅建士証の交付を受けた知事に返納しなければならない（返納義務に違反すると、10万円以下の過料に処せられることがある）。

| 問36 | 正解4 | 37条書面 | 難易度A |

| 1 | ○ |

宅建業者が建物の賃貸借に関し、当事者を代理して契約を締結したときは、37条書面には当事者の氏名（法人にあってはその名称）及び住所を記載しなければならないが、法人において契約の任に当たった者は「当事者」ではないので、その氏名は37条書面に記載する必要はない（37条2項1号、1項1号）。

| 2 | ○ |

建物の賃貸借に関し、37条書面には、「敷金についてのローンのあっせんの定めがあるときのローンが成立しないときの措置」は記載する必要はない（37条2項1号参照）。売買や交換の契約において、「代金又は交換差金についての金銭の貸借のあっせんに関する定めがある場合においては、当該あっせんに係る金銭の貸借が成立しないときの措置」が記載事項とされていることと（37条1項9号）混同しないこと。

| 3 | ○ |

肢1の解説に記述したように、宅建業者の媒介により建物の賃貸借契約が成立したときは、37条書面には、賃貸借契約の当事者の氏名（法人にあってはその名称）及び住所を記載しなければならないが（37条2項1号・1項1号）、保証人は賃貸借契約の当事者ではなく、保証人の氏名及び住所について、37条書面に記載する必要

はない。

4 × 本肢の「**土砂災害警戒区域等における土砂災害防止対策の推進に関する法律**…**土砂災害警戒区域内**にあるときはその旨」は、重要事項説明書（35条書面）の記載事項であり、**37条書面**の**記載事項ではない**（37条1項・2項参照）。

> **Point**
> 37条書面の記載事項については、売買・交換では記載事項であるが、貸借（賃貸借）では記載事項とならないものがある。それを以下に列挙したので、なぜそのような違いがあるのかを考えて納得した上で、記憶しよう。
> ① 既存建物の場合、建物の構造耐力上主要な部分等の状況について当事者双方が確認した事項
> ② 移転登記申請時期
> ③ 代金・交換差金についてのローンのあっせんの定めがあるときは、ローン不成立のときの措置
> ④ 宅地建物の種類又は品質に関する契約不適合を担保すべき責任又は当該責任の履行に関して講ずべき保証保険契約の締結その他の措置について定めがあるときは、その内容
> ⑤ 宅地建物に係る租税その他の公課の負担に関する定めがあるときは、その内容

| 問37 | 正解3 | 35条書面・37条書面 | 難易度A | |

1 ○ 宅建業者は、**35条書面**（電磁的方法による提供をする場合における当該電磁的方法を含む。以下この問において同じ）には、**建物が種類又は品質に関して契約の内容に適合しない場合におけるその不適合を担保すべき責任**（以下「**契約不適合責任**」という）について、定めをする場合であっても、その**定め**について**記載する必要はない**が、**37条書面**（電磁的方法による提供をする場合における当該電磁的方法を含む。以下この問において同じ）には、**契約不適合責任について定めがあるときは、その内容**について**記載しなければならない**（宅建業法37条1項11号）。なお、35条書面には、「契約不適合責任の履行に関し**保証保険契約の締結その他の措置**で国土交通省令・内閣府令で定めるものを**講ずるかどうか**、及び**その措置を講ずる場合におけるその措置の概要**」を記載しなければならないし（35条1項13号）、37条書面にも、「契約不適合責任の履行に関し講ずべき保証保険契約の締結その他の措置について**定めがあるときは、その内容**」について記載しなければならない（37条1項11号）。この保証保険契約の締結その他の措置（**資力確保措置**）についての定めと、本肢の契約不適合責任についての定め（**特約**）を混同しないこと。

2 ○ 売主が支払った固定資産税について、買主が日割り計算で精算し金銭で支払う旨

を定める場合、35条書面の記載事項である「代金、交換差金及び借賃以外に授受される金銭の額及び当該金銭の授受の目的」（35条1項7号）に該当し、この定めを35条書面に記載しなければならない。また、37条書面に関しては、「代金及び交換差金以外の金銭の授受に関する定めがあるときは、その額並びに当該金銭の授受の時期及び目的」及び「租税その他の公課の負担に関する定め」という定めがあれば記載しなければならない項目（任意的記載事項）に該当する（37条1項6号・12号）。よって、当該定めをした場合は、当該定めについて、37条書面に記載しなければならない。

3 ✕ 宅建業者は、37条書面については、宅建士に説明させる義務はない（37条参照）。

4 ◯ 宅建業者は、契約の解除に関する事項について、必ず35条書面に記載しなければならないが（35条1項8号）、37条書面には、その定めをした場合のみ、記載しなければならない（37条1項7号）。

Point

肢1の種類又は品質に関する契約不適合責任については、以下の①②について、35条書面と37条書面で混同しがちであるので注意すること。
① 特約…例えば、民法では、買主は不適合を知った日から1年以内に不適合がある旨を売主に通知しなければならないが、これを特約で引渡しの日から2年以内に通知しなければならないと特約すること等を指す。
② 資力確保措置…買主からの契約不適合責任の追及としての損害賠償請求等に備え、売主は保険に加入したり、保証金を供託すること（資力確保措置を講ずること）があるが、かかる保険等に加入するのか否か、加入等する場合はその内容のことを指す。

	① 特約	② 資力確保措置
35条書面（売買・交換）	記載（説明）事項ではない。	資力確保措置を講じるか否か、及び講じる場合はその措置の概要を記載（説明）する。
37条書面（売買・交換）	特約をするのであれば、記載しなければならない。	資力確保措置について定めがあれば、その内容を記載しなければならない。

第3回 解答・解説

| 問38 | 正解1 | 重要事項の説明 | 難易度B |

- **ア ×** 重要事項の説明をする際は、宅建士は、相手方から請求がなくても宅建士証を提示する義務があり、これに違反した場合、宅建士は10万円以下の過料に処せられることがある（宅建業法35条4項、86条）。50万円以下の罰金刑ではないので、本肢は誤りである。

- **イ ○** 建物について自ら貸借を行う場合、宅建業法上の「取引」には該当しない（2条2号）。よって、自ら貸借を行うAに宅建業法は適用されず、重要事項の説明を行う義務はない（35条1項本文）。

- **ウ ○** 宅建業者が、区分所有建物（マンション）の売買の媒介を行う場合、当該マンションの建物又はその敷地の一部を特定の者のみに使用を許す旨（専用使用権）の規約の定めがあるときは、その内容について重要事項の説明をしなければならないが、使用者の氏名及び住所についての説明は不要である（35条1項6号、規則16条の2第4号）。

以上から、誤っているものは「ア」の一つであり、正解は肢1である。

> **Point**
> 何度も出題している引っ掛けであるが（本試験でも何度も出題されている）、肢イについて、「自ら貸借」は宅建業の「取引」には該当しないので、宅建業法の適用はなく、宅建業法上の規定である重要事項の説明義務もないのである。受験生は、「自ら貸借」は宅建業法の「取引」ではないので、宅建業の免許を受ける必要がないことはよく把握しているが、そもそも「自ら貸借」には宅建業法の適用がなく、宅建業法の様々な規制の適用もないことは見落としがちなので、注意しよう。

| 問39 | 正解2 | 専任（専属専任）媒介契約 | 難易度B |

- **1 ×** 建物の売却の専任媒介契約（専属専任媒介契約も含む）を締結した宅建業者は、所定の期間内に当該建物の所在、規模、形質、売買すべき価額その他国土交通省令で定める事項を指定流通機構に登録しなければならない（宅建業法34条の2第5項、規則15条の11）。そして、かかる登録をした宅建業者は、登録に係る建物の売買の契約が成立したときは、遅滞なく、その旨を登録に係る指定流通機構に通知しなければならない（34条の2第7項）。もっとも、その場合の通知すべき事項は、①登録番号、②宅地又は建物の取引価格、③売買又は交換の契約の成立した年月日であり（規則15条の13）、「建物の所在」は通知事項ではない。なぜなら、登録をすれば、登録番号の通知により物件は特定されるので、登録番号に加えて建物の所在まで通知する必要はないからである。

2 〇 建物の売却の専任媒介契約（**専属専任媒介契約**も含む）を締結した宅建業者は、所定の期間内に当該建物の**所在**等その他国土交通省令で定める事項を**指定流通機構に登録**しなければならない（宅建業法34条の2第5項）。登録をすると、**指定流通機構**が**登録を証する書面を発行**し、**宅建業者**は、この登録を証する書面を遅滞なく**依頼者**に**引き渡さなければならない**（34条の2第6項）。もっとも、宅建業者はかかる登録を証する書面の引渡しに代えて、政令で定めるところにより、依頼者の承諾を得て、**電磁的方法**により**提供**することもできる（34条の2第12項）。これは、本年度より試験範囲となった**改正点**である。

3 ✕ 建物の売却の媒介契約（一般媒介、専任媒介、専属専任媒介）を締結した宅建業者が、**売買すべき価額**について**意見を述べる**ときは、その**根拠**を明らかにしなければならない（34条の2第2項）。もっとも、その根拠を**媒介契約書面**に**記載する必要はない**（34条の2第1項各号、規則15条の9参照、国交省「考え方」）。

4 ✕ 肢1の解説に記述したように、**建物の売却の専任媒介契約**（**専属専任媒介契約**も含む）を締結した宅建業者は、所定の期間内に当該建物の**所在、規模、形質、売買すべき価額**その他国土交通省令で定める事項を**指定流通機構に登録**しなければならないが、この登録すべき事項には、**建物に存する登記された権利の種類及び内容は含まれていない**（宅建業法34条の2第5項、規則15条の11）。重要事項説明書（35条書面）に、登記された権利の種類及び内容等が記載事項として列挙されていること（宅建業法35条1項1号）と混同しないこと。

Point

「指定流通機構への登録事項」と、契約が成立した場合の「指定流通機構への通知事項」を混同しないようにしよう（肢1及び4に関連）。

＜指定流通機構への登録事項＞
　① 所在、規模、形質
　② 売買すべき価額又は評価額
　③ 都市計画法その他の法令に基づく制限で主要なもの
　④ 専属専任媒介契約の場合は、その旨

＜指定流通機構への通知事項＞
　① 登録番号
　② 取引価格
　③ 売買・交換の契約の成立した年月日

※ なお、「物件所有者の氏名・住所」や契約が成立した場合の「買主等の氏名・住所」は、登録事項でも通知事項でもないことにも、注意。

第3回　解答・解説

| 問40 | 正解1 | クーリング・オフ | 難易度B |

1 ○ 買受けの申込みと売買契約の締結が異なる場所でなされた場合、**買受けの申込みを行った場所**がクーリング・オフ制度の適用のある場所か否かにより、**クーリング・オフの可否が決定**される（宅建業法37条の2第1項、規則16条の5）。本肢において、買主Bは喫茶店で買受けの申込みを行っているので、その後に事務所で締結された売買契約について、宅建業者からクーリング・オフできる旨及びその方法を**書面で告げられた日から8日以内**であれば、**クーリング・オフが認められる**ことになる。あとは、本肢のように、買受けの申込み及び売買契約を締結した日と書面で告げられた日が異なる場合、**書面で告げられた日から8日以内が契約締結日からは何日目に相当するか**のあてはめをミスしないことが肝要である。このような問題では、仮装の暦を想定し、丁寧に当てはめるとミスが防げる。仮に、①契約締結日を1月1日とすると、②書面で告げられたのは、契約締結日の5日後で、これは1月6日となる。③そして、クーリング・オフは書面で告げられた日を含めて8日以内であれば認められるので、1月6日を含めた8日間は、1月13日までとなる。④1月13日は、契約締結日である1月1日からは、12日後なので、「契約の締結日から12日後であっても、契約の解除をすることができる」とする本肢は正しい。

2 × 買主Bは、宅建業者の**事務所で買受けの申込み**をしているので、契約の解除は**できない**（宅建業法37条の2第1項）。本肢において、Bは**喫茶店において重要事項の説明を受けたのみ**であり、買受けの申込みはしていないことに注意すること。

3 × 買受けの申込み及び売買契約の締結が、Aの行う一団の宅地の分譲のためのテント張りの案内所で行われた場合であっても、Bが、物件の**引渡しを受け**、かつ、**代金の全部を支払った**ときは、クーリング・オフにより契約を**解除できない**（37条の2第1項2号）。しかし、本肢では、Bは引渡しは受けたものの「代金の一部を支払った」にすぎないので、Bは、クーリング・オフにより契約を解除できる。

4 × Bが買受けの申込みを行ったホテルのロビーはクーリング・オフをすることができる場所であり、Aからクーリング・オフについて**書面で告げられた日**から起算して**8日以内**であれば、物件の引渡しを受け、かつ、代金の全額を支払ったときを除き、契約を**解除できる**（37条の2第1項1号・2号、規則16条の5、16条の6）。クーリング・オフができる旨及びその方法は、「書面」で告げることになっているので、Aが口頭で告げても告げたことにはならず、8日の起算も始まらない。

> **Point**
> クーリング・オフができる期間は、クーリング・オフできる旨等について売主から書面で告げられた日から8日間であることは、大部分の受験生が把握している。しかし、書面で告げられた日が、売買契約締結日の数日後の場合、売買契約締結日から起算して、いつまでクーリング・オフが可能なのか訊く出題が増加傾向にある。慌ててカウントミスをしないように、事前に練習しよう。

| 問41 | 正解3 | 業務上の規制 | 難易度B |

以下、違反しないものを○、違反するものを×とする。

1 ○ 宅建業者は、**宅建業者の相手方等に対して**、売買・交換・貸借の契約が成立するまでの間に**供託所等に関する説明**をしなければならないが、この説明の対象者から**宅建業者**は**除かれる**（宅建業法35条の2柱書かっこ書）。

2 ○ 宅建業者Aは、**自ら貸主**として建物の貸借を行っているのであり、これは**宅建業法上の「取引」**には**該当せず**（2条2号）、Aには、37条書面の交付義務はない（37条2項柱書）。

3 × 宅建業者は、**契約の解除に関する事項**について、契約が成立するまでの間に**重要事項**として説明しなければならない（35条1項8号）。重要事項の説明をすべき事項を**過失により説明しなかった**としても、宅建業法の規定に**違反**する。

4 ○ 宅建業者が**クーリング・オフできる旨及びその方法**について**書面で告げる**のは、**宅建業者の義務ではない**。書面で告げることをしないと、クーリング・オフができなくなる「告げられた日から8日間経過」の起算が開始されないだけである（37条の2第1項1号、規則16条の6）。よって、これを書面で告げることをしなくても、宅建業法の規定に違反しない。

> **Point**
> クーリング・オフが認められる場合において、宅建業者が買主に対し、クーリング・オフができる旨及びその方法を書面で告げることは、宅建業者の義務ではない。書面で告げなければ、宅地建物の引渡しを受け、かつ、代金全額の支払いがあるまで、クーリング・オフをすることが認められるだけである。よって、宅建業者が書面で告げることをしなくても、宅建業法違反に該当しないので、告げないことを理由に監督処分や罰則を受けることはない。

| 問42 | 正解2 | 8種規制等 | 難易度B | |

| ア × | ＡＣ間の売買契約は、**宅建業者間の取引**であり、**8種規制は適用されない**ので、たとえＡＢ間の契約が停止条件付きの契約であり、その条件の成就前であっても、Ａは宅建業者Ｃと売買契約を締結できる（宅建業法33条の2、78条2項）。 |

| イ ○ | 宅建業者が**既存建物**（中古住宅）の**売買・交換の媒介（代理）契約**を締結したときは、**媒介（代理）契約書面**（電磁的方法を含む）に**建物状況調査を実施する者のあっせんに関する事項**を記載し、依頼者に交付（提供）しなければならない。これは媒介の種類（一般媒介・専任媒介・専属専任媒介）を問わず、また依頼者が宅建業者であるか否かは問わない（34条の2第1項4号）。 |

| ウ ○ | ＡＣ間の売買契約は、**宅建業者間の取引**であり、**8種規制は適用されない**ので、建物の種類又は品質に関する契約不適合責任に関し、民法の規定よりも宅建業者である買主に不利な特約をしても、その特約は有効である（40条、78条2項）。 |

| エ × | 宅建業者であるＣが宅建業者でないＥに自ら売主として建物を売却する場合、原則として、法定の**保全措置を講じた後でなければ手付金等は受領できない**（41条の2第1項、41条1項）。この場合、**保全措置を講じるのは自ら売主である宅建業者**Ｃであり、媒介業者Ｄではない。よって、媒介業者である「Ｄは手付金等を受領する前に保全措置を講じなければならない」としている本肢は誤りである。 |

以上から、正しいものは「イ、ウ」の二つであり、正解は肢2である。

> **Point**
> 8種規制は、宅建業者間の売買契約（売主も買主も宅建業者である場合）には適用されない。本問のような事例問題では、以下の2点のチェックは欠かせない。
> ① 8種規制か否か。
> ② 8種規制であるとして、宅建業者間の取引ではないのか。

| 問43 | 正解3 | 業務上の規制 | 難易度A | |

以下、違反しないものを○、違反するものを×とする。

| 1 × | 宅建業者が**事務所ごとに設置しなければならない従業者名簿**には、従業者の**主たる職務内容**のほか、**宅建士であるか否かの別**も記載しなければならない（宅建業法48条3項、規則17条の2第2号・3号）。 |

2 × 宅建業者は、従業者に従業者であることを証する証明書を携帯させなければ、その者を業務に従事させてはならない（宅建業法48条1項）。この従業者証明書を携帯させるべき者の範囲には、代表者（いわゆる社長）、役員（非常勤の役員を含む）、一時的に宅建業の業務に従事する者（アルバイト）も含まれる（国交省「考え方」）。よって、正社員である従業員はもちろんのこと、役員及びアルバイトについても、従業者証明書を携帯させなければ、その者を宅建業の業務に従事させてはならない。

3 ○ 宅建業者は、事務所ごとに業務に関する帳簿を備えなければならないが（49条）、当該帳簿を取引の関係者に閲覧させる義務はない。正当な理由もないのに帳簿を閲覧させると、秘密を守る義務に抵触するおそれさえある（45条）。この点、従業者名簿は閲覧させる義務があるが（48条4項）、これと混同しないこと。

4 × 宅建業者は、宅建業に係る契約の締結の勧誘をするに際し、その相手方等に対し、当該契約の目的物である宅地又は建物の将来の環境又は交通その他の利便について誤解させるべき断定的判断を提供することは禁止される。過失により断定的判断を提供した場合でも禁止規定に該当する（47条の2第3項、規則16条の11第1号イ）。

Point

従業者証明書の「従業者」という言葉から、従業者証明書を携帯しなければならないのは、宅建業者の正規の社員（従業員）に限定されると勘違いしそうである。しかし、宅建業を専業とする宅建業者であれば、以下の者が含まれる。

① 代表者
② 役員（非常勤の役員も含む）
③ 政令で定める使用人（支店長などの事務所の代表者のこと）
④ 従業員（宅建業の業務に従事するアルバイトも含む）

| 問44 | 正解1 | 報酬規制等 | 難易度B |

ア ○ 宅建業者が居住用建物以外（本肢の「店舗用の建物」は、居住用建物以外に該当する）の貸借の媒介の依頼を受けて契約を成立させた場合、依頼者から受領できる報酬額は、宅建業者が課税事業者であるときは、借賃の1か月分の1.1倍に相当する額と権利金の額を売買代金とみなして算定した額のいずれか高い方が報酬限度額となる（宅建業法46条1項・2項、報酬告示4・6）。

イ × 宅建業者が宅地建物の売買の媒介依頼を受けて契約を成立させた場合、依頼者から受領できる報酬額は国土交通大臣の定める額（報酬告示）を超えてはならない（宅建業法46条1項・2項）。もっとも、依頼者の特別の依頼によって行う遠隔地における現地調査に要する実費の費用に相当する額は、報酬とは別個に受領できるが、

本肢では依頼者の依頼によらない現地調査の費用であり、報酬とは別に請求することはできない（国交省「考え方」）。

ウ 〇 **定期建物賃貸借の再契約**に関して宅建業者が受領できる報酬については、**宅建業法の規定が適用**され、新規に定期建物賃貸借契約を成立させた場合と同様に報酬計算をする（国交省「考え方」）。

以上から、誤っているものは「イ」の一つであり、正解は肢1である。

Point

居住の用に供する建物以外の賃貸借の媒介・代理の場合、権利金（権利設定の対価として支払われる金銭であって返還されないもの）の授受がある場合は、その権利金の額を売買代金とみなして報酬計算ができる。なお、本問とは直接関係しないが、この「居住の用に供する建物以外」について、「事務所建物」や「店舗建物」のみならず、「宅地」の賃貸借についても、「居住の用に供する建物以外」の賃貸借であることを見落とす受験生は意外と多いので、注意しよう。

問45	正解4	住宅瑕疵担保履行法	難易度A

1 × 宅建業者が、住宅販売瑕疵担保保証金の供託又は住宅販売瑕疵担保責任保険契約の締結という**資力確保措置**を講じなければならないのは、自ら売主として宅建業者でない者に**新築住宅**を販売した場合だけであり、中古住宅を販売した場合は、資力確保措置を講じる必要はない（履行法11条1項・2項）。

2 × 宅建業者が、住宅販売瑕疵担保保証金の供託又は住宅販売瑕疵担保責任保険契約の締結という**資力確保措置を講じなければならない**のは、自ら売主として**宅建業者でない者**に新築住宅を**販売**した場合だけであり、宅建業者に新築住宅を販売した場合は、資力確保措置を講じる必要はない（2条7項2号ロ）。

3 × 住宅販売瑕疵担保保証金を供託する宅建業者は、自ら売主となる新築住宅の買主に対し、**新築住宅の売買契約を締結するまでに**、住宅販売瑕疵担保保証金を供託する供託所の所在地その他国土交通省令で定める事項について、これらの事項を記載した書面を交付し又は買主の承諾を得て、当該書面に記載すべき事項を**電磁的方法により提供**して、**説明**しなければならない（15条1項・2項、10条2項、履行法規則21条）。

4 〇 自ら売主として新築住宅を宅建業者でない買主に引き渡した宅建業者は、**基準日ごとに**、当該**基準日に係る資力確保措置の状況**について、基準日から**3週間以内**に、その免許を受けた**免許権者**に届け出なければならない（履行法12条1項、履行法

規則16条1項）。なお、昨年度の改正点であるが、従来、基準日は年2回（3/31と9/30）設定されていたが、法改正により年1回のみ（3/31）となったことも覚えておこう。

Point

住宅瑕疵担保履行法上、売買契約において資力確保措置が必要となるのは、以下の①〜③のすべてを満たす場合である。
① 宅建業者が自ら売主となること。
② 宅建業者でない者を買主とすること。
③ 新築住宅を販売する場合であること。
※ 資力確保措置を講じる義務を負うのは、売主である宅建業者であり、媒介や代理をする宅建業者は資力確保措置を講じる義務を負わない。

問46	正解2	住宅金融支援機構	難易度B

1 ○ 住宅金融支援機構は、貸付けを受けた者が経済事情の著しい変動に伴い、元利金の支払が著しく困難となった場合には、一定の**貸付条件の変更又は延滞元利金の支払方法の変更ができる**（独立行政法人住宅金融支援機構業務方法書26条）。なお、元利金の**支払いの免除**をすることができる旨の規定はないことにも注意。

2 × 本肢の記述は、「**高齢者向け返済特例制度**」と呼ばれているもので、高齢者が自ら居住する住宅に**バリアフリー工事**又は**耐震改修工事**等を行う場合、**返済期間を申込本人の死亡時までとし、毎月の返済を**「**利息**」**のみとして、借入金の**「**元金**」**は申込本人の死亡時に一括して返済する**というものである（業務方法書24条4項）。

3 ○ 機構は、**子どもを育成する家庭**若しくは**高齢者の家庭**（単身の世帯を含む）に適した良好な居住性能及び居住環境を有する**賃貸住宅**若しくは賃貸の用に供する住宅部分が大部分を占める建築物の**建設に必要な資金**（当該賃貸住宅又は当該建築物の建設に付随する行為で政令で定めるものに必要な資金を含む）又は当該賃貸住宅の**改良**（当該賃貸住宅とすることを主たる目的とする人の居住の用その他その本来の用途に供したことのある建築物の改良を含む）**に必要な資金の貸付けを業務として行っている**（独立行政法人住宅金融支援機構法13条1項8号）。

4 ○ 住宅金融支援機構は、**住宅確保要配慮者**（高齢者、低額所得者、子育て世帯、障害者、被災者等の住宅の確保に特に配慮を要する者）保護のため、「住宅確保要配慮者に対する**賃貸住宅の供給の促進に関する法律**」19条の規定による**貸付け**を行う。これは、**住宅セーフティネット**とよばれる制度で、登録住宅（住宅確保要配慮者の入居を拒まない等の要件をみたした住宅）の専有部分又は共用部分に対

する一定のリフォーム工事を融資対象とするものである。また、同法20条1項の規定による**保険**も行う（13条2項3号・4号）。

> **Point**
>
> 「証券化支援事業（買取型）」とは、いわゆる「フラット35」のことである。住宅金融支援機構のホームページも閲覧してほしい。

問47	正解3	景表法（公正競争規約）	難易度A

1 × **地目**は、登記簿に記載されているものを表示しなければならないが、現況の地目と異なるときは、現況の地目を併記しなければならない（不動産の表示に関する公正競争規約施行規則9条19号）。

2 × 建物の**保温・断熱性、遮音性、健康・安全性**その他の**居住性能**について、**実際のものよりも優良であると誤認されるおそれのある表示をしてはならない**（不動産の表示に関する公正競争規約23条1項19号）。したがって、実際に遮音性能が優れている壁材を使用したとしても、完成した住宅としての遮音性能を**裏付ける試験結果やデータがなければ、不当表示に該当するおそれがある。**

3 ○ **住宅ローン**（銀行その他の金融機関が行う物件の購入資金及びこれらの購入に付帯して必要とされる費用に係る金銭の貸借）については、**次に掲げる事項を明示して表示しなければならない**（施行規則9条44号）。
　ア　金融機関の名称若しくは商号又は都市銀行、地方銀行、信用金庫等の種類
　イ　借入金の利率及び利息を徴する方式（固定金利型、固定金利指定型、変動金利型、上限金利付変動金利型等の種別）又は返済例（借入金、返済期間、利率等の返済例に係る前提条件を併記すること。また、**ボーナス併用払**のときは、**1か月当たりの返済額**の表示に続けて、**ボーナス時に加算される返済額**を明示すること）

4 × 住宅の居室等の広さを畳数で表示する場合においては、**畳1枚当たりの広さ**は**1.62㎡**（各室の壁心面積を畳数で除した数値）**以上**の広さがあるという意味で用いなければならない（9条16号）。**中古住宅についても、例外は認められない。**

> **Point**
>
> 肢3は、最新の改正点である。巻頭の「不動産の表示に関する公正競争規約・施行規則」の改正にも注意しよう。

164

| 問48 | 正解1 | 統計 | 難易度A |

1 ○ 令和3年度における不動産業の経常利益は6兆580億円となっており、「2年連続（対前年度比13.1%）の増益（増加）」となった。なお、「全産業経常利益の約7.2%」との記述も正しい（令和3年度法人企業統計調査・財務省）。

2 × 令和5年地価公示（令和5年3月公表）における令和4年1月以降の1年間の地価は、以下のとおりで、全国平均では住宅地・商業地とも「2年連続の上昇」となった。

地価⇒すべて2年連続の上昇（上昇率拡大）（単位：%）

	全用途平均	住宅地	商業地
全　国	1.6	1.4	1.8
三大都市圏	2.1	1.7	2.9
地方圏	1.2	1.2	1.0

3 × 令和4年の全国の土地取引件数（売買による土地の所有権移転登記の件数）は、「約130万件」となり、「ほぼ横ばいで推移」している（令和5年版土地白書）。

4 × 建築着工統計（令和5年1月公表）によれば、令和4年の新設住宅着工戸数は、859,529戸（前年比0.4%増）で、2年連続の「増加」となった。（建築着工統計令和5年1月公表）。なお、令和4年の新設住宅着工の利用関係別戸数は、以下のとおり（建築着工統計令和5年1月公表）。

(1) 持　　家→253,287戸（前年比11.3%減、昨年の増加から再びの減少）

(2) 貸　　家→345,080戸（前年比7.4%増、2年連続の増加）

(3) 分譲住宅→255,487戸（前年比4.7%増、2年連続の増加）
　　　・マンションは108,198戸（同6.8%増、3年ぶりの増加）
　　　・一戸建住宅は145,992戸（同3.5%増、2年連続の増加）

Point

肢3は、刊行時期との関係で、令和5年版土地白書を予測して出題したので最新情報を確認してほしい。

第3回　解答・解説

| 問49 | 正解2 | 土地 | 難易度B | |

適当なものを○、最も不適当なものを×とする。

1 ○ 台地や丘陵は一般的に安全であるが、台地や丘陵上の浅い谷や縁辺部（はじの部分）は、豪雨の際、浸水や崖崩れによる被害を受けることが多いため、注意を要する。

2 × 崩壊跡地は地下水位が「高い（浅い）」ために、竹などの好湿性の植物が繁茂することがその特徴となっている。なお、「微地形的には馬蹄形状の凹地形を示すことが多く」との記述は、正しい記述である。

3 ○ 谷出口に広がる扇状地は、鉄砲水（集中豪雨に伴う急激な水の流れ）のおそれがあり、土石流災害に対して注意を要する。

4 ○ 地形図上、等高線が密（間隔が狭い）の場合は急な傾斜地であり、疎（間隔が広い）の場合は緩やかな傾斜地である。

> **Point**
> 宅地に関する基本問題。用語はでてくる都度、おさえるとよい。

| 問50 | 正解1 | 建築物の構造と材料 | 難易度B | |

1 × 鉄骨造の建築物の構造耐力上主要な部分の材料は、炭素鋼若しくはステンレス鋼（「鋼材」という）又は鋳鉄としなければならない（建築基準法施行令64条1項）。そして「鋳鉄」は、圧縮応力又は接触応力以外の応力が存在する部分には、使用してはならない（同2項）。

2 ○ 切土又は盛土をした土地の部分に生ずるがけ面は、擁壁でおおわなければならない。そして、擁壁は、鉄筋コンクリート造、無筋コンクリート造又は練積み造としなければならない（宅地造成等規制法施行令6条1項）。

3 ○ 木造建築物の外壁のうち、鉄網モルタル塗その他軸組が腐りやすい構造である部分の下地には、防水紙その他これに類するものを使用しなければならない（建築基準法施行令49条1項）。

4 ○ 木造建築物の構造耐力上主要な部分に使用する木材の品質は、節、腐れ、繊維の傾斜、丸身等による耐力上の欠点がないものでなければならない（41条）。

Point

建築物に関連する他の知識も整理しておこう。

予想模試
解答・解説

第4回

解答一覧 &
あなたの成績診断

〈第4回〉
解答一覧＆実力診断シート

【難易度】A…得点すべし！　B…合否の分かれ目　C…難問

科目	問題	論点	正解	難易度	check	科目	問題	論点	正解	難易度	check
民法等	1	法定地上権	4	A		宅建業法	26	宅建業者・宅建士複合	2	A	
	2	連帯保証	4	B			27	広告複合	2	A	
	3	無権代理	3	B			28	媒介契約	4	A	
	4	根抵当権	3	B			29	宅建業者・宅建士複合	2	B	
	5	不法行為	1	A			30	弁済業務保証金	2	A	
	6	賃貸借	1	A			31	免許複合	4	A	
	7	時効	1	A			32	重要事項の説明	4	B	
	8	相続	3	B			33	営業保証金	4	A	
	9	契約の解除	2	B			34	報酬等の規制	1	B	
	10	共有	3	A			35	手付金等の保全措置	1	A	
	11	借地権	2	B			36	37条書面	1	B	
	12	借家権	2	C			37	宅建業者・宅建士複合	3	A	
	13	区分所有法	1	B			38	37条書面	3	A	
	14	不動産登記法	1	B			39	クーリング・オフ	4	A	
法令上の制限	15	都市計画法（総合）	4	B			40	業務上の規制	1	A	
	16	開発許可手続等	1	A			41	住所複合	3	B	
	17	単体・集団規定	2	B			42	監督処分等	1	A	
	18	建築確認・集団規定	3	B			43	業務上の規制	4	B	
	19	宅地造成等規制法	2	B			44	免許基準等	2	A	
	20	土地区画整理法	3	B			45	住宅瑕疵担保履行法	1	B	
	21	農地法	4	B		その他関連知識※	46	住宅金融支援機構	4	B	
	22	国土法（事後届出）	1	A			47	景表法（公正競争規約）	3	A	
その他関連知識	23	相続時精算課税の特例	3	B			48	統計	1	A	
	24	不動産取得税	2	A			49	土地	4	C	
	25	不動産鑑定評価基準	3	B			50	建築物の構造	1	B	

※問46〜50の5問は登録講習修了者の免除問題となります。

■ 科目別の成績

民　法　等	法令上の制限
／14（9）点	／8（5）点

宅　建　業　法	その他関連知識
／20（16）点	／8（5）点

注：（　）内の数字は、合格レベルの点数です。
　　弱点科目をカバーしましょう。

■ 難易度別の成績

A　　　　　／15問中

B　　　　　／33問中

C　　　　　／2問中

A、Bランクの問題を得点しましょう。

■ 総合成績

合　　計
／50（35）点

問1	正解4	法定地上権	難易度A	得点すべし!

1 ○ ①抵当権設定当時、土地上に建物があって、②それらが同一の所有者に属しており、③土地又は建物あるいは双方に設定された**抵当権の実行によって土地と建物の所有者が別々になった場合**、土地上の建物のために、**法定地上権が成立する**（民法388条、判例）。したがって、抵当権を設定した当時、法定地上権の成立要件を満たす以上、その後、**土地と建物の所有者が異なることになった場合**でも、建物のために**法定地上権が成立する**（判例）。このことについて、**本問判決文は触れていない**が、上記判例によれば、**本肢は誤っているとはいえない**。

2 ○ 肢1で述べたように、法定地上権が成立するためには、抵当権設定当時、**土地上に建物があり、それらが同一の所有者に属していなければならない**（388条）。したがって、**抵当権設定当時**、更地であった以上、**法定地上権は成立しない**（判例）。この場合に法定地上権の成立を認めると、更地として土地の担保価値を高く評価している抵当権者が不利益を受けるからである。このことは、更地である土地の**抵当権者**が抵当権設定後に**地上建物が建築されることを承認**した場合であっても、抵当権者が更地として評価したことが明らかなら、**同様である**（判例）。このことについて、**本問判決文は触れていない**が、上記判例によれば、**本肢は誤っているとはいえない**。

3 ○ **A・Bが共有する土地**の上に**A所有の建物**が存在し、**Aの土地持分に抵当権が設定された場合**、その持分権が抵当権の実行により競売に付された場合でも、その共有地に**法定地上権は成立しない**（判例）。そもそも、法定地上権が成立すれば土地所有者はその負担を強いられることとなるが、Aについて法定地上権の要件を満たしたからといって、他の共有者であるBの意思にかかわらず、Bの土地持分権が不当に害されるいわれはないからである。このことについて、**本問判決文は触れていない**が、上記判例によれば、**本肢は誤っているとはいえない**。

4 × 本問判決文は、「**土地に対する先順位抵当権の設定当時**、その地上に建物がなく、**後順位抵当権設定当時には建物が建築されていた場合**に、後順位抵当権者の申立により**土地の競売がなされるとき**であっても、（中略）、右建物のため**法定地上権が成立するものではない**」としている。これに対して、本肢では、「AがA所有の**更地**である甲土地にBのために第1順位の抵当権を設定した後、甲土地上にA所有の**乙建物**が建築され、その後、Aが甲土地にCのために第2順位の抵当権を設定した場合、Cの抵当権が実行されたときは、乙建物のために**法定地上権が成立する**」としていることから、**本問判決文によれば本肢は誤っている**。

Point

宅建本試験では、判決文型の問題がほぼ連続で出題され、出題形式の定番となっている。本問を通じて練習しておくこと。

171

| 問2 | 正解4 | 連帯保証 | 難易度B |

1 × 連帯保証人は、催告の抗弁権を有しない（民法454条、452条）。したがって、Cは、催告の抗弁権を主張することはできない。

2 × 主たる債務者について生じた事由は、原則として、保証人（連帯保証人を含む）についても効力を及ぼす（付従性、457条1項）。したがって、AがBに対して履行を請求して時効の完成が猶予された場合（147条1項1号）、その効果はCに対しても及ぶ。

3 × 連帯保証人には、連帯債務の絶対的効力の規定が準用されるが（458条）、履行の請求には絶対的効力がない（441条本文）。したがって、AがCに対して履行を請求して時効の完成が猶予された場合でも（147条1項1号）、その効果はBに対しては及ばない。

4 ○ 時効が完成しても、当事者が援用しなければ、時効完成の効力は生じない（145条）。そして、時効の援用権者としては、消滅時効の場合、保証人（連帯保証人含む）、物上保証人、第三取得者その他権利の消滅について正当な利益を有する者も含まれる（145条、判例）。他方、時効の利益は、あらかじめ放棄することができないが（146条）、時効完成後なら放棄することができる。そして、時効の利益の放棄の効果は、各当事者の意思を尊重すべきであるから、放棄した者との関係でのみ生じるとされている。以上のことから、Cは、Bが時効の利益を放棄しても、Bの債務の消滅時効を援用することができる。

> **Point**
> 肢2・3にあるように、同じ請求がなされている問題でも、肢2では付従性について、肢3では絶対的効力・相対的効力について問われている。その違いを明確にしておこう。

| 問3 | 正解3 | 無権代理 | 難易度B |

1 × 無権代理行為の相手方は、相当な期間を定めて、本人に対して追認をするかどうかを確答するよう催告することができ、相当期間内に確答がないときは、追認を拒絶したものとみなされる（民法114条）。したがって、Aが期間内に確答をしない本肢の場合、Aは、追認を拒絶したものとみなされる。

2 × 本人が無権代理人を相続した場合、本人としての地位と無権代理人の地位が併存することになるが、相続人たる本人が、被相続人の無権代理行為の追認を拒絶しても何ら信義に反しない（判例）。したがって、当該売買契約は当然に有効となる

との本肢は誤っている。なお、要件が満たされれば、Cは、無権代理人の地位を相続したAに対して、無権代理人の責任を追及することはできる（117条、判例）。

3　○　判例は、**代理人が本人の名において権限外の行為をした場合**、相手方がその行為を本人自身の行為と信じたときは、その信じたことについて正当な理由がある場合に限り、民法110条（**権限外の行為の表見代理**）の規定を類推適用して、本人がその責に任ずるものと解するのが相当としている。代理人の代理権を信じたものではないが、その信頼が取引上保護に値する点においては、代理人の代理権限を信頼した場合と異なるところはないからである。したがって、本肢は正しく、本問の正解肢となる。

4　×　**第三者に対して他人に代理権を与えた旨を表示した者**は、その代理権の範囲内においてその他人が第三者との間でした行為について、その責任を負うが、**第三者が、その他人が代理権を与えられていないことを知り、又は、過失によって知らなかったときは、責任を負わない**（代理権授与の表示による表見代理、109条1項）。したがって、Bに甲土地を売却する代理権はないことをCが過失により知らなかった本肢の場合、当該売買契約は有効とはならない。

> **Point**
>
> 代理は、頻出重要事項である。無権代理の法律関係については、肢2で問われている「無権代理と相続」の論点からもよく出題されている。

問4	正解3	根抵当権	難易度B

1　×　元本確定期日の定めがない場合、**根抵当権設定者**は、根抵当権の設定の時から**3年**を経過したときは、担保すべき元本の確定を請求することができる（民法398条の19第1項前段・3項）。なお、この場合、元本は、その請求の時から2週間後に確定する（同第1項後段）。

2　×　根抵当権の極度額の変更は、**利害関係を有する者の承諾を得なければ、することができない**（398条の5）。極度額の変更は、担保される枠の変更となるので、利害関係人の利益に影響するからである。したがって、根抵当権の極度額の減額は、利害関係を有する者の承諾を得なければ、することができない。

3　○　元本の確定前に根抵当権者から**債権を取得した者**は、その債権について**根抵当権を行使することはできない**（398条の7第1項前段）。根抵当の場合は法律関係が複雑になることから、普通抵当と異なり、元本の確定前は、根抵当権は個別の債権に随伴しないのである。

173

4 **×** 根抵当権においては、普通抵当権のように、**利息等については最後の2年分に制限するという規定は存在せず**（375条参照）、利息等についても**極度額を限度として優先弁済を受けることができる**（398条の3第1項）。言い換えれば、**極度額を超える利息等については、たとえ最後の2年分の範囲内のものであっても、根抵当権によっては担保されない**。したがって、本肢の根抵当権者は、元本5,000万円とそれに対する最後の2年分の利息及び損害金の合計額につき、優先弁済を主張することはできない。

Point

根抵当権はそろそろ出題されてもよい。根抵当権独自の事柄だけでなく、通常の抵当権と根抵当権の違う所にも注意を払っておこう。

問5	正解1	不法行為	難易度A

1 **○** 法律の規定によって生ずる債務は、原則として、期限の定めのない債務となり、債権者の請求によって遅滞となる（民法412条3項）。しかし、**不法行為による損害賠償債務**は、被害者救済の観点から、請求がなくとも、**損害の発生と同時に遅滞となる**（判例）。

2 **×** 他人の**生命を侵害**した者は、被害者の**父母、配偶者**及び**子**に対しては、その財産権が侵害されなかった場合においても、**損害の賠償をしなければならない**（711条）。これは、不法行為により生命が侵害されたときの**近親者固有の慰謝料請求権**を認めたものである。したがって、Bは、Cの配偶者Dに対して、慰謝料についての損害賠償責任を負わないとする本肢は誤っている。

3 **×** 他人を使用して事業を営む者（**使用者**）は、原則として、**被用者がその事業の執行について不法行為によって他人に損害を加えた場合、その損害を賠償する責任を負う**が（使用者責任、715条1項）、「**事業の執行について**」といえるためには、加害行為が、**事業の範囲内**であり、かつ、**被用者の職務の範囲内**であることが必要である。そして、職務の範囲内に属するか否かについては、被害者保護のため、**行為の外形を基準に客観的に判断**される（**外形標準説**、判例）。したがって、Bが、使用者Aに無断でA所有の乗用車を運転していた場合でも、勤務時間中にA所有の乗用車を運転して取引先に行く途中に交通事故を発生させている以上、Aは、使用者としての損害賠償責任を負うのが原則である。

4 **×** 肢3で述べたように、使用者は、原則として、被用者がその事業の執行について不法行為によって他人に損害を加えた場合、その損害を賠償する責任を負う（715条1項）。そして、**使用者**は、損害を賠償したときは、**信義則上相当と認められる**

限度において、被用者に対して**求償することができる**（715条3項、判例）。この求償は、**被用者に故意があった場合に限定されない**。したがって、Bに故意がなければ、Aは、Bに対して求償することはできないとする本肢は誤っている。

> **Point**
>
> 不法行為に関する重要論点からの出題である。不法行為については、基本知識を具体的事例にあてはめられるように準備してほしい。

問6	正解1	賃貸借	難易度A

1 ○ 　**賃貸借契約の期間中、賃貸人**（所有者）**が目的物を第三者に譲渡し賃貸人の地位が移転した場合**、**敷金返還債務**は、旧賃貸人に対する**未払賃料等を控除した残額**について、**新賃貸人**（新所有者）**に承継される**（民法605条の2第4項、622条の2第1項、判例）。敷金は、賃貸人にとって重要な担保だからである。Aが、借家権の対抗要件である引渡しを受けている本問では、BからCに、賃貸人の地位が、Aの承諾なくして移転している（借地借家法31条、民法605条の2第1項）。したがって、Aの承諾がなくとも、敷金が存在する限度において、敷金返還債務はBからCに承継される。

2 × 　賃借人が賃料支払債務を履行しない場合、**賃借人**は、賃貸人に対し、**敷金をその債務の弁済に充てることを請求することができない**（622条の2第2項後段）。したがって、Aに賃料の未払いがある場合でも、Aは、Bに対して、敷金をその賃料債務の弁済に充てるよう請求することはできない。

3 × 　賃借人が適法に賃借物を転貸した場合、**転借人**は、賃貸人と賃借人との間の賃貸借に基づく**賃借人の債務の範囲を限度として**、**賃貸人に対して転貸借に基づく債務を直接履行する義務を負う**（613条1項前段）。したがって、転借人が負担する賃料支払債務の額は、**賃借料と転借料の範囲内**となるから、本肢の場合、Bは、Dに対して、Aに対する賃料（15万円）を限度として、直接これをBに支払うよう請求することができる。

4 × 　**賃借物の全部が滅失**その他の事由により使用及び収益をすることができなくなった場合には、**賃貸借は、これによって終了する**（616条の2）。したがって、本肢の場合、AB間の賃貸借契約は終了する。

> **Point**
>
> 肢1・2で問われている「敷金」については、令和2年施行の民法改正によって新たに条文化されており、予想通り、改正後によく出題されているので、今年もしっかり準備すること。また、肢3に関し、転貸借に関する他の論点も確認しておこう。

175

| 問7 | 正解1 | 時　効 | 難易度A | |

1　×　催告（裁判外での請求）があったときは、その時から**6か月**を経過するまでの間は、時効は、**完成しない**（民法150条1項）。つまり、催告がなされたときは、**時効の完成が猶予される**のであって、**時効が更新される**（ふりだしに戻る）のではない。したがって、催告によって消滅時効が更新されるとする本肢は誤っている。

2　○　取消権は、追認をすることができる時から**5年**間行使しないときは、時効によって消滅する。行為の時から**20年**を経過したときも、同様とする（126条）。

3　○　債権は、原則として、①債権者が権利を行使することができることを知った時から**5年**間、又は、②権利を行使することができる時から10年間これを行使しない場合、**時効によって消滅**する（166条1項）。したがって、債務不履行に基づく損害賠償請求権は、債権者が権利を行使することができることを知った時から5年間行使しない場合、時効によって消滅する。

4　○　**消滅時効完成後**に、債務者が**債務の承認**をした場合、債務者は、時効完成の事実を知らなかったときでも、信義則の観点から、消滅時効を**援用することは許されない**（判例）。したがって、債務者は、その完成した消滅時効を援用することはできない。

> **Point**
> 時効に関しても、令和2年に大きな改正がなされている。特に、肢1の時効の完成猶予・更新は、重要である。十分に習得しておかなければならない。

| 問8 | 正解3 | 相　続 | 難易度B | |

1　○　遺留分侵害額の請求権は、遺留分権利者が、相続の開始及び遺留分を侵害する贈与又は遺贈があったことを**知った時から1年間**行使しないときは、**時効によって消滅する**。相続開始の時から**10年**を経過したときも、同様とする（民法1048条）。

2　○　**無権代理人が本人を単独で相続**し、本人と代理人の資格が同一人に帰した場合には、**本人自ら法律行為をしたのと同様な法律上の地位を生じる**ため、本人を相続した無権代理人は、本人としての地位に基づいて、無権代理行為による契約の効力を否定することはできない（判例）。

3　×　被相続人の兄弟姉妹が相続人となるべき場合でも、兄弟姉妹が相続の開始以前に死亡したときは、その者の子（甥、姪）がこれを代襲して相続人となる（889条2項、887条2項）。しかし、**代襲者**（甥、姪）が、**相続の開始以前に死亡**し、その代

176

襲相続権を失った場合、**代襲者の子**（兄弟姉妹の孫）**がこれを代襲して相続人となるということはない**（889条2項参照）。つまり、この場合、**再代襲は認められない**。したがって、その者の子（兄弟姉妹の孫）が相続人となるとする本肢は誤っており、本問の正解肢となる。

4　○　**遺言執行者がある場合**には、相続人は、**相続財産の処分**その他遺言の執行を妨げ**るべき行為をすることができない**（1013条1項）。そして、これに**違反してした行為は無効**となるが、その無効を**善意の第三者に対抗することはできない**（1013条2項）。取引の安全を図っているのである。

> **Point**
> 本試験においては、本問のように、相続の問題でありながら、他の分野の知識に関する出題がなされることがある。このような複合的な問題にも慣れておかなければならない。

問9	正解2	契約の解除	難易度B

1　○　当事者の一方がその解除権を行使したときは、各当事者は、その**相手方を原状に復させる義務を負う**（民法545条1項本文）。そしてこの場合、金銭を返還するときは、**その受領の時から**利息を付さなければならない（545条2項）。したがって、本肢は正しい。

2　×　解除権の行使について期間の定めがないときは、相手方は、解除権を有する者に対し、相当の期間を定めて、その期間内に解除をするかどうかを確答すべき旨の**催告**をすることができる。この場合、その期間内に**解除の通知を受けないとき**は、**解除権は消滅する**（547条）。したがって、当該売買契約は、解除されたものとみなされるとする本肢は誤っており、本問の正解肢となる。

3　○　履行遅滞の場合、債権者は、債務者に対して、**相当の期間を定めて履行の催告を**し、その期間内に履行がなされないときは、原則として、契約を**解除**することができる（541条）。そして、履行遅滞により**解除**するしないにかかわらず、債権者は、要件を満たせば、債務者に対して**損害賠償の請求**をすることができる（415条、545条4項）。

4　○　契約の**解除**をもって、**第三者の権利を害することはできない**（545条1項ただし書）。そして、**第三者**とは、**解除前に権利を取得した者である**（判例）。ただ、第三者として保護されるためには、その善意・悪意を問わないが、**登記などの対抗要件を備えることが必要**である（判例）。したがって、**解除前に、抵当権設定契約を締結した抵当権者Cも第三者**であり、抵当権設定登記をしているCは、第三者として保護されることから、Aは、その抵当権の消滅をCに主張することができない。

177

> **Point**
>
> 契約の解除に関する基本的な知識については、1問出題されてもおかしくない。本問を通じて、しっかり準備しておくこと。

問10	正解3	共　有	難易度A

1　○　共有物の**保存行為**は、各共有者が単独ですることができる（民法252条5項）。そして、土地の不法占拠者に対する明渡請求は、保存行為に該当する（判例）。したがって、Aは、Cに対して、甲土地の明渡請求を単独で行うことができる。

2　○　Aは、自己の持分については、持分が所有権である以上、**自由に処分することができる**が（206条）、Bの持分については、処分することはできない。したがって、**Bの持分**については、**他人の権利の売買**となる。

3　×　**各共有者**は、不分割の特約がない限り、いつでも**共有物の分割**（共有関係の解消）**を請求することができる**（256条1項）。したがって、Aだけでなく Bも、いつでも甲土地の分割を請求することができる。

4　○　共有者の1人が死亡して相続人がいない場合は、特別縁故者に対する財産分与の規定（958条の2）が優先適用されるが、当該**財産分与がなされないとき**は、その**持分**は、**他の共有者に帰属する**（255条、判例）。したがって、財産分与がなされない場合、Aの持分は、Bに帰属する。

> **Point**
>
> 共有物の分割請求に関する基本的な知識については、最近出題されていない。不分割特約も含めて、しっかり検討しておこう。また本書巻頭の共有に関する最新の改正点にも注意してほしい。

問11	正解2	借地権	難易度B

1　×　契約の更新後に建物の滅失があった場合、借地権者が借地権設定者の承諾を得ないで、残存期間を超えて存続するような建物を築造したときは、**借地権設定者**は、土地の賃貸借の解約の申入れをすることができる（借地借家法8条2項）。しかし、この制度は、**契約の更新後に建物の滅失があった場合に限り適用**され、本肢のように、当初の存続期間満了前に建物が滅失してもその**適用はない**。したがって、Aは、土地賃貸借の解約の申入れをすることができない。

178

2 ○ 当初の存続期間満了前に、借地権者が、残存期間を超えて存続するような建物を新たに築造する旨を借地権設定者に**通知**したにもかかわらず、借地権設定者がその通知を受けた後**2か月以内に異議を述べなかった**ときは、その建物を築造することについて、借地権設定者の**承諾があったものとみなされる**（承諾擬制、7条2項）。この承諾擬制の制度は、**当初の存続期間満了前に通知がなされた場合に限り適用**される。したがって、本肢のAは、建物の築造について承諾をしたものとみなされる。

3 × **当初の存続期間満了前に建物の滅失**があった場合、借地権者が残存期間を超えて存続すべき建物を築造したときは、その築造について借地権設定者の**承諾がある場合に限り**、借地権は、承諾があった日又は建物が築造された日のいずれか早い日から**20年間存続**する。ただし、**残存期間がこれより長いとき**、又は、当事者がこれより長い期間を定めたときは、**その期間による**（7条1項）。本肢では、借地契約締結時から5年後に建物が滅失しており、残存期間が25年となることから、借地権の存続期間は、承諾を得た日から20年間とはならない。

4 × **契約の更新後**において、借地権者が残存期間を超えて存続すべき建物を新たに築造することにつきやむを得ない事情があるにもかかわらず、**借地権設定者がその建物の築造を承諾しないとき**は、借地権設定者が地上権の消滅の請求又は土地の賃貸借の解約の申入れをすることができない旨を定めた場合を除き、裁判所は、借地権者の申立てにより、**借地権設定者の承諾に代わる許可**を与えることができる（18条1項）。したがって、Aが承諾しないときは、BはAに対抗する手段がないとする本肢は誤りである。

> **Point**
>
> 借地上の建物の再築に関する、重要な知識を問う問題である。令和4年にも関連論点が出題されたが、「当初の存続期間満了前」の滅失と「更新後」の滅失に分けて整理する視点が重要である。

問12	正解2	借家権	難易度C

難問

一時使用目的の建物の賃貸借については、**借地借家法は適用されない**（借地借家法40条）。この場合、**民法の賃貸借の規定のみが適用**されることになる。

1 × 民法上、**期間の定めのない建物賃貸借**においては、各当事者は、**正当事由の有無に関係なく、いつでも解約の申入れをすることができ**、賃貸借は、解約申入れから**3か月**を経過したときに終了する（民法617条1項2号）。しかし、これでは賃借人の保護に欠けるため、**借地借家法**において、**賃貸人が解約申入れをするには正当**

179

事由が必要であり、申入れをしてもその日から**6か月**を経過しなければ賃貸借は終了しないとされている（借地借家法27条1項、28条）。したがって、Aが一時使用目的であるときは、解約の申入れに正当事由は不要であるし、一時使用目的でないときは、正当事由がある解約の申入れの日から6か月を経過した日に、賃貸借契約は終了する。

2 ○ 建物の賃借人は、賃借物である建物を第三者に転貸する場合、**賃貸人の承諾を得**なければならない（民法612条1項）。そして、この承諾が得られない場合、借家については、**民法上も、借地借家法上も、賃貸人の承諾に代わる裁判所の許可の制度が設けられていない**ことから（借地借家法19条参照）、賃借人は、賃貸人の承諾に代わる許可の裁判を裁判所に申し立てることはできない。したがって、Aが一時使用目的で甲建物を賃借しているか否かにかかわらず、Aは、Bの承諾に代わる許可の裁判を裁判所に対して申し立てることはできない。

3 ✕ 賃貸人の承諾を得て建物の転貸借がなされている場合でも、**賃貸借が期間の満了**などにより**終了**すれば、**民法上、転借人は、無条件で建物の使用を賃貸人に対抗できなくなる**。したがって、一時使用目的でAが甲建物を賃借している場合（民法の規定のみが適用される）は、Bは、Cに対して、賃貸借が期間満了によって終了する旨の**通知**をしなくても、賃貸借の終了をCに対抗することができる。しかし、これでは転借人に酷な結果となるので、**借地借家法**において、建物の賃貸借が**期間の満了**又は**解約の申入れ**によって終了するときは、賃貸人は、転借人にその旨の**通知**をしなければ、**その終了を転借人に対抗することができない**とする、転借人の保護規定が設けられた（借地借家法34条1項）。一時使用目的でなくAが甲建物を賃借している場合は、この転借人保護規定が適用される。

4 ✕ 賃借人は、**賃貸人の承諾を得なければ**、その賃借権を譲り渡し、又は、賃借物を転貸することができない（民法612条1項）。そして、賃借人が**無断譲渡・転貸**をし、第三者に目的物を**使用・収益させた**ときは、賃貸人は、**契約の解除をすることができる**（612条2項）。賃貸借契約における信頼関係が破れたといえるからである。ただし、**背信的行為にあたらない特段の事情がある場合**は、賃貸人は、**無断譲渡・転貸を理由に解除することができない**（判例）。このことは、Aが一時使用する目的で甲建物を賃借しているときでも、一時使用する目的でなく甲建物を賃借しているときでも、同様である。

Point

比較問題。本試験でも頻出の形式であるから、多少時間がかかっても正解にたどりつきたい。

| 問13 | 正解1 | 区分所有法 | 難易度B |

1 × 新築分譲マンションの分譲業者のように、**最初に建物の専有部分の全部を所有する者**は、公正証書により、規約共用部分に関する定めなど一定の事項について、**規約を設定することができる**（区分所有法32条）。しかし、中古マンションなど、他の区分所有者から区分所有権を譲り受け、建物の専有部分の全部を所有することとなったとしても、その者は「最初に」所有していたわけではないから、公正証書による規約を設定することはできない。

2 ○ 集会の招集通知は、会日より少なくとも1週間前に、会議の目的たる事項（議題）を示して、**各区分所有者に発しなければならない**が、この期間は、規約で伸縮（伸長又は短縮）することができる（35条1項）。

3 ○ 専有部分を数人で共有している場合、集会の招集の通知は、共有者全員に対してする必要はなく、**議決権を行使すべき者が定められているときはその者**に対して、**その定めがないときは共有者のいずれか1人**に対してすれば足りる（35条2項）。

4 ○ 建物の価格の2分の1以下に相当する部分が滅失したとき（小規模滅失）は、①原則として、各区分所有者は、**単独で**滅失した共用部分及び自己の専有部分を復旧することができる（61条1項本文）。ただし、共用部分については、復旧の工事に着手するまでに、**集会において、**滅失した共用部分を復旧する旨の**決議、建替え決議又は一括建替え決議**（団地内のすべての区分所有建物を一括して建て替える旨の決議）**があったときは、自ら単独で滅失した共用部分の復旧を行うことはできない**（61条1項ただし書、3項、62条1項、70条1項）。また、②これらの規定は、規約でこれと異なる手続きを定めることもできる（61条4項）。

> **Point**
> 区分所有法では、集会や規約に関する出題が多い。本問も、主にこの点に関して問うている。すべて過去に問われたことのある知識からの出題であり、再度出題される可能性も高いといえよう。しっかり確認してほしい。

| 問14 | 正解1 | 不動産登記法 | 難易度B |

1 × 登記事項証明書の交付請求は、原則として、請求に係る**不動産の所在地を管轄する登記所以外の登記所の登記官に対してもすることができる**（不動産登記法119条5項）。電子化されたデータに関しては、不動産登記情報交換サービスを利用することにより、請求対象の不動産を管轄する登記所以外の登記所に対しても、交付請求することができるのである。

2 ○ 権利の変更の登記又は更正の登記は、登記上の利害関係を有する**第三者の承諾が**ある場合及び当該**第三者がない場合に限り**、**付記登記**によってすることができる（66条）。第三者の権利を害しない場合に限って、変更の登記又は更正の登記を付記登記によってすることが認められているのである。

3 ○ 共有物分割禁止の定めに係る権利の変更の登記の申請は、当該権利の共有者である**すべての登記名義人が共同して**しなければならない（65条）。共有者を登記権利者と登記義務者に区別することができないからである。

4 ○ 仮登記は、本登記と同様、仮登記の登記義務者及び登記権利者が共同して申請しなければならないのが原則であるが（**共同申請の原則**、60条）、例えば、**仮登記の登記義務者の承諾があるときは**、当該仮登記の登記権利者が**単独**で申請することができる（107条1項）。

> **Point**
>
> 最近の本試験では、不動産登記に関して細かいことがきかれている。したがって、本問のような問題にも慣れておく必要がある。

問15	正解4	都市計画法(総合)	難易度B

1 × **第二種**中高層住居専用地域は、「**主として**」中高層住宅に係る良好な住居の環境を保護するため定める地域である（都市計画法9条4項）。本肢は「第一種中高層住居専用地域」の説明となっている（同3項）。

2 × **田園住居地域**内の農地の区域内において、**土地の形質の変更**、建築物の建築その他工作物の建設又は土石その他の政令で定める物件の堆積を行おうとする者は、**市町村長の許可**を受けなければならない。ただし、次の行為については、**許可不要**である（52条1項）。
①　通常の管理行為、軽易な行為その他の行為で政令で定めるもの
②　**非常災害**のため必要な応急措置として行う行為
③　都市計画事業の施行として行う行為又はこれに準ずる行為として政令で定める行為

3 × 事業地内の「**土地**」で、土地収用法31条の規定により**収用の手続が保留**されているものの**所有者**は、原則として、施行者に対し、当該**土地**（**更地**に限る）を時価で**買い取るべきことを請求**できる。ただし、当該土地が他人の権利の目的となっているとき、及び当該**土地**に**建築物**その他の工作物又は立木に関する法律1条1項に規定する立木**がある**ときは、買取請求「**できない**」（68条1項）。

182

4 ○ 都市計画の提案は、土地所有権又は建物の所有を目的とする対抗要件を備えた地上権若しくは賃借権（借地権）を有する者の**3分の2以上の同意**（同意した者が所有するその区域内の土地の地積と同意した者が有する借地権の目的となっているその区域内の土地の地積の合計が、その区域内の土地の総地積と借地権の目的となっている土地の総地積との合計の3分の2以上となる場合に限る）が**必要である**（21条の2第3項）。なお、当該提案は、土地所有者等以外に、**まちづくりNPO**や**都市再生機構・地方住宅供給公社**等も行うことができる（同2項）。

> **Point**
>
> 肢1に関する「中高層住居専用地域」は、出題可能性がある。また、肢3は、出題頻度は高くないが、確認しておこう。正解肢4は、しばらく出題されていないので、要注意！

問16	正解 1	開発許可手続等	難易度A

1 ○ ゴルフコースは、**規模に関わらず**、第二種特定工作物に該当するので、本肢は、**開発行為に該当する**（都市計画法4条11項）。そして、本肢は**準都市計画区域**内の土地であるから、**3,000㎡以上**（本肢では9,500㎡）であれば、**開発許可は必要となる**（29条1項1号、施行令19条1項）。

2 × 知事は、開発許可をしたときは、当該許可に係る土地について、**予定される建築物等**（「用途地域等の区域内」の建築物及び第一種特定工作物を「除く」）の用途その他の一定事項を**開発登録簿に登録**しなければならない（都市計画法47条1項2号）。本肢のような「**構造及び設備**」は、そもそも登録の対象になっていない。また、「市街化区域内」においては、用途地域が定められているので、結局「用途」も登録の対象**外**となる。

3 × 開発許可を受けた**開発区域**内の土地では、**工事完了の公告があるまでの**間は、原則として、**建築物を建築し、又は特定工作物を建設してはならない**。しかし、当該許可に係る**開発行為に同意していない者**が、その権利の行使として建築物を建築し、又は特定工作物を建設するとき等は、**例外的に「できる」**（37条2号）。

4 × **市街化調整区域**のうち、開発許可を受けた開発区域「**以外**」の区域内では、原則として、**知事等の許可**を受けなければ、建築物の新築・改築・用途変更又は第一種特定工作物の新設はできないが、「**仮設建築物の新築**」については、**許可は「不要」**となる（43条1項3号）。

> **Point**
>
> 正解肢1・肢2は、しばらく出題されていないので、要注意！肢3・4については、近年の出題論点である。確認しておこう。

第4回 解答・解説

183

| 問17 | 正解2 | 単体・集団規定 | 難易度B | |

1 × 建築物の<u>地階</u>でその天井が地盤面からの高さ1m以下にあるものの住宅又は<u>老人ホーム等</u>の用途に供する部分の床面積は、<u>延べ面積に算入されない</u>（建築基準法52条3項）。ただし、その床面積が建築物の<u>住宅及び老人ホーム等</u>の用途に供する部分の床面積の合計の3分の1を超える場合、延べ面積に算入されない床面積は、当該床面積の合計の<u>3分の1が限度</u>となる（同項かっこ書）。したがって、「住宅」の用途に供する部分を有する建築物に「限られる」わけではない。

2 ○ 建蔽率の限度が<u>10分の8</u>とされている地域内で、かつ、<u>準防火地域内</u>にある<u>耐火建築物等</u>〔耐火建築物又はこれと<u>同等以上の延焼防止性能</u>（通常の火災による周囲への延焼を防止するために壁、柱、床その他の建築物の部分及び防火戸その他の一定の防火設備に必要とされる性能をいう）<u>を有する一定の建築物</u>〕であれば、<u>10分の1を加えた数値</u>（10分の9）となる（53条3項1号イ）。

3 × 建築物に設ける昇降機は、<u>安全な構造</u>で、かつ、その<u>昇降路の周壁及び開口部</u>は、<u>防火上支障がない構造</u>でなければならない（34条1項）。そして、高さ<u>31m</u>を超える（本肢では21m）建築物には、原則として、<u>非常用の昇降機</u>を設けなければならない（同2項）。

4 × <u>高度利用地区</u>内においては、<u>容積率及び建蔽率並びに建築物の建築面積</u>（同一敷地内に2以上の建築物がある場合、それぞれの建築面積）は、<u>原則として</u>、高度利用地区に関する<u>都市計画において定められた内容に適合</u>するものでなければならない（59条1項本文）。

> **Point**
> 肢1は、しばらく出題されていないので、<u>要注意</u>！正解肢2・肢3は、近年の出題論点である。確認しておこう。

| 問18 | 正解3 | 建築確認・集団規定 | 難易度B | |

1 ○ <u>特殊建築物以外</u>の建築物（本肢の一般住宅）の<u>用途を変更</u>して、一定（延べ面積<u>200㎡超</u>）の<u>特殊建築物</u>にする場合であれば、<u>建築確認が必要</u>である（建築基準法6条1項1号、87条1項）。しかし、本肢の診療所の用途に供する床面積は200㎡以下であるから、建築主事の確認を受ける必要はない。

2 ○ <u>隣地境界線から後退して壁面線の指定</u>がある場合、当該壁面線を越えない建築物で、<u>特定行政庁が安全上、防火上及び衛生上支障がないと認めて許可したもの</u>の

184

建蔽率は、許可の範囲内において緩和される（53条4項）。

3　×　田園住居地域内の土地においては、都市計画で建築物の外壁又はこれに代わる柱の面から敷地境界線までの距離の限度を、1.5m又は1mと定めることができる（54条）。

4　○　日影規制は、地方公共団体の条例で指定された区域で適用される。なお、「商業地域・工業地域・工業専用地域」においては、日影規制の対象区域として指定できないが（56条の2第1項、別表第四）、これらの用途地域を除いた地域が規制の対象区域となるので、準工業地域も対象区域となる。

> **Point**
>
> 肢1は、近年の出題論点である。確認しておこう。また、肢2・正解肢3・肢4は、しばらく出題されていないので、要注意！

問19　**正解2**　　宅地造成等規制法　　**難易度B**

1　×　知事は、規制区域内において行われる宅地造成に関する工事の許可の申請があった場合、遅滞なく、許可又は不許可の処分をしなければならない（宅地造成等規制法10条1項、8条1項本文）。この処分をするには、文書をもって当該申請者に通知しなければならない（10条2項）。また、知事は、工事の施行に伴う災害を防止するため、許可するにあたって必要な条件を付すことができる（8条3項）。

2　○　造成宅地防災区域は、規制区域内に重ねて指定できない（20条1項かっこ書）。

3　×　知事は、①許可を受けないで宅地造成に関する工事が施行された宅地、又は②一定の検査を受けず、若しくは③検査の結果工事が技術的基準に適合していないと認められた宅地については、当該宅地の所有者・管理者・占有者・造成主に対して、当該宅地の使用を禁止し、又は制限等をすることができる（14条3項）。しかし、本肢のように、検査済証が交付された「後」は、宅地造成に伴う災害防止上の必要性が認められる場合でも、当該宅地の使用を禁止し、又は制限等をすることは「できない」。

4　×　規制区域内の宅地において行われる切土による土地の形質の変更に関する工事については、当該宅地に、高さ2mを超える（本肢では2.5m）崖が生じるものであれば、その面積が500㎡以下（本肢では490㎡）であっても、造成主は、あらかじめ知事の許可を受けなければならない（2条2号、施行令3条1号・4号、宅地造成等規制法8条1項）。

第4回　解答・解説

185

Point

肢1・正解肢2・肢4は、繰り返し出題される重要な論点である。肢3は、しばらく出題されていないので、確認しておこう！

問20	正解3	土地区画整理法	難易度B

1 ✕ **組合**が施行する土地区画整理事業の**換地計画**では、土地区画整理事業の施行の費用に充てるため、又は**定款で定める目的**のため、一定の土地を**換地として定めない**で、その土地を**保留地として定めることができる**（土地区画整理法96条1項、3条2項）。

2 ✕ **仮換地が指定**された場合は、**仮換地について権原に基づき使用**し、又は**収益する**ことができる者は、仮換地の指定の効力発生の日から換地処分の公告がある日まで、仮換地について**使用**し、又は**収益することは**「**できない**」（99条3項）。

3 〇 **組合**が施行する土地区画整理事業に係る施行地区内の宅地について、**所有権又は借地権を有する者**は、**すべてその組合の組合員となる**（25条1項）。

4 ✕ **組合**が賦課金の額及び賦課徴収方法を定める場合には、「**総会の議決**」を経なければならない（31条7号）。また、土地区画整理審議会は公的施行のときにのみ設置されるので（56条1項）、組合が定める場合には、「**土地区画整理審議会の同意**」は不要である。

Point

肢1・正解肢3は、定期的に出題される論点である。また、肢2・4は、しばらく出題されていない論点である。特に、肢4は「総会の議決事項」で詳細な論点であるが、確認しておこう。

問21	正解4	農地法	難易度B

1 〇 農地の所有者が、その農地のうち**2a（アール）未満**を自らの養畜の事業のための畜舎の敷地に転用しようとする場合、**4条許可は不要**となる（農地法4条1項8号、施行規則29条1号）。しかし、本肢では「2.5a」なので、4条許可が必要となる。

2 〇 包括遺贈で取得した場合、3条は許可不要のケースに該当するが、**4条・5条許可**は不要とはならない。また、**肥培管理**のうえ作物を栽培している土地は、農地法上の**農地に該当する**（農地法2条1項）。したがって、本肢は、**包括**遺贈で取得した農地を自己の住宅用地として転用するのであるから、**4条許可が必要**となる（4

186

条1項)。

3 ○ 農地を農地以外のものにする目的で農地を取得する場合、競売で取得するときでも、5条許可が必要となる（5条1項）。

4 × 市街化区域内の農地を耕作目的で取得する場合には、3条許可が必要となる。あらかじめ農業委員会に届け出ることで、許可を不要とする市街化区域内の特例措置は、3条許可には「適用されない」（4条1項7号、5条1項6号参照）。

Point

肢1は、しばらく出題されていない論点であるので、要確認！また、肢3・正解肢4は、定期的に出題される論点である。いずれも重要ポイントである。

問22	正解 1	国土法(事後届出)	難易度A

1 ○ 事後届出制では、土地の所有権移転後における土地利用目的について、届出事項に該当する。また、土地の所在及び面積についても、届出事項に該当する（国土利用計画法23条1項3号・5号）。

2 × 届出をしなかった者は、6ヵ月以下の懲役又は100万円以下の罰金に処せられることはあるが（47条1号）、契約自体は「有効」である（14条3項の反対解釈）。

3 × 知事は、事後届出があった場合、その届出をした者に対し、その届出に係る土地の利用目的について、必要な助言ができる（27条の2）。助言に従わないときでも、その旨及び助言の内容を「公表することができる旨の規定はない」。ちなみに、勧告を受けた者がその「勧告」に従わないとき、知事は、その旨及びその勧告の内容を公表できる（26条）ことと区別しておこう。

4 × 事後届出制では、届出対象面積以上の一団の土地を取得した「権利取得者」が届出を行う必要がある（23条1項）。この届出対象面積は、市街化調整区域では「5,000㎡以上」、市街化区域では「2,000㎡以上」である（同2項1号）。AとBの交換契約により、Aは届出対象面積以上（2,500㎡）の土地を取得し、Bも届出対象面積以上（5,500㎡）の土地を取得した。したがって、AとBの両者は事後届出を行う「必要がある」。

Point

定番の重要論点である。正解肢1・肢2は、しばらく出題されていないので、確認しておこう。肢3・4は、近年の出題論点である。

| 問23 | 正解3 | 相続時精算課税の特例 | 難易度B | |

1 × 相続時精算課税の特例は、祖父母や親（令和5年12月31日まで年齢要件なし）から18歳以上の孫や子への「住宅取得等資金（金銭）」の贈与を受けた場合に適用されるものであり、「住宅用家屋そのもの」の贈与を受けた場合には、この特例の適用を受けることができない（相続税法21条の9、21条の12、租税特別措置法70条の3、施行令40条の5。以下本問について同じ）。

2 × 肢1の解説の通り、贈与者が「祖父母や親」でなければ、相続時精算課税の特例の適用を受けることができない。

3 ○ 相続時精算課税の特例は、その家屋の床面積が40㎡以上で、かつ、床面積の2分の1以上が自己の居住の用に供されるものであることが、適用要件とされている。

4 × 相続時精算課税の特例の適用要件として、住宅取得等資金の贈与を受けた者の所得金額要件はない。なお、「直系尊属から住宅取得等資金の贈与を受けた場合の贈与税の非課税」（租税特別措置法70条の2）の適用対象は、贈与を受けた年の合計所得金額が2,000万円以下の者に限定されており、この特例と混同しないよう注意しなければならない。

> **Point**
> 相続時精算課税の特例は、10年以上出題されていないので要注意である。

| 問24 | 正解2 | 不動産取得税 | 難易度A | |

1 × 新築住宅に係る不動産取得税の課税標準の特例が適用されるための床面積要件は50㎡以上「240㎡以下」、控除額は1,200万円である（地方税法73条の14第1項、施行令37条の16第1号）。本肢は「280㎡」であるから要件を満たさない。なお、認定長期優良住宅であれば、控除額は1,300万円となる（地方税法附則11条8項）。

2 ○ 不動産取得税の課税標準となるべき額が、土地の取得にあっては10万円、家屋の取得のうち建築に係るものにあっては一戸（共同住宅等にあっては、居住の用に供するために独立的に区画された一の部分をいう。以下同じ）につき23万円、その他のものにあっては一戸につき12万円に満たない（「未満」）場合においては、不動産取得税を課することができない（地方税法73条の15の2第1項）。

3 × 不動産取得税は、不動産の取得に対し、当該不動産所在の道府県において、当該不動産の取得者に課する（73条の2第1項）。そして、ここでいう「不動産」とは、土地及び家屋を総称するものであり（73条1号）、「家屋」とは、住宅・店舗・工場・

倉庫その他の建物をいう（同3号）。なお、「住宅」とは、**人の居住の用に供する家屋又は家屋のうち人の居住の用に供する部分**で、**別荘**（日常生活の用に供しないものとして総務省令で定める家屋又はその部分のうち専ら保養の用に供するもの）**以外**のものをいう（同4号、施行令36条）。以上より、「**住宅**」は、別荘を「**除いて**」不動産取得税の課税対象となるし、「**店舗・工場・倉庫**」も不動産取得税の**課税対象となる**。

4 ✕ 不動産取得税は、不動産の取得に対して、当該不動産の所在する**都道府県**が課する税であるが、その徴収は「**普通徴収**」の方法がとられている（地方税法73条の17第1項）。

Point

固定資産税よりも準備しやすい、不動産取得税の知識を、ひととおり確認しておいてほしい。

問25	正解3	不動産鑑定評価基準	難易度B

1 ◯ 不動産の価格を求める鑑定評価の基本的な手法は、**原価法、取引事例比較法**及び**収益還元法**に大別され、鑑定評価に当たっては、**複数の鑑定評価の手法を適用すべき**であり、対象不動産の種類、所在地の実情、資料の信頼性等により**複数の鑑定評価の手法の適用が困難な場合**においても、**その考え方をできるだけ斟酌するように努めるべき**である（不動産鑑定評価基準総論7−1、8−7）。

2 ◯ 鑑定評価によって求める**賃料の算定の期間**は、原則として、**宅地並びに建物及びその敷地の賃料**にあっては**1月**を単位とし、**その他の土地**（田・畑、山林など）にあっては**1年**を単位とするものとする（7−2−1−3）。

3 ✕ 不動産の価格は、その**不動産の効用が最高度に発揮される可能性に最も富む使用**（以下「**最有効使用**」という）を前提として把握される価格を標準として形成される。これを「**最有効使用の原則**」という。この場合の最有効使用は、現実の社会経済情勢の下で客観的にみて、良識と通常の使用能力を持つ人による合理的かつ合法的な最高最善の使用方法に基づくものである。なお、「**ある不動産についての現実の使用方法は、必ずしも最有効使用に基づいているものではなく、不合理又は個人的な事情による使用方法のために、当該不動産が十分な効用を発揮していない場合があることに留意すべき**」である（4−4）。

4 ◯ **収益還元法**は、対象不動産が将来生み出すであろうと期待される**純収益の現在価値の総和**を求めることにより対象不動産の試算価格を求める手法である（この手法による試算価格を**収益価格**という）。収益還元法は、**賃貸用不動産又は賃貸以**

外の事業の用に供する不動産の価格を求める場合に特に有効である。また、不動産の価格は、一般に当該不動産の収益性を反映して形成されるものであり、収益は、不動産の経済価値の本質を形成するものである。したがって、この手法は、文化財の指定を受けた建造物等の一般的に市場性を有しない不動産以外のものには基本的にすべて適用すべきものであり、「自用の不動産といえども 賃貸を想定することにより適用されるもの」である。なお、市場における不動産の取引価格の上昇が著しいときは、取引価格と収益価格との乖離が増大するものであるので、先走りがちな取引価格に対する有力な検証手段として、この手法が活用されるべきである（7－1－4－1）。

Point

不動産鑑定評価基準と地価公示法とでは、地価公示法の方が簡単な問題が多く準備しやすいが、不動産鑑定評価基準の過去問も押さえておこう。

問26	正解2	宅建業者・宅建士複合	難易度A

1 × Aが甲県内にあるすべての事務所を乙県に移転する場合、事務所の設置場所の変更により免許権者が変更するので、**免許換えの申請をしなければならない**（宅建業法7条1項2号）。この場合の免許換えの申請手続は、新たな免許権者は乙県知事なので、直接、乙県知事に、免許換えの申請をする（7条1項、4条1項）。そして、免許換えにより新たな免許を受けると従前の免許は失効するが（7条1項柱書）、失効した免許に基づく従前の免許証は、遅滞なく、その免許を受けた甲県知事に返納しなければならない（規則4条の4第1項1号）。甲県知事から交付された従前の免許証と引換えに乙県知事から免許証が交付されるわけではない。肢2の設例の場合の、新たな宅建士証との引換え交付と混同しないこと。

2 ○ 宅建士は、**登録知事の管轄する都道府県以外の都道府県に所在する宅建業者の事務所の業務に従事し、又は従事しようとするとき**は、現在の登録知事を経由し、業務に従事し、又は従事しようとしている事務所の所在地を管轄する知事に対し、登録の移転を申請できる（宅建業法19条の2本文）。この場合、登録の移転申請のときに、移転先の知事に対し、登録の移転申請とともに宅建士証の交付申請をすることができ、その場合は宅建士が現に有する宅建士証と引換えに新たな宅建士証が交付される（19条の2、22条の2第5項、規則14条の10第3項、14条の14）。

3 × 宅建士は、その住所が変更した場合、遅滞なく、その登録を受けている知事に対して、資格登録簿の変更の登録申請をするとともに、併せて、宅建士証の書換え交付申請もしなければならない（宅建業法20条、18条2項、規則14条の13第1項）。この申請は宅建士Bがするのであって、宅建業者Aがするのではないので、「Aは…変

190

更の登録の申請をしなければならない」としている本肢は、誤り。

4 ✕ 宅建士（登録を受けている者）は、当該登録をしている知事の管轄する都道府県以外の都道府県に所在する宅建業者の事務所の業務に従事し、又は従事しようとするときは、当該事務所の所在地を管轄する知事に対し、当該登録をしている知事を経由して、登録の移転の申請をすることができる（宅建業法19条の2本文）。もっとも、登録の移転の申請は、宅建士が事務禁止処分を受け、その禁止の期間が満了していないときは、行うことはできない（19条の2ただし書）。

> **Point**
>
> 肢4の「事務禁止処分の期間中は登録の移転の申請ができない」ことについて、理解を深めてみよう。本来、宅建士の「事務」は、①重要事項の説明をすること、②35条書面に記名すること、③37条書面に記名することの3つであり、登録の移転の申請は宅建士の法定事務ではなく、本来は、宅建士の「事務」禁止処分の対象とはならないはずである。しかし、ⅰ）事務禁止処分により宅建士証は交付を受けた知事に提出済みであり、登録の移転の申請とともに宅建士証の交付申請をした場合、従前の宅建士証と引換交付で新たな宅建士証を受領できないこと、ⅱ）登録の移転により宅建士証を失効させ、併せて事務禁止処分も失効させ（宅建士証の交付を受けていなければ宅建士ではなく、宅建士でなければ法定事務はできないので、宅建士の法定事務を禁ずる事務禁止処分は意味がなくなって失効する）、その後再び宅建士証の交付を受けて宅建士の事務を行う抜け道を封ずる必要があることから、事務禁止処分期間中の登録移転申請は認めないことにしたのである。

問27	正解2	広告複合	難易度A

1 ✕ 宅建業者は、宅地の造成又は建物の建築に関する工事の完了前においては、当該工事に関し必要とされる建築基準法の建築確認その他法令に基づく許可等の処分で政令で定めるものがあった後でなければ、広告をすることはできない（宅建業法33条）。これは、宅建業者が自ら売主となる場合であろうと、宅建業者が販売の代理や媒介をしようとする場合であろうと、禁止されることに変わりはない。

2 ○ 宅建業者が、販売する宅地又は建物の**広告**において、**著しく事実に相違する表示**をすることは、誇大広告等の禁止規定に違反する（32条）。そして、誇大広告等の禁止規定に違反した場合、宅建業者は、監督処分として、指示処分、業務停止処分、情状が特に重ければ**免許取消処分**を受けることがあり（65条1項柱書・3項、65条2項2号・4項2号、66条1項9号）、罰則として6か月以下の懲役若しくは100万円以下の罰金又はこれらが併科されることがある（81条1号、32条）。

第4回　解答・解説

3　✕　宅建業者は、宅地の売買に関する広告をするときは、取引態様の別を明示しなければならず、自己が契約の当事者となって契約を成立させるか、代理人として契約を成立させるか、媒介して契約を成立させるかの別の表示はしなければならない（34条1項）。しかし、媒介であれば「媒介」と表示すれば充分であり、媒介の種類（一般媒介・専任媒介・専属専任媒介のどれに該当するか）を表示する必要はない。

4　✕　宅建業者は、宅地の造成又は建物の建築に関する工事の完了前（未完成物件）は、都市計画法上の開発許可（都市計画法29条1項・2項）や建築基準法上の確認（建築基準法6条1項）その他法令に基づく許可等の処分で政令で定めるものがあった後でなければ、売買その他の業務に関する広告をしてはならないが、かかる「許可等の処分」には国土利用計画法の届出は含まれていない（33条、令2条の5参照）。よって、国土利用計画法の事前届出をする前においても、宅地の分譲の広告をすることができる。

> **Point**
>
> 誇大広告の禁止規定に違反した場合の罰則（6か月以下の懲役若しくは100万円以下の罰金又はこれらの併科）は本試験においてもよく出題されるので、覚えておいた方がよい。
> 誇大広告の禁止規定に違反した場合以外にも、「6か月以下の懲役、100万円以下の罰金」が科せられる違反はよく出るので、以下の4つの違反は、できれば暗記すること。
> ① 営業保証金を供託した旨の届出をしないで営業を開始する。
> ② 誇大広告の禁止規定に違反する。
> ③ 手付貸与等による契約締結の誘引をする。
> ④ 不当な履行遅延の禁止規定に違反する。

問28	正解4	媒介契約	難易度A

ア　✕　宅建業者が売買や交換の媒介契約を締結した場合における媒介契約書面（34条の2第1項の規定に基づく書面）には、宅建業者が記名押印しなければならない（34条の2第1項）。すなわち、35条書面や37条書面について、宅建士の押印が廃止され、記名のみに改正されたが（35条5項・7項、37条3項）、媒介契約書面には宅建業者の記名押印が必要であり、押印は廃止されていないので注意しよう。

イ　✕　専属専任媒介契約を締結した場合、依頼者が売買・交換の媒介を依頼した宅建業者が探索した相手方以外の者と売買・交換の契約を締結した場合の措置については、媒介契約書面に記載しなければならない（34条の2第1項8号、規則15条の9第2号）。

ウ　✕　依頼された物件の取引すべき価額や評価額について意見を述べるときは、その根

192

拠を明らかにしなければならない（宅建業法34条の2第2項）。その明示すべき根拠について、依頼された物件と類似した取引事例の調査をすることもあるが、価額や評価額について意見を述べる際に**根拠を明示すること**は、媒介の依頼を受けた**宅建業者の義務**であるから、調査費用は、依頼者に請求できない（国交省「考え方」）。

以上から、正しいものは「なし」であり、正解は肢4である。

Point

「媒介（代理）契約書面」は、宅建業者が書面に記名押印する義務がある（電磁的記録により提供する場合は、宅建業者の記名押印に代わる措置を講ずるものとして国土交通省令で定めるものにより提供）。この点、「35条書面」や「37条書面」では、宅建士の記名が必要であり、押印をする必要はない（電磁的記録により提供する場合は、宅建士に記名に代わる措置を講ずるものとして国土交通省令の定めるものにより提供）。

・媒介（代理）契約書面 … 宅建業者の記名押印が必要。
・35条書面、37条書面　… 宅建士の記名は必要。押印は不要。

問29	正解2	宅建業者・宅建士複合	難易度B

1 ○ 宅建業者は、**事務所ごとに置かなければならない専任の宅建士の数に不足**が生じた場合は、**2週間以内**に専任の宅建士を補充するなど**必要な措置を執らなければならない**（宅建業法31条の3第1項・3項）。本肢において、Aの本店は業務に従事する者がBを含め32人だったが、Bの退職により、業務に従事する者は現在31人である。とすれば、事務所では業務に従事する者（一時的な事務補助者、すなわちアルバイトは除いてカウントする）5人に1人以上の専任の宅建士を設置しなければならないので7人の専任の宅建士が必要なところ（31条の3第1項、規則15条の5の3）、Bの退職により専任の宅建士は6人しかいないことになる。よって、Aは2週間以内（本試験では2週間を14日と置き換えることもあるので注意）に補充等の必要な措置を執らなければならない。

2 × A**個人**が**株式会社A社**として宅建業を行う場合、免許がAからA社に承継されることはないので、A社として宅建業の**免許を新規に取得**しなければならない（宅建業法3条1項）。よって、Aは、免許の承継があることを前提とする**変更の届出**ではなく、**廃業の届出**をする必要がある（そして、株式会社A社が免許を受ける必要がある）。また、Bは、Aが廃業することや新たにA社に勤務することで、Bが登録を受けている事項である「**勤務している宅建業者の名称や商号、免許証番号**」に変更が生じるので、「遅滞なく」登録を受けている甲県知事に、**変更の登録を申請**しなければならない（20条、規則14条の2の2第1項5号）。変更の登録申請は、

193

「遅滞なく」行わなければならず、「30日以内」ではない。

3 ○ 宅建士であるＡが婚姻等によりその氏を変更した場合、宅建士の資格登録簿の変更の登録の申請をし、**旧姓が併記**された**宅建士証の交付を受けた日以降**は、宅建士の業務において**旧姓を使用**することが**認められる**（国交省「考え方」）。近時の国交省の「考え方」の改正点である。

4 ○ **宅建士**がその氏名又は**住所を変更**した場合、登録知事に遅滞なく**変更の登録**を申請することと併せて**宅建士証の書換交付の申請**をしなければならない（宅建業法20条、18条2項、規則14条の13第1項）。そして、宅建士証の書換えは、当該宅建士が現に有する宅建士証と引換えに新たな宅建士証を交付して行うが、**住所のみの変更の場合**にあっては、当該宅建士が現に有する**宅建士証の裏面**に変更した後の住所を記載して、**新たな宅建士証の交付に代える**ことができる（14条の13第3項）。

> **Point**
>
> 婚姻や養子縁組等に伴い「姓」が変わると、同一人物であることの証明が困難になり、業務遂行上、支障が生じる。この点、すでに住民票に旧姓が併記できる制度が導入されたが（平成元年11月施行）、これに連動して、宅建業法の宅建士制度においても、本人の希望により宅建士証に旧姓を併記することが認められている。

問30	正解2	弁済業務保証金	難易度Ａ

1 × 保証協会は、弁済業務保証金分担金の納付を受けたときは、その日から「**1週間以内**」にその納付を受けた額に相当する額を法務大臣及び国土交通大臣の定める**供託所**に弁済業務保証金として**供託**しなければならない（宅建業法64条の7第1項・2項）。よって、2週間以内とする本肢は誤りである。

2 ○ Ａは、**保証協会から還付額に相当する額の還付充当金を保証協会に納付すべき旨の通知を受けた日**から**2週間以内**に、**還付充当金を納付**しなければならない（64条の10第2項）。この期間内に納付しないときは、Ａは、**免許権者**（甲県知事）から監督処分として、指示処分・業務停止処分を受けることがあり（65条1項・2項2号）、**情状が特に重いときは免許取消処分を受ける**（66条1項9号）。なお、かかる監督処分とは別に、Ａは保証協会の社員の地位を失う（64条の10第3項）。

3 × Ａと**宅建業に関して取引したＢ**（Ａが保証協会の社員となる前に宅建業に関し取引した者を含む）が還付請求権を行使しようとするときは、あらかじめ弁済を受けることができる額について、**保証協会の認証**を受けた上で、**供託所に還付請求**をしなければならない（64条の8第1項・2項、供託規則24条1項1号、宅建業保証協会弁済業務保証金規則2条2項）。甲県知事の認証ではなく、保証協会に還付請求をするの

194

でもない。

| 4 | × |

Aと宅建業に関し取引をしたBは、その取引により生じた債権に関し、Aが保証協会の社員でないとしたならばその者が供託すべき営業保証金の額に相当する額の範囲内において、保証協会が供託した弁済業務保証金について弁済を受ける権利を有する（宅建業法64条の8第1項）。還付請求の時点におけるAの事務所の数は、主たる事務所と従たる事務所3か所であり、かかる事務所数に応じた営業保証金の額は、1,000万円＋500万円×3＝2,500万円となるから、Bは2,500万円を限度に保証協会が供託した弁済業務保証金から弁済を受ける権利を有する。

Point

保証金（営業保証金・弁済業務保証金）では、期間を覚えなければならない。この点、肢1の「1週間」という期間は、2か所で登場する。

① 保証協会は、弁済業務保証金分担金の納付を受けたときは、その日から「1週間」以内に、その納付を受けた額に相当する額を、法務大臣及び国土交通大臣の定める供託所に弁済業務保証金として供託しなければならない。

② 社員の地位を失った宅建業者が引き続き宅建業を営む場合は、その日から「1週間」以内に営業保証金を供託しなければならない。

| 問31 | 正解4 | 免許複合 | 難易度A | 得点ナビ！ |

| 1 | × |

宅建業者について、破産手続開始の決定があった場合、「破産管財人」はその旨をその日から30日以内に免許権者（国土交通大臣）に届け出なければならない（宅建業法11条1項3号）。よって、届出義務者をA社の代表「役員」としている本肢は誤り。なお、国土交通大臣に対するかかる届出について、主たる事務所の所在地を管轄する知事を経由して行うとする点は正しい（78条の3第1項）。

| 2 | × |

法人である宅建業者が不正手段による免許取得を理由にその免許を取り消されると、当該法人である宅建業者のみならず、免許取消処分の聴聞の公示日前60日以内に役員に就任していた者も当該法人である宅建業者の免許取消日から5年間は免許欠格者となる（5条1項2号、66条1項8号）。よって、聴聞の公示日の30日前まで役員（取締役）に就任していたCは、免許取消日から5年間は免許を受けることができない。

| 3 | × |

宅建業者が免許の更新を受けようとするときに、講習を受講する制度は、存在しない。宅建士が宅建士証の交付（更新）を受ける際の法定講習（22条の2第2項）と混同しないこと。

| 4 | ○ |

E社の取締役が地方裁判所で懲役刑の判決の言い渡しを受けても、高等裁判所に

控訴し、**現在裁判が係属中**であれば、懲役刑の判決は確定していないので、取締役は禁錮以上の刑に処せられたことにはならない（5条1項5号参照）。よって、役員（取締役）は免許欠格者ではないので、E社は、他の欠格要件に該当しない限り、免許を受けることができる（5条1項12号参照）。

Point

宅建業者の「廃業等の届出」については、免許権者に対し、①どんな場合に、②誰が誰に対して、③いつまでに届け出なければならず、④免許の効力が失われるのはいつか、をしっかり整理しておくこと。例えば、①宅建業者である法人A社（甲県知事免許）が宅建業者B社（国土交通大臣免許）との合併により消滅した場合、②消滅会社であるA社の代表役員だった者が、A社の免許権者である甲県知事に対して、③合併消滅後30日以内に届け出なければならず、④免許は合併消滅時に失効するのである。

問32	正解4	重要事項の説明	難易度B

1 ◯ **重要事項の説明**をする際は、**宅建士**は、相手方から請求がなくても**宅建士証を提示**する義務があり、これに違反した場合、宅建士は**10万円以下の過料**に処せられることがある（宅建業法35条4項、86条）。

2 ◯ 区分所有権の目的である建物（**マンション**）の**貸借の媒介**では、**専有部分の用途その他の利用の制限**に関する規約があるときは、その内容を**説明する必要がある**が（35条1項6号、規則16条の2第3号）、**専用使用権**に関する規約の定めがある場合でも、売買や交換とは異なり、**貸借では説明する必要はない**（宅建業法35条1項6号、規則16条の2柱書・4号参照）。

3 ◯ **重要事項の説明**は、**物件取得者**に対して行うものであり、宅建業者が**売買の媒介**を行う場合は、**買主に対して行う**必要がある（宅建業法35条1項）。未成年者が法定代理人の同意を得て宅地を購入する場合、**買主は未成年者**であるから、その媒介を行う宅建業者は**未成年者**に対して**重要事項の説明**をする必要がある。

4 ✕ 建物の貸借について貸主となるAは、**自ら貸借**を行うのであり、これは宅建業法上の**「取引」には該当しない**（2条2号）。よって、自ら貸借を行うAに**宅建業法は適用されず**、35条書面の交付を含む重要事項の説明を行う**義務はない**（35条1項）。借主がサブリース業者であるか否かは、関係がない（なお、サブリース業者の行う転貸も宅建業の「取引」には該当しない）。本肢に限らず、自ら貸借に関するひっかけには注意しよう。

Point

宅建業法上、10万円以下の過料に処せられることがあるのは、「宅建士」に対する「宅建士証」についての、「①提出、②（重要事項説明における）提示、③返納」に関する違反だけ、と覚えておくとよい。

問33	正解4	営業保証金	難易度A

1 × 宅建業者は、売買、交換、貸借の契約が成立するまでの間に、取引の相手方等（宅建業者を除く）に供託所等に関する説明をしなければならない。供託所等に関する説明の内容については、営業保証金を供託している場合は、以下の2点を説明する（宅建業法35条の2第1号）。

① 営業保証金を供託した主たる事務所の最寄りの供託所

② 供託所の所在地

よって、「供託している営業保証金の額」の説明は不要である。

2 × 宅建業者は、廃業等の理由により、営業保証金を供託しておく必要がなくなった場合は、所定の手続きを行うことで、供託した営業保証金を取り戻すことができる。業務停止処分の期間中に宅建業を営んだことを理由にその免許を取り消された場合でも、営業保証金の取戻しは認められる（30条1項、66条1項9号）。

3 × 免許権者は、免許をした日から3か月以内に営業保証金を供託した旨の届出がない場合、その届出をするように催告しなければならず、催告が到達した日から1か月以内に届出がない場合、免許権者はその免許を取り消すことができる（25条6項・7項）。本肢は、「3か月」と「1か月」の適用が逆であるから誤りである。

4 ○ Aは自ら貸主としてマンションの貸借を行っているが、これは宅建業の「取引」に該当しない（2条2号）。したがって、本肢は、宅建業者と宅建業に関し取引した者が取引により生じた債権を有する場合ではなく、当該賃借人は、Aが供託した営業保証金から還付を受けることはできない（27条1項）。

第4回 解答・解説

> **Point**
> 営業保証金を供託した旨の届出については、以下の出題ポイントを押さえて、記憶しよう。
> ① 「1か月」や「3か月」の期間は、営業保証金や弁済業務保証金で多い「2週間」以外の期間だから、しっかり記憶すること。
> ② 免許を受けるのが先。免許取得後に、営業保証金の供託や届出の手続がある。
> ③ 免許権者は、催告をしなければならない（義務）。催告をしても届出がない場合は、免許取消処分をすることができる（任意）。
> ④ 営業保証金の供託の届出をしないで営業を開始すると（新規又は増設事務所での営業開始）、罰則として6月以下の懲役又は100万円以下の罰金刑（又は併科）となるが、これは営業保証金や弁済業務保証金に関する規制で、唯一存在する罰則である。

| 問34 | 正解1 | 報酬等の規制 | 難易度B |

1 ○ 低廉な空家等の報酬の特例（消費税等相当額を含まない価額が400万円以下の物件で、通常の売買・交換の媒介・代理と比較して現地調査等の費用を要するものに関する報酬の特例）は、空家でない建物や宅地も含むので、本肢の代金が350万円の宅地にも適用される。そして、特例を適用するときは、例えば売買の媒介の場合であれば、以下の点に留意を要する。
① 依頼者である空家等の売主から受領するものに限定される。
② 特例について依頼者（売主）に説明し合意することを要する。
③ 受領できる報酬額の上限は、通常の報酬額の上限に、通常の媒介と比較して多く要する現地調査等に要する費用を加えた額であり、かつ、売買の媒介の依頼者である売主から受領する額は、18万円（消費税等相当額を含めれば、19万8,000円）以内である（宅建業法46条1項・2項、報酬告示7）。
すると、本肢では、代金が350万円の宅地であるから、売主Bから受領する報酬の上限額は、350万円×4％＋2万円＝16万円で、これに通常の媒介と比較して2万円多く要する現地調査等の費用を加えると、16万円＋2万円＝18万円となる。他方、買主Cから受領する報酬の上限額には、特例の適用はなく、350万円×4％＋2万円＝16万円である。よって、本肢は正しい。

2 × 宅地の代金には消費税が課税されないので、代金2,200万円から消費税分を抜いて計算する必要はない。よって、宅地の売買の媒介の依頼を受けたAは、2,200万円×3％＋6万円＝72万円を上限に、媒介の依頼者の一方であるBから報酬を受領できる（46条1項・2項、報酬告示2）。

3 × 媒介・代理をするに当たり、依頼者の依頼により現地調査を行った場合で、その費用の負担について事前に承諾を得たときは、その費用は報酬とは別に、また仮

198

に売買契約が不成立に終わっても、依頼者から**受領できる**（46条1項・2項、報酬告示9①、国交省「考え方」）。

| 4 | × |

定期建物賃貸借の再契約に関して宅建業者が受領する**報酬**についても、**宅建業法の規定が適用**され、新規の定期建物賃貸借契約と同様に報酬計算をすることになる（国交省「考え方」）。

> **Point**
>
> 依頼者の特別の依頼により行う「遠隔地における現地調査」や「空家の特別な調査等」に要する実費費用等、依頼者の特別の依頼により支出を要する特別の費用に相当する額の金銭で、その負担について事前に依頼者の承諾があるものは、「報酬とは別に受領」できる。これに対し、「空家等に関する報酬の特例」も、その手続きとして、あらかじめ報酬の額について、依頼者に説明して両者間で合意する必要はあるが、こちらは現地調査等をすること自体の依頼を受ける必要はなく、合意した金額について、「報酬として受領」できる。

| 問35 | 正解1 | 手付金等の保全措置 | 難易度A |

| ア | × |

宅建業者は、**建築工事完了後の物件**（中古マンション）において、**代金の10%**（又は1,000万円）**を超える手付金等**を受領しようとする場合、相手方の承諾を得ていたとしても、一定の**保全措置を講じた後**でなければ、手付金等を受領できない（宅建業法41条の2第1項、令3条の3）。したがって、A社はBから中間金を受領するときに、まとめて必要な保全措置を講じることはできない。

| イ | 〇 |

宅建業者は、**銀行等**の金融機関が宅建業者の手付金等の返済債務について**連帯保証**をすることによる保全措置を講ずることができる（宅建業法41条の2第1項本文、41条）。この場合、銀行等が手付金等の返還債務を連帯して保証することを約する**書面**を買主に**交付**（又は、電磁的方法による提供）をした後に手付金等を受領できる（41条の2第1項本文、41条1項1号、41条の2第6項1号）。

| ウ | × |

手付金等の保全措置の目的は、宅建業者が**手付金等の返還債務**を負うに至った場合であってもその**履行が確実になされ、取引の相手方に損害を生じないようにする**ことにある（41条の2）。他方、**営業保証金**制度は、手付金等の保全措置よりももっと広く、**宅地建物の取引から生ずる債務の履行等を補てん**する意味を有するものであり、Bは、手付金等の返還では補うことができない取引により生じた損害がある場合、A社が供託した営業保証金からの還付を受けることができる（27条）。

以上から、正しいものは「イ」の一つであり、正解は肢1である。

第4回　解答・解説

> **Point**
>
> 手付金等の保全措置は、把握しなければならない事項がたくさんあるので、頑張って覚えよう。8種規制は、本問の「手付金等の保全措置」と、他で出題している「クーリング・オフ」の出題頻度が高い。

問36	正解1	37条書面	難易度B

ア ○ 宅地の**貸借**の媒介に関し、宅地の「**引渡しの時期**」は、その定めがある場合もない場合も**必ず37条書面**（電磁的方法により提供する場合における**電磁的方法**を含む。以下この問において同じ）に**記載**しなければならない事項に該当し、引渡しの時期について定めがないのであれば、「引渡しの時期について定めがない」旨を37条書面に記載しなければならない（宅建業法37条2項1号・1項4号・5項）。

イ × 店舗（建物）の**貸借**の媒介に関し、37条書面には、**借賃の額、その支払の時期及び方法**を記載しなければならず（37条2項2号）、また**保証金**（借賃以外の金銭）の**授受に関する定めがある**ときは、**保証金の額、その授受の時期及び目的**を記載しなければならない（37条2項3号）。

ウ ○ **既存建物の売買**の媒介に関し、37条書面には、「**建物の構造耐力上主要な部分等の状況**について、**当事者双方が確認した事項**」を記載しなければならない（37条1項2号の2）。

エ ○ マンション（建物）の**貸借**に関し、期間の定めのある賃貸借において、**借主からの中途解約**を認める条項は、「**契約の解除に関する定めがあるときの、その内容**」に該当し、37条書面に記載しなければならない（37条2項1号・1項7号）。

以上から、誤っているものは「イ」の一つであり、正解は肢1である。

> **Point**
>
> 実務において、アパート等の賃貸借契約は、2年間の期間の定めのある契約としつつ、賃借人からの中途解約を認める特約をするのが通常である。かかる中途解約条項は、肢エで出題しているように、37条書面の任意的記載事項（定めがあれば必ず記載すべき事項）に該当する。

| 問37 | 正解3 | 宅建業者・宅建士複合 | 難易度B |

1 ○ 国土交通大臣又は都道府県知事が、宅建業者に対して、業務停止処分や免許取消処分（指示処分は除く）をした場合は、その旨を公告しなければならない（宅建業法70条1項）。これに対し、宅建士に対する事務禁止処分などの監督処分（指示処分を含む）をした場合の公告制度は存在しない。

2 ○ 国土交通大臣又は都道府県知事（免許権者）は、宅建業者に免許を与える際に当該免許に条件を付けることができるが（3条の2第1項）、宅建士の宅建士証の交付に条件を付ける旨の制度は、存在しない。

3 × 宅建業者が廃業の届出をするときは、免許証を返納する義務がある（規則4条の4第2項）。

4 ○ 宅建業者は、事務所に標識を掲示する義務はあるが（宅建業法50条1項）、免許証を掲示する義務はない。

Point

免許証の返納義務があるのは、以下の場合である。
① 免許換えにより免許の効力がなくなったとき。
② 監督処分として免許を取り消されたとき。
③ 亡失した免許証を発見したとき。
④ 廃業の届出をするとき。
※ 免許の有効期間（5年）が満了したことにより免許が失効した場合には、免許証の返納義務が免除されている。

| 問38 | 正解3 | 37条書面 | 難易度A |

1 ○ 宅建業者が建物の貸借に関し、当事者を代理して契約を締結したときは、その相手方と依頼者に、借賃の額・支払時期及び支払方法を記載した37条書面を交付（電磁的方法による提供を含む。以下この問において同じ）しなければならない（宅建業法37条2項2号・5項）。また、37条書面には当事者の氏名（法人にあってはその名称）及び住所を記載しなければならないが、法人において契約の任に当たった者は「当事者」ではないので、その氏名は37条書面に記載する必要はない（37条2項1号・1項1号）。

2 ○ 宅地建物の貸借に関し、37条書面には、「借賃についてのローンのあっせんの定めがあるときのローンが成立しないときの措置」は記載する必要はない（37条2

項1号参照）。**売買や交換の契約において、「代金又は交換差金についての金銭の貸借のあっせんに関する定めがある場合においては、当該あっせんに係る金銭の貸借が成立しないときの措置」が記載事項とされていること**（37条1項9号）と混同しないこと。

3 ✕ **37条書面**は、契約内容を記載する書面なので、本肢の**東日本大震災復興特別区域法に基づく規制のような法令上の制限は、37条書面の記載事項ではない**（37条1項・2項参照）。重要事項の説明において、売買・交換の契約を締結する場合に、東日本大震災復興特別区域法64条4項（被災関連市町村が指定した届出対象区域において、土地の区画形質の変更や建築物の新築等を行う者は、被災関連市町村長に一定の届出が義務付けられていること）及び64条5項（同条4項の届出に係る事項のうち一定の事項を変更しようとするときにも、被災関連市町村長に届出が義務付けられていること）が35条書面の記載事項（重要事項の説明対象）であることと（35条1項2号、令3条1項61号）、混乱しないこと。

4 ○ **37条書面**には、**天災その他不可抗力による損害の負担**（いわゆる**危険負担**）について**定めた場合**には、**その内容について、売買・貸借の契約を問わず、記載しなければならない**（37条2項1号・1項10号）。

> **Point**
>
> 35条書面（重要事項説明書）の記載事項である法令制限の概要は、37条書面では記載事項ではない。35条書面の交付の趣旨は、契約を締結するか否かの判断材料を提供することにあるが、37条書面の交付の趣旨は、契約内容を記録してトラブルに備えることにあるからである。法令制限の細かい内容を気にするあまり、そもそも法令制限は37条書面の記載事項ではないことを失念しないようにしよう。

問39	正解4	クーリング・オフ	難易度A

1 ✕ **告知書面**には、**クーリング・オフによる解除等は、解除等を行う旨を記載した書面を「発した時」にその効力を生ずることが記載**されている**必要がある**（宅建業法37条の2第1項1号、規則16条の6第5号）。

2 ✕ **告知書面**には、**クーリング・オフによる解除等があった場合、宅建業者はそれに伴う損害賠償又は違約金の支払いを請求できない**こと、及び**手付金等が支払われているときは、宅建業者は遅滞なくその全額を返還する**ことが記載されている**必要がある**（宅建業法37条の2第1項1号、規則16条の6第4号・6号）

3 ✕ **告知書面**には、**売主である宅建業者Aの商号等**とともに、**買主Bの氏名等**（法人の場合は商号又は名称等）も**記載**されている**必要がある**（宅建業法37条の2第1項1号、

202

規則16条の6第1号・2号）。

4 ○ **告知書面**には、Aが**宅建業者Cの媒介**によりBと売買契約を締結した場合のその媒介を行った**宅建業者Cの商号又は名称等**は記載されている**必要はない**（宅建業法37条の2第1項1号、規則16条の6第1号・2号参照）。

> **Point**
>
> 告知書面の細かい事項を訊いている問題のようにも思えるが、実際はクーリング・オフに関する基本的知識を知っていれば正解できる。本問の正解肢である肢4については、クーリング・オフは8種規制として、売主である宅建業者に適用される規制であり、媒介を行った宅建業者に適用される規制ではないことから、告知書面に媒介業者の情報を記載する必要がないとする本肢は正しいと判断すればよい。

問40 **正解1** **業務上の規制** **難易度A** 得点ナベ！

以下、違反しないものを○、違反するものを×とする。

1 × 宅建業者は、**業務に関し展示会**その他これに類する催しを実施する場所には、標識を掲示しなければならず、この催しを共同で行う場合には、その**すべての宅建業者**が**自己の標識**を掲示しなければならない（宅建業法50条1項、規則19条1項5号）。

2 ○ **宅建業者**は、貸借の媒介依頼を受けて、その広告をする場合、媒介して当該貸借をする旨の、いわゆる**取引態様の別**を**明示**しなければならないが（宅建業法34条1項）、**貸主の名称**を広告中に**表示する義務はない**。

3 ○ 宅建業者は、**事務所ごとに業務に関する帳簿**を備え、取引のあったつど一定事項を記載しなければならないが（49条）、帳簿は、取引の関係者から請求があったとしても**閲覧させる義務**はない。従業者名簿については、閲覧させる義務があること（48条4項）と、混同しないこと。

4 ○ Aは、宅地の所有者から賃借した宅地を**転貸するための広告**を行っており、これは**自ら貸借**（貸主）であるから、宅建業法上の「**取引**」には**該当せず**（2条2号）、宅建業法は適用されない。よって、**広告に自らが貸主である旨の取引態様の別を明示しなくても、宅建業法の規定に違反しない**。

第4回 解答・解説

Point

肢1について、「標識」については、宅建業者が共同で実施する展示会等の催し場所に、すべての宅建業者が自己の標識を掲示しなければならないのであるが（50条1項、規則19条1項5号）、複数の宅建業者が設置する案内所について、同一物件について、売主である宅建業者及び媒介又は代理を行う宅建業者が同一場所において業務を行う場合には、いずれかの宅建業者が専任の宅建士を1人以上置けば、専任の宅建士の設置要件を満たす旨の例外がある（国交省「考え方」）。標識の掲示義務と専任の宅建士の設置義務とを混同しないこと。

問41	正解3	住所複合	難易度B

1 ○ 宅建士は、取引の関係者から請求があったときは、**宅建士証を提示**しなければならないが（宅建業法22条の4）、宅建士の個人情報保護の見地より、**宅建士証の住所欄にシールを貼ったうえで提示**することが認められる。もっとも、シールは容易に剥がすことが可能なものとし、宅建士証を汚損しないよう注意しなければならない（国交省「考え方」）。

2 ○ 宅建業者は、**事務所ごとに従業者名簿**を備えなければならず、その記載事項として、従業者の氏名や主たる職務内容、宅建士であるか否かの別等が規定されているが、**従業者の住所**は従業者名簿の**記載事項ではない**（48条3項、規則17条の2第1項参照）。

3 × 国土交通省及び都道府県には、それぞれ宅建業者名簿が備えられ、一般の閲覧に供される（宅建業法8条1項、10条）。そして、当該**宅建業者名簿**には、役員及び政令で定める使用人の氏名は登載されるが、**役員及び政令で定める使用人の住所は登載されない**（8条2項、規則5条参照）。

4 ○ 宅建士の資格登録は、知事が資格登録簿に一定事項を登載して行うが、その**資格登録簿**には、**登録を受ける者の住所も登載**される（宅建業法18条2項）。

Point

宅建士証については、住所欄をシールを貼ることで見えないようにして相手方に提示することが認められるほか（国交省「考え方」）、希望により旧姓を併記した宅建士証の交付を受けることができ、当該宅建士証の交付を受けた後は、宅建士の業務において旧姓を使用してもよいこと（国交省「考え方」）も覚えておこう。

問42　正解1　監督処分等　難易度A

1 ○ 宅建業に係る営業に関し成年者と同一の**行為能力を有しない未成年者**が宅建業者である場合、その**法定代理人が免許欠格者**になると、免許権者は、未成年者である宅建業者の**免許**を**取り消さなければならない**。そして、法定代理人が**脅迫罪**で**罰金刑**に処せられると、その法定代理人は**免許欠格者**になるので、甲県知事は、Aの免許を取り消さなければならない（宅建業法66条1項2号、5条1項6号）。

2 × **国土交通大臣**は、**国土交通大臣の免許を受けた宅建業者**に対して、誇大広告の禁止規定等の**消費者の利益保護に関わる規定**に違反したことを理由に**監督処分**（指示処分、業務停止処分、免許取消処分）を行おうとする場合は、**あらかじめ内閣総理大臣に協議**しなければならない（宅建業法71条の2第1項）。しかし、**指導**、助言、勧告（71条）を行おうとする場合に、あらかじめ内閣総理大臣と協議をする必要はない。

3 × **免許権者**である国土交通大臣又は都道府県知事は、その免許を受けた宅建業者の**事務所の所在地を確知できない**ときは、官報又は当該都道府県の公報でその事実を公告し、**公告の日から30日を経過**してもその宅建業者から**申出がないとき**は、宅建業者の**免許**を**取り消すことができる**（67条1項）。したがって、直ちに免許を取り消すことができるわけではない。

4 × 宅建業者が業務に関し取引の公正を害する行為をしたことは、指示処分対象事由である（65条1項2号）。そして、**国土交通大臣**は、**指示処分**等の**監督処分**をしたときは、**遅滞なく**、その旨を、**宅建業者の事務所の所在地を管轄する都道府県知事**に**通知**する（規則27条1項）。

Point
内閣総理大臣との協議が要求されるか否かの判断では、以下が要点となる。
① 　国土交通大臣が（×都道府県知事が）
② 　国土交通大臣免許を受けた宅建業者（×知事免許を受けた宅建業者、×宅建士）に対し
③ 　消費者の保護に関わる規定の違反行為を理由として（×違反行為の種類を問わず）
④ 　監督処分（指示・業務停止・免許取消処分）を行う場合（×指導・助言・勧告を行う場合）

| 問43 | 正解4 | 業務上の規制 | 難易度B |

1 × 宅建業者は、**契約行為等を予定する案内所等を設置する場合**、その所在地、業務内容、業務を行う期間、専任の宅建士の氏名を**免許権者及びその案内所等の所在地を管轄する都道府県知事に届出**（50条2項の規定に基づく届出）をしなければならない（宅建業法50条2項、31条の3第1項）。この場合、**国土交通大臣への届出書**は、**案内所等の所在地を管轄する都道府県知事を経由**しなければならないので（78条の3第2項）、「直接国土交通大臣に届出をすることができる」とする本肢は誤り。

2 × 宅建業者は、**事務所ごとに**、**従業者名簿**を**備えなければならない**（48条3項）。よって、事務所ごとに備えるべき従業者名簿を「**本店の事務所にのみ従業者名簿を一括して備えること**」はできない。なお、宅建業者は、従業者には、その従業者であることを証する証明書（従業者証明書）を携帯させなければ、その者を業務に従事させてはならない（48条1項）。

3 × **支店**は、そこで**宅建業を営む**場合に宅建業法上の「**事務所**」に該当する（令1条の2第1号、国交省「考え方」）。よって、**建設業のみを営む支店は、宅建業法上の「事務所」ではなく**、宅建業者名簿の登載事項でもない。よって、宅建業者A社は、かかる支店を設置しても、その支店の名称及び所在地並びに当該支店の支店長（政令使用人）の氏名を免許権者に**届け出る必要はない**（宅建業法9条、8条2項5号）。なお、宅建業を開始した後に兼業事業を開始しても、兼業事業の種類も届け出る必要はない（9条、8条2項8号、規則5条2号参照）。

4 ○ **法人である宅建業者の役員**が宅建士であるときは、その役員（業務を執行する役員、取締役、執行役又はこれらに準ずるもの）が**主として業務に従事する事務所**等については、その者はその事務所等に置かれる**専任の宅建士とみなされる**（宅建業法31条の3第2項）。よって、宅建業者Aは、Bの氏名を、役員及び**本店の専任の宅建士として免許権者である国土交通大臣に届け出なければならない**（9条、8条2項3号・6号）。なお、国土交通大臣への届出書の提出は、本店所在地の知事を経由するが、変更の届出は、国土交通大臣にするのであって、本肢の「国土交通大臣に届け出なければならない」との記述は正しい。届出の手続（本店所在の知事を経由して国土交通大臣に届け出る）と届出の名宛人（免許権者である国土交通大臣に届け出る）を混同しないようにしよう。

> **Point**
>
> 免許権者が国土交通大臣の場合、国土交通大臣に提出すべき申請書・届出書について、都道府県知事を経由しなければならないのは、以下の４つの場合である。
>
> ＜主たる事務所（本店）の所在地を管轄する知事を経由しなければならない場合＞
> ① 免許の申請
> ② 宅建業者名簿の変更の届出（肢４）
> ③ 廃業等の届出
> ＜届出に係る業務地を管轄する知事を経由しなければならない場合＞
> ④ 案内所等の届出（肢１）

問44	正解２	免許基準等	難易度Ａ

ア ✕ A社が免許を受けるためには、A社のみならず、A社の役員及び政令で定める使用人が**免許欠格者でないこと**が必要である（宅建業法５条１項12号）。この点、A社の代表取締役（役員）は、公職選挙法違反で罰金刑に処せられているが、**罰金刑に処せられ**、その執行が終わった日から５年間**免許欠格者となる犯罪の種類**は、宅建業法違反や刑法の暴力犯関係及び背任罪等の**一定の犯罪**に限定されており、**公職選挙法違反**は、その**一定の犯罪には含まれない**（５条１項６号参照）。したがって、A社の代表取締役（役員）は、免許欠格者ではなく、A社は免許を受けることができる。

イ ◯ B社が宅建業の免許を受けた後に、B社の役員又は**政令で定める使用人**が**免許欠格者**に該当すると、B社の免許は取り消される（66条１項３号）。なお、政令で定める使用人とは、宅建業法に定める**事務所の代表者**のことであり（令２条の２）、宅建業者の各事務所の支店長、所長等がこれに該当するので、本肢の「支店の代表者」は政令で定める使用人である。そして、**罰金刑**に処せられると**免許欠格者となる犯罪の種類**は、**一定の犯罪**に限定されているが、**背任罪**はその**一定の犯罪に含まれる**（宅建業法５条１項６号）。したがって、政令で定める使用人が免許欠格者となったB社の免許は取り消される。

ウ ✕ C社が宅建業の免許を受けた後に、C社の**役員**又は政令で定める使用人が**免許欠格者**に該当すると、C社の免許は取り消される（66条１項３号）。そして、**非常勤の役員**も、ここにいう「**役員**」に該当する。この点、**罰金刑**に処せられると**免許欠格者となる犯罪の種類**は、**一定の犯罪**に限定されているが、**宅建業法違反**もその**一定の犯罪に含まれる**（５条１項６号）。したがって、役員が免許欠格者となったC社の免許は取り消される。

エ ○ D社が免許を受けるためには、D社のみならず、D社の**役員**及び政令で定める使用人が**免許欠格者でないこと**が必要である（5条1項12号）。そして、ここにいう役員は、取締役はもちろん、D社に対して**取締役等と同等以上の支配力を有する者も含まれる**ので、本肢の「顧問」は「役員」に該当する（5条1項2号）。役員が、「暴力団員による不当な行為の防止等に関する法律2条6号に該当する暴力団員」である場合、役員は免許欠格者である（5条1項7号）。したがって、D社は、免許を受けることができない。

以上から、正しいものは「イ、エ」の二つであり、正解は肢2である。

> **Point**
>
> 肢エに関し、「暴力団員による不当な行為の防止等に関する法律2条6号に該当する暴力団員」に該当すると、犯罪の前科の有無にかかわらず、免許欠格者になることも覚えておこう。

問45	正解1	住宅瑕疵担保履行法	難易度B

1 ○ 住宅販売瑕疵担保保証金を供託している宅建業者は、その**保証金の還付**により保証金が**基準額に不足**することとなったときは、還付があったことについて国土交通大臣から**通知書の送付を受けた日**又は基準額に**不足することとなったことを知った日から2週間以内**にその**不足額を供託**しなければならない（履行法16条、7条1項、瑕疵担保保証金規則28条、12条）。なお、供託したときは、供託した日から2週間以内に、その旨を免許権者に届け出なければならない（履行法16条、7条2項、履行法規則22条、10条1項）。

2 × 自ら売主として宅建業者でない買主に新築住宅の引渡しをした宅建業者は、**基準日ごとに**、住宅販売瑕疵担保保証金の供託及び住宅販売瑕疵担保責任保険契約の締結（**資力確保措置**）の状況について、**免許権者に届け出**なければならない（履行法12条1項）。よって、「事業年度の末日ごと」に届け出なければならないとする本肢は誤りである。

3 × 宅建業者が住宅販売瑕疵担保保証金の供託をする場合は、その**主たる事務所の最寄りの供託所**に供託しなければならない（11条6項）。「法務大臣及び国土交通大臣の定める供託所」ではない。

4 × 宅建業者は、毎年、基準日から3週間を経過する日までの間において、その基準日前10年間に自ら売主となる売買契約に基づき宅建業者ではない買主に引渡しをした新築住宅について**保証金の供託**をし（保険契約を締結している新築住宅は除

く）、かつ、基準日ごとに保険契約の締結の状況及び保証金の供託の状況について**免許権者に届出**をしなければ、**基準日の翌日から起算して50日を経過した日以後においては、新たに自ら売主となる新築住宅の売買契約の締結が禁止**される（13条本文）。

> **Point**
>
> 肢４に関し、保証金の供託をしなければならない時期は、「基準日から３週間を経過する日まで」とされていることも、覚えておこう。

| 問46 | 正解４ | 住宅金融支援機構 | 難易度Ｂ |

１ ○ 機構は、**災害復興建築物の建設**若しくは**購入又は被災建築物の補修**に必要な資金（当該災害復興建築物の建設若しくは購入又は当該被災建築物の補修に付随する行為で政令で定めるものに必要な資金を含む）の**貸付け**を業務として行っている（独立行政法人住宅金融支援機構法13条１項５号）。なお、「**災害復興建築物**」とは、災害により、住宅又は主として住宅部分からなる建築物が滅失した場合におけるこれらの建築物又は建築物の部分に代わるべき建築物又は建築物の部分をいい（２条２項）、「**被災建築物**」とは、災害により、住宅又は主として住宅部分からなる建築物が損傷した場合における当該損傷したこれらの建築物又は建築物の部分をいう（同３項）。

２ ○ 機構は、「**高齢者**の家庭に適した良好な居住性能及び居住環境を有する住宅とすることを主たる目的とする**住宅の改良**（**高齢者**が自ら**居住**する住宅について行うものに**限る**）に必要な資金」又は「高齢者の居住の安定確保に関する法律７条５項に規定する登録住宅（賃貸住宅であるものに限る）とすることを主たる目的とする人の居住の用に供したことのある住宅の購入に必要な資金（当該住宅の購入に付随する行為で政令で定めるものに必要な資金を含む）」の**貸付け**を業務として行っている（13条１項９号）。

３ ○ 機構は、民間金融機関が貸し付けた住宅ローンについて、その住宅ローンを担保として発行された債券等の元利払いを保証する**証券化支援事業**（**保証型**）を行っている（13条１項２号）。

４ × 機構は、「**合理的土地利用建築物の建設**若しくは**合理的土地利用建築物で人の居住の用その他その本来の用途に供したことのないものの購入**に必要な資金（当該合理的土地利用建築物の建設又は購入に付随する行為で政令で定めるものに必要な資金を含む）」又は「**マンションの共用部分の改良**に必要な資金」の**貸付け**を業務として行っている（13条１項７号）。なお、「**合理的土地利用建築物**」とは、市

街地の土地の合理的な利用に寄与するものとして政令で定める建築物で相当の住宅部分を有するもの又はその部分をいう（2条7項）。

> **Point**
> 機構の業務の範囲（融資対象等）は、まとめておこう。

問47	正解3	景表法(公正競争規約)	難易度A

1 × 土地取引において、当該土地上に古家、廃屋等が存在するときは、その旨を明示しなければならない（不動産の表示に関する公正競争規約施行規則7条7号）。

2 × 私道負担部分が含まれている新築住宅を販売する際、私道負担の面積が小さくても、私道負担部分の面積を表示しなければならない（施行規則4条1項本文、別表4の13・5の9）。

3 ○ 「リビング・ダイニング・キッチン（LDK）」とは、居間と台所と食堂の機能が1室に併存する部屋をいい、住宅（マンションにあっては住戸）の居室（寝室）数に応じ、その用途に従って使用するために必要な広さ、形状及び機能を有するものをいう（不動産の表示に関する公正競争規約18条1項4号）。なお、「ダイニングキッチン（DK）」とは、台所と食堂の機能が1室に併存している部屋をいい、住宅（マンションにあっては、住戸）の居室（寝室）数に応じ、その用途に従って使用するために必要な広さ、形状及び機能を有するものをいう（同3号）。

4 × 土地の全部又は一部が高圧電線路下にあるときは、その旨及びそのおおむねの面積を表示しなければならず、建物その他の工作物の建築が禁止されているときは、併せてその旨を明示しなければならない（施行規則7条12号）。

> **Point**
> 不動産の表示に関する公正競争規約・施行規則は、丸覚えではなく、キーワードをおさえておけばよい。

問48	正解1	統計	難易度A

1 ○ 令和5年地価公示（令和5年3月公表）における令和4年1月以降の1年間の地価は、以下のとおりで、地方圏平均では、全用途平均・住宅地・商業地のいずれも2年連続で上昇（上昇率拡大）した。
地価⇒すべて2年連続の上昇（上昇率拡大）（単位：%）

210

	全用途平均	住宅地	商業地
全　国	1.6	1.4	1.8
三大都市圏	2.1	1.7	2.9
地方圏	1.2	1.2	1.0

2 × 令和3年度の宅地建物取引業者に対する監督処分件数は、「**約160件**（162件）」である。「免許取消処分の件数（93件）が一番多い」点は正しい（令和5年版国土交通白書）。なお、文書により行った勧告及び指導の件数（これは「監督処分」ではない）は約600件（627件）である。

3 × 令和4年の新設住宅着工戸数は、859,529戸（前年比0.4％増）で、2年連続の増加となった。このうち、「**貸家**」の着工戸数は**約34.5万戸**となっており、「**2年連続の増加**」となった。なお、令和4年の新設住宅着工の利用関係別戸数は、以下のとおり（建築着工統計令和5年1月公表）。本肢は、「持家」に関する記述であるから誤り。

(1) 持　　家→253,287戸（前年比11.3％減、昨年の増加から再びの減少）

(2) 貸　　家→**345,080戸**（前年比7.4％増、**2年連続の増加**）

(3) 分譲住宅→255,487戸（前年比4.7％増、2年連続の増加）
　　　・マンションは108,198戸（同6.8％増、3年ぶりの増加）
　　　・一戸建住宅は145,992戸（同3.5％増、2年連続の増加）

4 × 指定流通機構の活用状況について（令和5年4月公益財団法人不動産流通推進センター公表）によれば、2022年度末現在の**総登録件数**は約85万件（849,327件）であり、3年連続して「**賃貸物件**」（全体の62.6％）が「**売り物件**」（全体の37.4％）の件数を上回った。

> **Point**
> 肢2は、刊行時期との関係で、令和5年版国土交通白書を予測して出題した。本書巻頭の統計資料も確認してほしい。

問49	正解4	土地	難易度C

適当なものを○、適当でないものを×とする。

1 ○ 気候変動による水災害リスクの増大に対応するため、**集水域**と**河川区域**のみならず、**氾濫域**も含めて一つの流域ととらえ、流域に関わるあらゆる関係者（国・都道府県・市町村・企業・住民等）により、地域の特性に応じ、ハード・ソフトの

第4回　解答・解説

両面から**流域全体で治水対策に取り組む**「流域治水」を推進する（令和4年版国土交通白書）。

2 ○ 我が国の**低地**は湿地や旧河道であった軟弱な地盤の地域がほとんどであり、一般的に洪水、高潮、津波や地震による**災害危険度は高い**。我が国の**大都市の大部分**は**低地**に立地しているため、**防災対策等に留意する必要がある**。

3 ○ **著しく傾斜している土地**において**盛土**をする場合においては、盛土をする前の地盤と盛土とが接する面が滑り面とならないように**段切りその他の措置を講じなければならない**（宅地造成等規制法施行令5条4号）。

4 × 擁壁には，その「**裏面（背面）**」の排水をよくするため、一定の陶管その他これに類する**耐水材料を用いた水抜穴**を設け、擁壁の「**裏面（背面）**」で水抜穴の周辺その他必要な場所には、**砂利等の透水層を設けなければならない**（10条）。擁壁の「**表面（道路側）**」ではない。

Point
土地に関する問題については、過去問を、ひととおり見ておこう。

問50	正解1	建築物の構造	難易度B

1 × 鉄筋コンクリート造においては、骨組の形式は一般に**ラーメン式の構造**が用いられる。**ラーメン式の構造**とは、**柱と梁**を「**剛接合**」（部材同士が堅固に一体となるような接合方法）**して組み合わせた直方体で構成する構造**をいう。なお、「ピン接合」とは、部材同士が一体化しない接合方法をいう。

2 ○ 木造建築物において、**構造耐力上主要な部分に使用する木材の品質**は、節、腐れ、繊維の傾斜、丸身等による**耐力上の欠点がないもの**でなければならない（建築基準法施行令41条）。

3 ○ **組積造**において、**各階の壁の厚さ**は、その上にある**壁の厚さより薄くしてはならない**（55条5項）。

4 ○ **鉄筋コンクリート造**における**耐力壁の厚さ**は、**12cm以上**としなければならない（78条の2第1項1号）。また、鉄筋に対するコンクリートの**かぶり厚さ**は、**耐力壁以外の壁又は床にあっては2cm以上**、**耐力壁、柱又ははりにあっては3cm以上**としなければならない（79条1項）。

Point
建築物に関する出題では、建築基準法の知識が役立つことがある。そういう意味で、「法令上の制限」の建築基準法の単体規定も見ておきたい。

2023年度版　本試験をあてる　TAC直前予想模試　宅建士

2023年6月14日　初版　第1刷発行

編　著　者	Ｔ　Ａ　Ｃ　株　式　会　社	
	（宅建士講座）	
発　行　者	多　　田　　敏　　男	
発　行　所	ＴＡＣ株式会社　出版事業部	
	（TAC出版）	

〒101-8383　東京都千代田区神田三崎町3-2-18
電 話 03(5276)9492(営業)
FAX 03(5276)9674
https://shuppan.tac-school.co.jp

組　　　版	株　式　会　社　グ　ラ　フ　ト	
	株　式　会　社　ワ　　コ　　ー	
印　　　刷	株　式　会　社　ワ　　コ　　ー	
製　　　本	東 京 美 術 紙 工 協 業 組 合	

© TAC 2023　　Printed in Japan

ISBN 978-4-300-10356-2
N.D.C. 673

本書は，「著作権法」によって，著作権等の権利が保護されている著作物です。本書の全部または一部につき，無断で転載，複写されると，著作権等の権利侵害となります。上記のような使い方をされる場合，および本書を使用して講義・セミナー等を実施する場合には，小社宛許諾を求めてください。

乱丁・落丁による交換，および正誤のお問合せ対応は，該当書籍の改訂版刊行月末日までといたします。なお，交換につきましては，書籍の在庫状況等により，お受けできない場合もございます。また，各種本試験の実施の延期，中止を理由とした本書の返品はお受けいたしません。返金もいたしかねますので，あらかじめご了承くださいますようお願い申し上げます。

宅地建物取引士

今年の宅建士試験合格を目指す全ての受験生必見!

~"夏"には"夏"のヤマ当て講座!~ 夏の1日で完結! 出るとこ予想!
7月上旬申込受付開始!
「合格る的中講座」〔全2回／合計6時間〕

「合格るチェックシート」で本試験のヤマをピンポイント攻略!

- 教室講座
- ビデオブース講座
- Web通信講座

『合格る的中講座』はこんな方にオススメ
- 今年出題可能性の高いところを一気におさえたい方
- 効率的に弱点補強や得点力UPを図りたい方
- TAC自慢の精鋭講師陣の講義を直接受けてみたい方
- 一発逆転を狙いたい方

[使用教材]
『2023年度版 宅建士合格るチェックシート(TAC出版)』
[通常受講料(教材費・消費税10%込)]
各学習メディア ¥11,000 [市販教材なし ¥9,900]
※振替・重複出席等のフォロー制度はございません。予めご了承ください。

~TAC専任講師による特別講義~ 重要論点の知識整理!
7月上旬申込受付開始!
「合格のツボ講座」〔全1回／3時間〕

今年の本試験出題予想論点を通じた最終整理の「ツボ」を伝授!

- 教室講座
- ビデオブース講座
- Web通信講座

『合格のツボ講座』はこんな方にオススメ
- 直前期での効率的な学習方法を知りたい方
- 弱点補強を図りたい方
- 法律改正点もあわせて知りたい方
- 周りの受験生に差をつけたい方

[使用教材]
合格のツボ講座オリジナルレジュメ(非売品)
[通常受講料(教材費・消費税10%込)]
各学習メディア ¥2,200

~本試験と同じレベルの問題で解法テクニックが学べる!~ 受験生必見!
7月上旬申込受付開始!
「解法テクニック講義」〔全3回／合計7.5時間 民法等1回／宅建業法1回／法令上の制限・その他関連知識1回〕

正しい思考プロセスを身に付けることで、本試験対応力が格段にUP!

- 教室講座
- ビデオブース講座
- Web通信講座

『解法テクニック講義』はこんな方にオススメ
- 問題に対して「なんとなく」正解している方
- 解答に至るまでの「正しい思考プロセス」を習得して解答時間を短縮したい方
- 問題に対する取り組み方を意識したことがない方
- 近年の本試験長文化傾向への対策をしたい方

[使用教材]
TACオリジナル「解法テクニック講義レジュメ」(非売品)
[通常受講料(教材費・消費税10%込)]
各学習メディア ¥14,300

 お申込み方法
❶TAC受付窓口　❷e受付(インターネット申込)　❸郵送

〔注意〕お申込み前に必ず直前対策シリーズ(2023年7月上旬公開予定)のホームページをご確認ください。

※お申込み方法の詳細はTACホームページをご覧いただくか、TAC各校またはカスタマーセンター(0120-509-117)までお問い合わせください。
※e受付(インターネット申込)・郵送で通信講座をお申込みの場合、お申込みから講義視聴・教材発送開始まで1週間程度かかる場合がございます。予めご了承ください。

詳しい資料のご請求・お問い合わせは　通話無料 **0120-509-117** (ゴウカク イイナ)
受付時間 月～金 10:00～17:00 / 土日祝 10:00～17:00

資格の学校 TAC

学習経験者対象	8・9月開講	アウトプット重視	講義ペース 週1～2回
学習期間の目安 1～2ヶ月	**答練パック**	途中入学OK!	時期により回数が前後する場合がございます

実戦感覚を磨き、出題予想論点を押さえる！
学習経験者を対象とした問題演習コース

学習経験者を対象とした問題演習専用のコースです。
試験会場の雰囲気にのまれず、時間配分に十分気を配る予行練習と、TAC講師陣の総力を結集した良問揃いの答練で今年の出題予想論点をおさえ、合格を勝ち取ってください。

カリキュラム〈全8回〉

8・9月～
応用答練（3回）
答練＋解説講義
1回30問の本試験同様4肢択一の応用問題を、科目別で解いていきます（解答時間1回につき60～80分）。ここでは本試験に通用する応用力を身に付けていただきます。

直前答練（4回）
答練＋解説講義
出題が予想されるところを重点的にピックアップし、1回50問を2時間で解く本試験と同一形式の答練です。時間配分や緊張感をこの場でつかみ、出題予想論点をも押さえます。

10月上旬
全国公開模試※（1回）
本試験約2週間前に、本試験と同一形式で行われる全国公開模試です。本試験の擬似体験として、また客観的な判断材料としてラストスパートの戦略にお役立てください。

10月中旬 宅建士本試験
11月下旬 合格！

―――― 本試験形式 ――――

※全国公開模試の解説講義は、Webで配信いたします。
※2023年合格目標宅建士講座各本科生をお申込みの方は、カリキュラムの中に「応用答練」「直前答練」「全国公開模試」の全部または一部が含まれておりますので、別途「答練パック」のお申込みの必要はありません。

開講一覧

教室講座
8/16（水）より順次講義開講
札幌校・仙台校・水道橋校・新宿校・池袋校・渋谷校・八重洲校・立川校・町田校・横浜校・大宮校・津田沼校・名古屋校・京都校・梅田校・なんば校・神戸校・広島校・福岡校

Web通信講座
8/10（木）より順次講義配信開始
8/1（火）より順次教材発送開始

DVD通信講座
8/1（火）より順次教材発送開始

ビデオブース講座
札幌校・仙台校・水道橋校・新宿校・池袋校・渋谷校・八重洲校・立川校・町田校・横浜校・大宮校・津田沼校・名古屋校・京都校・梅田校・なんば校・神戸校・広島校・福岡校
8/10（木）より順次講義視聴開始

各学習メディアの教室講義日程および講義視聴／講義配信／教材発送日程はこちらからご覧いただけます。▶

通常受講料

教室講座	
ビデオブース講座	**¥33,000** （教材費・消費税10%込み）
Web通信講座	
DVD通信講座	

答練パックのみお申込みの場合は、TAC入会金（¥10,000・消費税込）は不要です。なお、当コースのお申込みと同時もしくはお申込み後、さらに別コースをお申込みの際にTAC入会金が必要となる場合があります。予めご了承ください。
※詳細につきましては2023年合格目標のTAC宅建士講座パンフレットをご参照ください。

単科でもお申込みいただけます！

応用答練（全3回） （教材費・消費税10%込み）
通常受講料 **¥16,500**

直前答練（全4回） （教材費・消費税10%込み）
通常受講料 **¥22,000**

宅地建物取引士

全国公開模試

受験の有無で差がつきます!

選ばれる理由がある。

- 高精度の個人別成績表!!
- Web解説講義で復習をサポート!!
- 高水準の的中予想問題!!

"高精度"の個人別成績表!!
TACの全国公開模試は、全国ランキングはもとより、精度高い総合成績判定、科目別得点表示で苦手分野の最後の確認をしていただけるほか、復習方法をまとめた学習指針もついています。本試験合格に照準をあてた多くの役立つデータ・情報を提供します。

Web解説講義で"復習"をサポート!!
インターネット上でTAC講師による解答解説講義を動画配信いたします。模試の重要ポイントやアドバイスも満載で、直前期の学習の強い味方になります!復習にご活用ください。

"ズバリ的中"の予想問題!!

毎年本試験でズバリ的中を続出しているTACの全国公開模試は、宅建士試験を知り尽くした講師陣の長年にわたる緻密な分析の積み重ねと、叡智を結集して作成されています。TACの全国公開模試を受験することは最高水準の予想問題を受験することと同じなのです。

下記はほんの一例です。もちろん他にも多数の的中がございます!

全国公開模試【問13】肢3 ○
〔区分所有法〕区分所有者の5分の1以上で議決権の5分の1以上を有するものは、管理者に対し、会議の目的たる事項を示して、集会の招集を請求することができるが、この定数は規約で減ずることができる。

令和4年度本試験【問13】肢2 ○
〔区分所有法〕管理者がないときは、区分所有者の5分の1以上で議決権の5分の1以上を有するものは、集会を招集することができる。ただし、この定数は、規約で減ずることができる。

全国公開模試【問18】肢3 ○
〔建築基準法〕法の改正により、現に存する建築物が改正後の規定に適合しなくなった場合でも、当該建築物の所有者又は管理者は、当該建築物を改正後の法の規定に適合させる必要はない。

令和4年度本試験【問17】肢1 ×
〔建築基準法〕法の改正により、現に存する建築物が改正後の法の規定に適合しなくなった場合には、当該建築物は違反建築物となり、速やかに改正後の法の規定に適合させなければならない。

全国公開模試【問34】肢2 ×
〔37条書面の交付〕宅地建物取引業者Aが、宅地の売買を媒介により成立させた場合、Aは、売買契約成立後、遅滞なく、37条書面を宅地建物取引士をして売主と買主の双方に交付させなければならない。

令和4年度本試験【問44】肢2 ○
〔37条書面の交付〕(違反するものはどれか。) Aは、その媒介により建物の貸借の契約を成立させ、37条書面を借主に交付するに当たり、37条書面に記名した宅地建物取引士が不在であったことから、宅地建物取引士ではないAの従業員に書面を交付させた。

全国公開模試【問29】肢ウ ○
〔事務所〕宅地建物取引業者C社(甲県知事免許)が、乙県内に継続的に業務を行うことができる施設を有する場所で宅地建物取引業に係る契約締結権限を有する使用人を置く営業所を設置して、そこで宅地建物取引業を営もうとする場合、商業登記簿に登載すべき支店に該当しない場合でも、国土交通大臣の免許を申請する必要がある。

令和4年度本試験【問26】肢1 ×
〔事務所〕事務所とは、契約締結権限を有する者を置き、継続的に業務を行うことができる施設を有する場所を指すものであるが、商業登記簿に登載されていない営業所又は支店は事務所には該当しない。

◆全国公開模試の詳細は2023年6月上旬に発表予定です。

通話無料 0120-509-117 ゴウカク イイナ
受付時間 月〜金 10:00〜17:00 / 土日祝 10:00〜17:00
TAC 検索

資格の学校 TAC

直前対策シリーズ

7月上旬申込受付開始!

※直前対策シリーズの受講料等詳細につきましては、お申込み前に必ず2023年7月上旬公開予定のホームページをご確認ください。

ポイント整理、最後の追い込みに大好評!

TACでは、本試験直前期に、多彩な試験対策講座を開講しています。
周りの受験生に差をつけて合格をつかみ取るための最後の切り札として、毎年多くの受験生から好評をいただいております。
ポイントの整理や最後の追い込みのためなど、ご自身のご都合に合わせてご活用ください。

8月開講 直前対策講義 〈全7回／合計17.5時間〉 講義形式

■ ビデオブース講座 ■ Web通信講座

直前の総仕上げとして重要論点を一気に整理!
直前対策講義のレジュメ(非売品)は本試験当日の最終チェックに最適です!

カリキュラム（全7回）
使用テキスト
● 直前対策講義レジュメ（全1冊）

対象者
- よく似たまぎらわしい内容や表現が「正確な知識」として整理できていない方
- 重要論点ごとの総復習や内容の整理を効率よくしたい方
- 問題を解いてもなかなか得点に結びつかない方

特色
- 直前期にふさわしく「短時間(合計17.5時間)で重要論点の総復習」ができる
- 重要論点ごとに効率良くまとめられた教材で、本試験当日の最終チェックに最適
- 多くの受験生がひっかかってしまうまぎらわしい出題ポイントをズバリ指摘

※2023年合格目標宅建士講座「総合本科生SPlus」「総合本科生S」「総合本科生」をお申込みの方は、カリキュラムの中に「直前対策講義」が含まれておりますので、別途「直前対策講義」のお申込みの必要はありません。

通常受講料（教材費・消費税10%込）
■ ビデオブース講座
■ Web通信講座
¥33,000

10月開講 やまかけ3日漬講座 〈全3回／合計7時間30分〉 問題演習＋解説講義

■ 教室講座 ■ Web通信講座 ■ DVD通信講座

TAC宅建士講座の精鋭講師陣が2023年の宅建士本試験を完全予想する最終直前講座!

使用テキスト
● やまかけ3日漬講座レジュメ（問題・解答 各1冊）

申込者限定配付

対象者
- 本試験直前に出題予想を押さえておきたい方

特色
- 毎年多数の受験生が受講する大人気講座
- TAC厳選の問題からさらに選りすぐった「予想選択肢」を一挙公開
- リーズナブルな受講料
- 一問一答形式なので自分の知識定着度合いが把握しやすい

通常受講料（教材費・消費税10%込）
■ 教室講座
■ Web通信講座
■ DVD通信講座
¥9,900

※2023年合格目標TAC宅建士講座各本科生・パック生の方も別途お申込みが必要です。
※振替・重複出席等のフォロー制度はございません。予めご了承ください。

※詳細につきましては2023年合格目標のTAC宅建士講座直前対策シリーズのホームページ（2023年7月上旬公開予定）をご参照ください。

合格する人は正しい選択をしている

2012年度〜2021年度 宅地建物取引士試験[※1]
TAC宅地建物取引士講座本科生[※2] **累計合格者数**

過去10年間で 11,084名

2012年	2013年	2014年	2015年	2016年	2017年	2018年	2019年	2020年	2021年
1,042名	910名	1,097名	1,049名	1,216名	1,256名	1,255名	1,285名	911名	1,063名

※1 2012年度〜2014年度は宅地建物取引主任者試験、2015年度以降は宅地建物取引士試験となります。
※2 本科生とは、目標年度の試験に合格するために必要な講義・答案練習・公開模試等をパッケージ化したコースです。
※ 2022年4月30日までに調査にご協力いただいた方の判明分となります。

宅建士とのW受験に最適！

宅建士受験生の皆様へ
少子高齢化に伴って今後ますますニーズが高まる注目の専門資格

管理業務主任者
の同一年度W受験をオススメします！

宅建士で学習した知識を活かすことで短期合格が可能に！

宅建士と同様、不動産関連の国家資格である「管理業務主任者」は、マンション管理のエキスパートです。そして管理業務主任者はマンション管理業者において独占業務を有しています。

現在、そして将来に向けてマンション居住者の高齢化とマンションの高経年化は日本全体の大きな課題となっており、今後「管理業務主任者」はより一層社会から求められる人材として期待が高まることが想定されます。

マンションディベロッパーをはじめ、宅建業者の中にはマンション管理業を兼務したりマンション管理の関連会社を設けているケースが多く見受けられ、宅建士とのダブルライセンス取得者の需要も年々高まっています。また、**試験科目が宅建士と多くの部分で重なっており**、宅建士受験者にとっては資格取得に向けての大きなアドバンテージになります。したがって、**宅建士受験生の皆様には、同一年度に管理業務主任者試験とのW合格のチャレンジをオススメします！**

◆各資格試験の比較　※受験申込受付期間にご注意ください。

	宅建士	共通点	管理業務主任者
受験申込受付期間	例年 7月初旬～7月末		例年 9月初旬～9月末
試験形式	四肢択一・50問	↔	四肢択一・50問
試験日時	毎年1回、10月の第3日曜日 午後1時～午後3時（2時間）	↔	毎年1回、12月の第1日曜日 午後1時～午後3時（2時間）
試験科目（主なもの）	◆民法　◆宅建業法 ◆借地借家法　◆不動産登記法 ◆区分所有法　◆建築基準法 ◆都市計画法　◆税金 ◆国土利用計画法　◆鑑定評価 ◆農地法　◆宅地造成等規制法 ◆土地区画整理法　◆統計	↔	◆民法　◆宅建業法 ◆借地借家法　◆不動産登記法 ◆区分所有法　◆建築基準法 ◆都市計画法　◆税金 ◆標準管理規約　◆標準管理委託契約書 ◆マンション管理適正化法　◆建替え円滑化法 ◆マンションの維持保全（消防法・水道法等） ◆管理組合の会計知識
合格基準点	36点/50点（令和4年度）		36点/50点（令和4年度）
合格率	17.0%（令和4年度）		18.9%（令和4年度）

TACオススメコース　2023年10月開講

宅建士試験後に、同一年度で管理業務主任者試験合格を目指す方専用のコース

管理業務主任者速修本科生（宅建士受験生用）（全14回）

宅建士試験後から約2ヵ月弱で管理業務主任者試験の合格を目指すコースです。
宅建士試験のために学習された知識に加えて、管理業務主任者試験特有の科目を短期間で効率よくマスターすることにより、宅建士試験との同一年度W合格を狙えます。

※本コースの詳細については、管理業務主任者講座パンフレットおよびホームページをご確認ください。

2023年合格目標　大好評申込受付中

賃貸住宅管理業法にも対応！
賃貸不動産経営管理士講座

[賃貸管理士講座ページ]

バーコード対応機種で読み取ってアクセスしてください。
※機種によっては読み取れない場合がございます。

■詳細は、TACホームページへ！
[TAC　賃貸管理士]　検索
https://www.tac-school.co.jp/kouza_chintai.html

■TAC動画チャンネルで無料公開セミナーを配信中！
〈賃貸不動産経営管理士講座 動画チャンネル〉
https://www.tac-school.co.jp/kouza_chintai/tacchannel.html

宅建士からのステップアップに最適!

ステップアップ・ダブルライセンスを狙うなら…

宅地建物取引士の本試験終了後に、不動産鑑定士試験へチャレンジする方が増えています。なぜなら、これら不動産関連資格の学習が、不動産鑑定士へのステップアップの際に大きなアドバンテージとなるからです。宅建の学習で学んだ知識を活かして、ダブルライセンスの取得を目指してみませんか？

▶不動産鑑定士

宅建を学習された方にとっては見慣れた法令が点在しているはずです。

2022年度不動産鑑定士短答式試験
行政法規　出題法令・項目

難易度の差や多少の範囲の相違はありますが、一度学習した法令ですから、初学者に比べてよりスピーディーに合格レベルへと到達でき、非常に有利といえます。
なお、論文式試験に出題される「民法」は先述の宅建士受験者にとっては馴染みがあることでしょう。したがって不動産鑑定士試験全体を通じてアドバンテージを得ることができます。

問題	法律		問題	法律
1	土地基本法		21	マンションの建替え等の円滑化に関する法律
2	不動産の鑑定評価に関する法律		22	不動産登記法
3	不動産の鑑定評価に関する法律		23	住宅の品質確保の促進等に関する法律
4	地価公示法		24	宅地造成等規制法
5	国土利用計画法		25	宅地建物取引業法
6	都市計画法	地域地区	26	不動産特定共同事業法
7	都市計画法	総合	27	高齢者、障害者等の移動等の円滑化の促進に関する法律
8	都市計画法	準都市計画区域	28	土地収用法
9	都市計画法	開発許可	29	土壌汚染対策法
10	都市計画法	開発行為	30	文化財保護法
11	土地区画整理法		31	自然公園法
12	土地区画整理法		32	農地法
13	都市再開発法		33	道路法
14	都市再開発法		34	国有財産法
15	都市緑地法		35	所得税法
16	建築基準法	単体規定等	36	法人税法
17	建築基準法	総合	37	租税特別措置法
18	建築基準法	集団規定	38	固定資産税
19	建築基準法	集団規定等	39	相続税及び贈与税
20	建築基準法	高さ制限	40	投資信託及び投資法人に関する法律

さらに　宅地建物取引士試験を受験した経験のある方は割引受講料にてお申込みいただけます！

詳細はTACホームページ、不動産鑑定士講座パンフレットをご覧ください。

書籍の正誤に関するご確認とお問合せについて

書籍の記載内容に誤りではないかと思われる箇所がございましたら、以下の手順にてご確認とお問合せをしてくださいますよう、お願い申し上げます。

なお、正誤のお問合せ以外の書籍内容に関する解説および受験指導などは、一切行っておりません。
そのようなお問合せにつきましては、お答えいたしかねますので、あらかじめご了承ください。

1 「Cyber Book Store」にて正誤表を確認する

TAC出版書籍販売サイト「Cyber Book Store」の
トップページ内「正誤表」コーナーにて、正誤表をご確認ください。

CYBER TAC出版書籍販売サイト
BOOK STORE

URL：https://bookstore.tac-school.co.jp/

2 1の正誤表がない、あるいは正誤表に該当箇所の記載がない
⇒ 下記①、②のどちらかの方法で文書にて問合せをする

★ご注意ください★

お電話でのお問合せは、お受けいたしません。
①、②のどちらの方法でも、お問合せの際には、「お名前」とともに、
「対象の書籍名（○級・第○回対策も含む）およびその版数（第○版・○○年度版など）」
「お問合せ該当箇所の頁数と行数」
「誤りと思われる記載」
「正しいとお考えになる記載とその根拠」
を明記してください。
なお、回答までに１週間前後を要する場合もございます。あらかじめご了承ください。

① ウェブページ「Cyber Book Store」内の「お問合せフォーム」より問合せをする

【お問合せフォームアドレス】

https://bookstore.tac-school.co.jp/inquiry/

② メールにより問合せをする

【メール宛先　TAC出版】

syuppan-h@tac-school.co.jp

※土日祝日はお問合せ対応をおこなっておりません。
※正誤のお問合せ対応は、該当書籍の改訂版刊行月末日までといたします。

乱丁・落丁による交換は、該当書籍の改訂版刊行月末日までといたします。なお、書籍の在庫状況等により、お受けできない場合もございます。
また、各種本試験の実施の延期、中止を理由とした本書の返品はお受けいたしません。返金もいたしかねますので、あらかじめご了承くださいますようお願い申し上げます。

TACにおける個人情報の取り扱いについて
■お預かりした個人情報は、TAC（株）で管理させていただき、お問合せへの対応、当社の記録保管にのみ利用いたします。お客様の同意なしに業務委託先以外の第三者に開示、提供することはございません（法令等により開示を求められた場合を除く）。その他、個人情報保護管理者、お預かりした個人情報の開示等及びTAC（株）への個人情報の提供の任意性については、当社ホームページ（https://www.tac-school.co.jp）をご覧いただくか、個人情報に関するお問い合わせ窓口（E-mail：privacy@tac-school.co.jp）までお問合せください。

（2022年7月現在）